Niklas Mühleis, Nick Akinci

Rechtsleitfaden KI im Unternehmen

Liebe Leserin, lieber Leser,

auch als Verlag nutzen wir mittlerweile an vielen Stellen Künstliche Intelligenz. Im Umgang mit neuen Texten, aber auch zum Training eigener Large Language Modelle und in der Softwareentwicklung. Schnell tauchten dabei viele Fragen auf: Wie ist KI mit dem Urheberrecht vereinbar? Was ist beim Datenschutz zu beachten? Wer haftet bei Rechtsverstößen, die durch KI-Tools verursacht wurden? Welche Vorteile bietet das Training eigener Modelle und wo herrscht derzeit noch Rechtsunsicherheit? Ich bin dankbar, dass es jetzt diesen Rechtsleitfaden gibt, der uns und Ihnen helfen wird, rechtliche Risiken und Herausforderungen in den Blick zu nehmen und Antworten auf die Fragen zu finden, die im Unternehmensalltag auftauchen.

Die Rechtsanwälte Niklas Mühleis und Nick Akinci beraten Unternehmen zu den verschiedenen Aspekten des KI-Rechts. In diesem praxisnahen Rechtsleitfaden haben sie gemeinsam mit weiteren Beiträger*innen ihre juristische und technische Expertise gebündelt, um die wichtigsten Fragen zu beantworten, die sich beim Einsatz von KI in Ihrem Unternehmen stellen. Außerdem geben Ihnen die Autoren konkrete Tipps für spezifische Use Cases und gängige Fallbeispiele sowie praktische Checklisten, mit denen Sie bei der Implementierung und dem aktiven Einsatz von KI rechtlich auf der sicheren Seite bleiben. So steht dem verantwortungsvollen Einsatz von Künstlicher Intelligenz in Ihrem Unternehmen nichts mehr im Weg.

Dieses Buch wurde mit großer Sorgfalt lektoriert und produziert. Sollten Sie dennoch Fehler finden oder inhaltliche Anregungen haben, scheuen Sie sich nicht, mit mir Kontakt aufzunehmen. Ihre Fragen und Änderungswünsche sind uns jederzeit willkommen.

Ich wünsche Ihnen viel Erfolg beim rechtssicheren Einsatz von KI in Ihrem Unternehmen!

Ihr Stephan Mattescheck
Lektorat Rheinwerk Computing

stephan.mattescheck@rheinwerk-verlag.de
www.rheinwerk-verlag.de
Rheinwerk Verlag · Rheinwerkallee 4 · 53227 Bonn

Auf einen Blick

1 Einführung KI und Recht 13

2 Einsatz von ChatGPT & Co.: was Sie beim Einsatz
   von KI-Diensten beachten müssen 101

3 Individuallösung: Finetuning und Training eigener Modelle 201

4 Use Cases für KI im Unternehmen 233

5 Einführung im Unternehmen und Ausblick 275

Impressum

Wir hoffen, dass Sie Freude an diesem Buch haben und sich Ihre Erwartungen erfüllen. Ihre Anregungen und Kommentare sind uns jederzeit willkommen. Bitte bewerten Sie doch das Buch auf unserer Website unter **www.rheinwerk-verlag.de/feedback**.

An diesem Buch haben viele mitgewirkt, insbesondere:

Lektorat Stephan Mattescheck, Anne Scheibe
Korrektorat Isolde Kommer, Großerlach
Herstellung Denis Schaal
Typografie und Layout Vera Brauner
Einbandgestaltung Silke Braun
Coverbild Adobe Stock: 658141361 ©(JLco) Julia Amaral; iStock: 1494104649 ©Vertigo3d
Satz SatzPro, Krefeld
Druck Beltz Grafische Betriebe, Bad Langensalza

Dieses Buch wurde gesetzt aus der TheAntiquaB (9,35/13,7 pt) in FrameMaker.

Gedruckt wurde es mit mineralölfreien Farben auf chlorfrei gebleichtem, FSC®-zertifiziertem Offsetpapier (90 g/m²).

Hergestellt in Deutschland.

Das vorliegende Werk ist in all seinen Teilen urheberrechtlich geschützt. Alle Rechte vorbehalten, insbesondere das Recht der Übersetzung, des Vortrags, der Reproduktion, der Vervielfältigung auf fotomechanischen oder anderen Wegen und der Speicherung in elektronischen Medien.

Ungeachtet der Sorgfalt, die auf die Erstellung von Text, Abbildungen und Programmen verwendet wurde, können weder Verlag noch Autor*innen, Herausgeber*innen oder Übersetzer*innen für mögliche Fehler und deren Folgen eine juristische Verantwortung oder irgendeine Haftung übernehmen.

Die in diesem Werk wiedergegebenen Gebrauchsnamen, Handelsnamen, Warenbezeichnungen usw. können auch ohne besondere Kennzeichnung Marken sein und als solche den gesetzlichen Bestimmungen unterliegen.

Die automatisierte Analyse des Werkes, um daraus Informationen insbesondere über Muster, Trends und Korrelationen gemäß § 44b UrhG (»Text und Data Mining«) zu gewinnen, ist untersagt.

Bibliografische Information der Deutschen Nationalbibliothek:
Die Deutsche Nationalbibliothek verzeichnet diese Publikation in der Deutschen Nationalbibliografie; detaillierte bibliografische Daten sind im Internet über *http://dnb.dnb.de* abrufbar.

ISBN 978-3-367-10098-9

1. Auflage 2024
© Rheinwerk Verlag, Bonn 2024

Informationen zu unserem Verlag und Kontaktmöglichkeiten finden Sie auf unserer Verlagswebsite **www.rheinwerk-verlag.de**. Dort können Sie sich auch umfassend über unser aktuelles Programm informieren und unsere Bücher und E-Books bestellen.

Inhalt

Vorwort 11

1　Einführung KI und Recht　13

1.1　Funktionsweise und Anwendung von KI 13
- 1.1.1　Was bedeutet Künstliche Intelligenz und wie entsteht sie? 14
- 1.1.2　Welche Arten von KI gibt es? 16
- 1.1.3　Trainingsdaten 46
- 1.1.4　Datenquellen und Scraping 52
- 1.1.5　Anwendungsbereiche in der Unternehmenspraxis 56

1.2　KI versus Urheberrecht 60
- 1.2.1　Das Schöpferprinzip: warum KI-generierte Inhalte nicht vom Urheberrecht geschützt sind 62
- 1.2.2　Schutzfunktionen des Urheberrechts 66
- 1.2.3　Wie Rechte Dritter verletzt werden können 68

1.3　KI und Datenschutz: was Sie beachten müssen 70
- 1.3.1　Verarbeitung personenbezogener Daten 72
- 1.3.2　Die Grundsätze der Datenverarbeitung 75
- 1.3.3　Rechtsgrundlagen 76
- 1.3.4　Informationspflichten 77
- 1.3.5　Technische und organisatorische Maßnahmen (TOM) 78
- 1.3.6　Verantwortlichkeit und Auftragsverarbeitung 80
- 1.3.7　Verantwortlichkeit beim Scraping 85
- 1.3.8　Verantwortlichkeit bei der Nutzung von KI 86

1.4　Haftung beim Einsatz von KI 87
- 1.4.1　Wer kann haften? 88
- 1.4.2　Was bedeutet eigentlich Haftung? 89
- 1.4.3　Woraus kann sich die Haftung ergeben? 90
- 1.4.4　Auswirkungen und Haftungsszenarien 90
- 1.4.5　Wie lassen sich Haftungsrisiken minimieren? 91
- 1.4.6　Haftungsfragen nicht vernachlässigen 91

1.5	Weitere Rechtsfragen beim Einsatz von KI	92
	1.5.1 Geschäftsgeheimnisgesetz	93
	1.5.2 Rechtsberatung und Vertragsgestaltung durch KI	93
	1.5.3 Wettbewerbsrecht	94
1.6	Gut aufgestellt: KI-Compliance	95
	1.6.1 Die Grundlagen: Was ist Compliance?	95
	1.6.2 Besonderheiten für den Bereich KI-Compliance	96
	1.6.3 Verletzung von KI-Compliance: Risiken für Unternehmen	99
	1.6.4 Wie KI Compliance unterstützen kann	100

2 Einsatz von ChatGPT & Co.: was Sie beim Einsatz von KI-Diensten beachten müssen — 101

2.1	KI im Unternehmen nutzbar machen	101
	2.1.1 Einbindung per API	102
	2.1.2 Ergebnisse verbessern: Finetuning und RAG	104
	2.1.3 Custom GPTs und Schnittstellen nutzen	110
	2.1.4 Checkliste: Einführung von KI im Unternehmen	116
2.2	Regeln beachten: Nutzungsbedingungen von ChatGPT & Co.	118
	2.2.1 Nutzungsbedingungen im Allgemeinen	118
	2.2.2 Rechtlicher Maßstab	118
	2.2.3 AGB-Problematiken im Zusammenhang mit KI	120
2.3	Urheberrechtliche Probleme	128
	2.3.1 Risiken durch potenzielle Urheberrechtsverletzungen	128
	2.3.2 Remix: wenn KI und Mensch zusammen Inhalte erschaffen	130
	2.3.3 Maßnahmen zur Risikominimierung	134
	2.3.4 Lizenzierung KI-generierter Werke	135
2.4	Herausforderungen im Datenschutz	138
	2.4.1 Verarbeitung eigener personenbezogener Daten durch KI	139
	2.4.2 Formale Voraussetzungen	140
	2.4.3 Betroffenenrechten nachkommen	146
	2.4.4 Kostenrisiko Bußgelder	147
	2.4.5 Schadensersatzansprüche	152

2.5	**KI-Dienste und Persönlichkeitsrechte**		154
	2.5.1 Das Recht am eigenen Bild		155
	2.5.2 Das Recht an der eigenen Stimme		158
	2.5.3 Unterlassung und Schadensersatz		163
2.6	**KI und Geschäftsgeheimnisse**		164
	2.6.1 Wie Geschäftsgeheimnisse geschützt werden		164
	2.6.2 Konkrete Schutzmaßnahmen		167
	2.6.3 Mögliche Schadensszenarien		168
2.7	**Haftung beim Einsatz von KI-Diensten**		169
	2.7.1 Wer kann haften?		170
	2.7.2 Für was wird gehaftet?		179
	2.7.3 Wie wird gehaftet?		185
	2.7.4 Wie können Haftungsrisiken minimiert werden?		189
	2.7.5 Ausblick: Haftungsrichtlinie der EU		192
2.8	**Lieber nicht ohne: KI-Unternehmensrichtlinie**		193
	2.8.1 Warum Sie Unternehmensrichtlinien einführen sollten		193
	2.8.2 Mögliche Regelungsinhalte		196
	2.8.3 Schadenspotenziale		199

3 Individuallösung: Finetuning und Training eigener Modelle 201

3.1	**Warum Sie eigene Modelle betreiben sollten!**	201
	3.1.1 Argumente für eigene Lösungen	202
	3.1.2 Individualisierungsmöglichkeiten	203
	3.1.3 Neues eigenes Modell durch Training	205
	3.1.4 Cloudlösungen	207
	3.1.5 Eigene Hardware nutzen	208
3.2	**Trainingsdaten und Urheberrecht**	210
	3.2.1 Zustimmung als Ausgangspunkt	210
	3.2.2 Urheberrechtsrelevante Handlung	211
	3.2.3 Ausnahme: Text- und Data-Mining	212
	3.2.4 Rückausnahme Nutzungsvorbehalt	212
	3.2.5 Urheberrechtsverletzungen durch Training	215

3.3	**Trainingsdaten mit Personenbezug**	215
3.3.1	Vorhandensein personenbezogener Daten	216
3.3.2	Rechtsgrundlagen	220
3.3.3	Löschung personenbezogener Daten	224
3.3.4	Berichtigung personenbezogener Daten	229
3.3.5	Das Recht auf Auskunft	230

4   Use Cases für KI im Unternehmen 233

4.1	**Arbeiten lassen: Unterstützung durch KI**	233
4.1.1	Kundenbetreuung durch Chatbots	235
4.1.2	Werbetexte	241
4.1.3	Analysieren und Bewerten von Gesprächen	244
4.2	**Nutzung generativer Bild-KI**	249
4.2.1	Vor- und Nachteile von Bild-KI	249
4.2.2	Rechtliche Grenzen von Midjourney, DALL-E & Co.	250
4.2.3	Schutz von Prompts	252
4.2.4	Kennzeichnungspflichten	253
4.2.5	Kein Schutz für Bildkreationen	253
4.3	**Human Resources: KI als Personalchef**	255
4.3.1	Bewerberscreening	255
4.3.2	Leistungsbewertungen	256
4.3.3	Stimmungsanalyse	258
4.4	**Software erstellen mit KI**	259
4.4.1	KI-gestütztes Coden	261
4.4.2	Duplikate von Trainingsdaten	262
4.4.3	Falsche Urheberzuschreibungen	263
4.4.4	Trainingsdaten aus Open-Source-Softwareprojekten	264
4.4.5	Rechtliche Probleme beim Coding mit KI	265

5   Einführung im Unternehmen und Ausblick 275

5.1	**Das bringt der AI Act**	276
5.1.1	Unübersichtliche Anwendbarkeit	276

	5.1.2	Der Anwendungsbereich	277
	5.1.3	Die Risikoklassen	278
	5.1.4	Neue Sanktionen	283
	5.1.5	Fazit	284
5.2	**Wie man KI erfolgreich in das Unternehmen integriert**		**284**
	5.2.1	KI ist nicht das nächste Software-Projekt	284
	5.2.2	KI-Richtlinie und Unternehmensstrategie erstellen	285
	5.2.3	Zugänge schaffen	285
	5.2.4	Use-Cases und Pilotprojekte	286
	5.2.5	Risikomanagement	286
	5.2.6	Monitoring und Evaluation	288
	5.2.7	Ein kontinuierlicher Prozess	288
	5.2.8	Checkliste: Einführung von KI im Unternehmen (2)	288
5.3	**Technische Entwicklung**		**289**
	5.3.1	Dezentralisierung von Intelligenz	290
	5.3.2	Bildung: fit für die Zukunft	291
	5.3.3	Erweiterte Realität	292
	5.3.4	Von der Skizze zum 3D-Modell	295
	5.3.5	Optimierung von Geschäftsprozessen	296
	5.3.6	Text zu Video	297

Über die Beiträger*innen	301
Index	305

Vorwort

Wenn Sie dieses Buch gekauft haben, planen Sie wahrscheinlich den Einsatz von KI in Ihrem Unternehmen oder haben bereits damit begonnen. Zumindest aber haben Sie davon gehört, was Künstliche Intelligenz, und insbesondere generative Künstliche Intelligenz, mittlerweile zu leisten vermag. Schon jetzt sind aktuelle Modelle in der Lage, Tätigkeiten zu übernehmen, die bisher von Menschen ausgeführt werden mussten – mit beeindruckenden Ergebnissen! KI kann die Effizienz von Arbeitsprozessen steigern sowie die Kosten für Personal und externe Dienstleister reduzieren. Insbesondere die großen Sprachmodelle, die sogenannten Large Language Models (LLM), sind mächtige Werkzeuge, die auf menschlichem Niveau Zusammenhänge erkennen und auch komplexe Aufgaben lösen können.

So verlockend die Versprechungen dieser neuen Welt auch sein mögen, es gibt auch einiges zu beachten. Wie so oft birgt der Einsatz neuer Technologien auch rechtliche Risiken. Zudem müssen gängige Compliance-Vorgaben auch bei der Nutzung künstlicher Intelligenz beachtet werden. Gerade hier ergeben sich technologiespezifische Anforderungen, die Unternehmen vor neue Herausforderungen stellen.

Juristen wiederum stehen vor zwei wesentlichen Herausforderungen: Zum einen erwartet die Gesellschaft, dass die (Grund-)Rechte durch gut durchdachte KI-Regelungen geschützt werden. Gleichzeitig müssen diese Regelungen aber auch Raum für Innovationen lassen. Eine Überregulierung gilt es deshalb zu vermeiden. Auf der anderen Seite müssen sich Juristen mit KI und ihren Auswirkungen auseinandersetzen, um die rechtlichen Implikationen abschätzen zu können. Hier müssen derzeit noch oft bestehende, nicht auf KI zugeschnittene Gesetze auf die neuen Technologien angewandt werden.

Was erwartet Sie in diesem Buch?

Kernthema des Buches sind – Sie ahnen es bereits – die rechtlichen Implikationen beim Einsatz von KI im Unternehmen. Dabei wollen wir Sie nicht mit juristischem Fachwissen langweilen, sondern Ihnen verständlich erklären, wo aktuell Probleme liegen und Ihnen Lösungsmöglichkeiten an die Hand geben. Dadurch sollen Sie in die Lage versetzt werden, KI in Ihrem Unternehmen einzusetzen, ohne dabei größere Risiken einzugehen. Sie sollten sich aber bewusst sein, dass derzeit an vielen Stellen noch große Rechtsunsicherheit herrscht. Der Gesetzgeber und die Gerichte können mit der rasanten technologischen Entwicklung schlicht nicht Schritt halten.

Natürlich dürfen in einem Buch, in dem es um Technologie geht, auch die technischen Aspekte nicht zu kurz kommen. Deshalb haben wir neben juristischen Autoren auch solche mit technischer Expertise für unser Buch gewonnen. Insbesondere in Kapitel 1 werden wir Ihnen daher die Grundlagen der Künstlichen Intelligenz und insbesondere der Generativen KI erläutern. Dies soll Ihnen ein besseres Verständnis der nachfolgenden rechtlichen Aspekte geben, aber auch ein tieferes technisches Verständnis ermöglichen.

Wie sollten Sie dieses Buch lesen?

Auch wenn Sie keinen Roman vor sich haben, ist dieses Buch so aufgebaut, dass sie es gut von vorne nach hinten durcharbeiten können. Sie können aber auch zu den Kapiteln springen, die die für Sie relevanten Informationen enthalten. Durch das Stichwortverzeichnis und die zahlreichen Querverweise haben wir dafür gesorgt, dass Sie mühelos durch die verschiedenen, zusammenhängenden Themen navigieren können. Um eine gute Ausgangsbasis zu schaffen, empfehlen wir ihnen jedoch, zumindest das einführende Kapitel 1 im Ganzen zu lesen.

Kapitel 1
Einführung KI und Recht

Zu Beginn des ersten Kapitels erhalten Sie zunächst eine Einführung in die technischen Grundlagen von KI und insbesondere generativer KI. Die weiteren Abschnitte sollen Ihnen einen ersten Überblick über rechtliche Implikationen geben.

Das vorliegende Buch setzt sich mit den rechtlichen Implikationen bei der Einführung und Nutzung von KI im Unternehmen auseinander. Damit wir Ihnen die juristischen Aspekte verständlich näherbringen können, sollten Sie zunächst die technischen Grundlagen (generativer) KI verstehen. In dem nachfolgenden Abschnitt erhalten Sie daher einen Überblick über die grundlegende Funktionsweise. Hierzu benötigen Sie keine Vorkenntnisse. Wir erklären Ihnen in einfacher, verständlicher Sprache, was die neuen Technologien ausmacht. Zudem können Sie in Abschnitt 1.1.5 etwas darüber lesen, welche Einsatzgebiete es aktuell für KI in Unternehmen gibt. Auch wenn Sie vielleicht schon konkrete Use Cases in Ihrem Unternehmen identifiziert haben, finden Sie hier ggf. weitere Inspiration für Anwendungsbereiche.

Im Anschluss erhalten Sie einen ersten, nach Themen geordneten Überblick über die rechtlichen Problemstellungen im Zusammenhang mit der Nutzung von KI im Unternehmen. Insbesondere das Urheberrecht und der Datenschutz halten vielfältige rechtliche Stolpersteine für Unternehmen bereit. Aus Unternehmenssicht zentral ist zudem das Thema Haftung. Zum Abschluss des Kapitels erhalten Sie einen Überblick über das Thema KI-Compliance.

1.1 Funktionsweise und Anwendung von KI

In diesem Abschnitt erfahren Sie, wie KI funktioniert, welche unterschiedlichen KI-Typen es gibt und wie Sie diese nutzen können, um Ihre Effizienz bei der täglichen Arbeit zu erhöhen.

In den vergangenen Jahrzehnten hat sich Künstliche Intelligenz (KI) von einem Nischenthema, das hauptsächlich von Mathematikern und Informatikern diskutiert wurde, zu einem allgegenwärtigen Phänomen entwickelt. Ähnlich wie die Digitalisierung Erfolge in fast allen Fachbereichen verzeichnet, ist eine vergleichbare Entwicklung bei KI zu erwarten und schon in ihren Anfangsstadien zu beobachten. Die technologische Durchdringung und der immer schneller werdende Fortschritt werden zukünftig zu tiefgreifenden gesellschaftlichen Veränderungen führen, die unser Verständnis von Technologie, Arbeit und ethischen Grundsätzen zunehmend beeinflussen.

Das vorliegende Kapitel soll den Grundstein für einen Einstieg in die Welt der KI-Transformation bilden. Es beginnt mit einer einführenden Erklärung, die keine technischen Vorkenntnisse voraussetzt. Bevor wir tiefer in die Materie eintauchen, werden einige grundlegende Fragen behandelt: Was verstehen wir eigentlich unter Künstlicher Intelligenz und insbesondere unter generativer KI? Welche Fähigkeiten hat sie und wo liegen ihre Grenzen? Wie entsteht Künstliche Intelligenz und welche Auswirkungen hat sie auf verschiedene Fachbereiche?

1.1.1 Was bedeutet Künstliche Intelligenz und wie entsteht sie?

Traditionelle Software ist deklarativ, d. h., Sie müssen der Maschine in Form von Quellcode exakte Anweisungen geben, damit sie weiß, was sie zu tun hat. Künstliche Intelligenz meint dagegen Softwaresysteme, die auf die Nachahmung menschlicher Intelligenz ausgerichtet sind. Sie kann eigenständige Entscheidungen treffen und Aufgaben ausführen, die normalerweise menschliche Interaktion erfordern. Das Handeln der Maschine muss also nicht im Vorfeld deklariert worden sein. Das befähigt eine Maschine im Rahmen der Strukturen, die sie kennt, beispielsweise Verhaltensweisen zu lernen, logisches Schlussfolgern zu praktizieren, Problemlösungen zu empfehlen, Muster zu klassifizieren und sprachliches Verständnis zu entwickeln. Einfach ausgedrückt ermöglicht KI einer Maschine, kognitive Fähigkeiten des menschlichen Geistes zu imitieren. Dabei werden zwei grundlegende Ansätze unterschieden: das überwachte Lernen und das unüberwachte Lernen. Abbildung 1.1 zeigt ein Klassifikationsmodel, das aus einem überwachten Lernverfahren erzeugt wird. Das Verfahren heißt überwacht, weil die Klassen (schwarze, orangefarbene und blaue geometrische Figuren) bekannt sind und die KI anhand der bekannten Klassen ein Klassifikationsmodell generiert.

Im Gegensatz dazu zeigt Abbildung 1.2 das Ergebnis eines unüberwachten Lernverfahrens. Alle Datensätze sind schwarze Kreuze. Das unüberwachte Lernverfahren ermittelt auf der Basis ihrer Nähe und Distanz zueinander Gruppen und weist die Daten einem so entstehenden Cluster zu.

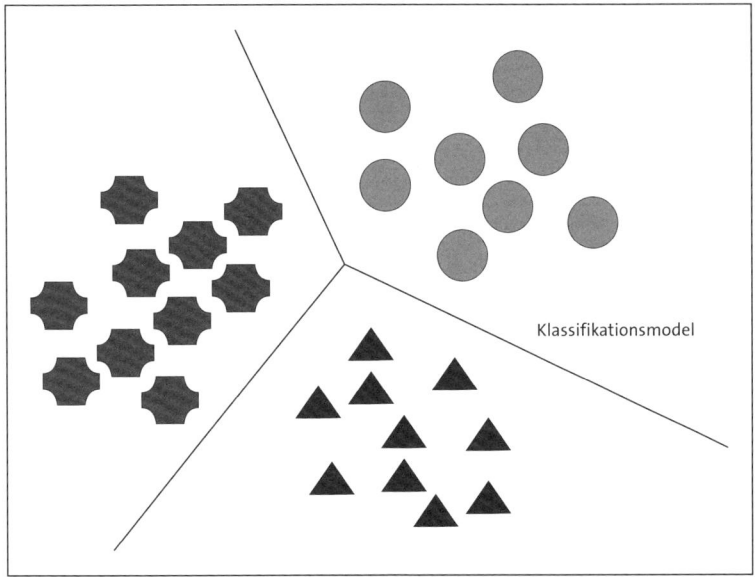

Abbildung 1.1 Überwachtes Lernen

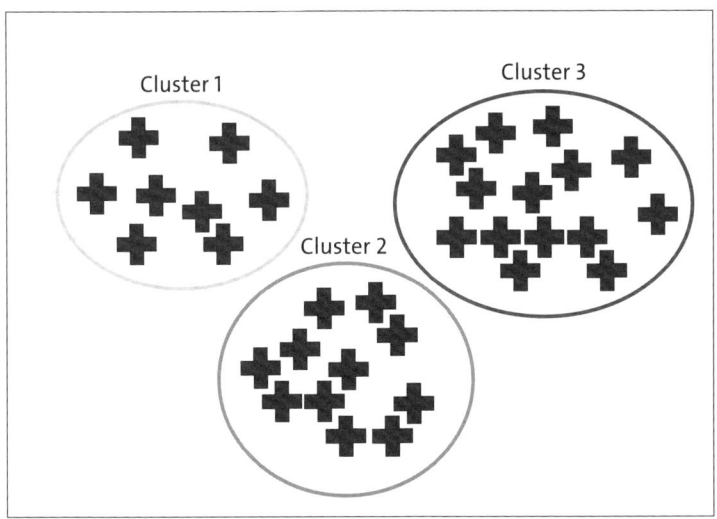

Abbildung 1.2 Unüberwachtes Lernen

Neben überwachten und unüberwachten Lernverfahren existieren weitere Ansätze, aus denen Künstliche Intelligenz entsteht. Eines ist das Reinforcement Learning. Der Begriff beschreibt einen Agenten, der durch Ausprobieren lernt, wie eine Aufgabe am besten gelöst wird. Der Agent bekommt Belohnungen für gute Aktionen und Strafen für Fehler. Staubsauger-Roboter haben oftmals einen solchen Lernansatz, um sich Karten von ihrem Einsatzgebiet aufzubauen. Der Saugroboter lernt, von einem Punkt zum anderen zu fahren, ohne dabei gegen Hindernisse zu stoßen. Jedes Mal, wenn der Roboter ein Hindernis umgeht, bekommt er Punkte. Stößt er gegen ein Hindernis, verliert er Punkte. So lernt der Roboter nach und nach, den besten Weg zum Ziel zu finden.

1.1.2 Welche Arten von KI gibt es?

Abbildung 1.3 zeigt die verschiedenen Typen von KI, die als eine Art Evolutionsstufen betrachtet werden können.

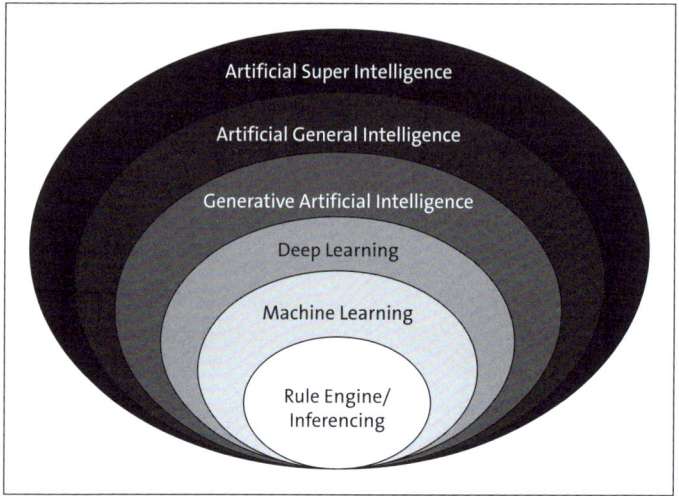

Abbildung 1.3 Evolutionsstufen von KI

Regelbasierte Systeme (Rule Engines)

Die frühesten Formen der Künstlichen Intelligenz sind regelbasierte Systeme, die auch als Expertensysteme bekannt sind. Diese Systeme eignen sich besonders gut für Aufgaben in genau definierten Bereichen. Allerdings haben Expertensysteme Schwierigkeiten, wenn es darum geht, sich neuen Situationen anzupassen oder Aufgaben zu bewältigen, die außerhalb ihres festgelegten Regelwerks liegen, weshalb sie im Kontext von KI heute nur noch sehr wenig Beachtung finden.

Ein Beispiel für ein solches regelbasiertes System ist ein Programm, das Verträge anhand bestimmter Vorschriften überprüft. Ein konkretes Szenario könnte sein, dass das System nach Referenzen auf Strafzahlungen sucht, wie im Abschnitt 1.1.5 näher ausgeführt.

Maschinelles Lernen (Machine Learning, ML)

Der nächste Evolutionsschritt in der Entwicklung Künstlicher Intelligenz ist das maschinelle Lernen (ML). ML-Systeme sind darauf spezialisiert, aus großen Datenmengen Muster zu erkennen und zu extrahieren. Diese Muster entsprechen im Kern einem mathematischen Modell, das mittels nachvollziehbarer Verfahren gewonnen wird und anschließend auf neue Datensätze angewandt wird. In einigen Kontexten werden Sie ML-Verfahren als Whitebox-Lösungen kennenlernen, da sie Transparenz darüber bieten, auf welcher Grundlage die KI Entscheidungen trifft. Durch diese Eigenschaft werden ML-Verfahren teilweise gegenüber performanteren Verfahren bevorzugt. Die Transparenz ist auch aus ethischen Gründen von Bedeutung. Ein praxisnahes Beispiel hierfür ist die Notwendigkeit für Finanzinstitute, im Rahmen der Gesetze zur Geldwäschebekämpfung nachvollziehbar erklären zu können, warum bestimmte Finanztransaktionen durch den Vorstand oder seinen Geldwäschebeauftragten als verdächtig eingestuft und an die Financial Intelligence Unit gemeldet werden (siehe Auslegungs- und Anwendungshinweise zum Geldwäschegesetz nach § 51 Abs. 8 GwG).

Tiefe neuronale Netze (Deep Learning, DL)

Deep Learning stellt eine fortgeschrittene und spezialisierte Ausprägung des maschinellen Lernens dar. Es nimmt sich die Struktur und Funktion des menschlichen Gehirns zum Vorbild und findet seine Anwendung in Form künstlicher neuronaler Netze. Diese Netze bestehen aus miteinander verbundenen Schichten von Knoten, die den Neuronen im menschlichen Gehirn ähneln. Deep Learning ermöglicht das Erlernen komplexer Muster aus umfangreichen Datenmengen und gilt daher als eine besonders leistungsfähige Technologie. Sowohl maschinelles Lernen als auch Deep Learning finden Einsatz in Bereichen wie Bild- und Spracherkennung, der Verarbeitung natürlicher Sprachen und dem autonomen Fahren.

Der wesentliche Unterschied zwischen maschinellem Lernen und Deep Learning liegt in der Architektur und der Komplexität der Aufgaben, die sie lösen können. Maschinelles Lernen bewältigt ein Spektrum von einfachen bis hin zu komplexen Aufgaben, indem es auf Merkmale setzt, die von KI-Experten modelliert werden. Diese Algorithmen sind für eine breite Palette von Anwendungen geeignet. Deep Learning hingegen nutzt neuronale Netze mit mehreren Schichten, die fähig sind, automatisch komplexe Merkmale direkt aus den Rohdaten zu extrahieren. Diese Fähigkeit macht sie besonders wirksam bei der Bewältigung hochkomplexer Herausforderungen, wie etwa der Bild- oder Spracherkennung. Im Vergleich zu traditionellen Methoden des maschinellen Lernens zeigen sie eine überlegene Leistung, benötigen jedoch umfangreiche Datenmengen.

In der wissenschaftlichen Community wurde im Kontext des sog. Text-Mining (ML-basierte Sprachverarbeitung) noch von der »semantischen Lücke« gesprochen. Sie hat beschrieben, dass ein ML-basiertes KI-Modell nicht ohne Weiteres Ähnlichkeiten zwischen den Sätzen »Ich gehe jetzt los in mein Apartment« und »Es ist Zeit für mich, nach Hause zu laufen« erkennen kann. Moderne Deep-Learning-Verfahren haben hier keine Schwierigkeiten mehr. In Situationen, in denen solche Daten nicht verfügbar sind – was häufig in Einsteigerumgebungen der Fall ist – können traditionelle KI-Methoden die geeignetere Wahl sein und auch bleiben. Maschinelles Lernen und Deep Learning teilen die Gemeinsamkeit, dass das ihnen zugrunde liegende Regelwerk auf Trainingsdaten beruht und aus diesem extrahiert wird. Ein Wortmodell weiß also nicht, was die Bedeutung eines Wortes ist, es kann sie lediglich auf Basis von Wahrscheinlichkeiten schätzen.

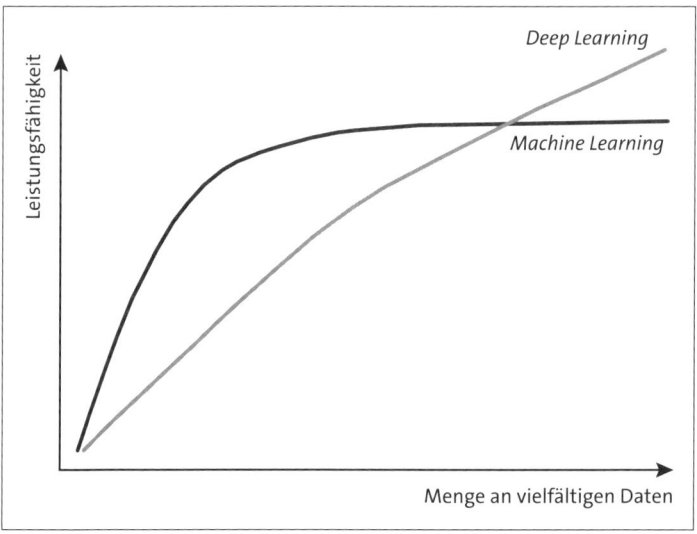

Abbildung 1.4 Datenmenge und Leistungsfähigkeit von Lernansätzen

Generative Künstliche Intelligenz (Generative Artificial Intelligence, GenAI)

Generative KI ist ein bedeutender Fortschritt im Bereich der Künstlichen Intelligenz. Sie beschreibt die Fähigkeit, eigene Inhalte zu erstellen. Menschen interagieren typischerweise mit generativer KI in Dialog-Systemen. Das bekannteste Beispiel für eine solche Anwendung ist ChatGPT. Im Laufe der darauffolgenden Abschnitte werden Sie aber auch weitere große Sprachmodelle kennenlernen, die im Rennen um das Prädikat »Best in Class« keinesfalls abgeschrieben sind. Teilweise haben diese Modelle andere Anwendungsfälle. Sie können einige davon sogar auf handelsüblicher Hardware in Ihrem Büro oder der häuslichen Umgebung betreiben, um datenschutzfreundliche Lösungen aufzusetzen. Anwendungen der generativen KI nehmen natürlichsprachliche Eingaben entgegen und geben bestmögliche (also die gemäß ihrem Modell wahrscheinlichsten) Antworten zurück. GenAI bezieht sich nicht nur auf Sprache, GenAI kann auch andere Formate wie Video-, Audio-, Bilder- oder Code-Inhalte erzeugen. Sie werden im Laufe des Buches diese verschiedenen Formen von KI kennenlernen. Abbildung 1.5 zeigt, dass GenAI, anders als traditionelle Klassifikationsansätze, nicht »Notebooks« in Bildern erkennt, sondern selbst Bilder von einem Notebook generiert. Durch diese Fähigkeit hat GenAI das Potenzial, zahlreiche – für Menschen zeitaufwendige Prozesse – signifikant zu beschleunigen und damit Branchen zu revolutionieren.

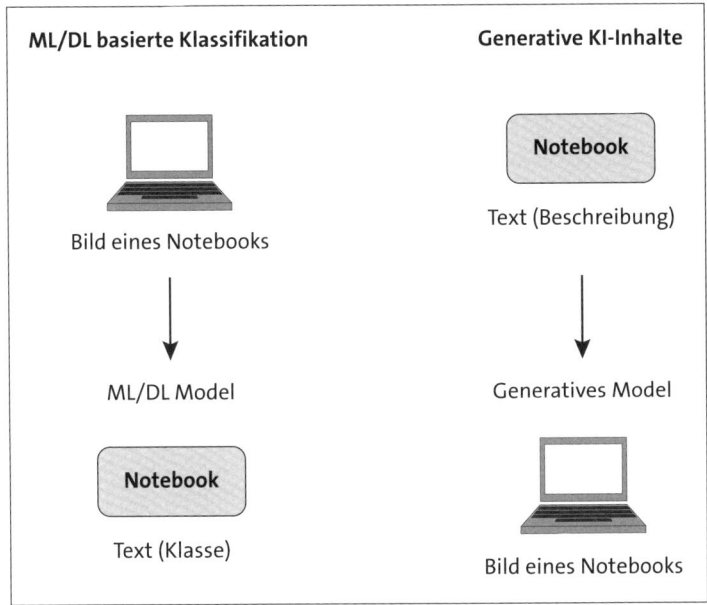

Abbildung 1.5 Vergleich zwischen GenAI und prädiktiver KI

Allgemeine Künstliche Intelligenz (Artificial General Intelligence, AGI)

AGI, die Abkürzung für Artificial General Intelligence (Allgemeine Künstliche Intelligenz), repräsentiert eine Form der KI, deren Hauptmerkmal die Fähigkeit ist, Aufgaben aus unterschiedlichsten Bereichen auf einem dem Menschen ebenbürtigen Niveau zu bewältigen. Im Gegensatz zu spezialisierten KI-Systemen, die beispielsweise herausragende Leistungen im Generieren poetischer Texte erbringen, verfügt eine AGI über ein breites Verständnis und kognitive Fähigkeiten. Diese ermöglichen es ihr, eigenständig zu lernen, zu verstehen und vor allem zu planen, um disziplinübergreifende Lösungen mit einer selbst entwickelten Lösungsstrategie zu finden.

AGI steht der allgemeinen Öffentlichkeit noch nicht zur Verfügung, es tauchen aber immer wieder Insiderbehauptungen auf, dass AGI bereits von US-Organisationen erschaffen wurde. Unabhängig von den Gerüchten kann festgehalten werden, dass das Rennen um AGI weltweit einer der entscheidenden Wettbewerbe ist. Dieser wird von US-Tech-Giganten, u. a. durch die von den USA verhängten Chip-Sanktionen gegen China[1][2], angeführt.

Künstliche Superintelligenz (Artificial Super Intelligence, ASI)

Die Künstliche Superintelligenz stellt einen Entwicklungsmeilenstein dar, der weit über AGI und sämtliche menschlichen Fähigkeiten, einschließlich der emotionalen Intelligenz, hinausgeht. ASI zeichnet sich durch die Fähigkeit aus, sich autonom weiterzuentwickeln und Wissen mit einem Tempo und in einem Umfang zu erweitern, der die menschlichen Kapazitäten bei Weitem übersteigt. Theoretisch könnte ASI Innovationen hervorbringen, Patente entwickeln, wissenschaftliche Durchbrüche erzielen und komplexe globale Herausforderungen meistern. ASI birgt das Potenzial, nahezu jedes Problem zu lösen – von der Generierung von Wohlstand über die Bekämpfung von Krankheiten bis hin zur Lösung von Umweltkrisen. Gleichzeitig kann das Bild von ASI und AGI dystopisch gezeichnet werden. Die Herausforderung besteht darin, die immensen Kräfte, die wir aktuell schon in Zusammenhang mit GenAI und z. B. daraus resultierenden Fake-Videos kennenlernen, zu lenken und zu kontrollieren.

Eine Entwicklung von ASI ist in naher Zukunft jedoch nicht zu erwarten. Die Herausforderung, eine ASI sicher zu gestalten und zu kontrollieren, wäre immens und führt zu tiefgreifenden ethischen, philosophischen und praktischen Fragen.

ChatGPT & Co.: Wie generative Text-KI funktioniert

Am 30. November 2022 stellte das US-amerikanische Unternehmen OpenAI seinen Sprachassistenten ChatGPT vor, ein Ereignis, das die gesellschaftliche Sichtweise auf KI im Allgemeinen und auf Sprachmodelle im Speziellen signifikant beeinflusste. Wie in Abbildung 1.6 dargestellt, gelang es ChatGPT, innerhalb von ungefähr fünf Tagen mehr als eine Million Nutzer zu gewinnen. Im Vergleich dazu benötigte Instagram, eine der weltweit führenden Social-Media-Plattformen, 15-mal länger, um dieselbe Nutzerzahl zu erreichen. Spotify, der bekannte Musikstreaming-Dienst, benötigte ungefähr 30-mal mehr Zeit.

---

1 https://www.csis.org/analysis/balancing-ledger-export-controls-us-chip-technology-china
2 https://www.aoshearman.com/en/insights/us-clarifies-and-strengthens-restrictions-on-semiconductor-exports-to-china

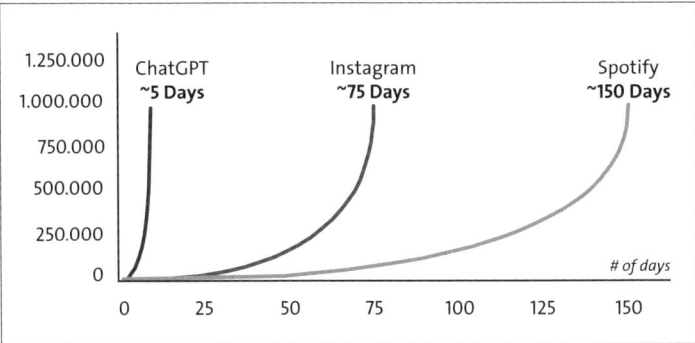

Abbildung 1.6 ChatGPT auf dem Weg zu 1 Million Benutzern

Der wissenschaftliche Durchbruch, der den Grundstein für große Sprachmodelle wie OpenAIs GPT legte, gelang bereits im Jahr 2017. Ein Forschungsteam, bestehend aus Entwicklern von Google Brain, Google Research und der University of Toronto, veröffentlichte eine bahnbrechende Arbeit mit dem Namen »Attention is all you need«[3], welche die architektonische Grundlage für viele erfolgreiche LLMs ist. Den erfolgskritischen Teil stellt die sog. Self-Attention dar, die es ermöglicht, dass ein Modell die Bedeutung von Wörtern und Phrasen in einem Satz bewerten kann. So hat das Modell die Fähigkeit, auf Basis des Kontextes relevante Textbestandteile von unwesentlichen zu separieren. Stellen Sie sich zur Verdeutlichung vor, dass der Satz »Der Beschuldigte ist nicht durch das Gericht verurteilt worden, weil die Beobachtungen der Zeugen und die daraus resultierende Beweislast unzureichend für die Geschworenen und den Richter waren« mit Hilfe eines Self-Attention-Mechanismus analysiert wird. Der Analyseablauf könnte die nachfolgenden Schritte umfassen:

1. Schlüsselwörter: Jedes Wort des Satzes wird untersucht, um Schlüsselkonzepte zu identifizieren, bspw. »Beschuldigte«, »verurteilt«, »Beobachtungen«, »Zeugen«, »Beweislast«, »Geschworenen« und »Richter«.

2. Beziehungen: Beziehungen zwischen Wörtern und Phrasen werden erkannt, bspw. identifiziert das Modell den Zusammenhang zwischen den »Beobachtungen der Zeugen«, der »Beweislast« und dem Urteil des Gerichts. Es versteht, dass die Nichtverurteilung des Beschuldigten direkt mit der Qualität und der Relevanz der durch die Zeugen gelieferten Beweise zusammenhängt.

3. Aufmerksamkeit auf signifikante Informationen: Das Modell fokussiert seine »Aufmerksamkeit« auf »nicht verurteilt« und »unzureichend«, da diese Wörter zentral für das Verständnis der Entscheidung des Gerichtes sind.

---

3 *https://arxiv.org/abs/1706.03762v1*

Aber wie genau lernt eine Software die semantische Bedeutung eines Wortes? Stellen Sie sich vor, Sie wollen einer Maschine beibringen, die Bedeutung von Wörtern zu verstehen, ohne diese selbst definieren zu müssen. Im Jahre 2013 ging genau dieser Frage ein Forschungsteam rund um den damaligen Google-Mitarbeiter Tomas Mikolov im Rahmen des Papers »Efficient Estimation of Word Representations in Vector Space«[4] auf den Grund. Vereinfacht erklärt versteht die Maschine die semantischen Bedeutungen von Wörtern auf Basis des Zusammenhangs des Kontextes, in denen es signifikant häufig auftritt. Es wird also eine möglichst große Menge an heterogenen Texten benötigt, sonst kann keine signifikante Beziehung zu dem Kontext hergestellt werden. Als Nächstes wird ein Wortfenster definiert, das sich Wort für Wort über den Text bewegt. In dem Beispiel unten liegt das bewegliche Wortfenster auf drei Wörtern. Zur Nachvollziehbarkeit der grundlegenden Funktionsweise beinhaltet das Beispiel keine Vorverarbeitungsschritte.

Der Verteidiger erklärt seinen Mandanten das Vorgehen

1. Der Verteidiger erklärt
2. Verteidiger erklärt seinen
3. erklärt seinen Mandanten
4. seinen Mandanten das
5. Mandanten das Vorgehen

Nun wird innerhalb dieses Fensters ein Wort maskiert und auf Basis der umliegenden Wörter geschätzt, welches Wort das maskierte sein kann.

Der Verteidiger erklärt seinen Mandanten das Vorgehen

1. Der *** erklärt
2. Verteidiger *** seinen
3. erklärt *** Mandanten
4. seinen *** das
5. Mandanten *** Vorgehen

Liegt der Algorithmus falsch, wird das geschätzte Wort abgestraft und andersherum belohnt, je häufiger richtig geschätzt wird, desto signifikanter ist der Zusammenhang.

Mit den zuvor dargestellten Verfahren kann ein Wort zu einem Vektor transformiert werden. In diesem Zusammenhang wird von Word Embeddings gesprochen. Ähnlich verhält es sich mit den Sentence Embeddings. Diese repräsentieren ganze Sätze oder

---

4 *https://arxiv.org/abs/1301.3781v1*

Abschnitte als Vektor. Beide haben eine große Bedeutung für die grundlegenden Fähigkeiten von LLMs und modernen NLP-Ansätzen.

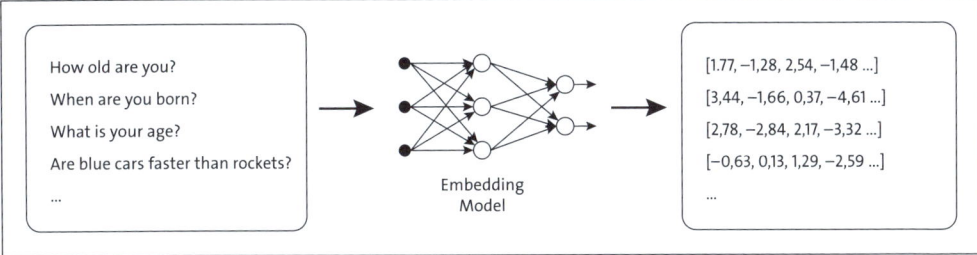

Abbildung 1.7 Transformation von Text in Vektoren

Nachdem Sie eine Idee von Wortmodellen haben, sprechen wir noch über das nach vorne lernende bzw. prädiktierende LLM. Dieses lernt, aus einer sehr großen Menge von Textdaten sprachliche Strukturen und Muster zu verstehen und auf dieser Basis neuen Text zu generieren. Abbildung 1.8 zeigt, dass bei einem Input von 3 Wörtern »The sky is« das LLM die Wahrscheinlichkeit für das nächste Wort (1 Token) berechnet. Auf Basis der angelernten Texte wäre in dem Beispiel »blue« am wahrscheinlichsten.

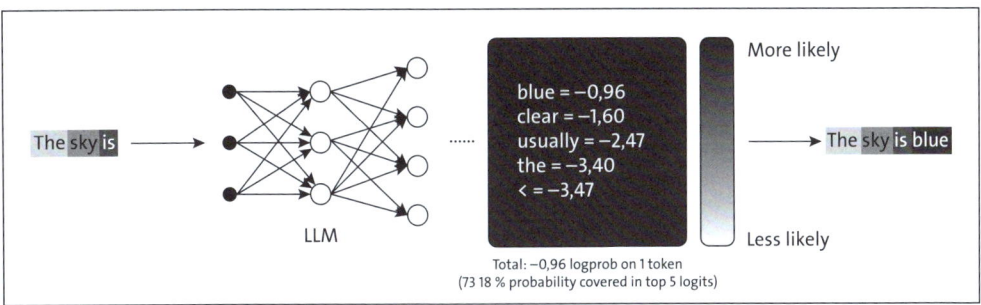

Abbildung 1.8 Beispielhaftes Schätzen des nächsten Wortes

Die gegenwärtigen Fortschritte von LLMs zeigen, dass sich ihre allgemeinen Fähigkeiten verbessern, kontextualisierte Inhalte zu generieren. LLMs beherrschen zunehmend vielfältigere Textausprägungen, was Sie beispielsweise bemerken, wenn Sie auf den Umgang mit Mehrdeutigkeiten achten oder sich auf die Schärfung allgemeiner Erklärungen durch plausibilisierende Details fokussieren. Durch Techniken wie das Finetuning, bei denen vortrainierte Modelle auf spezifischen Daten weiter trainiert werden, erlangen LLMs mehr Effektivität bei der Lösung von Aufgaben, zu denen »kein Vorwissen« vorliegt. Zudem ist ein bedeutender Trend, der insbesondere im

Zusammenhang mit der Betrachtung der Nachhaltigkeit Beachtung finden sollte, dass LLMs trotz steigender Modellparameter im Betrieb weniger Rechenressourcen benötigen. So ist es beispielsweise möglich, das neue LlaMA-3-70B-Modell auf einer GPU mit 4 GB Videospeicher laufen zu lassen.[5] Zum Vergleich: LlaMA 2 70B benötigte noch eine GPU mit 40 GB.[6] Neben der zunehmenden Leistungsfähigkeit von Sprachmodellen spielen LLM-inkludierende Architekturen eine entscheidende Rolle, um ihre Risiken zu minimieren und Stärken weiter zu verbessern.

Die kontinuierlichen Fortschritte der UX (User Experience, deutsch: Nutzererfahrung) in der KI-Forschung haben zu tiefgreifenden Veränderungen in der Art und Weise geführt, wie die Interaktion und Kommunikation stattfinden kann. Ein herausragendes Beispiel für das Zusammenspiel zwischen KI und Menschen ist die Übersetzungssoftware »DeepL«. Es wird ein Übersetzungsinhalt generiert, und im ausgegebenen Ergebnis kann der Nutzer oder die Nutzerin einzelne Wörter in Echtzeit interaktiv anpassen. Die KI gleicht den restlichen Satz so an, dass er sinnstiftend bleibt. Sie können UX im Kontext von KI als Brücke zwischen der menschlichen und maschinellen Kognition verstehen. Auch wenn die UX von ChatGPT nicht mit der von DeepL konkurrieren kann, so ist ChatGPT trotzdem in der Lage, von allen Interaktionen mit seinen Nutzern zu lernen. Durch diesen fortlaufenden Lerneffekt werden Sprachmodelle immer mehr zu Schlüsselfaktoren, die definieren, wie Unternehmen mit ihren Kunden kommunizieren und wie interne Prozesse durch Automatisierung effizienter gestaltet werden. Der Einsatz dieser Modelle ermöglicht eine Vielzahl von Anwendungen, die nicht nur die Betriebseffizienz signifikant erhöhen, sondern auch die Kundenerfahrung durch Personalisierung verbessern und das Spektrum an Dienstleistungen durch innovative Ansätze erweitern.

Hands on: ChatGPT nutzen

Sie erhalten nachfolgend einen schrittweisen Einstieg in die Nutzung und Fähigkeiten von LLMs am Beispiel von ChatGPT.

Rufen Sie *https://chat.openai.com/* im Webbrowser Ihrer Wahl auf. Nach der Registrierung und Anmeldung in der Benutzeroberfläche werden Sie eine schlicht gehaltene Interaktionsfläche antreffen. Den Hauptteil macht das Dialog-System aus: Sie finden unten ein Eingabefeld und linksseitig eine Historie mit bisher geführten Dialogen.

---

5 *https://ai.gopubby.com/run-the-strongest-open-source-llm-model-llama3-70b-with-just-a-single-4gb-gpu-7e0ea2ad8ba2*
6 *https://www.hardware-corner.net/guides/computer-to-run-llama-ai-model/*

1.1 Funktionsweise und Anwendung von KI

Abbildung 1.9 ChatGPT-Benutzeroberfläche

Tippen Sie in das Eingabefeld eine Aufforderung ein:

"Kannst du eine Geschichte über einen Vogel und einen Jungen in nur 5 Zeilen schreiben?"

Probieren Sie gleich eine zweite Sprache aus. Schreiben Sie dieselbe Anfrage in Englisch:

"Can you write a story about a bird and a boy in just 5 lines?"

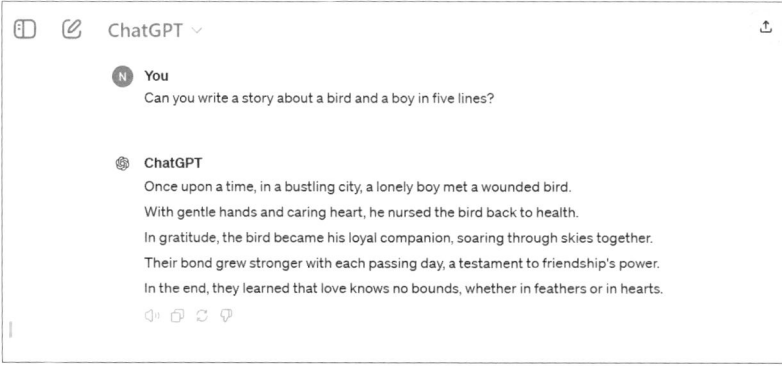

Abbildung 1.10 ChatGPT-Antwort auf die Aufforderung

Als Antwort generiert das Sprachmodell eine kurze und dennoch logisch zusammenhängende Geschichte, welche die in Ihrem Prompt vorgegebenen Kriterien berücksichtigt.

Darüber hinaus kann ChatGPT auch in andere Sprachen übersetzen. Geben Sie den Prompt ein:

```
"Please generate the answer in german language."
```

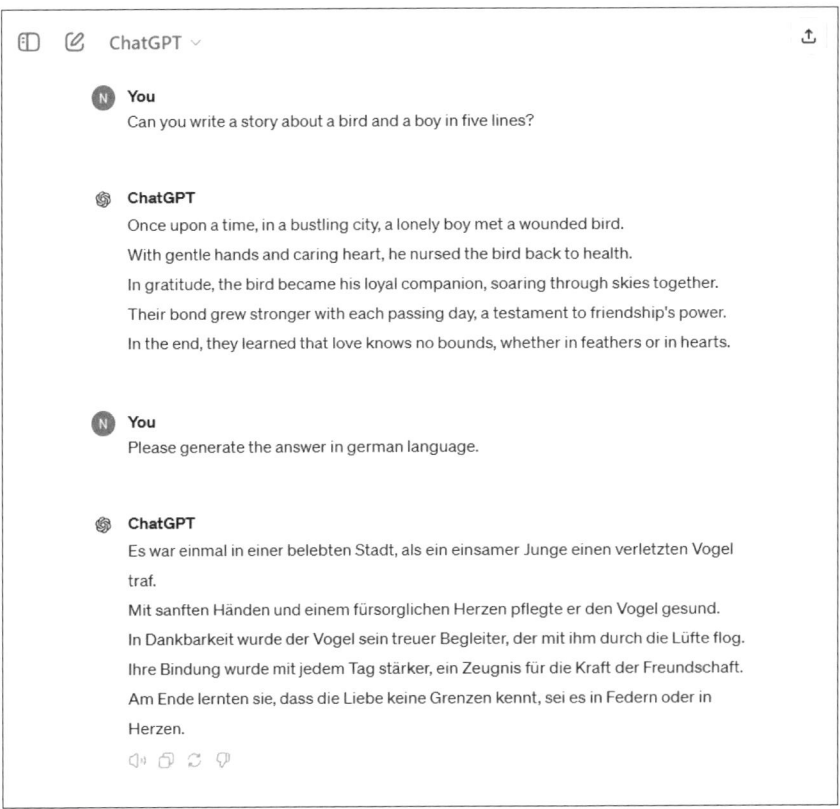

Abbildung 1.11 ChatGPT-Antwort auf die Aufforderung in deutscher Sprache

Die Effizienz des Sprachmodells hängt zu Beginn stark von dem Prompt ab, den Sie schreiben. Nachfolgend finden Sie auf unseren »Cheat Sheets« einige hilfreiche Prompt-Blaupausen.

Writing

Blog Posts/Essays/Articles:
Write a [adjective] [type of content] on [goal]. Explain why: [topic1, topic2 ...]

- Write a *friendly blog post* on *why people should lose weight*. Explain why *obesity is a problem, how people can lose weight*, and *why being healthy is important*.
- Write a *humorous essay* on *how not to prepare for an exam*.

Writing Assistant:
Can you [action] my text [adjective]?

- Can you *make* my paragraph *less formal*?
- Can you *make* my sentence easier to read?
- Can you *complete* my sentence? [insert sentence]
- Can you *continue* my paragraph? [insert paragraph]

Email:
Reply to this email; [insert email]. Be [behavior] and say [ideas].

- Reply to this email. Be *polite* and say *that I accept the offer if ...*
- Reply to this email. Be *friendly* and say that *I don't have time for the meeting*

Social Media:
Create X [type of content] for [platform] [details]

- Create 5 *hashtags and a caption* for a *picture on Instagram* of a cute cat
- Create 2 *bios* for *LinkedIn* highlighting *my work achievements*

Abbildung 1.12 Prompting Cheat Sheet für die Erstellung von Inhalten

Creativity

Entertainment:
Create X [elements] containing [details]

- Create 5 *jokes* considering *words like knowledge and money*
- Create 5 *pickup lines* considering that *you're a doctor*

Gift ideas:
Provide X gift ideas for [types of people]

- Provide 3 gift ideas for *clients of a travel agency*
- Provide 4 gift ideas for *business partners in a healthcare company*.
- Provide 5 gift idea und $100 for a *teenager who loves football*.

Act as:
Acts as a [type of person] that is X [behavior], [Action]

- Act as a *customer support assistant* that is *empathetic* and *polite*. Now *answer this email*
- Act as a *salesperson* that is *very persistent*. Imagine we're on a phone call and try to sell a pen to me.
- Act as *my personal chef. I'll tell you about my dietary preferences and allergies, and you'll suggest recipes for me to try*.
- Act as a *film critic. You'll review a movie and provide both positive and negative feedback about the plot, direction and music.*

Planning:
Create X-day [type of plan] for [detail]

- Create a 7-day *trip* for *our anniversary in September*
- Create a 30-day *workout* for *my arms and abs with no gym equipment*
- Create a 5-day *meal plan* for *a child who is lactose intolerant*

Abbildung 1.13 Prompting Cheat Sheet für die Erstellung von kreativen Inhalten

Hier ist ein Beispiel dafür, wie Sie eine E-Mail zu einem beliebigen Thema verfassen lassen können. Lassen Sie sich einen Termineinladungstext in Ihrem Namen erzeugen. Als Rückmeldung auf den Prompt werden zwei Antworten vorgeschlagen, durch unsere Auswahl erhalten wir nicht nur die bessere Antwort, sondern die KI erhält auch einen neuen Trainingsdatensatz.

```
"Verfasse eine E-Mail mit der Bitte um einen Termin bei der Geschäftsführung,
um den Jahresabschluss durchzusprechen, und gib meinen Namen (Max Mustermann)
und den Namen der Geschäftsführerin (Martina Musterfrau) an."
```

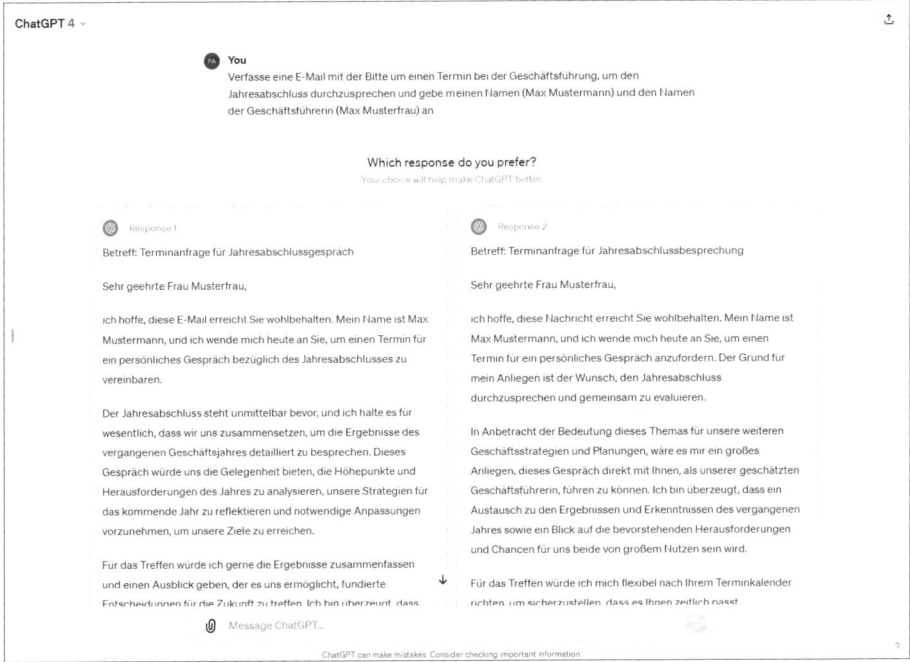

Abbildung 1.14 ChatGPT-Antwort auf den E-Mail-Prompt

Nachdem Sie einen Eindruck von der Leistungsfähigkeit von ChatGPT erhalten haben, vergleichen wir die Antwortqualität der verschiedenen Versionen untereinander sowie mit einem anderen Modell. Wir wechseln dazu in die LLM-Eingabemaske der intuitive.AI GmbH. Diese ist erreichbar unter *llm.intuitive-ai.com*.

Der LLM-Dienst bindet über Schnittstellen sowohl ChatGPT 3.5 als auch ChatGPT 4 ein. Daneben stehen auch selbst gehostete Sprachmodelle zur Verfügung. Der Vergleich erfolgt anhand des nachfolgenden Prompts:

```
"Write my low-sugar meal plan for a toddler lactose intolerant"
```

1.1 Funktionsweise und Anwendung von KI

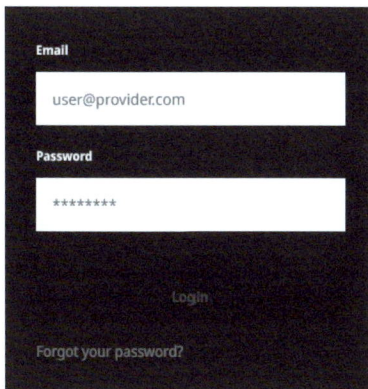

Abbildung 1.15 Login-Screen des LLM-Dienstes der intuitive.AI GmbH

Erst das Ergebnis des Modells der intuitive.AI GmbH.

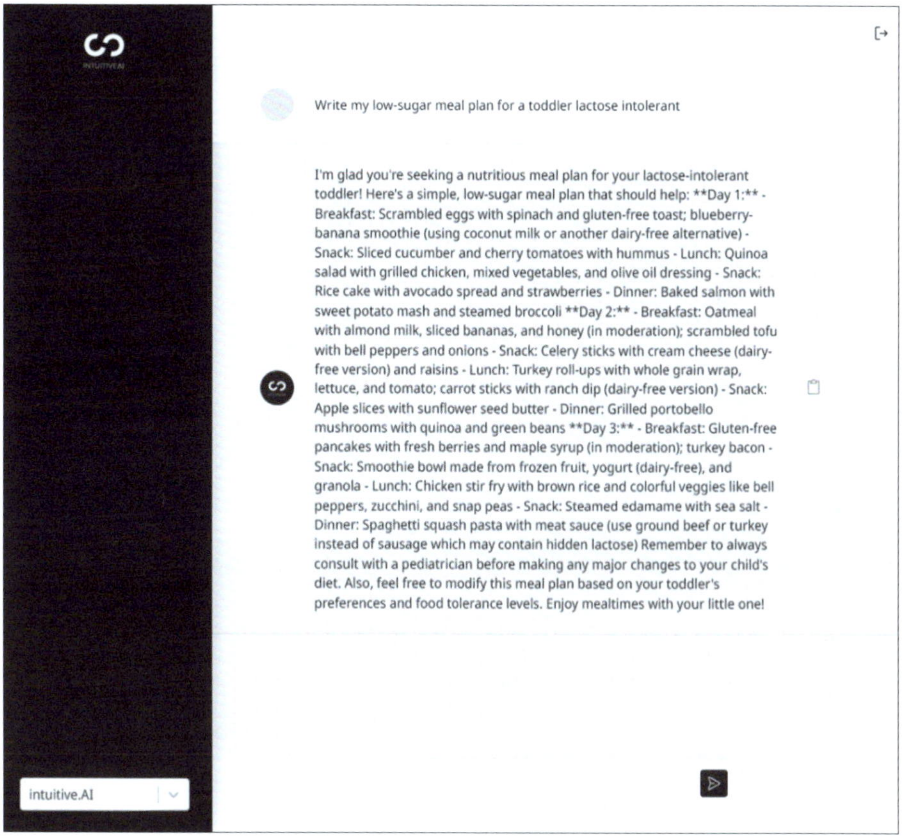

Abbildung 1.16 KI-generierter Speiseplan für Kinder von intuitive.AI

Als Zweites ChatGPT 3.5 mit demselben Prompt.

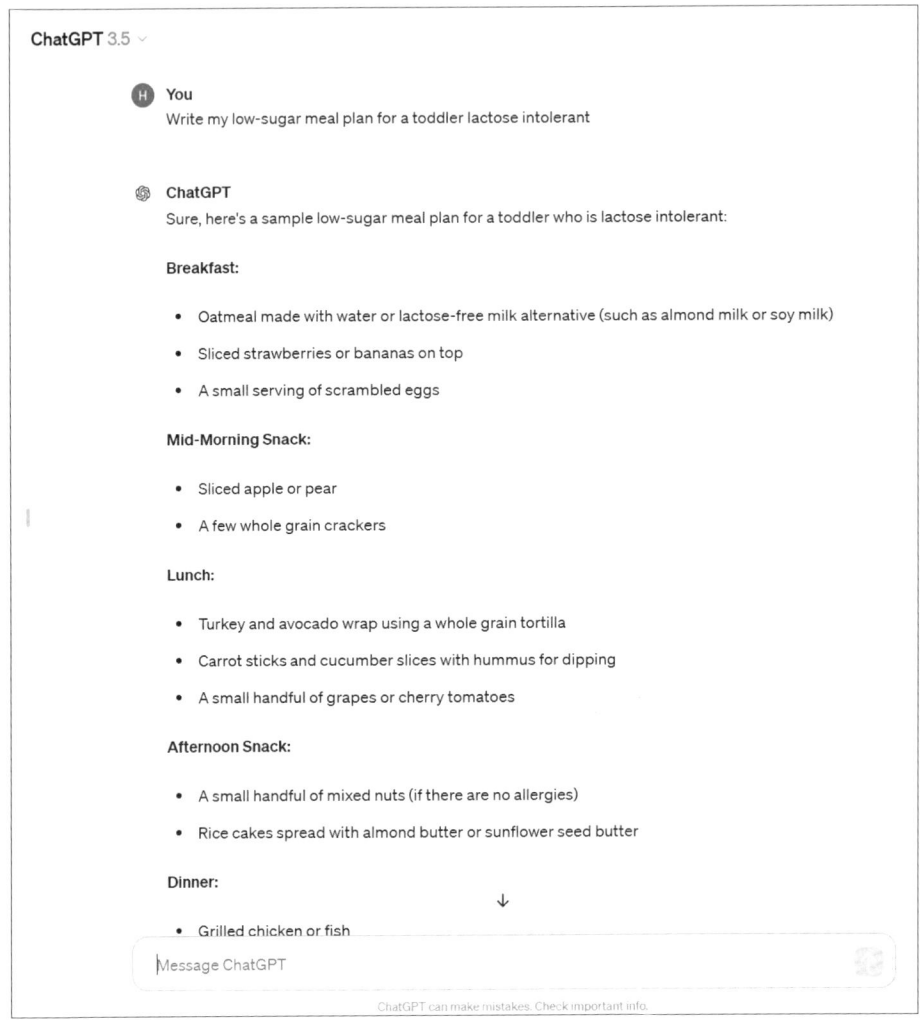

Abbildung 1.17 KI-generierter Speiseplan für Kinder von ChatGPT 3.5

Und zum Vergleich ChatGPT 4 mit derselben Eingabe (siehe Abbildung 1.18).

Der Vergleich zeigt: In Beispiel eins und drei werden zusätzlich zu dem eigentlichen Speiseplan noch Anweisungen zur Zubereitung der Speisen zur Verfügung gestellt. Die beiden Modelle haben also eine höhere Detailschärfe bei der Generierung von Inhalten. Ansonsten kann festgehalten werden, dass es keine großen Qualitätsunterschiede bei trivialen Aufgaben gibt.

1.1 Funktionsweise und Anwendung von KI

Abbildung 1.18 KI-generierter Speiseplan für Kinder von ChatGPT 4

Weitere Sprachmodelle

Nachfolgend stellen wir Ihnen einige weitere am Markt verfügbare Sprachmodelle vor. Diese sind sowohl kommerziell, Closed Source und kostenneutral sowie Open Source. Dienste, die keine Bezahlung in Geld fordern, verlangen häufig die Übertragung der Nutzungsrechte an den eingegebenen Prompts von ihren Nutzern, sodass die Daten zum weiteren Training des Modells genutzt werden können. Insofern bezahlen Sie hier häufig mit Daten.

Bekannte kommerzielle Modelle sind:

1. **OpenAIs** GPT-4
2. **Anthropics** Claude 3 Haiku, Claude 3 Sonnet oder Claude 3 Opus.
3. **Google DeepMinds** Gemini

- OpenAI

  GPT-4 ist das zurzeit größte verfügbare Modell in der GPT-Serie von OpenAI; der Generative Pre-trained Transformer 4 wurde 2023 veröffentlicht. Wie andere LLMs ist es ein auf der Transformer-Technologie basierendes Modell. Ein entscheidender Unterschied besteht darin, dass das Modell mehr als 170 Billionen Parameter hat. Es kann dadurch sowohl Sprache als auch Bilder verarbeiten und generieren und es kann Daten analysieren und Diagramme sowie Grafiken erstellen. Anders als sein Vorgänger ChatGPT 3.5 brauchen Sie für das leistungsstärkere Nachfolgermodell einen kostenpflichtigen Zahlungsplan. Zudem kann ChatGPT – wenn auch nur eingeschränkt – live auf Daten aus dem Internet zugreifen.

- Claude-3-Modellfamilie

  Die Claude-3-Modellfamilie setzt neue Branchenstandards in einer Vielzahl kognitiver Aufgaben. Sie umfasst drei hochmoderne Modelle in aufsteigender Reihenfolge der Leistungsfähigkeit: Claude 3 Haiku, Claude 3 Sonnet und Claude 3 Opus. Jedes aufeinanderfolgende Modell bietet zunehmend leistungsstärkere Outputs, was es Benutzern ermöglicht, die optimale Balance zwischen Intelligenz, Geschwindigkeit und Kosten für ihre spezifische Anwendung auszuwählen.

- Google DeepMind

  Mit Gemini von Google DeepMind will Google sich im Wettbewerb um die stärkste generative KI positionieren. Auch Gemini mit seinem Schwerpunkt auf multimodalen Fähigkeiten wird weitere Innovationen und Verbesserungen vorantreiben.

In einem angeblich ins Internet durchgesickerten internen Google-Dokument wird behauptet, dass Open-Source-AI Google und OpenAI überflügeln wird.[7] Und da Leaks zur New Economy gehören, ist die Geschichte zu dem ersten Open-Source-LLM auch durch ein Leak entstanden. Das Open-Source-LLM Llama war eigentlich die Antwort von MetaAI (ehemals Facebook) auf ChatGPT.[8]

- **Llama 2**: Entwickelt von MetaAI, repräsentiert Llama 2 einen bedeutenden Fortschritt auf dem Gebiet der LLMs. Die Modellreihe umfasst verschiedene Größen von 7 bis 70 Milliarden Parametern und ist auf einem vielfältigen Datensatz von 2 Billionen Tokens trainiert. Es wurde sorgfältig getestet, um Fehler und Voreingenommenheit zu reduzieren. Llama 2 ist bekannt für seine Vielseitigkeit in kommerziellen Anwendungen wie Content-Erstellung, Kundensupport, Informations-

---

[7] »We Have No Moat, And Neither Does OpenAI«. Mehr dazu hier: *https://hackaday.com/2023/05/05/leaked-internal-google-document-claims-open-source-ai-will-outcompete-google-and-openai/*

[8] Siehe: *https://www.heise.de/news/Leak-Metas-GPT-Herausforderer-LLaMA-als-Torrent-verfuegbar-7538639.html*

abruf, Finanzanalyse, Content-Moderation und Gesundheitswesen, was seine breite Nützlichkeit über verschiedene Branchen hinweg unterstreicht.

- **Mixtral-8x7B**: Als nachfolgendes Unternehmen von Mistral-7B besteht Mixtral-8x7B aus einem umfangreichen Modell mit 45 Milliarden Parametern. Es zeichnet sich in Aufgaben wie Textzusammenfassung, Klassifizierung, Textvervollständigung und Codevervollständigung aus und bietet erhöhte Genauigkeit. Dieses Modell erweitert die Fähigkeiten seines Vorgängers und bietet verbesserte Leistungen in einer Vielzahl von Anwendungen.

- **Falcon-Serie**: Entwickelt vom Technology Innovation Institute, umfasst die Falcon-Serie eine Reihe von LLMs, die für ein breites Spektrum von Anwendungen konzipiert wurden, einschließlich Textgenerierung, Textzusammenfassung und Chatbot-Funktionen. Die Falcon-Familie hat zwei Modelle: Falcon-40B mit 40 Milliarden Parametern und Falcon-7B mit 7 Milliarden Parametern. Beide wurden mit dem Refined-Web-Datensatz trainiert, einem sorgfältig kuratierten Datensatz von 1.500 Milliarden Tokens, der hochwertige, gefilterte und duplikatfreie Webdaten bereitstellt. Das Falcon-7B-Modell integriert zusätzliche kuratierte Korpora, um Fähigkeiten weiter zu verbessern.

- **Flan-T5**: Mit hervorragenden Leistungen in Multi-Task Language Understanding und Cross-Lingual Question Answering ist Flan-T5 ein vielseitiges Modell, das für verschiedene Geschäfts- und Forschungsanwendungen geeignet ist. Es unterstützt Textgenerierung, Fragebeantwortung, Sentiment-Klassifizierung, Übersetzung, Pronomenauflösung und mehr.

Vorteile von Open-Source-Modellen bestehen in der bereits angedeuteten Individualisierung und Einbettung in interne IT-Infrastrukturen. Es muss daher keine Kommunikation zu einem externen Server aufgebaut werden; es ist nicht mal eine Internetverbindung notwendig. So können Sie bspw. Ihre vertraulichen Klientendaten bedenkenlos in Ihrer eigenen Umgebung verarbeiten, um die Weitergabe von personenbezogenen Daten oder Geschäftsgeheimnissen zu vermeiden. Weiterhin sind Sie nicht abhängig von den Preissprüngen oder Änderungen in den Servicebedingungen eines externen Lieferanten.

Ähnlichkeiten zwischen Open-Source- und kommerziellen Modellen
Sowohl Open-Source- als auch kommerzielle Modelle lassen sich nahtlos in Arbeitsabläufe integrieren und steigern so die Effizienz und Produktivität in verschiedenen Bereichen.

Beide Arten von Modellen nutzen Techniken der natürlichen Sprachverarbeitung, um neben der Generierung von Texten diese zu verstehen und zu analysieren. Dies ermöglicht Aufgaben wie Zusammenfassungen, Entitätenerkennung und Sentimentanalyse.

Unterschiede zwischen Open-Source- und kommerziellen Modellen

Open-Source-Modelle sind in der Regel kostenlos verfügbar und richten sich an Einzelpersonen und Organisationen mit begrenzten Budgets, während kommerzielle Modelle oft Lizenzgebühren oder Abonnementkosten mit sich bringen.

Sofern technische Kompetenz und Entwicklungskapazitäten vorhanden sind, bieten Open-Source-Modelle meist größere Flexibilität bei der Anpassung und ermöglichen es Unternehmen, das Modell entsprechend ihren spezifischen Anforderungen zu modifizieren.

Open-Source-Modelle können im Vergleich zu kommerziellen Sprachmodellen umfassendere Dokumentation und transparentere Einblicke in die Funktionsweise bieten. Andererseits verfügen kommerzielle Sprachmodelle teilweise über einen vertraglich zugesicherten Kundenservice. Ein solcher Kundenservice bedeutet jedoch nicht zwingend eine stets überlegene Hilfestellung. Hinter Open-Source-Projekten steckt meist eine prosperierende Community, die sowohl durch herausragende Entwickler mit intrinsischer Motivation als auch Organisationen mit ihren Konzernressourcen wertvolle Hilfestellungen bieten kann.

Open-Source-Modelle ermöglichen einfache Anpassungen und Aktualisierungen, um Kundenbedürfnissen gerecht zu werden, und fördern so die Zusammenarbeit und Innovation. Kommerzielle Modelle bieten in der Regel weniger Flexibilität und Transparenz, was sie für Individualisierung einschränkt. Über APIs bieten sie allerdings auch eine Integrationsmöglichkeit in ganzheitliche Softwarelösungen.

Midjourney & Co.: generative Bild-KI

Im Spannungsfeld zwischen Kunst und Technologie haben Diffusionsmodelle eine Brücke geschlagen, die digitale Kreativität neu definiert. Diese Modelle repräsentieren eine fortgeschrittene Generation Künstlicher Intelligenz, spezialisiert auf die Generierung von Bildern, die von enormer Detailtiefe und authentischer Qualität sind.

Das Besondere an diesen Modellen liegt in ihrem Ansatz, aus einem anfänglichen Chaos – einem digitalen »Rauschen« – nach und nach Strukturen zu formen, die sich zu einer kohärenten Bildkomposition zusammenfügen. Diese »Diffusion«, also die graduelle Entwicklung von Unordnung zu Ordnung, ähnelt einem kreativen Prozess, bei dem aus einer zufälligen Verteilung von Farbpunkten eine präzise und bedachte visuelle Darstellung entsteht.

Im Kern lernen Diffusionsmodelle von einer Vielfalt an visuellen Daten, erkennen Muster und Texturen und erlangen das Vermögen, diese in verschiedensten Kontexten wiederzugeben. Das Resultat ist eine KI, die wie ein virtueller Künstler agiert, der in der Lage ist, Bilder nicht lediglich zu kopieren, sondern tatsächlich zu kreieren. Durch diesen lernbasierten Ansatz kann sie auf Anweisungen in Form von Textprompts reagieren und Visualisierungen erzeugen, die den Vorstellungen des Nutzers entsprechen – oder sie sogar übertreffen.

Beispielsweise könnte ein Unternehmen eine KI dazu verwenden, auf Basis einer Reihe von Produktfotos einzigartige Werbebanner zu erstellen, die speziell auf verschiedene Kundensegmente zugeschnitten sind.

Abbildung 1.19 »Create an image of a virtual artist painting a picture using a diffusion model.«

Der Einsatz solcher innovativer KI-Modelle ist insbesondere für Unternehmen spannend, die in Bereichen wie Produktentwicklung oder Marketing eine schnelle und dynamische Bildproduktion benötigen. Mit diesen Modellen ist es möglich, in kürzester Zeit eine Vielzahl von Designvarianten zu generieren, die Anpassungen und Iterationen einfach und kosteneffizient ermöglichen.

> **Praxistipp: Schnellstart**
>
> Hier ein einfaches Projekt, um es direkt selbst zu probieren:
>
> Generieren Sie mit einer KI verschiedene Logo-Designs für Ihr Unternehmen und befragen Sie Ihr Team, welches das Ansprechendste ist. Werkzeuge wie DALL-E bieten hierfür intuitive Einstiegspunkte.
>
> Je mehr Infos und Kontext Sie bereitstellen, desto nutzbarer wird das Ergebnis.
>
> Falls ein Ergebnis in die richtige Richtung geht, können Sie darauf verweisend das Modell anweisen, Änderungen durchzuführen.

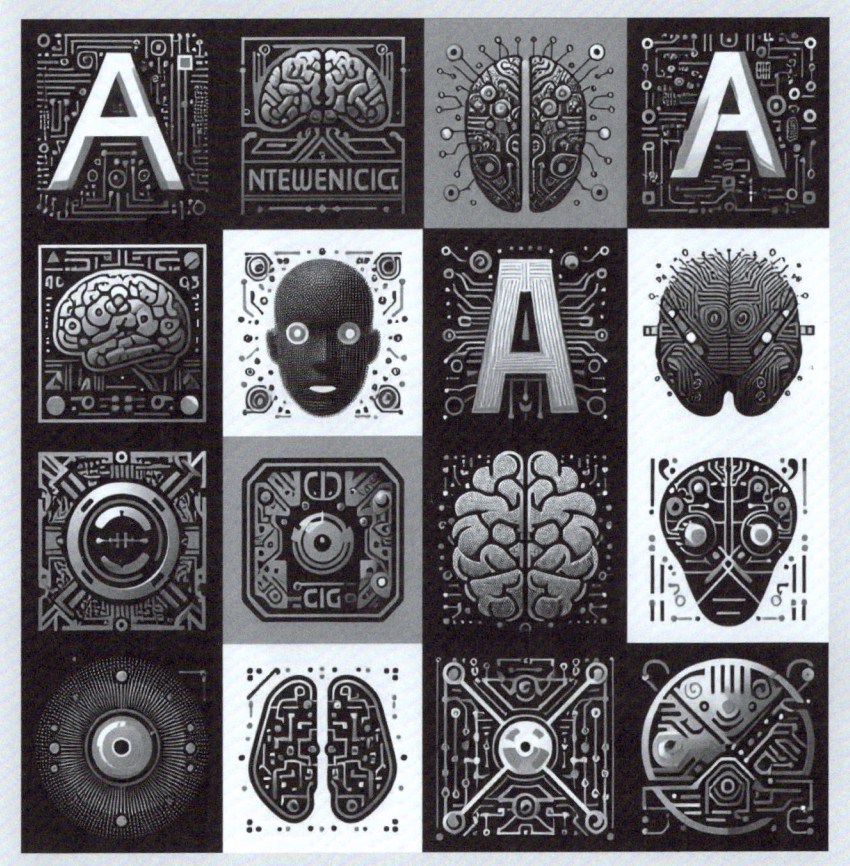

Abbildung 1.20 »Generiere verschiedene Logo-Designs für meinen KI-Ratgeber.«

Was ist neu an Diffusionsmodellen?

Wenn man sich in die Welt der Bildgenerierung durch Künstliche Intelligenz begibt, stoßen wir schnell auf Diffusionsmodelle als neuesten Durchbruch. Doch was hebt sie von den Methoden ab, die ihre Vorgängermodelle (GANs, VAEs und autoregressive Modelle) verwendet haben?

Stellen Sie sich GANs – Generative Adversarial Networks – als ein künstlerisches Wettrüsten zwischen zwei Malern vor. Der eine erschafft ein Bild, während der andere beurteilt, ob es echt wirkt oder nicht. Im Laufe der Zeit werden die Bilder immer besser, sodass sie beinahe von echten, menschengemachten Bildern nicht mehr unterschieden werden können.

Abbildung 1.21 »Künstlerisches Wettrüsten zwischen zwei Malern, der eine erschafft ein Bild, während der andere beurteilt, ob es echt wirkt oder nicht.«

Variational Autoencoders, kurz VAEs, sind wie Töpfer, die aus groben Formen zunehmend feinere und genauere Details herausarbeiten. Sie gestalten neue Bilder, die den Originalen ähneln, auf eine Art und Weise, die viel Spielraum für Variationen lässt.

Autoregressive Modelle könnten wir uns als Maler vorstellen, die ein Bild Punkt für Punkt erstellen und sich immer erst beim Vollenden des letzten Punkts entscheiden, wie der nächste aussieht.

Abbildung 1.22 »Mechanischer Töpfer, der aus groben Formen zunehmend feinere und genauere Details herausarbeitet«

Abbildung 1.23 »Ein Maler, der ein Bild Punkt für Punkt erstellt und sich immer erst beim Vollenden des letzten Punkts entscheidet, wie der nächste aussieht«

Diffusionsmodelle unterscheiden sich von vorigen Modellen durch ihre einzigartige Fähigkeit, aus einem anfänglichen Zustand, der nur als digitales »Rauschen« beschrieben werden kann und keine erkennbare Form oder Struktur aufweist, Bilder zu erstellen. Im Laufe eines iterativen Prozesses, bei dem nach und nach kleine Änderungen vorgenommen werden, entstehen aus diesem Rauschen letztlich Bilder von großer Klarheit und Realitätsnähe. Vereinfacht gesagt, starten Diffusionsmodelle mit einer Art digitalem »Weißrauschen«, vergleichbar mit dem visuellen »Schnee« oder Rauschen, das man von alten Fernsehgeräten kennt, wenn kein Signal empfangen wird. Durch einen speziell entwickelten Algorithmus wird dieses Anfangsrauschen schrittweise in ein detailliertes Bild transformiert. Der Prozess ähnelt dem schrittweisen Schärfen oder dem allmählichen Sichtbarwerden eines Bildes in der Dunkelkammer der traditionellen Fotografie.

Um die verbesserte Stabilität von Diffusionsmodellen gegenüber ihren Vorgängern im Kontext des Lernens und der Bildschöpfung zu veranschaulichen, könnte man den Vergleich zu einem Maler heranziehen, der sich darauf konzentriert, ausschließlich Autos zu malen, und dabei keinesfalls Flugzeuge darstellen möchte. Frühere Modelle in der Künstlichen Intelligenz könnten in diesem Szenario manchmal verwirrt sein und unbeabsichtigt Merkmale von Flugzeugen in ihre »Gemälde« von Autos einfließen lassen, da ihre Fähigkeit, zwischen den sehr unterschiedlichen Merkmalen von Autos und Flugzeugen zu unterscheiden, nicht ausreichend ausgeprägt war. Das Ergebnis könnte eine unscharfe Mischung beider Objekte sein, die weder eindeutig als Auto noch als Flugzeug erkennbar ist. Diffusionsmodelle hingegen haben durch ihre fortgeschrittenen Lernalgorithmen eine Art »künstlerisches Auge« entwickelt, das es ihnen ermöglicht, mit hoher Präzision nur die gewünschten Merkmale eines Autos zu erkennen und zu rekonstruieren. Dies garantiert eine klare und zielgenaue Darstellung, ohne dass ungewollt das Bild eines Flugzeugs entsteht. Dadurch gelingt es Diffusionsmodellen, die gegebene Aufgabe mit erstaunlicher Genauigkeit und Stabilität umzusetzen, ähnlich einem talentierten Maler, der seine Vision präzise auf die Leinwand bringt.

Da visuelle Inhalte zunehmend in allen Kommunikationsbereichen an Wichtigkeit gewinnen, ermöglichen Diffusionsmodelle eine völlig neue Perspektive auf das, was maschinelle Kreativität zu leisten imstande ist. Sie sind die nächste Stufe in der Entwicklung der computergestützten Bildgenerierung, die für Unternehmen eine Vielzahl an neuen Möglichkeiten eröffnet, von der Produktvisualisierung bis hin zu innovativen Marketingstrategien.

Wie funktionieren Diffusionsmodelle?

Bei der Erklärung, wie die oben genannten Modelle aus einer kurzen Textbeschreibung ein detailliertes Bild erzeugen, ist es hilfreich, sich diese KI-Modelle wie lernbegierige Künstler vorzustellen, die zunächst nur eine von digitalem Rauschen gefüllte Leinwand haben.

Nach intensivem Training, vergleichbar mit dem Studium berühmter Kunstwerke, kann dieses KI-Modell Ihnen ein detailliertes Bild eines sonnigen Strandes erzeugen, komplett mit feinem Sand und türkisfarbenem Wasser. Dieses Rauschen ist der Ausgangspunkt, das »weiße Papier«, das nur darauf wartet, mit Leben gefüllt zu werden.

Abbildung 1.24 »Weißes Papier, das nur darauf wartet, mit Leben gefüllt zu werden«

In der Trainingsphase entwickeln die Modelle ein Verständnis für visuelle Strukturen, indem sie diese mit einer großen Datenmenge beigebracht bekommen. Wichtige Aspekte wie Farben, Formen und auch komplexere Konzepte wie Stimmung, Stil und Atmosphäre des Bildes werden dabei verinnerlicht. Dieses erlernte Wissen ist die Referenz, aus der das Diffusion Model schöpft, wenn es aufgefordert wird, aus einem Prompt ein Bild zu konstruieren.

Wichtig ist es, zu verstehen, dass nach der Trainingsphase keine weitere Verbesserung der KI durch die Bildproduktion selbst stattfindet. Ein einmal trainiertes Diffusion Model verwendet seine »Kenntnisse« wie ein Maler seine Farben – passend und gezielt, um das gewünschte Ergebnis zu erzielen. Jedoch finden bei den großen Modellen wie Midjourney oder Stable Diffusion fortlaufend weitere Trainings statt, um die Ergebnisse der Bildgenerierung weiter zu verbessern.

Damit ein Prompt wie »Erstelle ein Bild von einem sonnigen Strand um 17 Uhr mit einem Surfer im Vordergrund« verwirklicht wird, greift das Modell auf eine reichhaltige Galerie gesammelter Eindrücke aus dem Training zurück. Aus diesem Archiv zieht es Bekanntes heran, um das Unbekannte zu erschaffen. Es beginnt, das anfängliche Rauschen umzusteuern und ihm eine klare Richtung zu geben. Durch den fortlaufenden Prozess – die sogenannte Diffusion – verwandeln sich die unstrukturierten Ansammlungen von Pixeln in eine präzise Zusammensetzung, die das eingangs gebildete mentale Bild widerspiegelt.

Diesen Prozess kann man sich als einen sorgfältigen Schleifvorgang vorstellen Schicht um Schicht wird das Rauschen eliminiert und durch feinere, genau ausgerichtete Strukturen ersetzt, die das gesuchte Bild nach und nach formen.

Abbildung 1.25 »Erstelle ein Bild von einem sonnigen Strand um 17 Uhr mit einem Surfer im Vordergrund.«

> **Praxistipp: Diffusionsmodelle in der Kreativbranche**
>
> Diffusionsmodelle bieten vielfältige Anwendungen für Unternehmen und erweisen sich zugleich als revolutionäre Ergänzung im Werkzeugkasten jedes Mitarbeiters, indem sie innovative Ansätze zur Generierung und Bearbeitung von Bildern bereitstellen. Diese fortschrittlichen Modelle eignen sich hervorragend für Entwicklungs- und Prototyping-Aufgaben, da sie es ermöglichen, Konzepte schnell und effizient in visuelle Entwürfe zu übersetzen. Auf diese Weise können Teams schnelles Feedback erhalten und iterative Designverbesserungen vornehmen, was letztlich zu einer erheblichen Zeit- und Ressourceneinsparung führt.
>
> Insbesondere in kreativen Branchen setzt die Nutzung von Diffusionsmodellen völlig neue Maßstäbe in Sachen visueller Inhalte. Es ändert grundlegend die Art und Weise, wie Bilder produziert und erlebt werden, und befähigt sowohl Unternehmen als auch einzelne Mitarbeiter, am Puls der Zeit zu bleiben und innovativ zu arbeiten. Die Fähigkeit, aus einer simplen Idee fast augenblicklich eine visuelle Darstellung zu generieren, eröffnet neue Horizonte in der Produktentwicklung, im Marketing und in der Werbung. Letztendlich ermöglichen sie auch, Kreativprozesse zu demokratisieren, und allen Mitarbeitern, unabhängig von ihrem grafischen Design-Know-how, die Erstellung von ansprechenden und effektiven visuellen Entwürfen/Inhalten.

Weitere KI-Dienste: Video-, Musik- und Voice-KI

Das Angebot an KI-Diensten ist nicht mehr nur auf die Generierung von Texten und Bildern beschränkt. Die Fortschritte bei der generativen Künstlichen Intelligenz haben auch in den Bereichen Video, Musik und Sprachverarbeitung beeindruckende Entwicklungen hervorgebracht. Diese Dienste werden revolutionieren, wie wir künftig Inhalte erstellen, und bieten Unternehmen neue Möglichkeiten, ihre Zielgruppen anzusprechen. KI-gestützte Videoerstellungstools können Zeit sparen und die Produktionseffizienz steigern, indem sie automatisierte Bearbeitungen, Effekte und sogar Videoinhalte generieren, welche auf einfachen Textbeschreibungen basieren.

Video-KI

Fliki ist ein Tool, das es ermöglicht, aus Texten automatisch Videos zu erstellen. Es nutzt fortschrittliche Text-to-Speech-Technologien, um narrativen Content lebendig zu machen, und ist ideal für soziale Medien oder Bildungszwecke.

Entwickelt von OpenAI, ist Sora ein Text-to-Video-Modell, das es ermöglicht, aus geschriebenen Beschreibungen kurze Videoclips zu generieren. Dies kann für Werbung oder kreative Präsentationen besonders nützlich sein. Jedoch befindet sich dieses

Modell zum aktuellen Zeitpunkt in der Testphase und wurde noch nicht für reguläre Nutzer freigegeben.

Abbildung 1.26 Videoframe eines mit Sora generierten Videos

Musik-KI

Von der Erzeugung neuer Musikstücke bis hin zur Soundbearbeitung ermöglichen es Musik-KI-Dienste, mit wenigen oder gar keinen Eingriffen originelle Kompositionen zu erstellen oder bestehende Werke zu verbessern.

Suno ist ein innovatives Tool, das KI nutzt, um auf Basis von Textbeschreibungen Musik zu generieren. Diese Technologie bietet Künstlern und Produzenten eine neue Ebene der Kreativität und Effizienz.

Entwickelt von Facebook, ermöglicht das offene Text-to-Music-Modell Musicgen, komplexe Musikstücke zu generieren, die auf einfachen Texteingaben basieren. Dieses Tool kann die Unterhaltungsindustrie insbesondere bei der Erstellung von Soundtracks und Hintergrundmusik revolutionieren.

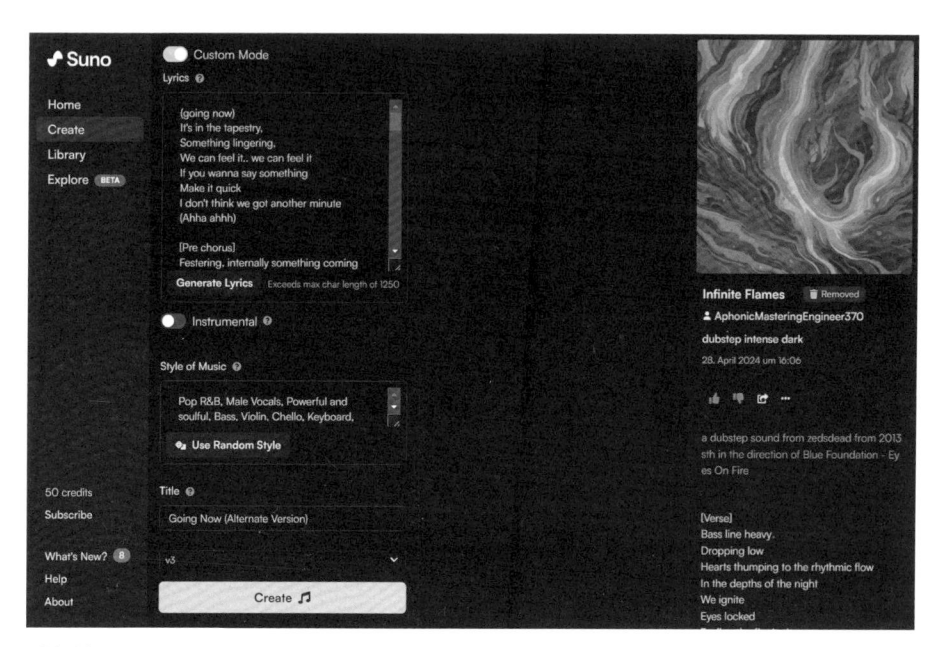

Abbildung 1.27 suno.com-Oberfläche

Sprach-KI

Neben Video und Musik spielt KI auch eine zunehmende Rolle bei der Sprachgenerierung. Ein interessantes Beispiel ist ElevenLabs, ein Start-up, das sich auf die Erstellung hochqualitativer Sprachsynthese spezialisiert hat. Es bietet fortschrittliche Lösungen für Sprachsynthese, die es ermöglichen, sehr realistische und natürliche Sprachausgaben zu erzeugen. Dies eröffnet neue Möglichkeiten für Audioproduktionen, Videospiele und sogar die Erstellung personalisierter Sprachassistenten.

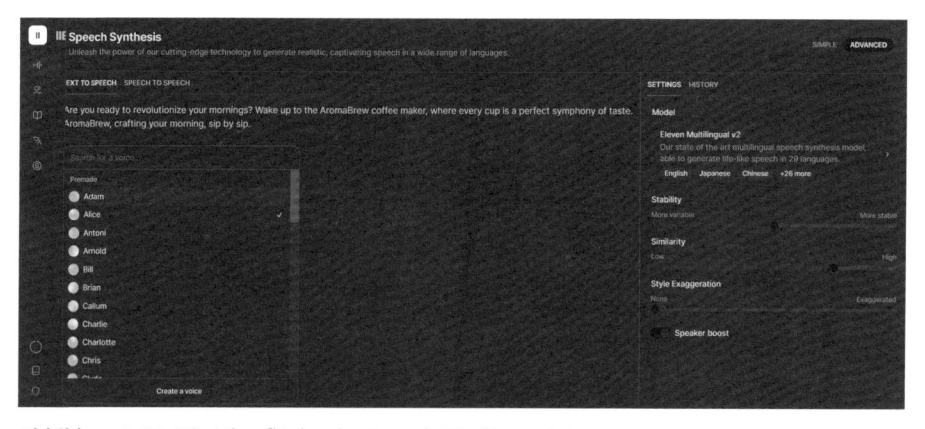

Abbildung 1.28 Die Oberfläche der Sprach-KI »ElevenLabs«

Weitere nennenswerte Anwendungen im Bereich Sprach-KI sind Tools wie otter.ai und fireflies.ai. Diese Plattformen transkribieren Besprechungen und erstellen automatisch Zusammenfassungen, Tickets und Notizen. So können Meetings effizienter dokumentiert und wichtige Informationen leicht abgerufen werden.

KI-Agenten

KI-Agenten mit Tools gehen noch einen Schritt weiter und ermöglichen es, Chat-Assistenten zu erstellen, die auf eine Vielzahl von Tools und Ressourcen zugreifen können. Ein Beispiel hierfür wären die GPTs von OpenAI, die unter anderem eigenständig im Internet navigieren können. Mehr Informationen hierzu finden Sie in Abschnitt 2.1.3. Unternehmen können so Prozesse optimieren, die Kundenerfahrung verbessern und neue innovative Produkte und Dienstleistungen entwickeln. KI-Agenten repräsentieren einen wesentlichen Fortschritt in der Art und Weise, wie KI zur Lösung komplexer Probleme und zur Erreichung geschäftlicher Ziele eingesetzt werden kann.

Die Anwendung Voiceflow ermöglicht es Teams, fortgeschrittene KI-Agenten ohne Code zu entwerfen und unter anderem diese direkt in die eigene Webseite zu integrieren. Sie bietet eine skalierbare, No-Code-KI-Agentenplattform, die durch eine flexible Entwicklerplattform erweitert werden kann. Dies macht es ideal für Unternehmen, die benutzerdefinierte Sprachanwendungen und interaktive Sprachantwortsysteme schnell und effizient implementieren möchten.

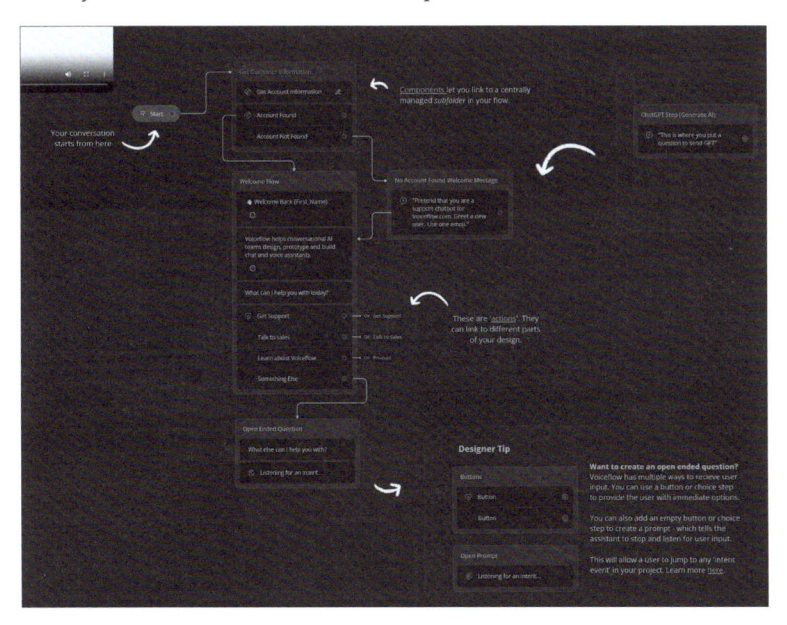

Abbildung 1.29 Voiceflow: das Baukastensystem für KI-Agenten

Mendable bietet ähnliche Features wie Voiceflow und integriert sich nahtlos in Unternehmensressourcen wie Dokumentationen, um eine kontinuierlich verbesserte Wissensbasis zu bieten. Dies ermöglicht es Mendable, maßgeschneiderte Antworten zu liefern, die direkt auf relevante Quellen verlinken.

Das Open-Source-Projekt aishe.ai ist eine flexibel einsetzbare Alternative, die es Unternehmen ermöglicht, KI-Assistenten zu erstellen, die auf ihre spezifischen Bedürfnisse/Datenquellen zugeschnitten sind.

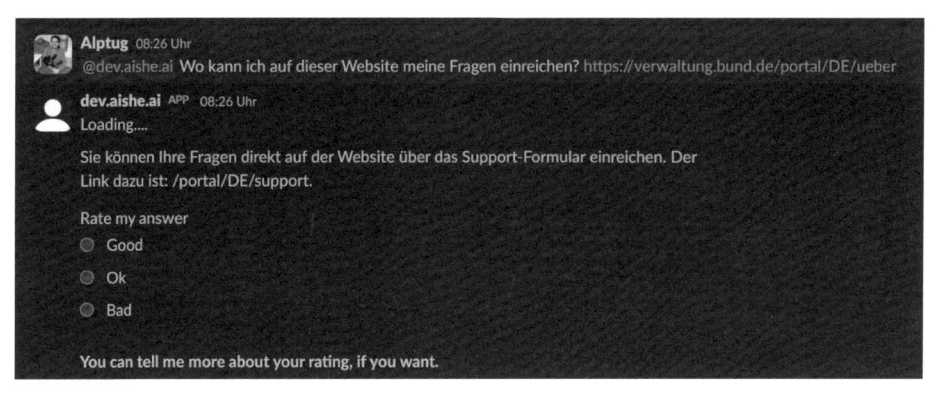

Abbildung 1.30 Eine Chat-Interaktion mit aishe.ai

Die Entwicklung von KI-Diensten schreitet rasant voran und bietet immer neue Möglichkeiten für Unternehmen und Einzelpersonen. Von der Erstellung von Videos und Musik bis hin zur Interaktion mit Technologie durch Sprache und Chatbots – KI verändert die Art und Weise, wie wir künftig leben und arbeiten.

1.1.3 Trainingsdaten

KI trainiert wie ein Marathonläufer: Sie benötigt hochwertige Nahrung in Form von Daten, um ihre Fähigkeiten zu schärfen, ihre Performance zu verbessern und vor allem Entscheidungen zu treffen, die Ihr Unternehmen voranbringen. Doch während die Auswahl der passenden Ernährung für einen Sportler klar definiert ist, herrscht in der Welt der Trainingsdaten für KI-Modelle ein komplexeres Bild.

Die Trainingsdaten sollten daher so vielfältig und repräsentativ wie möglich für die Realität sein, mit der die KI später konfrontiert wird. Das beinhaltet sowohl quantitative Vielfalt, also die Menge der Daten, als auch qualitative Vielfältigkeit, also eine breite Palette unterschiedlicher Beispiele innerhalb der Datensätze.

1.1 Funktionsweise und Anwendung von KI

Abbildung 1.31 »Erstelle ein Bild, wie ein Roboter trainiert und auf seine Ernährung achtet.«

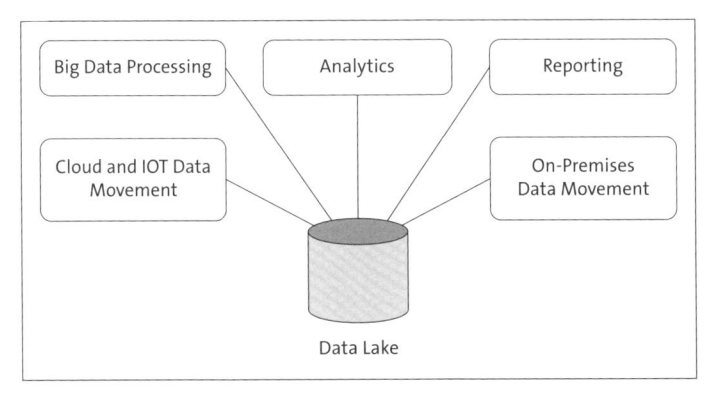

Abbildung 1.32 Zentrale Datenhalde

Es mag selbstverständlich klingen, aber der Inhalt der Trainingsdaten bestimmt, was die KI wie gut lernen wird. Zunächst müssen die Daten daher repräsentativ für die Aufgabe sein, die das Modell später lösen soll. So sollte eine Übersetzungs-KI mit zusammengehörenden Paaren aus Texten der beiden Sprachen trainiert werden.

Während die Vielfalt der Situationen entscheidend ist, müssen die Daten auch die Aktualität des gewünschten Anwendungsgebiets widerspiegeln. Eine KI für Finanzmarktvorhersagen, die auf Basis falscher oder veralteter Daten trainiert wurde, kann irreführende oder schlichtweg falsche Prognosen liefern, wenn sie mit dem volatilen Markt des 21. Jahrhunderts konfrontiert wird.

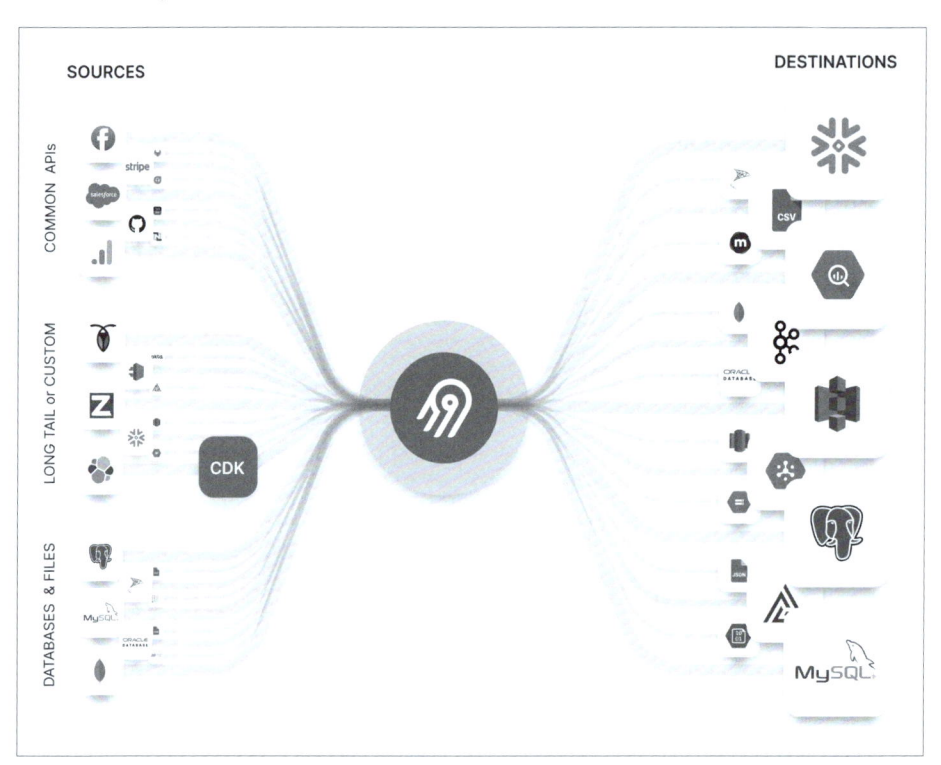

Abbildung 1.33 Daten bewegen ganz ohne Programmierung

Ein kritisches Auge benötigen wir beim Thema Bias. Jede Datensammlung kann Verzerrungen enthalten, die von der KI erlernt und repliziert oder sogar verstärkt werden könnten. Das kann unbeabsichtigt geschehen, zum Beispiel wenn historische Daten Diskriminierungen beinhalten, die in aktuellen Verwendungen unzulässig und ethisch nicht vertretbar sind.

Es ist wesentlich, diesen Bias zu erkennen und gezielt mit diversifizierteren Daten zu entkräften, da es dazu führen kann, dass Ergebnisse von Algorithmen oder Modellen einseitig oder fehlerhaft sind, was die Entscheidungsfindung negativ beeinflussen kann.

Bias bezieht sich auf Ergebnisse, die systematisch vom Ziel abweichen. Bildlich lässt sich dies wie folgt erläutern: Stellen Sie sich vor, beim Bogenschießen ist Ihr Bogen falsch ausgerichtet. Eine hohe Abweichung bedeutet nicht, dass Sie völlig danebenschießen (das wäre eine hohe Varianz), sondern kann dazu führen, dass ein perfekter Bogenschütze ständig unter dem Ziel liegt.

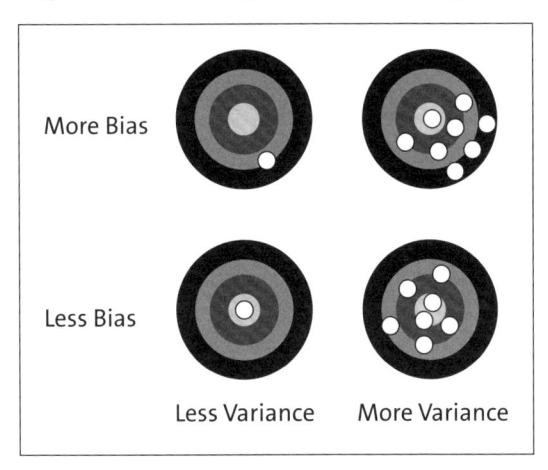

Abbildung 1.34 Bildliche Darstellung von Bias anhand einer Zielscheibe beim Schießen mit einem falsch ausgerichteten Bogen

Stellen Sie sich vor, Sie möchten eine KI zur Gesichtserkennung trainieren, aber der Großteil Ihrer Trainingsbilder sind biometrische Ausweisfotos. Dann wird das trainierte Modell mit weniger formellen Bildern nichts anfangen können.

Die Qualität der Trainingsdaten ist ebenso wichtig wie ihre Quantität und Vielfalt, wobei Genauigkeit und Vollständigkeit der Daten unverzichtbar sind. Unvollständige Datensätze können zu einer inkonsistenten Performance des trainierten Modells führen.

Neben dem Trainingsdatensatz ist ein weiterer Datensatz für die Überprüfung und Validierung erforderlich, der Testdatensatz. Der ist nötig, um die Generalisierungsfähigkeit des KI-Modells zu testen. Denn es kann passieren, dass ein Modell sich zu gut an die Trainingsdaten anpasst und dann nur für genau diese Daten sinnvolle Ergebnisse liefert. Dieser »Überoptimierung« oder »Overfitting« genannte Effekt macht das Modell für alle unbekannten Daten nutzlos.

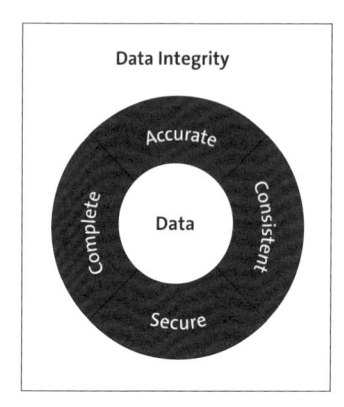

Abbildung 1.35 Wichtige Eigenschaften von Trainingsdaten

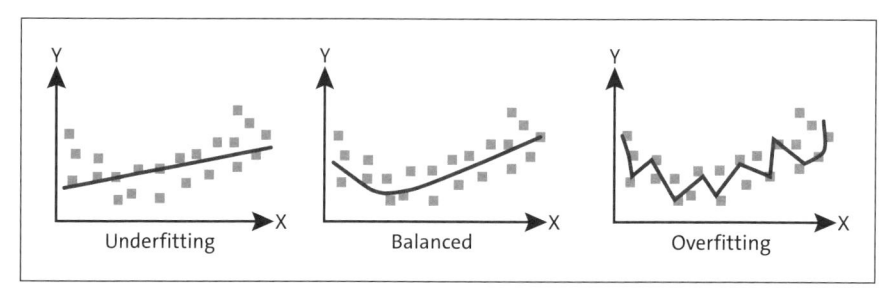

Abbildung 1.36 Grafische Darstellung von Underfitting und Overfitting im Vergleich zu einem ausbalancierten Datensatz

Um dies zu bemerken, überprüfen Data-Analysten anhand der Testdaten, ob das Modell bei nicht trainierten Daten die gewünschten Ergebnisse erzeugt. Dabei ist es wichtig, dass diese Testdaten nicht mit den Trainingsdaten überlappen, um ein echtes Bild zu bekommen.

Wenn ein Modell einen Test nicht besteht, scheint es logisch, es mit genau diesen Daten weiterzutrainieren. Doch dieser Versuchung sollten Sie unbedingt widerstehen. Denn bleiben Trainings- und Testdaten nicht streng getrennt, steigt die Gefahr des (unbemerkten) Overfittings.

Zudem werden Benchmarking-Datensätze eingesetzt, um die Leistungsfähigkeit verschiedener KI-Modelle untereinander zu vergleichen. Diese dienen als Mess-Standard für eine spezifische Aufgabe und helfen Unternehmen dabei, die Effizienz und Effektivität ihrer KI-Technologien zu bewerten.

Diese Benchmarking-Datensätze ins Training einzubeziehen, bedeutet mehr als nur Schummeln – es macht die Vergleiche nutzlos. Wer also ein realistisches Bild von der

Leistungsfähigkeit seines selbst trainierten Modells behalten möchte, muss solche Benchmarking-Datensätze sorgfältig von den Trainingsdaten getrennt halten.

		vicuna-13b	koala-13b	oasst-pythia-12b	alpaca-13b	chatglm-6b	fastchat-t5-3b	dolly-v2-12b	llama-13b	stablelm-tuned-alpha-7b
Model A	vicuna-13b	0.00	0.62	0.65	0.72	0.74	0.78	0.78	0.80	0.86
	koala-13b	0.38	0.00	0.53	0.61	0.64	0.68	0.69	0.70	0.78
	oasst-pythia-12b	0.35	0.47	0.00	0.58	0.61	0.66	0.67	0.68	0.77
	alpaca-13b	0.28	0.39	0.42	0.00	0.53	0.58	0.59	0.61	0.77
	chatglm-6b	0.26	0.36	0.39	0.47	0.00	0.55	0.56	0.58	0.67
	fastchat-t5-3b	0.22	0.32	0.34	0.42	0.45	0.00	0.51	0.53	0.63
	dolly-v2-12b	0.22	0.31	0.33	0.41	0.44	0.49	0.00	0.52	0.62
	llama-13b	0.20	0.30	0.32	0.39	0.42	0.47	0.48	0.00	0.60
	stablelm-tuned-alpha-7b	0.14	0.22	0.23	0.30	0.33	0.37	0.38	0.40	0.00

Abbildung 1.37 Vergleich verschiedener Modelle, die gegeneinander antreten. Jede Zelle gibt den Prozentsatz an, mit dem das Modell in der linken Spalte (A) gegen das Modell in der rechten Spalte (B) gewonnen hat.

Statt nur einer (oft auch Korpus genannten) Datensammlung benötigen Sie also zwei bis drei davon. Und jeder einzelne Korpus muss gigantisch sein. Denn aktuelle Modelle enthalten mehrere Milliarden innere Parameter, die anhand der Daten angepasst werden müssen. Entsprechend umfangreich müssen die Korpora sein.

Woher können Datensätze im erforderlichen Umfang und in der nötigen Qualität überhaupt kommen? Verschiedene Quellen bieten unterschiedliche Vor- und Nachteile, doch letztendlich entscheidet die Wahl der Datenquelle maßgeblich darüber, wie gut die KI ihre Aufgaben erfüllen kann.

1.1.4 Datenquellen und Scraping

Bibliotheken von Trainingsdaten, die öffentlich zur Verfügung stehen, sind oft der erste Schritt für viele Unternehmen, die mit KI-Technologien experimentieren. Als zentrale Anlaufstelle hat sich die Website Hugging Face *https://huggingface.co* etabliert. Dort stehen über mehrere Tausend Datensätze zur Verfügung, für die unterschiedlichsten Anwendungen, in verschiedenen Sprachen und unter diversen Lizenzen – oft kostenlos.

Abbildung 1.38 Modell-Übersicht auf huggingsface.co

Öffentliche Datensätze werden häufig von akademischen Einrichtungen zusammengestellt und bereitgestellt. Allerdings müssen diese Datensets sorgfältig betrachtet werden. Sie können alt sein, was sie für einige Anwendungen ungeeignet macht, oder einen Bias enthalten, der von den ursprünglichen Zusammenstellern der Daten ausgeht. (In Kapitel 3 können Sie etwas zu den rechtlichen Problemen solcher Datensätze lesen.)

Eine andere beliebte Quelle sind APIs, also Programmierschnittstellen, von Internet-Services, die große Datenmengen verarbeiten. Als der Kurznachrichtendienst X noch Twitter hieß, konnten alle Tweets kostenlos und ohne große Beschränkungen über ihre API abgerufen und zum Training genutzt werden. APIs bieten in der Regel aktuelle und gut strukturierte Daten. Diese Schnittstellen sind oft ein Segen für Entwickler, die damit direkten Zugang zu Daten in einem formatierten und standardisierten Format haben.

> **Was ist eine API?**
>
> API steht für »Application Programming Interface« oder auf Deutsch »Programmierschnittstelle«. Es handelt sich dabei um eine Schnittstelle, die es erlaubt, verschiedene Software-Anwendungen miteinander kommunizieren zu lassen. Eine API legt fest, wie die Komponenten einer Software miteinander interagieren dürfen. Sie stellt somit eine Reihe von Regeln und Spezifikationen bereit, die Entwickler verwenden können, um auf die Funktionen und Daten einer Anwendung, eines Systems oder einer Dienstleistung zuzugreifen. APIs spielen eine wesentliche Rolle in der Entwicklung moderner Software, da sie die Integration von neuen Funktionen erleichtern und den Zugang zu Daten und Diensten standardisieren. Sie sind besonders wertvoll, wenn es darum geht, große Datenmengen von Internet-Services, wie sozialen Netzwerken oder anderen Online-Diensten, automatisiert abzurufen und zu verarbeiten.

Ein Problem ergibt sich jedoch aus der Verfügbarkeit: Während APIs wie die von Twitter in der Vergangenheit eine Goldmine für Forschende und Unternehmen waren, sind sie nun oft stark eingeschränkt, kostenpflichtig oder stellen nur noch begrenzt Daten zur Verfügung.

Die Plattformen haben inzwischen realisiert, dass sie auf einem Goldschatz sitzen; nicht nur wegen des Umfangs der bei ihnen hinterlegten Daten, sondern auch, weil sie durch Strukturierung und Kategorisierung besonders nützliche Trainingsdaten darstellen.

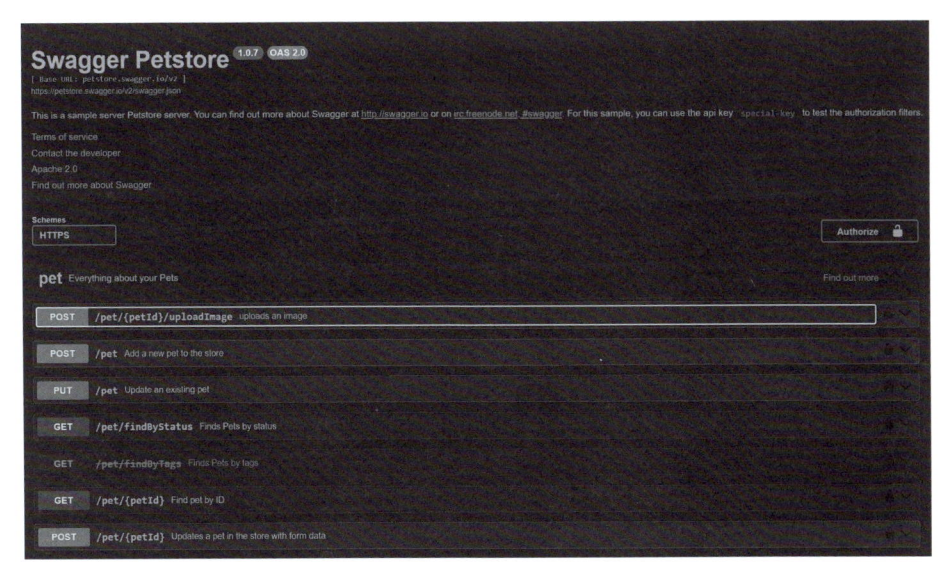

Abbildung 1.39 Dokumentation einer Schnittstelle (API)

Wenn offizielle APIs keine Option sind oder nicht den Anforderungen entsprechen, kann Scraping eine Alternative sein. Beim Scraping werden Daten automatisch aus dem Web extrahiert, was in einigen Fällen die einzige Möglichkeit ist, an relevante Informationen zu gelangen. Dazu programmiert man einen Bot, der sich möglichst weitgehend, wie ein menschlicher Nutzer der Ziel-Webseite verhält, der dann aus den Rohdaten der besuchten Webseite die gewünschten Daten extrahiert.

Abbildung 1.40 Möglichkeiten des Testwerkzeuges Cypress

Als Grundlage für Scraping-Bots eignen sich unter anderem Web-Test-Frameworks, die eigentlich zum automatischen Testen selbst gebauter Web-Anwendungen gedacht sind. Cypress ist ein solches End-to-End-Test-Framework, das nicht nur zum Testen von Webapplikationen eingesetzt wird, sondern auch dazu dienen kann, Daten aus Webseiten zu extrahieren, die für menschliche Nutzer zugänglich sind.

Ein wichtiges Element sind sogenannte »Robots exclusion standards« oder einfach Robots.txt-Dateien, die Webseitenbetreiber nutzen, um Suchmaschinen und andere Bots anzuweisen, welche Bereiche der Webseite indexiert oder eben nicht indexiert werden dürfen. Zudem stellen immer mehr Plattformen technische Hürden auf, um dem Scraping entgegenzuwirken. Das gilt besonders für diejenigen, die auch einen Zugriff über kostenpflichtige APIs anbieten.

Das Zusammentragen von nutzbaren Trainingsdaten für KI-Projekte ist ein entscheidender, aber oft kostspieliger Prozess, der Unternehmen vor große Herausforderungen stellen kann. Dies liegt nicht nur an den direkten Kosten für die Beschaffung, sondern auch an den damit verbundenen Aufgaben der Speicherung, Vorverarbeitung und dem Training selbst. (Zu den urheberrechtlichen Problemen des Scrapings können Sie Abschnitt 3.2 lesen.)

Der Prozess der Datenbeschaffung, insbesondere über APIs, kann schnell teuer werden, vor allem wenn große Datenvolumen benötigt werden, da immer häufiger Plattform für ihre Nutzerdaten Gebühren erheben. So hat Google für die Partnerschaft mit der Social-Media-Plattform Reddit mehrere Millionen Dollar bezahlt. Scraping hingegen kann zwar kostengünstiger sein, birgt jedoch das Risiko rechtlicher Konsequenzen und potenzieller Schadensersatzansprüche. Es ist daher sinnvoll, dass Unternehmen ihre Budgetplanung und das Kosten-Nutzen-Verhältnis der verschiedenen Quellen für Trainingsdaten eingehend analysieren.

Die Datenbeschaffung war nur der erste Teil einer komplexen Prozesskette. Die erworbenen Daten müssen sicher gespeichert werden, was sowohl die Investition in angemessene Speicherlösungen als auch das Management dieser Speichersysteme bedeutet. Daran anschließend ist eine gründliche Vorverarbeitung der Daten erforderlich. Dies umfasst nicht nur ihre Bereinigung und Formatierung, sondern häufig auch eine Anreicherung der Daten, um deren Aussagekraft und Wert für das Trainingsprojekt zu erhöhen. All diese Vorarbeiten sind notwendig, um die Daten in ein trainingsbereites Format zu überführen – ein Prozess, der spezialisiertes Wissen und Tools erfordert und die Kosten weiter in die Höhe treibt.

Letztlich ist das Training der KI-Modelle selbst ein ressourcenintensiver Prozess, der hohe Rechenleistungen verlangt. Hierbei fallen oft erhebliche Kosten für Cloud-Dienste oder eigene Rechenzentren an, wobei Letztere zusätzliche Investitionen in Hardware und Wartung voraussetzen.

Von der initialen Beschaffung über die sichere Speicherung und sorgsame Vorverarbeitung bis hin zum eigentlichen Trainingsprozess – jedes Glied in dieser Kette trägt zu den Gesamtkosten bei. Daher ist es für Unternehmen wichtig, diese Ausgaben sorgfältig zu planen und Strategien zu entwickeln, um den größtmöglichen Wert aus ihren Investitionen in KI und Datenwissenschaft zu schöpfen. Mehr zu diesem Thema erfahren Sie in Abschnitt 3.1.

Der verantwortungsvolle Umgang mit Trainingsdaten ist nicht nur eine rechtliche und ethische Frage, sondern auch eine Investition in die Zukunft des Unternehmens. Saubere, rechtlich einwandfreie und ethische Datenpraktiken schützen nicht nur vor Gegenwartskonflikten, sondern bauen auch ein Image auf, das für die Marke und ihre Konsumenten von Wert ist.

In der aktuellen Landschaft entwickeln sich ständig neue Technologien und Gesetze, die den Umgang mit Daten betreffen. Firmen, die vorausschauend handeln und in saubere Datenquellen samt deren Aufbereitung investieren, sind klar im Vorteil. Die Beschaffung und Verarbeitung von Trainingsdaten werden somit zur strategischen Aufgabe, die weit über die technischen Aspekte hinausgeht.

Die Fähigkeit, Trainingsdaten mit diesen Eigenschaften zu sammeln und zu verwalten, wird zunehmend zu einer Kernkompetenz im digitalen Zeitalter. Unternehmen, die KI-Systeme einsetzen wollen, müssen sich der Macht bewusst sein, die in den Daten liegt, die sie nutzen – und wie diese Macht verantwortungsvoll genutzt werden kann, um nicht nur ihr Geschäft, sondern auch die Gesellschaft als Ganzes voranzubringen.

1.1.5 Anwendungsbereiche in der Unternehmenspraxis

Die Anwendungsbereiche von KI im Unternehmen sind vielfältig. Bereits jetzt können entsprechend individualisierte Dienste komplexe Aufgaben erledigen, die zuvor nur durch menschliches Personal bewerkstelligt werden konnten. Einfache Aufgabenstellungen können auch mit wenig Initialaufwand an die KI abgegeben werden. Nachfolgend erhalten Sie einen Überblick über konkrete Anwendungsbereiche im Unternehmen:

- **Aus- und Fortbildung**: LLMs können als interaktives Werkzeug für Training und Bildung eingesetzt werden, indem sie Feedback und Erklärungen bieten. Dies kann beispielsweise vorteilhaft für die Einarbeitung neuer oder Fortbildung bestehender Mitarbeitender sein, wenn kein menschlicher Mitarbeiter zur Einarbeitung zur Verfügung steht.
- **Verbesserter Kundenservice**: LLMs ermöglichen es Unternehmen, rund um die Uhr Kundensupport durch Chatbots zu bieten, die Kundenanfragen in natürlicher Sprache verstehen und darauf reagieren können. Die Interaktion mit dem Kunden kann zudem an dessen Bedürfnisse individuell angepasst werden. Dies kann die Kundenzufriedenheit durch kürzere Reaktionszeiten verbessern und die Arbeitsbelastung menschlicher Kundenbetreuer reduzieren.
- **Analyse und Business Intelligence**: Insbesondere große Unternehmen verfügen häufig über große Mengen unstrukturierter Daten und Informationen. Die Aufbereitung dieser Daten unter Zuhilfenahme von Sprachmodellen reduziert den Aufbereitungsaufwand erheblich. So können ganze IT-Umgebungen »angezapft« und

analysiert werden; im Anschluss können automatisiert Dashboards erstellt und angezeigt werden. Die Analyseergebnisse können insbesondere Führungskräfte bei strategischen Entscheidungen unterstützen.

- **Prozessoptimierung**: Arbeitsabläufe und Prozesse im Unternehmen können mithilfe von Sprachmodellen – insbesondere in Verbindung mit Automatisierungstools wie etwa Zapier – teil- oder vollautomatisiert werden, um personelle Ressourcen zu schonen und die Effizienz zu steigern.
- **Textanalyse und -zusammenfassung**: Die Gewinnung von Informationen aus langen Texten kann von Sprachmodellen schon jetzt zuverlässig übernommen werden. Auch hier können menschliche Mitarbeiter entlastet werden.
- **Inhaltserschaffung**: Unternehmen können Sprachmodelle nutzen, um Inhalte – wie etwa Berichte, E-Mails oder Marketingtexte – zu generieren. Auch wenn in der Regel (noch) eine menschliche Nachkontrolle erforderlich ist, kann dies Zeit und Ressourcen sparen. Zudem eignet sich generative KI außerordentlich gut für die Produktentwicklung und das Prototyping, da mit ihrer Hilfe Ideen und Konzepte automatisiert visualisiert oder ausgearbeitet werden können.
- **Übersetzung** und Sprachanalyse: Insbesondere Unternehmen, die global agieren, können LLMs nutzen, um Inhalte automatisch in verschiedene Sprachen zu übersetzen und kulturelle Nuancen zu berücksichtigen. Dies verbessert die Kommunikation mit Kunden und Mitarbeitern weltweit. Zudem können auch komplexe eingehende fremdsprachige Texte zuverlässig übersetzt werden und Informationsverlust durch Übersetzungsfehler kann minimiert werden.

Um Ihnen die Potenz von Sprachmodellen für den Einsatz im Unternehmen zu verdeutlichen, möchten wir nachfolgend noch ein konkretes Beispiel aus der Praxis darstellen.

Abbildung 1.41 zeigt das Mission Control Center (MCC) von intuitive.AI. Dieses wird von Rechtsabteilungen eingesetzt, um mithilfe von selbst gehosteten LLMs internationale Gesetze zu übersetzen oder relevante Informationen innerhalb von Mitteilungen von Aufsichtsbehörden zu extrahieren. Im Beispiel extrahiert die KI verhängte Strafzahlungen sowie betroffene Entitäten.

Abbildung 1.42 zeigt, wie mithilfe von Dashboards aus dem Web extrahierte Strafzahlungen in Verbindung mit ihren Verstößen dargestellt werden können. So wird deutlich, welches Land gerade in welchen rechtlichen Themenbereichen stärker prüft und Strafen verhängt.

1 Einführung KI und Recht

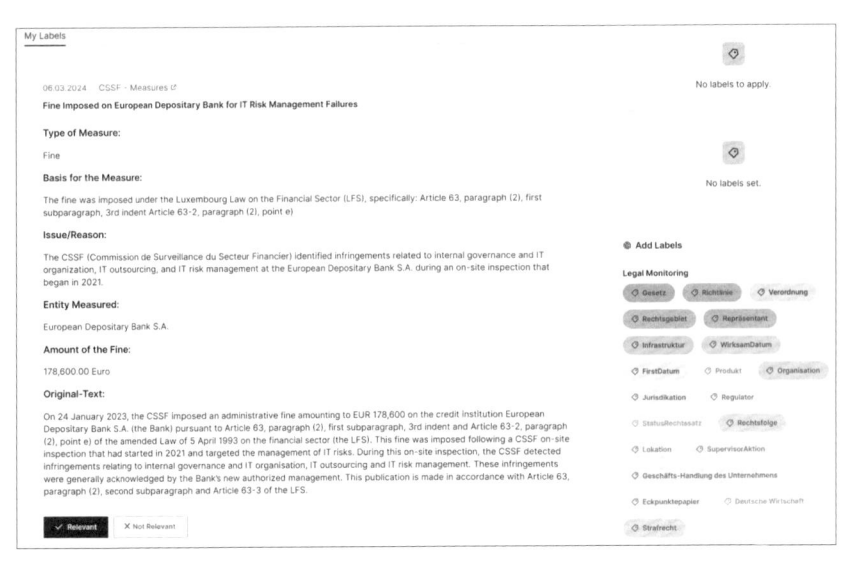

Abbildung 1.41 LLM-basierte Zusammenfassung von Strafzahlungen (Quelle: https://mcc.intuitive-ai.com/)

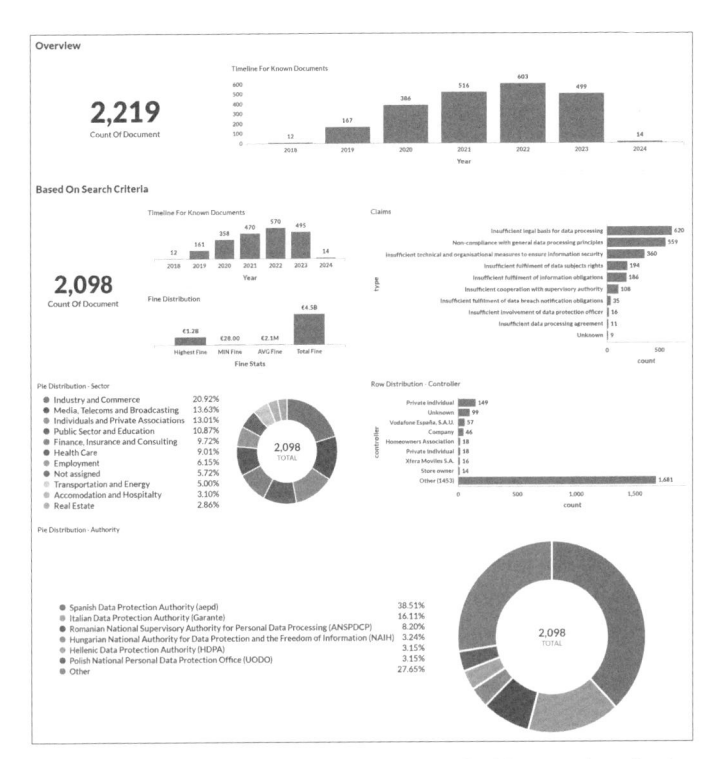

Abbildung 1.42 Internationale DSGVO-Strafzahlungen (Quelle: https://bi.intuitive-ai.de)

1.1 Funktionsweise und Anwendung von KI

Abbildung 1.43 zeigt KI der intuitive.AI GmbH, mit der Geschäftsberichte auf Konformität zu Gesetzen geprüft werden. Neben der Corporate Social Responsibility Directive werden derzeit weitere Gesetze (Bspw. im Zusammenhang mit dem Lieferkettensorgfaltspflichtgesetz) angelernt.

Directives	Sub-Directives	Paragraph	Page No	Type	Greenwashing Risk
S1	S1.1	• Diversity and protection of disadvantaged, especially Volkswagen AG created the independent function of a Human Rights Officer (HRO) in August 2022. This position serves as the first point of contact for all human rights-related issues from authorities, NGOs and the public. indigenous groups Expectations of employees and the Group-wide understand- ing of the observance of universal human rights are set out in our Code of Conduct: We respect, protect and promote the	117	Target	✗
S1	S1.1	Rights and in the International Covenant on Economic, Social and Cultural Rights www.volkswagen-group.com > Code of Conduct Group management and the Group European Works Council and Global Group Works Council have also signed the Volkswagen Group's joint declaration on social rights, in- dustrial relations and business and human rights – known as the Declaration on Social Rights. • The Core Labor Standards of the International Labour Or- ganization (ILO)	117	Target	✗
S1	S1.1	• The UN Guiding Principles on Business and Human Rights • The OECD Guidelines for Multinational Enterprises • The principles of the UN Global Compact People in the Transformation www.volkswagen-group.com > Declaration on Social Rights 117 Page_117	117	Non Binding Position	✗
S1	S1.8	Teblcueume Tc EepaDNO naconiammn neuarecomo Peiclc DUnan Inteant anJcemplane 3ancnaantheemenn In our Uielv continucl dialca between those involved Adout The Protection of Human Rights at Volkswagen ctince Andcicolemertatcnseue: nfferent aiingbetween the state'S duty to protect humenrights ana alaoal business we 1fe @wware otcuiresponsiDili corporale numen tani nisibility: Inesses respect human fignts in0 compi Our #ue diligence Oiten challenging conciete end obiective incimation uaations 0201/09	118	Non Binding Position	✗
S1	S1.6	Volkswagen siratequ objective Insututionalinvestorg and Investmentoanks af9o $eek conceininanuman fints ensureie Obligations Im- clalog with cnthetcplc cfthe guppy chain andhuman Dytne acr mercomoletelyandInthebest Doseible Fights One Otine place3 cublsh srandpoint Includ- Manne Fer the 2023 incial ve3lfug first of ail Our ambition contf uensis e9pects the Volkswagen Group' ment tne Jegal requlren ents cimely in0 complete inuestor relationg Wesite marinem Thz WJLL De challengini Oiven the	118	Target	✗
S1	S1.17	com' ESG Cantro 'Cr5e25 of ur suDply chain and value chaing The Volksi"agen Group stands firmly against forcedand child In the coming ve1fs Will continuoualy review ana improve Halde connecon mthats busicess aativides The company our initialrisk management system HefMs defending tkes respcnsiDilim human fionts very selicuslv In ali protected legal pasitions Uncer human rights ad environ- regions ofthe wicrla, adhecing closely UN Guiding Mentellak DIOacen ItoinCiuC e further straledic Pfincipllez	118	Non Binding Position	✗
S1	S1.8	The Protection of Human Rights at Volkswagen In our view, continuous dialog between those involved about principles and implementation issues is needed in differenti- ating between the state's duty to protect human rights and corporate human rights responsibility. For businesses, it is often challenging to obtain concrete and objective information enabling a comprehensive assessment of human rights situ- ations. In order to achieve further progress, we also seek	118	Non Binding Position	✗
S1	S1.6	desceced sectcn 2 (6) afan efl staqe in/ ze andactively Manage Means L-SG Incluqing the cument ctnei Group Ccmpanies atthat ultaple Dreventi mneesnnes eewant usions Zneme- we SUbleciicmandatory' reporting aengside Volkzwvagen 4G nq tne tultilment numanfiohts 2nd e Qulfonmentel are rezolumon t W4; decided tnat-ne companies dilligence obligations deicea lne LsG ofmariyInclude the Volkswagen Group that are subjectto mandatory epont (n volks "egen AG' Own business 4/23 tne Human Rescuices Inc	119	Target	✗
S1	S1.6	Tnese aquigm Jeparements person in aciditento the HRO,In accardance with section ^ /31 respong Mwnl enguuting complienc 020390= ofthe LSE 2023, Comcanies Porsche AE anator adui9ing 9upporting the oceratrical divisioing im end TRATONSE; which both subjec: to mandatory e Fls kmanacementectiuitles porting eacnaet Commitees perferm monitcring; audit- ing ana consulting Lasks cehaliof the companies And Thethird line denense the Interlcf Ewdlt decarment Tnen suosiauanes adaionio the HPO nacconcanc	119	Target	✗
S1	S1.6	thelsG specifies obligations concetningule Jiunqand conguiting accordince Vitn gection (5) 0f the diligence tha: companies MUsE achereto.	119	Non Binding Position	✗

Abbildung 1.43 Sustainability Checker (Quelle: https://app.suslyzer.com)

1.2 KI versus Urheberrecht

In diesem Abschnitt erhalten Sie einen ersten Überblick über die urheberrechtlichen Problemstellungen im Zusammenhang mit generativer KI. Zudem erläutern wir einige Grundprinzipien des Urheberrechts.

Generative KI bietet Ihnen die Möglichkeit, komplexe kreative Inhalte mit geringem Aufwand und vor allem in kurzer Zeit zu erstellen. Es eröffnen sich Anwendungsmöglichkeiten für Laien in Unternehmen, die bisher von externen Dienstleistern wie Grafikern, Mediendesignern und ähnlichen kreativen Berufsbildern abgedeckt wurden. Doch so praktisch diese neuen Möglichkeiten für den Einsatz in Ihrem Unternehmen auch sein mögen: Aus rechtlicher Sicht birgt der unreflektierte Einsatz von KI mitunter auf dem Gebiet des Urheberrechts einige Fallstricke, die es zu vermeiden gilt.

Für Anbieter von KI und Rechteinhaber, aber auch für Sie als Nutzer, ergeben sich auf rechtlicher Ebene bedeutende Problemfelder. Wie Sie in Abschnitt 1.1.3 gelernt haben, benötigen Anbieter von KI-Anwendungen Trainingsdaten, also den notwendigen »Input«, um die Fähigkeiten der KI-Anwendung zielgerichtet weiterentwickeln zu können. Doch welche Trainingsdaten können verwendet werden und wo gibt es urheberrechtliche Hürden? Was bedeutet Gemeinfreiheit in diesem Zusammenhang und worum handelt es sich bei Text- und Data-Mining? (Lesen Sie hierzu Abschnitt 3.2.3.) Rechteinhaber – häufig Kreative, die ihren Lebensunterhalt durch den Verkauf ihrer Werke bestreiten – sehen aktuell ihre Rechte bedroht und fürchten zum Teil um ihre berufliche Zukunft. Die Folge ist, dass sich einige Rechteinhaber gegen jede Nutzung ihrer Werke im Zusammenhang mit KI wehren. So streikten bereits im Sommer 2023 eine Reihe Beschäftigter der Filmindustrie in Hollywood und versuchten auf diese Weise, dem Einzug von KI, was mit der sukzessiven Ersetzung von Drehbuchautoren und Schauspielern einhergehen könnte, einen Riegel vorzuschieben. Ist die Sorge begründet?

Eine weitere bedeutende Frage ist, wie das Urheberrecht mit KI-generierten Inhalten, dem »Output«, umgeht. Besteht an ihnen ein Urheberrecht? Welche Gefahren bestehen bei einer arglosen Verwendung KI-generierter Inhalte? Ein Aspekt, dem Sie als Nutzer besondere Beachtung schenken sollten.

Hinzu kommt die rasante technische Entwicklung im Bereich der KI. Eine KI, die heute Stand der Technik ist, kann in wenigen Wochen schon wieder veraltet sein.

1.2 KI versus Urheberrecht

> **Hintergrundwissen**
>
> Das von OpenAI entwickelte KI-Modell GPT ist vor allem für seine Fähigkeiten im Bereich der Textgenerierung bekannt. Die im November 2022 veröffentlichte Version GPT-3.5 wurde mit 175 Millionen Parametern trainiert. Die bereits vier Monate später veröffentlichte Version GPT-4 basiert auf 100 Billionen Parametern und kann so deutlich verbesserte Ergebnisse liefern, die kaum von menschlichen Inhalten zu unterscheiden sind. Darüber hinaus enthält GPT-4 noch eine Reihe weiterer signifikanter Verbesserungen, wie beispielsweise die neuerdings mögliche Interaktion mit Bildern, eine verbesserte Steuerbarkeit und damit individuellere Interaktion oder die Fähigkeit, Kontext zu verstehen.

Dieser Umstand und weitere Aspekte machen die rechtliche Betrachtung nicht einfach. Aus diesem Grund ist die Bildung eines Rechtsrahmens für den Umgang mit KI eine anspruchsvolle Aufgabe. Die im Entwicklungsprozess befindliche KI-Verordnung (AI Act) der Europäischen Union stellt eine erste Anstrengung in diese Richtung dar (hierzu mehr in Abschnitt 5.1).

> **Übersicht: Urheberrechtliche Problemstellungen bei generativer KI**
>
> 1. **Training und Urheberrecht**: Für das Training von generativer KI werden große Mengen Inhalte benötigt, die fast immer urheberrechtlich geschützt sind. Mehr hierzu lesen Sie in Abschnitt 3.2.
> 2. **Schutz von KI-generierten Inhalten**: KI-generierte Inhalte werden nicht durch Menschen, sondern durch Software geschaffen. Das Urheberrecht basiert jedoch auf dem menschlichen Kreativprozess. Mehr in Abschnitt 1.2.1.
> 3. **Urheberrechtsverletzungen durch generative KI**: KI-generierte Inhalte können potenziell Plagiate urheberrechtlich geschützter Werke darstellen und damit rechtsverletzend sein. Lesen Sie hierzu Abschnitt 2.3.1.
> 4. **Übertragung von KI-generierten Inhalten**: Da KI-generierte Inhalte nicht vom Urheberrecht geschützt werden, können diese auch nicht wie üblich lizenziert werden. Es müssen kreative juristische Lösungen erarbeitet werden, bis der Gesetzgeber nachbessert. Lesen Sie mehr in Abschnitt 2.3.4.

Um die vorgenannten Problemstellungen zu durchdringen, ist ein Grundverständnis der Funktionsweise des Urheberrechts essenziell. Nachfolgend erhalten Sie daher zunächst einige einführende Erläuterungen, bevor wir im späteren Verlauf des Buches näher auf die Problemfelder eingehen.

1.2.1 Das Schöpferprinzip: warum KI-generierte Inhalte nicht vom Urheberrecht geschützt sind

Im Zentrum des deutschen Urheberrechts steht das Schöpferprinzip. Der deutsche Gesetzgeber folgt damit einem Ansatz, der den Menschen als Schaffenden in den Mittelpunkt stellt. Urheber ist stets der Schöpfer eines Werkes, also diejenige natürliche Person, die das Werk durch eine persönliche geistige Leistung selbst geschaffen hat. Werke sind also immer persönliche geistige Schöpfungen.

> **Sie sind Urheber!**
> Sie selbst sind in Ihrem Leben schon oft Urheber geworden. Schon der Druck auf den Auslöser einer Kamera ist ein schöpferischer Akt, dessen Ergebnis die Fotografie ist – das geschützte Werk, an dem Sie als Schöpfer im Moment der Schöpfung ein Urheberrecht erwerben.

Die Bindung an das Schöpferprinzip bedeutet auch, dass Ihr Unternehmen niemals Urheber, sondern stets nur Inhaber vom Urheberrecht abgeleiteter Nutzungsrechte sein kann, da ein Unternehmen, also eine juristische Person, selbst keine geistige Leistung entfalten kann. Das Urheberrecht ist immer an einen Schöpfer, den Menschen, gebunden. Bezogen auf Unternehmensstrukturen erwirbt also grundsätzlich der Mitarbeiter, der das Werk geschaffen hat, auch das Urheberrecht an diesem Werk. Dies gilt auch, wenn das Werk im Rahmen der geschuldeten Arbeitsleistung im Unternehmen erschaffen wird.

> **Praxistipp: Nutzungsrechte regeln**
> Sofern Ihr Unternehmen im kreativen Bereich agiert und Ihre Mitarbeiter im Rahmen ihrer Tätigkeit – unabhängig von KI – urheberrechtlich geschützte Werke erstellen, erhalten Sie als Arbeitgeber meist »automatisch« ein Nutzungsrecht an diesen Werken – jedenfalls in gewissem Umfang. Es ist aber sinnvoll, im Arbeitsvertrag zu regeln, welche Nutzungsrechte an diesen Werken dem Arbeitgeber eingeräumt werden. Auf diese Weise kann der Umfang der Nutzungsrechteübertragung genau definiert und somit Streitpotenzial im Keim erstickt werden.

Aus dem Schöpferprinzip folgt damit auch, dass eine KI selbst nicht als Urheber in Betracht kommt, da nur ein Mensch Urheber sein kann. Was für das Zusammenwirken zwischen Mensch und KI gilt, klären wir im weiteren Verlauf.

Achtung, nicht jede Schöpfung eines Menschen ist auch ein urheberrechtlich geschütztes Werk. Sofern Sie ein Urheberrecht begründen möchten, muss Ihr geschaffenes Werk die sogenannte Schöpfungshöhe erreichen, also das normale, alltägliche Maß an Kreativität überschreiten und eine besondere Individualität aufweisen. Nicht jede Aneinanderreihung von Worten, nicht jede Tonfolge oder auch jeder Pinselstrich vermag diese Voraussetzung zu erfüllen. Die Abgrenzung ist dabei nicht immer einfach und muss in Zweifelsfällen von den Gerichten vorgenommen werden. Gleichwohl sind die Anforderungen für die Erreichung der Schöpfungshöhe im deutschen Recht nicht allzu hoch.

> **Hintergrundwissen**
>
> Die Abgrenzung, ob ein Werk vorliegt, erfolgt anhand des Begriffs der »kleinen Münze«. Die »kleine Münze« hielt bereits vor gut einhundert Jahren Einzug in das deutsche Urheberrecht und wurde von der deutschen Gerichtsbarkeit bis heute in einer Vielzahl von Entscheidungen bestätigt. Der Begriff beschreibt solche Schöpfungen, die an der untersten Grenze der gerade noch urheberrechtlich geschützten Werke liegen, und bringt zum Ausdruck, dass für die Annahme eines urheberrechtlichen Schutzes keine allzu großen Anforderungen zu stellen sind, denn auch die »kleine Münze«, die sich nach nicht viel anhört, ist urheberrechtlich geschützt. Als Beispiel für die »kleine Münze« dient der charakteristische Jingle der ARD-Tagesschau, der Ihnen sicherlich direkt in den Ohren klingt, wenn Sie diesen Text lesen. Diese kurze Folge von sechs Tönen genießt bereits urheberrechtlichen Schutz.

> **Praxistipp: Schöpfungshöhe einschätzen**
>
> Eine einfache Frage, die Sie sich zur groben Einordnung einer Schöpfung selbst stellen können, lautet »Würde das jeder so machen?«. Sofern Sie diese Frage mit ja beantworten können, besteht die Möglichkeit, dass es sich nicht um ein geschütztes Werk im Sinne des Urheberrechtsgesetzes handelt. In relevanten Fällen sollten Sie jedoch stets einen qualifizierten Rechtsrat einholen.

Der Zweck des Erfordernisses einer Schöpfungshöhe ist klar: Wäre jede noch so geringfügige menschliche Schöpfung urheberrechtlich geschützt, könnten wir im Alltag kaum agieren, ohne die Urheberrechte von anderen zu verletzen und uns möglichen rechtlichen Konsequenzen auszusetzen. Die Folgen für das gesellschaftliche Zusammenleben wären katastrophal.

> **Welche Arten von urheberrechtlich geschützten Werken gibt es?**
> Das Urheberrechtsgesetz (UrhG) listet hierzu unter § 2 einige Beispiele auf. Demnach zählen zu den geschützten Werken
> - Sprachwerke, wie Schriftwerke, Reden und Computerprogramme
> - Werke der Musik
> - pantomimische Werke einschließlich der Werke der Tanzkunst
> - Werke der bildenden Künste einschließlich der Werke der Baukunst und der angewandten Kunst und Entwürfe solcher Werke
> - Lichtbildwerke einschließlich der Werke, die ähnlich wie Lichtbildwerke geschaffen werden
> - Filmwerke einschließlich der Werke, die ähnlich wie Filmwerke geschaffen werden
> - Darstellungen wissenschaftlicher oder technischer Art, wie Zeichnungen, Pläne, Karten, Skizzen, Tabellen und plastische Darstellungen

Das Gesetz listet die Arten von geschützten Werken bewusst nicht abschließend auf, sodass auch nicht genannte Arten von Werken urheberrechtlichen Schutz genießen können. Die Entscheidung darüber, ob ein nicht zuordenbares Werk urheberrechtlichen Schutz genießt, hängt dabei vom Einzelfall ab und muss im Zweifelsfall durch die Gerichte beurteilt werden.

Nun gibt es viele Möglichkeiten, wie sich Kreative technischer Geräte bedienen, um ihre urheberrechtlich geschützten Werke zu schaffen, es also zu einem Zusammenwirken zwischen Mensch und Maschine bei der Erstellung von Werken kommt. Auch der Fotograf benutzt ein technisches Gerät – die Kamera –, um sein Werk zu erschaffen. Trotz des Umstands, dass die Kamera das eigentliche Werk – die Fotografie – durch die Bildverarbeitung in den verbauten Mikrochips erstellt, erhält der Fotograf ein Urheberrecht an dem Ergebnis. Ist das auch bei der Nutzung einer KI der Fall?

Die Antwort nach derzeitiger Rechtslage lautet: Nein! Im Unterschied zur Nutzung von KI ist der Mensch bei der Fotografie erheblich am Schöpfungsprozess beteiligt. So wählt er den Bildausschnitt, die Tageszeit und das damit verbundene Licht, das Motiv und weitere Parameter, die das Endprodukt zu dem machen, was es am Ende ist. Die eher geringfügige Nachbearbeitung durch die Kamera genügt nicht, um die Voraussetzung der persönlich geistigen Schöpfung entfallen zu lassen.

Anders sieht es bei der Verwendung generativer KI aus. Zwar gibt der Mensch mit seinen Anweisungen, den »Prompts«, einen vorherigen Rahmen für die KI vor. Jedoch erstellt die KI das Werk im Anschluss vollkommen selbstständig. So erzeugt Midjourney aus dem einfachen Prompt `Photo of a cute cat, reading a book with the title "GESETZ" on the cover` die folgenden Bilder:

Abbildung 1.44 Vier auf Basis eines Prompts von Midjourney generierte Bilder einer Katze

Das Ergebnis ist kaum vorhersehbar. Der entscheidende Teil der Schöpfung geschieht dabei gänzlich ohne Einfluss des Menschen. Das Schöpferprinzip greift somit nicht. KI-generierte Inhalte sind also keine persönlich geistigen Schöpfungen, an denen ein Urheberrecht entsteht.

Etwas anderes würde gelten, wenn im deutschen Urheberrecht das Verursacherprinzip zur Anwendung käme. Urheber wäre derjenige, der ein Werk verursacht hat, indem er die Schöpfungskette, an deren Ende das Werk als Ergebnis steht, in Gang gesetzt hat. Das Eingeben von Prompts in einen KI-Chat würde demnach als Start dieser Kettenreaktion aufgefasst werden. Jedoch hat sich der deutsche Gesetzgeber bewusst gegen das Verursacherprinzip und für das Schöpfungsprinzip entschieden, um den Schöpfer als Einzelperson in den Mittelpunkt zu stellen.

Der Umstand, dass keine Urheberrechte an KI-generierten Inhalten entstehen, führt dazu, dass auch keine Einräumung von Nutzungsrechten erfolgen kann. Eine Folge, die vielen Anbietern von Stockfotos nicht bewusst zu sein scheint.

> **Hintergrundwissen: Stockfotografie und KI**
>
> Das Geschäftsmodell der Stockfotografie besteht darin, dass große Bildagenturen Internet-Plattformen bieten, auf denen sowohl Freizeit- als auch professionelle Fotografen ihre Bilder zum Download anbieten. Gegen Zahlung eines Geldbetrages werden die entsprechenden Nutzungsrechte eingeräumt und der Kunde kann die Bilder im Rahmen der eingeräumten Nutzungsrechte frei verwenden.
>
> Mehr und mehr werden auch KI-generierte Bilder auf den Plattformen angeboten. Auch hier versprechen die Anbieter, den Kunden gegen Gebühr Nutzungsrechte im Sinne des UrhG an den KI-Bildern einzuräumen. Dass das mangels Urheberrechts jedoch gar nicht möglich ist, wird dabei oftmals verkannt. Nach derzeitigem Stand können Sie KI-generierte Bilder von jedermann frei verwenden, ohne eine Lizenzgebühr

> zu schulden. Gleichwohl können KI-generierte Bilder verkauft werden. Hier wird aber vertraglich nur die Einräumung der faktischen Nutzungsmöglichkeit versprochen. Eine Einräumung von Nutzungsrechten im urheberrechtlichen Sinne kann dagegen nicht stattfinden.

Nach alledem wird der Gesetzgeber zukünftig gefordert sein, die sich in Bezug auf generative KI ergebenden Lücken im Urheberrecht zu schließen und so für Rechtssicherheit zu sorgen. Konkrete Pläne oder gar Entwürfe liegen dafür nicht vor. Die weitere Entwicklung bleibt also abzuwarten.

1.2.2 Schutzfunktionen des Urheberrechts

Sicherlich fragen Sie sich, welche Schutzfunktionen das Urheberrecht bietet. Jeder, der ein Werk mit einer entsprechenden Schöpfungshöhe erschafft, kann sich selbst als Urheber dieses Werkes bezeichnen und seine Rechte an diesem Werk gegenüber Dritten behaupten. Dabei beginnt der Schutz mit dem Akt der Schöpfung an sich – also der Vollendung des Werkes oder eines signifikanten Teils. Bekannt ist die Praxis des Eintragens eines Urheberrechts vorwiegend aus den Vereinigten Staaten.

Das Gesetz beschreibt den Schutzumfang des Urheberrechts in § 11 Urhebergesetz (UrhG) wie folgt: Das Urheberrecht schützt den Urheber in seinen geistigen und persönlichen Beziehungen zum Werk und in der Nutzung des Werkes. Es dient zugleich der Sicherung einer angemessenen Vergütung für die Nutzung des Werkes. Einfach gesagt: Der Urheber kann mit seinem Werk machen, was er möchte und alle anderen Personen von der Nutzung des Werkes ausschließen beziehungsweise für die Nutzung durch Dritte eine angemessene Vergütung verlangen.

Der eigentliche Schutz des Urhebers und seines Werkes wird insbesondere durch das sogenannte Urheberpersönlichkeitsrecht und die Verwertungsrechte erreicht. Das Urheberpersönlichkeitsrecht umfasst das alleinige Recht des Urhebers, zu bestimmen, ob sein Werk veröffentlicht werden soll und ob es mit einer Bezeichnung des Urhebers zu versehen ist. Hinzu tritt das Recht, Entstellungen des Werkes, die nicht mit dem ursprünglichen Gedanken der Schöpfung vereinbar sind, zu unterbinden.

> **Hintergrundwissen: Entstellung eines Werkes**
> Ein berühmtes Beispiel für eine Entstellung ist die Abänderung des Entwurfes des Berliner Hauptbahnhofes des Architekten Meinhard von Gerkan. Die Deutsche Bahn wich bei der Bauausführung vom urheberrechtlich geschützten Entwurf ab und ließ statt der vorgesehenen Innendeckenkonstruktion eine flache Innendecke einbauen.

> Hiergegen wehrte sich von Gerkan erfolgreich mit einer Klage. Aufgrund der Urheberrechtsverletzung wurde die Deutsche Bahn verurteilt, die bestehende Deckenkonstruktion zurückzubauen und entsprechend dem Entwurf neu zu realisieren.

Zu den Verwertungsrechten, die ebenfalls allein dem Urheber zustehen, gehören insbesondere:

- das Vervielfältigungsrecht oder einfach ausgedrückt das Recht, exakte Kopien des Werkes anzufertigen
- das Verbreitungsrecht, also das Recht das Original oder Vervielfältigungsstücke des Werkes in den öffentlichen Verkehr zu bringen
- das Ausstellungsrecht, also das Recht das Original oder Vervielfältigungsstücke des Werkes öffentlich zur Schau zu stellen
- das Vortrags-, Aufführungs- und Vorführungsrecht, also das Recht auf persönliche Darbietung des Werkes
- das Recht der öffentlichen Zugänglichmachung, was insbesondere die Veröffentlichung über das Internet betrifft
- das Senderecht, also das Recht, das Werk durch Funk, Satellit oder ähnliche Weise der Öffentlichkeit zugänglich zu machen
- das Recht der Wiedergabe des Werkes durch Bild- oder Tonträger
- das Recht der Wiedergabe von Funksendungen und von öffentlicher Zugänglichmachung, also einer Wiedergabe des Werkes durch Bildschirm, Lautsprecher oder ähnliche technische Einrichtungen
- das Bearbeitungsrecht, also das Recht, das ursprüngliche Werk abzuändern beziehungsweise umzugestalten

Zwar stehen die aufgezählten Verwertungsrechte grundsätzlich ausschließlich dem Urheber zu, jedoch kann der Urheber frei entscheiden, Dritten durch die Einräumung von Nutzungsrechten einzelne Verwertungsrechte an seinem Werk zuzugestehen. Dabei kann der Urheber beispielsweise die Nutzung auf einzelne Verwertungsrechte beschränken, zeitliche und örtliche Eingrenzungen vornehmen oder auch umfassende Nutzungsrechte einräumen und sogar sich selbst von der Nutzung des eigenen Werkes ausschließen. Selbstredend sollte die Einräumung solcher Lizenzen nur gegen angemessene Vergütung geschehen.

Wie Sie sehen, gibt das Urheberrecht dem Schöpfer eines urheberrechtlich geschützten Werkes zahlreiche Werkzeuge an die Hand, um das eigene Werk zu schützen und die Früchte aus der eigenen geistigen Leistung zu ziehen. Vielfach besteht bei Urhebern – beispielsweise Fotografen – die Sorge, dass ihre Rechte durch die immer weiter verbreitete Nutzung von KI unterwandert werden könnten. Ob diese Sorge berechtigt ist, werden wir im Folgenden klären.

1.2.3 Wie Rechte Dritter verletzt werden können

Bei der Verwendung von KI können an vielen Stellen Rechte Dritter relevant werden. Zu diesen Rechten zählen insbesondere das Urheberrecht und davon abgeleitete Nutzungsrechte, aber auch Marken-, Design-, Patentrechte und Gebrauchsmuster. Für den Schutz des Urheberrechts ist keine Eintragung oder Registrierung notwendig bzw. vorgesehen. Die Schutzwirkung beginnt bereits mit dem reinen Akt der Schöpfung. Ein Urheberrecht kann also entstehen, ohne dass irgendjemand hiervon etwas mitbekommt. Dies ist bei Marken-, Design- und Patentrechten sowie Gebrauchsmustern anders, sodass bezüglich dieser Schutzrechte auf einfachere Weise recherchiert werden kann, ob eine Verletzung dieser Rechte in Betracht kommt.

> **Hintergrundwissen: DPMA**
>
> Der Schutz dieser Rechte beginnt anders als beim Urheberrecht mit der Eintragung der Marke oder des Designs oder auch der Anmeldung eines Patents oder eines Gebrauchsmusters beim Deutschen Patent- und Markenamt (DPMA). Das DPMA führt für alle genannten gewerblichen Schutzrechte ein Register, in welchem detailliert recherchiert werden kann. Durch diese Recherche bietet sich Ihnen die Möglichkeit, in einem frühen Stadium möglichst weitgehend festzustellen, ob KI-generierte Inhalte ein bereits geschütztes Recht verletzen könnten. Gleichwohl bietet die Recherche beim DPMA nur einen Anhaltspunkt. Denn es wird nicht in allen Fällen möglich sein, jede in Betracht kommende Ähnlichkeit oder sonstiges Potenzial für eine Rechtsverletzung aufzufinden.

> **Praxistipp: Recherche-Tool des DPMA**
>
> Eine solche Recherche kann von Ihnen auf einfache Weise online durchgeführt werden. Auf der Website des DPMA unter dem Link *https://www.dpma.de/index.html* findet sich ein Recherche-Tool, welches relevante Parameter abfragt und anhand dessen Suchergebnisse ausgibt. Probieren Sie es direkt aus und suchen Sie beispielsweise nach bekannten Marken, die Ihnen in den Sinn kommen.

Im Folgenden wollen wir uns auf das eigentliche Thema dieses Abschnitts, das Urheberrecht, beschränken. Es stellt sich also die Frage, wann Urheberrechte berührt sein können.

Urheberrechte können an vielen Arten von Werken bestehen. Wie bereits festgestellt, zählen zu den schutzfähigen Werken insbesondere Sprachwerke, Werke der Musik, pantomimische Werke, Werke der bildenden Künste, Lichtbildwerke, Filmwerke oder auch Darstellungen wissenschaftlicher oder technischer Art, wobei diese Liste nicht abschließend ist. Für fast alle dieser Werkarten existieren bereits KI-Anwendungen, die diese generieren können.

Sofern Sie eine solche KI verwenden, können auch Rechte Dritter berührt werden. Die Feststellung, ob Rechte Dritter berührt oder gar verletzt werden, ist ohne konkretes Werk, auf das bei der Verwendung der KI Bezug genommen wird, jedoch nicht immer ganz einfach. Recht leicht ist die Feststellung, wenn allgemein bekannte Werke Teil des generierten Inhalts sind oder zumindest starke Ähnlichkeiten aufweisen. Wenn Sie eine KI dazu bringen, die Comic-Figur »Micky Mouse« darzustellen, so ist recht wahrscheinlich, dass das generierte Bild eine solch starke Ähnlichkeit aufweist, dass eine Urheberrechtsverletzung bejaht werden muss, wenn Sie den generierten Inhalt in einer Weise verwerten, die nicht von den gesetzlich erlaubten Nutzungen gedeckt ist. Näheres zu den unzulässigen Verwertungen urheberrechtlich geschützter Werke finden Sie in Abschnitt 2.3.1.

> **Hintergrundwissen**
>
> Vielleicht haben Sie in den Medien davon gehört, dass das US-amerikanische Urheberrecht an der Figur »Micky Mouse« erloschen sei. Dies betrifft allerdings nur die 1928 erschienene schwarz-weiße Urfassung aus dem Zeichentrickfilm »Steamboat Willie«. Diese Version ist seit dem 1. Januar 2024 gemeinfrei geworden und darf daher von jedermann verwendet werden, ohne dass eine Urheberrechtsverletzung droht oder Lizenzen eingeholt werden müssten. Gemeinfreiheit bedeutet also, dass ein Werk keinem Urheberrecht mehr unterliegt. Nach deutschem Urheberrecht erlischt das Urheberrecht an einem bestimmten Werk grundsätzlich siebzig Jahre nach dem Tod des Urhebers (§ 64 UrhG). Zu diesem Zeitpunkt endet also die Schutzdauer und es tritt Gemeinfreiheit ein. Anders als in den USA ist eine Registrierung des Urheberrechts hierzulande nicht möglich, weshalb auch eine Verlängerung ausgeschlossen ist.

Schwerer wird die Feststellung, wenn ein unbekannteres Werk betroffen ist. Doch je unbekannter das Werk, desto größer ist auch die Wahrscheinlichkeit, dass der Urheber gar nicht bekannt ist bzw. auch durch eine sorgfältige Suche nicht festgestellt oder ausfindig gemacht werden kann. In diesem Fall handelt es sich um ein sogenanntes verwaistes Werk. Gemäß § 61 UrhG können bestimmte Verwertungen, wie die Vervielfältigung oder öffentliche Zugänglichmachung, in Bezug auf solche Werke gestattet sein. Im Zweifel sollte hier jedoch immer ein qualifizierter Rechtsrat eingeholt werden.

Doch an welcher Stelle werden die Rechte Dritter genau berührt? Eine KI muss in jedem Fall trainiert werden, um die gewünschten Ergebnisse liefern zu können. Die Trainingsdaten, die hierfür zur Anwendung kommen, basieren – zumindest zum jetzigen Zeitpunkt – in den meisten Fällen auf Werken echter Künstler. Es wird sich daher kaum vermeiden lassen, dass auch urheberrechtlich geschützte Werke in den Datenpool der Trainingsdaten einfließen. Schon an dieser Stelle, dem sogenannten »Input«, kann es also durch die Verwendung der Werke zu Urheberrechtsverletzungen kommen, sofern es sich nicht um eine zulässige Nutzung handelt. Näheres hierzu finden Sie in Abschnitt 3.2.

Doch auch von KI generierte neue Inhalte, der sogenannte »Output«, können unter Umständen Urheberrechte verletzen. Einzelheiten zu den möglichen Urheberrechtsverletzungen durch KI finden Sie in Abschnitt 2.3.1 und in Abschnitt 2.3.2. Grundsätzlich lässt sich sagen, dass KI-generierte Inhalte dann gegen bestehende Urheberrechte verstoßen, wenn diese bereits vorhandenen, geschützten Werken sehr stark ähneln oder ganze Elemente aus solchen Werken enthalten. Ob dies im Einzelfall vorliegt, haben in künftig zu führenden Verfahren die Gerichte zu entscheiden.

> **Weiterlesen**
> In Abschnitt 2.3 gehen wir im Detail auf urheberrechtliche Problemstellungen beim Einsatz von KI im Unternehmen ein. In Abschnitt 3.2 lesen Sie mehr zum Thema KI-Training und Urheberrecht.

1.3 KI und Datenschutz: was Sie beachten müssen

In diesem Abschnitt erhalten Sie einen ersten Überblick über die problematischen Aspekte im Bereich des Datenschutzes im Zusammenhang mit der Nutzung generativer KI.

KI-Systeme verarbeiten in der Regel große Mengen sensibler Informationen, um Muster zu erkennen, Vorhersagen zu treffen und Entscheidungen zu automatisieren. Diese Daten umfassen dabei nicht selten auch Angaben über natürliche Personen (meint einen Menschen, in Abgrenzung zu Unternehmen als »juristische Personen«), sodass die Regeln des deutschen und europäischen Datenschutzregimes – allen voran die Datenschutzgrundverordnung (DSGVO) – Anwendung finden. Mit diesen Regelungen kommen auf KI-Entwickler und -Anwender strenge Auflagen und Pflichten

1.3 KI und Datenschutz: was Sie beachten müssen

zu, sodass der Datenschutz immer wieder als »Killerargument« gegen die Entwicklung oder Nutzung von KI im Unternehmen herangeführt wird.

Unternehmen, die sich nicht an die strengen Vorschriften der DSGVO halten, riskieren nicht nur erhebliche Reputationsverluste, sondern auch empfindliche Bußgelder. Die DSGVO sieht Geldstrafen von bis zu 20 Millionen Euro oder 4 % des weltweiten Jahresumsatzes vor, je nachdem, welcher Betrag höher ist. Diese Bußgelder sollen sicherstellen, dass Unternehmen den Datenschutz ernst nehmen und angemessene Maßnahmen ergreifen, um die Privatsphäre ihrer Nutzer zu schützen.

Abbildung 1.45 Schlagzeile zum ChatGPT-Verbot auf tagesschau.de

Der Konflikt zwischen Datenschutzrecht und KI wurde insbesondere durch die Reaktionen einzelner europäischer Datenschutzaufsichtsbehörden auf die neu aufkommenden KI-Dienste Anfang 2023 deutlich. Allen voran die italienische Aufsichtsbehörde erklärte nicht lange, nachdem der Chatbot ChatGPT des amerikanischen Unternehmens OpenAI auf dem europäischen Markt veröffentlicht worden war, ein zwischenzeitliches Verbot des Dienstes. Neben vermeintlichen Verstößen gegen die Informationspflichten und das Erfordernis einer Rechtsgrundlage stützte die Behörde das Verbot auch auf den fehlenden Jugendschutz. Nachdem OpenAI in Absprache mit der Behörde weitere Schutzmaßnahmen einführte, wurde das Verbot nach ca. einem Monat, Ende April 2023, wieder aufgehoben.

So wie diese drastische Reaktion der italienischen Behörde das Spannungsverhältnis anschaulich verdeutlichte, zeigt mittlerweile jedoch die Entwicklung hin zu einer deutlich gemäßigteren Haltung der Aufsichtsbehörden, dass KI und Datenschutzrecht keineswegs miteinander unvereinbar sind. Bereits relativ zeitgleich mit dem Verbot auf italienischer Seite suchten die deutschen Behörden zunächst den Dialog mit OpenAI in Form von umfangreichen Fragebögen. Inzwischen haben mehrere Behörden erste Orientierungshilfen und Handreichungen für Unternehmen veröffentlicht, wie der datenschutzkonforme Einsatz von KI möglich sein kann.[9]

Auch wenn seit Veröffentlichung der großen KI-Modelle bereits einige Zeit vergangen ist, sind viele rechtlichen Fragen nach wie vor offen. Eine abschließende Bewertung der einzelnen Rechtsfragen im Zusammenhang mit KI ist daher häufig (noch) nicht möglich, da auch die juristische Diskussion und Rechtsprechung bislang noch keine finalen Aussagen getroffen haben. Dies heißt aber nicht, dass Entwickler und Anwender von KI sich in der Zwischenzeit zurücklehnen können. Vielmehr ist eine intensive Befassung mit den rechtlichen Anforderungen auch jetzt schon erforderlich.

> **Praxistipp: Einbindung Datenschutzbeauftragter**
>
> Die Entwicklung und Verwendung von KI-basierten Diensten wird durch das Datenschutzrecht keineswegs generell verboten. Allerdings sollte vor Durchführung eines KI-bezogenen Projekts, bei dem personenbezogene Daten verarbeitet werden, stets die vorherige Freigabe des Vorhabens durch den internen oder externen Datenschutzbeauftragten eingeholt werden! Je früher dieser in das Vorhaben eingebunden wird, desto besser. Werden die Datenschutzvorschriften zu lange ignoriert, besteht das Risiko, dass im Nachhinein umfangreiche Änderungen vorgenommen oder sogar Teile verworfen werden müssen.

1.3.1 Verarbeitung personenbezogener Daten

Die Vorschriften des Datenschutzrechts müssen Sie immer dann beachten, wenn *personenbezogene Daten* verarbeitet werden. Personenbezogene Daten umfassen laut

---

9 Siehe etwa die Checkliste der hamburgischen Aufsichtsbehörde, online verfügbar unter *https://datenschutz-hamburg.de/news/checkliste-zum-einsatz-llm-basierter-chatbots* oder das Diskussionspapier der Aufsichtsbehörde Baden-Württemberg, online verfügbar unter *https://www.baden-wuerttemberg.datenschutz.de/rechtsgrundlagen-datenschutz-ki/*. Auch die französische Behörde (CNIL) hat bereits entsprechende Richtlinien veröffentlicht unter *https://www.cnil.fr/en/self-assessment-guide-artificial-intelligence-ai-systems*.

DSGVO alle Informationen, die sich auf eine identifizierte oder zumindest identifizierbare Person beziehen.

> **Hintergrund: Personenbezogene Daten**
>
> Entsprechend der Definition in Art. 4 Nr. 1 DSGVO sind personenbezogene Daten selbstverständlich der Name einer Person, aber auch persönliche Angaben wie zum Beispiel das Alter, Geschlechtsidentität, Anschrift, Gesundheitsdaten, Bildaufnahmen etc. oder sachliche Angaben wie soziale Beziehungen, Konsum- und Kommunikationsverhalten, Bewegungsprofil u. a. Auch Online-Kennungen, also IP-Adressen und Cookies können personenbezogene Daten darstellen.
>
> **Kennnummern**
> Nummer des Personalausweises, Steuer-ID, Sozialversicherungsnummer, Kundennummer
>
> **Bankdaten**
> Kreditkartennummer, IBAN, Einkommen, Kontostand
>
> **körperliche Merkmale**
> Geschlecht, Körpergröße, Haut-, Augen-, Haarfarbe, Konfektionsgröße
>
> **Personenbezogene Daten**
>
> **Besitzmerkmale**
> Daten zu Fahrzeugen, Immobilien, Boote
>
> **Onlinedaten**
> IP-Adresse, E-Mail-Adresse, Standortdaten
>
> **Personendaten**
> Name, Geburtsdatum, Adresse, Telefonnummer, Familienstand, sexuelle Orientierung
>
> **Gesundheitsdaten**
> Informationen zum Gesundheitszustand, DNA-Analyse, Arztbriefe
>
> **Abbildung 1.46** (Beispielbild) Nicht abschließende Illustration von Informationen, die personenbezogene Daten darstellen. Teilweise liegt der Personenbezug unmittelbar in der Information (z. B. Name). Bei anderen Informationen ergibt sich der Personenbezug nur in Verbindung mit weiteren Informationen oder aus den Umständen (z. B. Geburtsdatum).

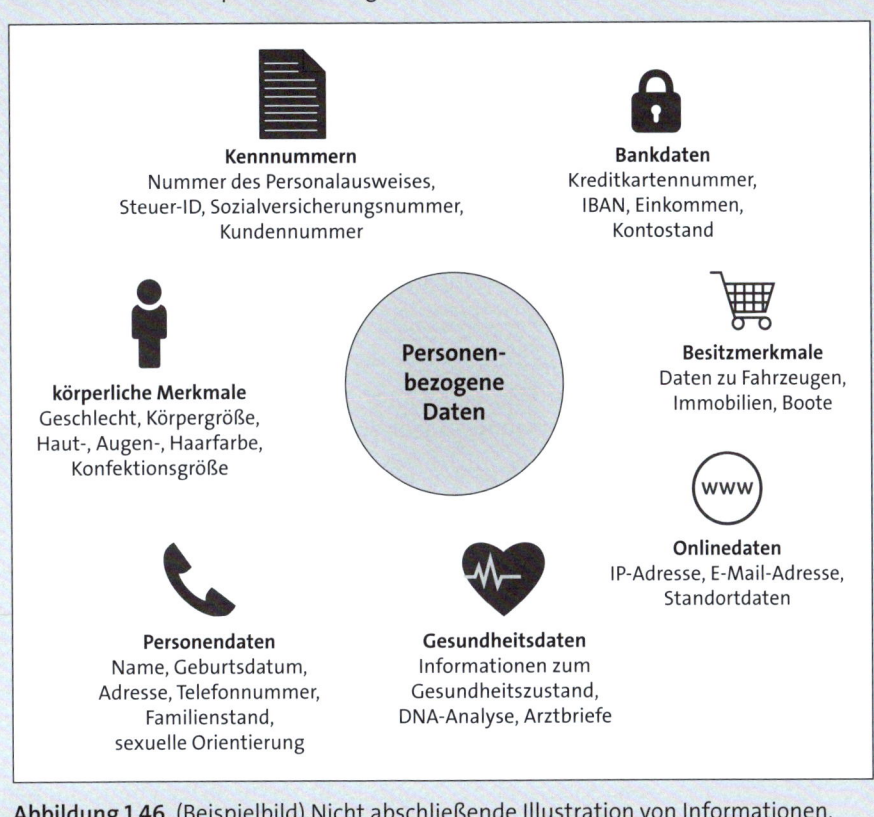

Entscheidend ist, dass aus den Daten im jeweiligen Kontext ein Bezug zu einer bestimmten Person hergestellt werden kann. Erfasst ein Datensatz zum Beispiel Informationen zu mehreren Tausend Angestellten eines Unternehmens, ergibt sich aus der Angabe, dass eine der angestellten weiblichen Personen eine bestimmte Krankheit hat, grundsätzlich kein Personenbezug. Umfasst der Datensatz hingegen nur etwa zehn bestimmte Angestellte, kann die Information schon eher einer bestimmten Person zugeordnet werden und damit einen Personenbezug aufweisen. Deshalb ist in jedem Fall eine konkrete Betrachtung des Datensatzes nötig.

Hintergrundwissen: Besondere Kategorien personenbezogener Daten

Art. 9 DSGVO bezeichnet bestimmte Kategorien personenbezogener Daten, die als besonders sensibel eingestuft werden und daher ein höheres Maß an Schutz verdienen. Umfasst Ihr KI-Projekt solche besonderen personenbezogenen Daten, müssen Sie dementsprechend bei der Verarbeitung noch größere Vorsicht walten lassen.

Als besonders schutzwürdig gelten nach der DSGVO Daten, aus denen die »rassische und ethnische Herkunft, politische Meinungen, religiöse oder weltanschauliche Überzeugungen oder die Gewerkschaftszugehörigkeit hervorgehen, sowie [...] genetische Daten, Gesundheitsdaten oder Daten zum Sexualleben oder der sexuellen Orientierung einer natürlichen Person«.

Der erhöhte Schutz dieser Daten zeigt sich vor allem darin, dass die Verarbeitung nur in den in Art. 9 Abs. 2 DSGVO genannten Fällen zulässig ist. Die grundsätzlichen Regeln zur Rechtmäßigkeit der Verarbeitung in Art. 6 DSGVO (siehe Abschnitt 1.3.3) werden insoweit von Art. 9 DSGVO verdrängt.

Eine weitere Voraussetzung für die Anwendbarkeit der Datenschutzvorschriften ist, dass personenbezogene Daten im Sinne der DSGVO *verarbeitet* werden. Nach der Definition in Art. 4 Nr. 2 DSGVO ist so ziemlich jede Tätigkeit mit personenbezogenen Daten als Verarbeitung anzusehen. Bezogen auf Künstliche Intelligenz kann eine Verarbeitung demnach bereits im Erheben und Zusammenstellen von Trainingsdaten vorliegen und über das Training bis zur Nutzung der KI sowie der Nutzung von Ergebnissen der KI reichen. Jeder Verarbeitungsschritt ist dabei für sich zu betrachten, da jede einzelne Verarbeitung für den Verantwortlichen eigene Pflichten mit sich bringt.

Praxistipp: Anonymisieren

Die DSGVO gilt nur für die Verarbeitung personenbezogener Daten. Eine praktische Möglichkeit, sich den vielfältigen Verpflichtungen der DSGVO zu entziehen, stellt daher die Anonymisierung sämtlicher verwendeter Daten, also das vollständige und

> irreversible Entfernen jeglichen Personenbezugs, dar. Sie sollten daher möglichst frühzeitig klären, ob für die geplanten Vorgänge tatsächlich Daten mit Personenbezug benötigt werden oder ob nicht eine automatische Anonymisierung durchführbar ist. Konkret müssten dafür z. B. bereits die Webscraper mit entsprechenden Filtern ausgestattet werden, damit der Trainingsdatensatz von vornherein schon keine personenbezogenen Daten enthält.

1.3.2 Die Grundsätze der Datenverarbeitung

Liegt eine Verarbeitung personenbezogener Daten vor, nennt Art. 5 DSGVO eine Reihe von allgemeinen Grundsätzen, die Sie zum Schutz der Daten gewährleisten müssen. Aus diesen ergeben sich dann diverse konkrete Pflichten, die die DSGVO durch weitere Vorschriften den Verantwortlichen auferlegt.

Bereits ein erster Blick auf die Grundsätze für die Verarbeitung personenbezogener Daten lässt einige offensichtliche Konflikte zwischen der Entwicklung und Nutzung von KI und der DSGVO erkennen.

Zunächst stellt sich die Frage, wie Sie dem Grundsatz der Transparenz und Nachvollziehbarkeit entsprechen können (Art. 5 Abs. 1 Nr. 1 DSGVO). Danach müssen Daten in einer für die betroffene Person nachvollziehbaren Weise verarbeitet werden. Um dieser Verpflichtung nachkommen zu können, müssen Sie als Verantwortlicher daher umfassende Kenntnis über die entsprechenden Informationen und eine tatsächliche Einwirkungsmöglichkeit haben. Im Hinblick auf den sog. Black-Box-Effekt bei KI stellt sich dies aber häufig als schwierig dar.

> **Hintergrund: Black-Box-Effekt**
>
> Der sog. Black-Box-Effekt bezeichnet die Tatsache, dass bei KI, die auf Deep Learning basiert, die algorithmische Logik der Entscheidungsfindung im Detail nicht nachvollziehbar ist. Das System entwickelt eine eigene Verteilung von Verzerrungen im künstlichen neuronalen Netz, die selbst für den Entwickler im Einzelnen nicht mehr nachvollziehbar sind. Dieser Umstand kann mitunter die Einhaltung des datenschutzrechtlichen Transparenzgebots verhindern.
>
> Eine gängige, jedoch nur teilweise geeignete Lösung ist das *Black Box Tinkering*. Dabei werden viele unterschiedliche Variationen eines bestimmten Inputs in das KI-Modell eingegeben und die jeweiligen Outputs miteinander verglichen. Anhand der dabei festgestellten Unterschiede in den Outputs kann dann grob rekonstruiert werden, welche Kriterien für die Entscheidungsfindung ausschlaggebend waren. Als Beispiel

> wird dafür etwa die Entscheidung eines KI-basierten Programms für oder gegen eine Kreditvergabe angeführt. Indem die Angaben zu der den Kredit anfragenden Person leicht angepasst werden, kann anhand der Ergebnisse beobachtet werden, welche Aspekte von der KI für die Kreditwürdigkeit als besonders relevant eingestuft werden.
>
> Das deutsche Unternehmen Aleph Alpha hat im Bereich der Erklärbarkeit bereits einige Erfolge erzielt. Deren Chatbot *Luminous* verfügt über eine Funktion, wodurch u. a. die für die erzielten Resultate relevanten Quellen für den Nutzer aufgeschlüsselt werden.

Eine vollständige Erklärbarkeit wird von KI-Modellen wohl nicht gefordert werden. Jedoch sollten Sie als Entwickler oder Anwender von KI zumindest in dem Umfang Kenntnis von den verarbeiteten Daten und den Vorgängen haben, dass sie den in Art. 12 ff. DSGVO genannten Informationspflichten und Betroffenenrechten entsprechen können (lesen Sie dazu Abschnitt 2.4.3). Außerdem müssen Sie im Falle einer KI-basierten Entscheidung mit rechtlicher Relevanz die Entscheidung den betroffenen Personen erläutern können.

Ein weiterer Grundsatz aus Art. 5 DSGVO, der auf den ersten Blick im Widerspruch zur Entwicklung und Nutzung von KI steht, ist der Grundsatz der Datenminimierung und Datensparsamkeit. Wie bereits ausgeführt, werden für das Training und den Einsatz von KI regelmäßig erhebliche Datenmengen benötigt, sodass von »Sparsamkeit« kaum die Rede sein kann. Anders als der Grundsatz vom Wortlaut aber vermuten lässt, besagt er jedoch nicht, dass generell nur eine geringe Menge an Daten verwendet werden darf. Vielmehr geht es nur darum, dass der Umfang der verwendeten Daten dem verfolgten Zweck angemessen sein muss und nicht über das erforderliche Maß hinausgehen darf. Der Grundsatz zielt also nicht auf ein Verbot von *Big Data*, sondern von *privater Vorratsdatenspeicherung*. Gerade weil die Nutzung großer Datenmengen bei KI zwingend erforderlich ist, besteht kein Widerspruch zu diesem Grundsatz.

1.3.3 Rechtsgrundlagen

Damit eine Verarbeitung personenbezogener Daten auch dem Grundsatz der Rechtmäßigkeit entspricht, benötigen Sie dafür eine Rechtsgrundlage (geregelt in Art. 6 DSGVO). Dies wird als sogenanntes *Verbot mit Erlaubnisvorbehalt* bezeichnet. Jede Verarbeitung ist zunächst verboten und rechtswidrig, es sei denn, die Verarbeitung ist durch eine Rechtsgrundlage gestattet. Art. 6 DSGVO nennt die von der DSGVO anerkannten Erlaubnistatbestände. Danach umfasst sind:

1. Einwilligung durch ausdrückliche, informierte und freiwillige Genehmigung der betroffenen Person in die Datenverwendung
2. vertragliche Verpflichtung und vorvertragliche Maßnahmen, zu deren Durchführung die Datenverarbeitung erforderlich ist, etwa die Kontaktdaten eines Käufers in einem Online-Shop
3. rechtliche Verpflichtung (typischerweise Aufzeichnungs- und Archivierungspflichten im Handels- oder Steuerrecht)
4. Schutz lebenswichtiger Interessen (gilt z. B. bei medizinischen Notfällen, Bewusstlosigkeit etc., wenn der betroffenen Person nur so geholfen werden kann)
5. Wahrnehmung öffentlicher Interessen oder Ausübung öffentlicher Gewalt (rechtfertigt einen Großteil der polizeilichen Datenverarbeitungen)
6. Wahrung berechtigter Interessen des Verarbeiters, worunter auch wirtschaftliche Interessen von Unternehmen fallen

Die grundsätzlich besonders geläufige Rechtsgrundlage der *Einwilligung* gemäß Art. 6 Abs. 1 Buchst. a) DSGVO (siehe z. B. Cookie-Banner auf Webseiten) ist im Kontext der Entwicklung und Nutzung von KI kaum praxistauglich. Gerade im Rahmen der Entwicklung, wenn es um das Zusammenstellen eines Trainingsdatensatzes und dessen Verwendung geht, ist die Einholung einer Einwilligung aller betroffenen Personen praktisch nahezu unmöglich. Dies liegt insbesondere daran, dass die Trainingsdatensätze aus riesigen Datenmengen bestehen und es dabei praktisch nicht möglich ist, sämtliche erfasste Personen zu identifizieren, geschweige denn, sie einzeln zu kontaktieren und um eine wirksame Einwilligung zu bitten. Deutlich höhere Relevanz kommt daher der Rechtfertigung über berechtigte Interessen im Sinne des Art. 6 Abs. 1 Buchst. f) DSGVO zu (zur Vertiefung lesen Sie Abschnitt 3.2 und Abschnitt 3.3 für das Training von KI).

1.3.4 Informationspflichten

Aus dem Grundsatz, dass die Datenverarbeitung für den Betroffenen transparent und nachvollziehbar sein muss, ergibt sich für Sie die Informationspflicht gegenüber dem Betroffenen gemäß Art. 13 und 14 DSGVO. Art. 13 regelt dabei den Fall, dass personenbezogene Daten direkt bei der betroffenen Person erhoben werden, und Art. 14 den Fall, dass die Datenerhebung an anderer Stelle erfolgt, wie dies typischerweise beim *Webscraping* der Fall ist. Beim Webscraping wird durch besondere Bots (sog. Crawler) das Internet nach bestimmten Inhalten durchsucht und diese Daten werden extrahiert und gespeichert. Auch Suchmaschinen wie Google nutzen Crawler, um Webseiten nach nutzerdefinierten Suchanfragen zu durchsuchen und diese dem Nutzer als Suchergebnisse darzustellen.

Die Information muss danach schon mit Erhebung der Daten erfolgen und zumindest folgende Angaben umfassen:

- welche Datenkategorien zu welchen Zwecken und auf Basis welcher Rechtsgrundlage verarbeitet werden
- wer die Empfänger der Daten sind
- die etwaige Absicht eines Datentransfers in Drittstaaten
- die Dauer der Verarbeitung
- die Quelle der personenbezogenen Daten

In der Regel können Sie die Information gemäß Art. 13 bereits über die Datenschutzerklärung erteilen. Die DSGVO sieht in Art. 13 Abs. 4 und Art. 14 Abs. 5 jedoch einige Ausnahmen der Informationspflicht vor, die insbesondere beim Webscraping regelmäßig in Betracht kommen. Wegen der oft immensen Menge an Daten und der daraus resultierenden Unübersichtlichkeit dürfte die Erteilung der Informationen einen *unverhältnismäßigen Aufwand* erfordern, wenn nicht gar unmöglich sein. Eine Unverhältnismäßigkeit liegt vor, wenn das Informationsinteresse der Betroffenen weniger schwerwiegend ist als der Aufwand für den Verantwortlichen.

Praxistipp

Insbesondere wenn Sie eine KI mithilfe des Einsatzes von Webscraping trainieren wollen, bietet sich daher eine intensive Prüfung an, ob der Ausnahmetatbestand des Art. 13 Abs. 4 oder Art. 14 Abs. 5 DSGVO vorliegt. Da die Prüfung jedoch nur selten mit absoluter Gewissheit durchgeführt werden kann, empfiehlt es sich, zumindest sicherheitshalber einen entsprechenden Hinweis zu geben (z. B.: »Wir verwenden personenbezogene Daten zum Training unseres KI-Systems. Die verwendeten Daten können Informationen über ... enthalten. Rechtsgrundlage dieser Verarbeitung ist Art. 6 Buchst. f) DSGVO. Das berechtigte Interesse liegt in ... Weitere Informationen können Sie aus ... entnehmen.«).

1.3.5 Technische und organisatorische Maßnahmen (TOM)

Ebenfalls eine bedeutende Rolle bei der Verarbeitung personenbezogener Daten spielt die Einrichtung technischer und organisatorischer Maßnahmen, über die der

Schutz und die Sicherheit der personenbezogenen Daten gewährleistet werden sollen. Entsprechend der zentralen Vorschrift in Art. 32 DSGVO sollen die TOM zum einen *geeignet* und *angemessen* sein als auch dem *Stand der Technik* entsprechen und so die Risiken für die betroffenen Personen adäquat mindern.

Eine empfehlenswerte Maßnahme, die Sie bei dem Einsatz von KI treffen können, ist z. B. die umfassende Sensibilisierung von Beschäftigten durch Schulungen, Leitfäden etc. Durch unternehmensinterne KI-Richtlinien sollte Ihren Mitarbeitern deutlich gemacht werden, unter welchen Voraussetzungen welche KI-Tools verwendet werden dürfen und in welchem Umfang dies gestattet ist. Bspw. sollten Sie darauf hinweisen, dass bei Verwendung eines Chatbots keine personenbezogenen Daten (von Kunden, Mitarbeitern, Geschäftspartnern u. a.) in die KI eingegeben werden sollten (zur Vertiefung lesen Sie Abschnitt 2.8).

Auch die Durchführung einer *Datenschutz-Folgenabschätzung* (DSFA) als besondere Schutzmaßnahme nach Art. 35 DSGVO wird bei der umfassenden Verwendung von KI-Diensten in der Regel erforderlich sein. Dies ergibt sich aus einer von den deutschen Aufsichtsbehörden veröffentlichten *Blacklist,* in der typische Fälle aufgeführt sind, in denen eine DSFA zwingend durchzuführen ist.[10] Etwa der Einsatz von KI-Systemen zur Kundenkommunikation oder die generelle Big-Data-Analyse von z. B. Kundendaten erfordert nach der Liste zwingend eine DSFA. Auch wenn für Sie gemäß der Blacklist keine eindeutige Pflicht zur Durchführung einer DSFA besteht, ist die Durchführung in der Regel dennoch zu empfehlen, da so in einem eventuellen Verfahren vor den Aufsichtsbehörden jedenfalls dargelegt werden könnte, dass Sie sich umfassend mit dem Datenschutz befasst haben und dieser nicht etwa vorsätzlich vernachlässigt wurde.

> **Praxishinweis: Standard-Datenschutzmodell (SDM)**
>
> Die Konferenz der Beauftragten für Datenschutz in Deutschland (DSK) hat zuletzt im Jahr 2022 das Standard-Datenschutzmodell verabschiedet. Dabei handelt es sich um ein Modell, das geeignete Mechanismen zur Umsetzung der rechtlichen Anforderungen der DSGVO in TOM aufzeigen soll. Die Verwendung dieses Modells kann bei der Suche nach geeigneten TOM hilfreich sein. Allerdings ist das entsprechende Dokument selbst aufgrund seines beträchtlichen Umfangs alles andere als handlich. Eine Einarbeitung in dieses kann daher nur bei äußerst komplexen Projekten empfohlen

---

10 DSK, Liste der Verarbeitungstätigkeiten, für die eine DSFA durchzuführen ist, online verfügbar unter *https://www.bfdi.bund.de/SharedDocs/Downloads/DE/Muster/Liste_VerarbeitungsvorgaengeDSK.pdf?__blob=publicationFile&v=7.*

> werden, bei denen die notwendigen Zeitressourcen für eine Einarbeitung in das Modell vorhanden sind. Bei kleinen Projekten dürfte der erforderliche Zeitaufwand regelmäßig in keinem Verhältnis stehen.[11]

1.3.6 Verantwortlichkeit und Auftragsverarbeitung

Ob und in welchem Umfang Sie die vorgenannten Aspekte bei der Entwicklung oder dem Einsatz von KI beachten müssen, hängt davon ab, ob Sie nach der DSGVO als datenschutzrechtlich Verantwortlicher einzustufen sind. Nach der Definition in Art. 4 Nr. 7 DSGVO ist ein Verantwortlicher die natürliche oder juristische Person, Behörde, Einrichtung oder andere Stelle, die über die Zwecke (= das Ziel, das »Warum«) und Mittel (= die Methoden, das »Wie«) der Verarbeitung von personenbezogenen Daten entscheidet. Gerade wenn mehrere Parteien in ein KI-Projekt eingebunden sind, sind in der Regel nicht alle der involvierten Parteien für die Einhaltung der Pflichten der DSGVO verantwortlich bzw. bestehen Abstufungen in dem Grad der Verantwortlichkeit und in den entsprechend zu treffenden Maßnahmen. So können beispielsweise die Pflichten in Bezug auf die Einrichtung geeigneter technischer und organisatorischer Maßnahmen (TOM) unterschiedlich streng zu bemessen sein und auch die Rechenschaftspflicht gegenüber den datenschutzrechtlichen Aufsichtsbehörden obliegt nicht allen Parteien gleichermaßen.

Die DSGVO regelt die Verantwortlichkeit in erster Linie in den Art. 24 ff. DSGVO. Dabei wird zwischen drei alternativen Konstellationen der Verantwortlichkeit unterschieden. Die Verarbeitung personenbezogener Daten kann entweder auf einem alleinigen Akteur beruhen oder von mehreren Parteien gemeinsam getragen werden. Zumindest einen Verantwortlichen muss es stets geben. Daneben können aber auch noch Auftragsverarbeiter treten, die im Verhältnis zum (Haupt-)Verantwortlichen nur eine beschränkte Verantwortung tragen.

Alleinige bzw. getrennte Verantwortung

Die alleinige Verantwortlichkeit für eine Verarbeitung personenbezogener Daten obliegt Ihnen jedenfalls immer dann, wenn Sie als einzige Partei an einer Datenverarbeitung beteiligt sind. Jede Verarbeitung personenbezogener Daten erfordert nach der DSGVO zumindest einen datenschutzrechtlich Verantwortlichen. Dieser muss die Sicherheit der personenbezogenen Daten und den Schutz der Rechte der Betroffenen

---

11 Das SDM ist online verfügbar unter *https://www.datenschutzkonferenz-online.de/media/ah/SDM-Methode-V30a.pdf*.

gewährleisten. Sie müssen also entsprechend für das Vorliegen einer Rechtsgrundlage sorgen, geeignete TOM einrichten, die Betroffenenrechte erfüllen etc.

Auch wenn Sie zusätzliche Dienstleister in die Datenverarbeitung einbeziehen, kann die alleinige Verantwortlichkeit dennoch bei Ihnen verbleiben. Das ist der Fall, wenn die Einbeziehung anderer Stellen derart beschränkt ist, dass diese keinen Einfluss auf die Zwecke und Mittel der konkreten Verarbeitung haben. Die Beurteilung, ob eine derartige Einflussnahme möglich ist und der an einer Datenverarbeitung Beteiligte als zusätzlicher Verantwortlicher oder Auftragsverarbeiter einzustufen ist, erfolgt ausschließlich anhand der tatsächlichen Umstände des jeweiligen Einzelfalls. Aus vorhandenen Vertragswerken (Auftragsverarbeitungsvertrag oder Vereinbarung über gemeinsame Verantwortlichkeit) können zwar Rückschlüsse gezogen werden, wenn diese aber im Widerspruch zu den tatsächlichen Umständen stehen, sind die Vertragswerke als nachrangig zu erachten. Kurz gesagt: Es zählen nur die tatsächlichen Umstände einer Verarbeitung und nicht, ob ein Auftragsverarbeitungsverhältnis, gemeinsame Verantwortlichkeit oder anderes miteinander vereinbart worden sind.

Zudem ist diese Bewertung auch für jeden einzelnen Verarbeitungsvorgang getrennt vorzunehmen. Auch wenn mehrere Stellen beteiligt sind, kann jede für sich als alleiniger Verantwortlicher betrachtet werden. Dies ist dann der Fall, wenn die Stellen jeweils eigene Verarbeitungen vornehmen, die zwar miteinander verbunden sind, die Stellen aber keine Möglichkeit zur gegenseitigen Einflussnahme haben (getrennte Verantwortung). Dies ist häufig der Fall bei vertikal getrennten Unternehmen in einer Lieferkette oder horizontal getrennten Unternehmen im Rahmen einer Kooperation oder Partnerschaft, bei der jedes Unternehmen für einen eigenen Teilbereich verantwortlich ist (z. B. ein Unternehmen für die Online-Verkaufsabwicklung und ein anderes für den Kundenservice).

Gemeinsame Verantwortlichkeit

Von einer gemeinsamen Verantwortlichkeit ist die Rede, wenn mindestens zwei der an der Datenverarbeitung Beteiligten konkreten Einfluss auf die Zwecke und Mittel der Verarbeitung nehmen können.

Bei der Beurteilung der Verantwortlichkeit ist streng zwischen den einzelnen Verarbeitungsschritten zu differenzieren. So kann eine Stelle personenbezogene Daten selbstständig und in alleiniger Verantwortung erhoben haben; werden diese Daten dann aber im Rahmen eines gemeinschaftlichen Projekts anderen Akteuren zugänglich gemacht und von diesen (mit)verwendet, wäre diesbezüglich insoweit eine gemeinsame Verantwortlichkeit zu bejahen. Verarbeitet einer der Akteure die Daten außerhalb des Projekts, stellt dies wiederum einen eigenen Vorgang dar, für den dieser Akteur dann die alleinige Verantwortung tragen dürfte.

Die DSGVO verlangt von gemeinsam Verantwortlichen gemäß Art. 26, dass diese in transparenter Form vereinbaren, wer von ihnen welche datenschutzrechtlichen Verpflichtungen erfüllt. Die Vereinbarung sollte daher präzise festlegen, welche konkreten Verarbeitungsschritte in welchem Umfang von den Parteien in gemeinsamer Verantwortung durchgeführt werden sollen und welche Stelle gegenüber den Betroffenen diesbezüglich als zuständige Anlaufstelle fungiert. Auch die Zuständigkeit für die Erfüllung der übrigen Pflichten ist festzulegen. Um die eigenen Haftungsrisiken zu minimieren, kann die Vereinbarung in Kombination mit einer zwischen den Parteien geltenden Haftungsregelung geschlossen werden. Für den Abschluss einer Vereinbarung, die den Anforderungen der DSGVO entspricht, eignen sich die von den Datenschutzbehörden öffentlich zur Verfügung gestellten Mustervereinbarungen.[12] Bei komplexen Verarbeitungsvorgängen empfiehlt es sich jedoch, individuelle vertragliche Regelungen durch Experten ausarbeiten zu lassen.

Ein klassischer Fall einer gemeinsamen Verantwortlichkeit ist die Verwendung sozialer Netzwerkplattformen durch Unternehmen, die über die Plattform Werbung schalten. Die Verwendung der Nutzerdaten kann eine gemeinsame Verantwortlichkeit begründen, wenn sowohl das Unternehmen als auch der Plattformbetreiber über die konkrete Verwendung und damit einhergehende Verarbeitung entscheiden. Auch wenn Sie beim Betrieb einer eigenen Website fremde Tracking-Tools in diese einbinden, kann eine gemeinsame Verantwortlichkeit mit dem Anbieter der Tracking-Dienste vorliegen, wenn Sie gemeinsam über das Sammeln von Daten zur Erstellung von Nutzerprofilen entscheiden. In Bezug auf das Training eines KI-Dienstes kann von einer gemeinsamen Verantwortlichkeit beispielsweise dann gesprochen werden, wenn Sie die Datensätze mehrerer Organisationen zusammenführen und für das Training eines gemeinsamen KI-Systems verwenden.

> **Praxishinweis: Wann ist eine generelle Verantwortlichkeit zu bejahen?**
>
> Die Prüfung ist für jeden Verarbeitungsvorgang einzeln vorzunehmen. Eine Person kann zugleich Verantwortlicher & Auftragsverarbeiter sein, je nach Verarbeitung.
>
> Das Vorliegen einer schriftlichen Vereinbarung für die Verantwortlichkeit ist nicht entscheidend, die tatsächlichen Umstände sind maßgeblich.

---

12 Siehe Mustervertrag sowie Muster-Informationsblatt des LfDI BaWü unter: *https://www.baden-wuerttemberg.datenschutz.de/wp-content/uploads/2019/05/190521_Vertragsmuster-Art-26.docx* und *https://www.baden-wuerttemberg.datenschutz.de/wp-content/uploads/2019/05/190516_Informationen-Art-26-Betroffene.docx*.

Entscheidend ist daher:
- Besteht eine Einflussnahme auf den Zweck der Verarbeitung?
- Besteht eine Einflussnahme auf die Mittel der Verarbeitung?

Die Möglichkeit zur Einflussnahme kann sich aus den tatsächlichen Umständen, den vertraglichen Vereinbarungen über die Kontrolle der Daten sowie aus den einschlägigen gesetzlichen Regelungen ergeben. Zu berücksichtigen sind auch die berechtigten Erwartungen der Betroffenen (die sich insbesondere daraus ergeben, wer gegenüber den Betroffenen als Verantwortlicher auftritt) sowie gegebenenfalls Implikationen, die sich aus den Rollen der Akteure ergeben (z. B. Online-Shop-Betreiber gegenüber Kunden, Arbeitgeber gegenüber Arbeitnehmern usw.).

Auftragsverarbeitung

Ein Auftragsverarbeiter ist nach Art. 4 Nr. 8 DSGVO eine natürliche oder juristische Person, Behörde, Einrichtung oder andere Stelle, die personenbezogene Daten im Auftrag des Verantwortlichen verarbeitet. Insofern fallen unter diese Definition Stellen, die gegenüber dem Verantwortlichen weisungsgebunden sind und die Daten ausschließlich nach dessen Vorgaben verarbeiten. Es besteht demnach also unmittelbare Möglichkeit, die Zwecke und Mittel der Verarbeitung (mit) zu bestimmen.

Die Datenverarbeitung durch einen Auftragsverarbeiter erfordert keine eigene Rechtsgrundlage, sondern die beim jeweiligen Auftraggeber bestehende Rechtsgrundlage kann auf die Verarbeitung durch den Auftragsverarbeiter übertragen werden. Auch im Übrigen unterliegt der Auftragsverarbeiter im Hinblick auf die in Auftrag gegebene Datenverarbeitung geringeren datenschutzrechtlichen Pflichten.

Da die Verantwortung für die Rechtmäßigkeit der Verarbeitung personenbezogener Daten weiterhin bei dem Verantwortlichen liegt, hat dieser dafür Sorge zu tragen, dass nur Auftragsverarbeiter beauftragt werden, die hinreichende Gewähr für die Sicherheit der personenbezogenen Daten und den Schutz der Rechte der betroffenen Personen bieten. Zur Klarstellung wird in Erwägungsgrund 81 der DSGVO dazu ausgeführt, dass sich die entsprechende Garantie aus dem Fachwissen, der Zuverlässigkeit und den Ressourcen des jeweils in Betracht kommenden Auftragsverarbeiters ergeben kann. Wenn Sie sich in der Situation befinden, dass Sie einen Auftragsverarbeiter für die Verarbeitung personenbezogener Daten suchen, sollten Sie daher besondere Aufmerksamkeit auf diese Bereiche legen und die diesbezüglichen Angaben des Auftragsverarbeiters rechtssicher dokumentieren. Angemessene Garantien bzw. ein ausreichendes Schutzniveau dürfen zudem auch dann angenommen werden, wenn der Auftragsverarbeiter ein offizielles Zertifizierungsverfahren erfolgreich durchlaufen hat.

In dem Fall, dass eine Partei als Auftragsverarbeiter hinzugezogen werden soll, ist der Abschluss eines Auftragsverarbeitungsvertrags (AVV) gemäß Art. 28 DSGVO unverzichtbar. Dieser soll das Verhältnis sowie die Rechte und Pflichten des Verantwortlichen und des Auftragsverarbeiters regeln.

Eine Auftragsverarbeitung liegt typischerweise vor, wenn Sie Cloud-Lösungen eines Dritt-Anbieters verwenden, ohne dass der Cloud-Betreiber Zugriff auf die in der Cloud gespeicherten und verarbeiteten Daten erhält. Auch das Outsourcing der E-Mail-Verwaltung oder ähnlicher Datendienste zu externen Dienstleistern stellt regelmäßig eine Auftragsverarbeitung dar.

> **Checkliste: Inhalt eines ordnungsgemäßen Auftragsverarbeitungsvertrags (AVV)**
>
> Die Voraussetzungen an einen wirksamen AVV sind in Art. 28 DSGVO niedergelegt. Danach sind folgende Aspekte in einem AVV zu regeln:
>
> ▶ die Weisungsgebundenheit des Auftragsverarbeiters in Bezug auf die Datenverarbeitung
>
> ▶ die Verschwiegenheitspflicht des Auftragsverarbeiters bzw. der beim Auftragsverarbeiter mit der Verarbeitung betrauten Personen
>
> ▶ die Pflicht zur Einrichtung geeigneter technischer und organisatorischer Maßnahmen (TOMs)
>
> ▶ die Bedingungen, unter denen der Auftragsverarbeiter weitere Unterauftragsverarbeiter zur Unterstützung hinzuziehen darf – zum Beispiel, wenn der Auftragsverarbeiter für die auftragsgemäße Datenverarbeitung Software eines Drittunternehmens benötigt, bei der der Softwareanbieter Zugriff auf die Daten erhält (kann schon bei Microsoft-Office-Programmen der Fall sein)
>
> ▶ die Unterstützungspflichten des Auftragsverarbeiters gegenüber dem Verantwortlichen (insb. Unterstützung bei Gewährleistung der Sicherheit der Daten und dem Schutz der Betroffenenrechte)
>
> ▶ generelle Pflicht des Auftragsverarbeiters zur Löschung oder Rückgabe der personenbezogenen Daten (und Kopien), wenn das Auftragsverarbeitungsverhältnis endet

- Ermöglichung der Überprüfung des Datenschutzstandards bei dem Auftragsverarbeiter durch den Verantwortlichen (z. B. durch Inspektionen)

Alternativ zu einem individuell geschlossenen Vertrag können Sie auch die von der EU-Kommission oder den Datenschutzbehörden bereitgestellten Standardvertragsklauseln verwenden.

1.3.7 Verantwortlichkeit beim Scraping

Die Anwendung dieser Prinzipien auf das Text- und Data-Mining bzw. Webscraping mit dem Ziel des Trainings von KI (lesen Sie hierzu Abschnitt 1.1.3) führt in der Regel zu dem Ergebnis, dass mehrere Akteure jeweils als alleinige Verantwortliche zu bewerten sind. Zu Beginn der Datenverarbeitung beim Webscraping steht der Betreiber der jeweiligen Plattform, von der die personenbezogenen Daten gescraped werden sollen (z. B. ein soziales Netzwerk). Dieser macht die Daten grundsätzlich als eigenständigen Verarbeitungsschritt öffentlich zugänglich und entscheidet zudem über eine mögliche Auswertung des mit den Daten generierten Traffics und die darauf basierende Weiterentwicklung der eigenen Algorithmen.

Davon getrennt ist die Verarbeitung durch den Data-Scraper zu sehen. Zwar ist der Scraper auf die Veröffentlichung der Daten durch den Plattformbetreiber angewiesen, die Entscheidung über das Sammeln bestimmter personenbezogener Daten und deren eventuelle Aufbereitung als geeignete Trainingsdaten trifft der Scraper jedoch unabhängig von dem Plattformbetreiber, sodass dies als eigener Verarbeitungsschritt in seiner alleinigen datenschutzrechtlichen Verantwortung anzusehen ist.

Ein enges datenschutzrechtliches Verhältnis zwischen Plattformbetreiber und Data-Scraper kann nur angenommen werden, wenn der Plattformbetreiber das Webscraping ausschließlich über spezielle Schnittstellen (API) ermöglicht. Der Zugriff auf diese API wird dabei nur bestimmten Stellen gewährt, grundsätzlich im Rahmen vertraglicher Absprachen. In diesem Fall entscheidet der Plattformbetreiber also nicht nur darüber, ob, sondern auch welche Daten verarbeitet werden und vor allem von wem, sodass eine Einflussnahme auf die Mittel und Zwecke der Verarbeitung vorliegt. Dies hat somit zur Folge, dass eine gemeinsame Verantwortlichkeit der Betreiber und Data-Scraper vorliegt.

Detaillierte Ausführungen zum Thema KI-Training und Datenschutz lesen Sie in Abschnitt 3.3.

1.3.8 Verantwortlichkeit bei der Nutzung von KI

Bei der Nutzung einer bereits trainierten und einsatzbereiten KI sind abhängig von den Umständen des Einzelfalls verschiedene Konstellationen der Verantwortungsverteilung möglich. Wollen Sie eine cloudbasierte Nutzung einer fremden KI über die Server des Anbieters einrichten, kann ähnlich wie bei der Nutzung genereller cloudbasierter Software ein Auftragsverarbeitungsverhältnis vorliegen.

Dies ist darin begründet, dass der Anbieter der KI Ihnen seinen KI-Dienst zur Verfügung stellt bzw. Ihnen Zugriff auf diesen gewährt. Im Zuge Ihrer Nutzung des Dienstes können dafür personenbezogene Daten von Ihnen an die Server übermittelt und dort verarbeitet werden. Da die Entscheidung über diese Verarbeitung im Wesentlichen bei Ihnen liegt, wären Sie als Nutzer der KI für die dabei erfolgenden Verarbeitungen als Verantwortlicher anzusehen.

Dies ist für den KI-Anbieter aus den unter 4.2.3 genannten Gründen besonders vorteilhaft, da er insbesondere nicht für das Vorliegen einer datenschutzrechtlichen Rechtsgrundlage sorgen muss, sondern diese und weitere Pflichten auf Sie als verantwortliche Stelle abschieben kann. Dementsprechend berufen sich auch viele der großen Anbieter von cloudbasierten KI-Diensten gerne auf ein Auftragsverarbeitungsverhältnis – so zum Beispiel auch OpenAI in dem »Data Processing Addendum«, welches für die API-Nutzung gilt (OpenAI sieht sich nur für die öffentlich zugänglichen Angebote als verantwortliche Stelle).[13]

Ob ein Auftragsverarbeitungsverhältnis aber tatsächlich vorliegt, ist unabhängig von der Behauptung der KI-Anbieter an den faktischen Umständen zu messen. Ein solches Verhältnis kann in der Regel jedenfalls dann nicht mehr angenommen werden, wenn die von dem Nutzer übermittelten Daten nicht nur für die Verwendung des KI-Dienstes verarbeitet werden, sondern von dem KI-Anbieter auch zum weiteren Training und zur Verbesserung der KI gespeichert werden. In diesem Fall findet nicht lediglich eine Verarbeitung durch den Nutzer statt, sondern der KI-Anbieter nimmt eine eigene Verarbeitung vor, die in seinem Ermessen steht und damit eine entsprechende Verantwortlichkeit für diesen auslöst.

Anders und einfacher zu beurteilen ist der Fall, wenn Sie einen KI-Dienst ausschließlich lokal innerhalb Ihrer eigenen IT-Infrastruktur nutzen (On-Premises). Dann liegt die vollständige Kontrolle über die in den KI-Dienst eingegebenen und verarbeiteten Daten grundsätzlich bei Ihnen. Insofern tragen auch Sie die alleinige Verantwortung. Da der Anbieter des KI-Dienstes in einem solchen Fall keinen Zugriff auf die Daten er-

---

13 OpenAI's Data Processing Addendum (englisch) abrufbar unter: *https://openai.com/policies/data-processing-addendum*.

hält, wird hier nicht einmal ein Auftragsverarbeitungsverhältnis mit diesem begründet. Es handelt sich um einen »Dritten« im Sinne der DSGVO, an den keine besonderen datenschutzrechtlichen Maßgaben gekoppelt sind.

> **Weiterlesen**
>
> Lesen Sie in Abschnitt 2.4 mehr über datenschutzrechtliche Implikationen beim Einsatz von KI im Unternehmen. In Abschnitt 3.3 können Sie mehr über KI-Training und Datenschutz lesen.

1.4 Haftung beim Einsatz von KI

Das vielleicht relevanteste rechtliche Thema für Unternehmen, die KI einsetzen möchten, ist die Haftung für Rechtsverstöße. Nachfolgend erhalten Sie einen ersten Überblick über den Themenkomplex Haftung beim Einsatz von KI.

Wo gearbeitet wird, können auch Fehler passieren – und zwar unabhängig davon, ob Mensch oder Maschine die Tätigkeit verrichten. Entsteht durch solche Fehler ein Schaden, stellt sich die Frage, wer für diesen Fehler haftet.

Insbesondere dann, wenn Sie KI-gestützte Dienste im Rahmen der Leistungserbringung gegenüber Kunden oder bei der Sammlung von Informationen nutzen, kann es zu Fehlern kommen, die einen Haftungsfall auslösen. Aber auch die Nichtbeachtung des Datenschutzes oder des Urheberrechts kann Haftungsfälle auslösen. Wenn Sie in Ihrem Unternehmen KI einsetzen wollen, sollten Sie daher genau prüfen, inwieweit durch den konkret geplanten Einsatz von Künstlicher Intelligenz Haftungsszenarien entstehen können.

Wie in den meisten Rechtsbereichen gibt es auch im Bereich der Haftung derzeit noch keine KI-spezifische gesetzliche Regulierung. Daraus folgt, dass die bis dato bestehenden Gesetze – bei deren Schaffung der Gesetzgeber die Technologie Künstliche Intelligenz regelmäßig nicht vor Augen hatte – auf die nun entstehenden Lebenssachverhalte angewandt werden müssen. Dies wiederum führt für Unternehmen, die KI nutzen (wollen), zu großer Rechtsunsicherheit. Denn auch entsprechend spezialisierte Juristen können nicht genau voraussagen, wie die bestehenden Gesetze auf haftungsrelevante Fallgestaltungen im KI-Kontext von den Gerichten angewandt werden.

Der Gesetzgeber hat diese ungünstige Lage jedoch bereits erkannt. Die Europäische Kommission hat am 28. September 2022 einen Entwurf der »Richtlinie über KI-Haftung« (COM/2022/496; im Folgenden: KI-Haftungs-RL) angenommen. Wann und in welcher Form die Richtlinie in Kraft tritt, kann man aktuell nicht abschätzen. Außerdem sind europäische Richtlinien – im Gegensatz zu europäischen Verordnungen wie bspw. der DSGVO – nicht direkt anwendbar. Die enthaltenen Regelungen müssen erst noch von den Mitgliedsstaaten der Europäischen Union in das nationalstaatliche Recht überführt werden.

> **Hintergrundwissen: EU-Richtlinie über KI-Haftung**
>
> Der aktuelle Entwurf der sogenannten Europäischen Richtlinie über KI-Haftung sieht Regelungen für die außervertragliche Haftung für Schäden vor, die durch KI-Systeme verursacht werden. Geschützt werden sollen durch die darin enthaltenen Regelungen Personen, die in keiner vertraglichen Verbindung zum Betreiber oder Nutzer des schadenverursachenden KI-Systems stehen. Die Regelungen des Entwurfs nehmen dabei Bezug auf die Inhalte der KI-Verordnung (AI Act) der EU.
>
> Kern der geplanten gesetzlichen Vorgaben sind Beweiserleichterungen für Geschädigte. Zum einen sollen diese eine Möglichkeit erhalten, die Offenlegung von Beweismitteln zu verlangen. Dadurch soll insbesondere dem Black-Box-Effekt von KI-Systemen entgegengewirkt werden. Zudem soll nach dem Entwurf eine Kausalitätsvermutung greifen: Der Kausalzusammenhang zwischen einem nachgewiesenen sorgfaltswidrigen Verhalten und einem eingetreten Schaden wird danach zunächst vermutet. Der – meist wohl auf die Zahlung von Schadensersatz – in Anspruch genommene Haftungsgegner muss die Vermutung aktiv entkräften. Gelingt ihm dies nicht, muss er gegenüber dem Geschädigten haften.

1.4.1 Wer kann haften?

Für die Einordnung von Haftungsfragen sollten Sie sich zunächst vor Augen führen, welche Akteure es in diesem Zusammenhang gibt und wer als Haftender infrage kommt. Die Künstliche Intelligenz selbst kommt dabei nicht als Haftender in Betracht. Als relevante Akteure können genannt werden:

- Ihr Unternehmen
- die Mitarbeiter Ihres Unternehmens
- Unterauftragnehmer Ihres Unternehmens
- Kunden Ihres Unternehmens

- Mitarbeiter des Kunden
- Anbieter von KI-Modellen und KI-gestützten Diensten

Schon an dieser Liste wird deutlich, dass eine Vielzahl von Personen beteiligt sein kann und damit – zumindest potenziell – als Haftende infrage kommen. Nicht selten wird daher bereits die Frage nach der haftenden Person genau juristisch geprüft werden müssen. Grundsätzlich denkbar ist dabei auch die Haftung mehrerer Personen nebeneinander, welche dem deutschen Zivilrecht nicht fremd ist. Ebenso kann es vorkommen, dass rechtlich nicht eindeutig ist, welche von mehreren in Betracht kommenden Personen haftet. In diesen Fällen muss ggf. zunächst eine und im Falle des (gerichtlichen) Unterliegens die andere bzw. nächste Person in Anspruch genommen werden.

> **Hintergrundwissen: Natürliche und juristische Personen**
> In diesem Kontext ist es zudem wichtig, die Unterscheidung zwischen natürlichen und juristischen Personen zu kennen. Natürliche Personen sind alle Menschen. Bei juristischen Personen handelt es sich meist um Gesellschaftsformen, wie etwa die Gesellschaft mit beschränkter Haftung (GmbH) oder die Aktiengesellschaft (AG). Aber auch der eingetragene Verein (e. V.) oder eine Stiftung zählen zu den juristischen Personen. Sie haben gemein, dass es sich um rechtliche Konstrukte handelt, die häufig ebenso rechtsfähig sind wie geschäftsfähige natürliche Personen und wiederum durch natürliche Personen nach außen vertreten werden. So wird beispielsweise die GmbH durch die Geschäftsführung nach außen vertreten. Die Geschäftsführer können also insbesondere für die Gesellschaft rechtliche bindende Erklärungen abgeben.

1.4.2 Was bedeutet eigentlich Haftung?

Mit dem Begriff Haftung ist im Kontext dieses Buches gemeint, dass eine (natürliche oder juristische) Person von einer anderen Person rechtlich für etwas in Anspruch genommen werden kann. Anders formuliert: Wenn eine andere Person einen (gerichtlich) durchsetzbaren zivilrechtlichen Anspruch gegen das Unternehmen hat, spricht man von Haftung.

Haftung in diesem Sinne meint daher nicht die strafrechtliche Verantwortlichkeit für eine Handlung oder ein Unterlassen, wenngleich es natürlich möglich ist, dass eine Handlung sowohl eine zivilrechtliche Haftung auslöst als auch einen Straftatbestand verwirklicht.

1.4.3 Woraus kann sich die Haftung ergeben?

Die gesetzlichen Bestimmungen, die zur Prüfung von Haftungsrisiken herangezogen werden müssen, sind dabei vielfältig. Infrage kommen insbesondere Bestimmungen aus:

- dem allgemeinen Haftungsrecht
- dem allgemeinen Vertragsrecht
- dem Deliktsrecht (wenn keine vertragliche Beziehung besteht)
- dem Mängelgewährleistungsrecht (insbesondere dem Kauf- und Werkvertragsrecht)
- dem Arbeitsrecht (bei besonderer Fahrlässigkeit von Mitarbeitern)
- dem Produkthaftungsrecht (Haftung der Hersteller von Diensten)
- dem Datenschutzrecht (bei Datenschutzverletzungen bei der Nutzung von KI)
- dem Urheberrecht (etwa bei der Erstellung urheberrechtsverletzender Inhalte mithilfe von KI)

Oftmals sind auch gleich mehrere der vorgenannten Rechtsquellen relevant, sodass sich die Prüfung als sehr komplex erweisen kann, wenn Ihr Unternehmen zum Beispiel die Nutzung von kommerziellen KI-gestützten Diensten erlaubt und ein Haftungsfall entsteht, weil der Mitarbeiter sich ohne manuelle Prüfung auf die Ergebnisse des Dienstes verlassen hat und dadurch dem Kunden ein Schaden entstanden ist. In diesem Szenario dürfte zunächst auf arbeitsrechtlicher Ebene zu prüfen sein, ob Ihr Mitarbeiter (mit)haftet und/oder Ihr Unternehmen selbst. Sodann müsste geprüft werden, auf Basis welcher Anspruchsgrundlage Ihrem Kunden möglicherweise Schadensersatz- oder andere Ansprüche zustehen. Dabei ist es auch möglich, dass mehrere Haftungsnormen nebeneinander anwendbar sind. Im Anschluss sollten Sie die vertraglichen Abreden mit Ihrem Kunden unter die Lupe nehmen und untersuchen, inwieweit diese eine Haftung ausschließen oder begrenzen.

1.4.4 Auswirkungen und Haftungsszenarien

Wie sich die Haftung konkret auswirkt, hängt entscheidend vom Einzelfall ab. Regelmäßig geht es aber um Schadensersatzansprüche, denen Sie sich im Haftungsfall ausgesetzt sehen können. Auch deren Höhe hängt wiederum von den Umständen des Einzelfalls ab.

Denkbar sind zum Beispiel Haftungsfälle, die dadurch entstehen, dass KI-generierte Arbeitsergebnisse ungeprüft übernommen werden. Erhalten Ihre Kunden beispielsweise Information von Ihnen, dürfen sie sich regelmäßig auf deren Richtigkeit verlassen, wenn die Weitergabe der Informationen zum Kern Ihrer Leistungserbringung gehört. Dies ist vor allem bei beratenden Tätigkeiten der Fall. Trifft Ihr Kunde sodann Dispositionen auf Basis von unrichtigen Informationen, kann ihm dadurch ein ersatzfähiger Schaden entstehen.

> **Praxistipp: Kern der Leistungserbringung definieren**
> Was der Kern der Leistungserbringung sein soll, lässt sich grundsätzlich im Rahmen der Vertragsfreiheit frei festlegen. Allerdings werden Gerichte bei der Auslegung von Vertragswerken auch immer die tatsächliche Vertragsdurchführung berücksichtigen, um Rückschlüsse auf den »wahren Willen der Vertragsparteien« zu ziehen. Wie Sie mithilfe von spezifischen vertraglichen Bestimmungen Ihre Haftungsrisiken senken können, lesen Sie in Abschnitt 2.7.4.

Ebenso können Verletzungen von Datenschutznormen zu Schadensersatzansprüchen der Betroffenen führen. Im KI-Kontext sind Datenschutzverletzungen vor allem denkbar, wenn Sie KI-Tools von Drittanbietern nutzen und personenbezogene Daten Dritter in die Software eingeben oder darin hochladen. Kann die Weitergabe der Daten nicht auf eine ausreichende rechtliche Grundlage gestützt werden, kann dies zu schadenersatzpflichtigen Datenschutzverstößen führen.

1.4.5 Wie lassen sich Haftungsrisiken minimieren?

Die wohl wichtigste Frage zum Thema Haftung dürfte lauten: Wie kann ich vermeiden, dass ich oder mein Unternehmen für Schäden haften? Die Antworten sind dabei so vielfältig wie die Haftungsszenarien selbst. Sie sollten sich aber bewusst machen, dass Sie das Haftungsrisiko nie ganz ausmerzen können. Es ist aber durchaus möglich, die Risiken zu minimieren. Als Maßnahmen zur Eindämmung von Haftungsrisiken kommen insbesondere in Betracht:

- die Durchführung von Mitarbeiterschulungen
- die Einführung von unternehmensinternen Richtlinien
- das Treffen von vertraglichen Abreden in Form von Leistungsabreden oder Haftungsbeschränkungen

1.4.6 Haftungsfragen nicht vernachlässigen

Wenn Sie planen, KI in Ihrem Unternehmen einzusetzen oder dies bereits tun, sollten Sie daher so früh wie möglich etwaige Haftungsrisiken identifizieren und die Möglichkeiten, diese zu reduzieren, genau abwägen. Als Juristen denken wir regelmäßig in Worst-Case-Szenarien, um konkrete Haftungsszenarien zu identifizieren – das sollten auch Sie tun. Machen Sie sich Gedanken darüber, was schlimmstenfalls passieren kann, wenn Sie KI wie geplant in Ihrem Unternehmen einsetzen und welche Schäden dadurch bei anderen, insbesondere Ihren Kunden und Geschäftspartnern, entstehen können.

Da sowohl die möglichen Haftungsgründe als auch deren Folgen meist juristisch komplex sind, sollten Sie – sofern vorhanden – die interne Rechtsabteilung einbeziehen und/oder die Konsultation spezialisierter Rechtsanwältinnen oder -anwälte erwägen. Externe Rechtsberatung ist häufig mit nicht unbeachtlichen finanziellen Investitionen verbunden. Jedoch sind die im Haftungsfall drohenden finanziellen Einbußen meist um ein Vielfaches höher, sodass sich die Investition in der Regel lohnt. Aktuell gibt es noch nicht viele Rechtsberater, die auf den (noch jungen) Bereich des KI-Rechts spezialisiert sind und über die wünschenswerte Erfahrung verfügen. Sie können jedoch auch nach Juristen Ausschau halten, die im (dem KI-Recht wohl überzuordnenden) Bereich des IT-Rechts spezialisiert sind. Die meisten rechtlichen Fragestellungen im Bereich KI können diesem Rechtsgebiet zugeordnet werden, sodass auch Anwälte und Kanzleien, die nicht explizit mit Expertise im KI-Recht werben, gute Ansprechpartner sein dürften.

> **Weiterlesen**
> Alles Wichtige zum Thema Haftung beim Einsatz von KI lesen Sie in Abschnitt 2.7. Zudem geben wir Ihnen in Abschnitt 2.8 wichtiges Praxiswissen zum Thema Unternehmensrichtlinien an die Hand.

1.5 Weitere Rechtsfragen beim Einsatz von KI

Künstliche Intelligenz berührt bei Weitem nicht nur den Datenschutz und das Urheberrecht. Wer mit der neuen Technologie arbeitet, muss auch andere bestehende Gesetze und Vorschriften beachten.

Wenn Sie in Ihrem Unternehmen mit KI arbeiten wollen, gilt es, eine Reihe von weiteren Gesetzen und rechtlichen Beschränkungen, zu beachten. Sie sollten daher die Technologie gezielt einsetzen – denn je breiter Sie KI einsetzen, umso mehr potenziellen rechtlichen Stolpersteinen werden Sie begegnen.

1.5.1 Geschäftsgeheimnisgesetz

Das Gesetz zum Schutz von Geschäftsgeheimnissen (GeschGehG) ist die deutsche Umsetzung einer EU-Richtlinie und ist bereits im Jahr 2019 erlassen worden. Hierin werden Sie als Unternehmer insbesondere vor Unternehmensspionage durch Wettbewerber geschützt. Hierin wird zudem der Begriff des Geschäftsgeheimnisses genau definiert. Gerade bei der Nutzung einer LLM in Ihrem Unternehmen sollten Sie Vorsicht walten lassen, welche Informationen Sie in die KI geben. Dies betrifft sowohl die Daten Ihres eigenen Unternehmens als auch die Informationen über andere Unternehmen, die in Ihrer Verantwortung verarbeitet werden. Da die meisten Sprachmodelle auch anhand der eingegebenen Prompts weitertrainiert werden – dies ist mittlerweile bei vielen Systemen in der Premium-Version optional, muss jedoch aktiv abgewählt werden –, memorisiert die KI die Informationen, die ihr zur Erfüllung einer Aufgabe erteilt werden.

> **Hintergrundwissen: Samsungs Firmengeheimnisse**
> Die unregulierte Nutzung von ChatGPT sorgte bei dem koreanischen Tech-Riesen Samsung für Ärger. Bereits 2023 wurde bekannt, dass Mitarbeiter von Samsung sensible Firmeninformationen, unter anderem aus der streng geheimen Chipentwicklung, in ChatGPT eingaben und diese damit OpenAI zugänglich machten. Besonders heikel betrachtete Samsung dabei den Umstand, dass diese geheimen Informationen dadurch von ChatGPT »gelernt« worden waren und nun mit gezielten Fragen abrufbar waren.

Eine solche Weitergabe von Firmengeheimnissen kann nach dem Geschäftsgeheimnisgesetz eine Reihe von rechtlichen Folgen für Sie nach sich ziehen. Diese reichen von der Geltendmachung von Unterlassungsansprüchen (§ 6) der bloßgestellten Unternehmen über Schadensersatzansprüche (§ 10) bis hin zu strafrechtlichen Konsequenzen (§ 23).

1.5.2 Rechtsberatung und Vertragsgestaltung durch KI

Auf Fragen zu rechtlichen Problemen wissen die großen Modelle stets eine Antwort und geben auf Wunsch auch juristische Mustertexte wie Verschwiegenheitsvereinbarungen oder kurze Mietverträge aus. Diese sind in der Regel bereits recht brauchbar und benötigen oftmals nur wenige Anpassungen. Dies sollte Sie jedoch in keinem Fall zu dem Trugschluss verleiten, dass ein Sprachmodell wie ChatGPT (schon) in der Lage ist, komplexe rechtliche Probleme zu lösen. Die KI kann Standardtexte schreiben, da diese tausendfach frei verfügbar im Netz zu finden sind und sich daher ausreichend Korrelationen und Gemeinsamkeiten finden lassen.

Die Rechtsberatung in einem sehr individuellen Einzelfall wird die KI nicht leisten können und darf dies auch gar nicht. Dies ist gemäß § 3 Rechtsdienstleistungsgesetz (RDG) nur bestimmten Berufsgruppen, überwiegend Rechtsanwälten, vorbehalten. Daher antworten LLMs auch bei Rechtsfragen oft mit dem Vorwort, dass sie kein Rechtsanwalt seien und man daher einen solchen konsultieren solle.

Im Übrigen sind insbesondere juristische Quellenangaben von ChatGPT und Co. mit großer Vorsicht zu genießen. Da die KI keine Quellenrecherche innerhalb der eigenen Trainingsdatenbank vornimmt, sondern Texte nur anhand der Wahrscheinlichkeit von zusammenhängenden Begrifflichkeiten und Sätzen generiert werden, sind Quellenangaben in der Regel halluziniert. So entpuppen sich die sehr fundiert wirkenden Verweise auf Urteile des Bundesgerichtshofs und anderer Gerichte oftmals als frei erfunden.

> **Praxistipp: Rechtsberatung durch KI**
>
> Die Befragung einer KI zu einem rechtlichen Problem kann eine schnelle Hilfe bei einfachen Fragestellungen sein. Dies ersetzt jedoch niemals eine ernsthafte Recherche zu einem Thema oder gar die Beratung durch einen Rechtsanwalt.
>
> ▶ **Keine Haftung durch KI-Anbieter**
>
> In keinem Fall sollten Sie bei haftungsrelevanten Themen auf die KI vertrauen oder gar von dieser generierte Rechtstipps an andere weitergeben. Sollte die KI Sie falsch beraten haben, werden Sie sich aufgrund der Nutzungsbedingungen und der einschränkenden Hinweise der KI mit eventuellen Schäden nicht an den Anbieter wenden können und müssen diese selbst tragen. (Alles zum Thema Haftung beim Einsatz von KI lesen Sie in Abschnitt 2.7.)
>
> ▶ **Vertragsgestaltung für sich und andere**
>
> Insbesondere die Vertragsgestaltung für andere mithilfe der KI sollten Sie strikt unterlassen. Hierbei wird es sich regelmäßig um eine Rechtsdienstleistung in fremden Angelegenheiten handeln, welche streng nach dem RDG reglementiert ist. Für sich selbst können Sie die KI aber Entwürfe einfacher Vertragsdokumente fertigen lassen, ohne dass Sie einen Verstoß gegen das RDG fürchten müssen.

1.5.3 Wettbewerbsrecht

Denkbar sind auch wettbewerbsrechtliche Implikationen – jedenfalls dann, wenn Sie Sprachmodelle zur Erstellung von zur Veröffentlichung bestimmten Texten nutzen. Denn öffentliche Äußerungen – zum Beispiel in Werbetexten, auf Websites oder in Produktbeschreibungen – können die Interessen anderer Unternehmen berühren. Das Wettbewerbsrecht enthält diesbezüglich verschiedene Ver- und Gebote, die von Sprachmodellen bei der Erstellung von Texten regelmäßig nicht berücksichtigt werden.

So könnte eine von ChatGPT generierte Produktbeschreibung zum Beispiel irreführende Angaben im Sinne des Gesetzes gegen den unlauteren Wettbewerb enthalten. Dies wäre etwa der Fall, wenn falsche Angaben über Produkteigenschaften wie gesundheitsfördernde Eigenschaften enthalten sind. Ebenso verbietet das UWG bestimmte Formen der vergleichenden Werbung. Diese ist nur unter sehr engen Voraussetzungen möglich – insgesamt benennt das Gesetz sechs Zulässigkeitsvoraussetzungen. So dürfen z. B. nur Waren für den gleichen Bedarf oder dieselbe Zweckbestimmung zum Vergleich herangezogen werden. Mehr zum Geheimnisschutz erfahren Sie in Abschnitt 2.6.

1.6 Gut aufgestellt: KI-Compliance

Einführung und Betrieb von generativer Künstlicher Intelligenz berühren eine immer größer werdende Menge regulativer Vorgaben. Wie Sie diese Compliance-Anforderungen an den Betrieb von KI rechtssicher umsetzen und was dabei zu beachten ist, erfahren Sie im nachfolgenden Kapitel.

1.6.1 Die Grundlagen: Was ist Compliance?

»To comply with« bedeutet im englischen Original sowohl das Befolgen von Regeln, aber auch das kooperative Verhalten von Patienten im Rahmen einer Therapie. In Unternehmen beschreibt der Begriff Compliance die Übereinstimmung einer Organisation mit geltenden Gesetzen, Regulierungen, Branchenstandards, freiwilligen Kodizes und ethischen Grundsätzen. Ziel ist es, sicherzustellen, dass eine Organisation ihre Verpflichtungen und Verantwortlichkeiten erfüllt und potenzielle rechtliche und finanzielle Risiken vermeidet. Eine derartige Struktur reduziert zudem potenzielle Haftungsrisiken des Unternehmens und von Führungskräften. (Mehr zum Thema Haftungsrisiken lesen Sie in Abschnitt 2.7.)

Umfasst wird davon die Summe aller zu ergreifenden Maßnahmen, um rechtstreues Verhalten der Mitarbeiter, der Geschäftsleitung und zum Teil auch der Geschäftspartner zu gewährleisten. Die zentrale Idee der Compliance ist also neben der Risikovorbeugung auch die Schadensabwehr und die Haftungsvermeidung im Unternehmen.

Durch die stetig steigende Regulierungsdichte in nahezu allen Rechts- und Unternehmensbereichen ist die Einführung von Compliance-Strukturen primär in großen, inzwischen aber auch in mittelständischen Unternehmen ein zunehmend wichtiges Thema.

Den Umgang mit solchen Regulierungen effektiv und umfassend zu gestalten, ist eine große Herausforderung für Organisationen aller Größen. Zugleich spielt Compliance im Alltag von Unternehmen eine immer wichtigere Rolle. Vernachlässigt eine Organisation die Compliance-Anforderungen, so kann dies zu einer *persönlichen Haftung der Geschäftsleitung* sowohl gegenüber dem Unternehmen als auch gegenüber Dritten führen. Im schlimmsten Fall droht sogar eine persönliche strafrechtliche Haftung der Geschäftsführung.

Um diesen Risiken zu entgehen, ist die Schaffung einer Struktur im Unternehmen unumgänglich, die insbesondere auch die Verantwortung von der Spitze nach unten delegiert. Hierzu ist gerade bei größeren Organisationen der Aufbau einer Compliance-Abteilung unumgänglich. Diese dient dazu, die bestehenden Risiken zu identifizieren, konkrete Gegenmaßnahmen festzulegen und diese dann auch umzusetzen.

Zwar besteht derzeit für den KMU-Bereich keine unmittelbare rechtliche Verpflichtung zum Aufbau von Compliance-Strukturen. Dies ändert aber nichts daran, dass dies sinnvoll sein kann. Allerdings ist Compliance auch ein Bereich intensiver Selbstbeschäftigung, in den man ein nahezu unendliches Maß an Aufmerksamkeit, Geld und Ressourcen stecken kann. Es besteht zudem die Gefahr von interner Überregulierung, die ein Unternehmen regelrecht lähmen kann. Hier gilt es, ein nicht übertriebenes gesundes Mittelmaß bei der Umsetzung des vorhandenen Compliance-Rahmens zu schaffen.

1.6.2 Besonderheiten für den Bereich KI-Compliance

KI-Compliance bezieht sich auf die Einhaltung rechtlicher und ethischer Standards bei der Entwicklung, Implementierung und Nutzung von KI-Systemen. Angesichts der Komplexität und des raschen Wandels der KI-Technologie auf der einen Seite, des erheblichen Einflusses auf die Unternehmen und der zunehmenden Regulierung auf der anderen Seite ist die Gewährleistung der Compliance der Künstlichen Intelligenz eine fortlaufende Herausforderung. Diese erfordert nicht nur technisches Verständnis, sondern auch ein tiefgehendes Bewusstsein für die rechtlichen und ethischen Implikationen.

Aus rechtlicher Sicht sind dabei insbesondere der Datenschutz, aber auch das Urheberrecht und andere Bereiche wie der Geheimnisschutz zu beachten. Auch der AI Act beinhaltet umfangreiche regulatorische Vorgaben. Diese treten zwar zum Teil erst 2026 in Kraft, berücksichtigen sollte man sie sinnvollerweise aber schon heute, um entsprechend vorbereitet zu sein.

Folgende Aspekte sollten dabei vorrangig berücksichtigt und im Rahmen eines KI-Compliance-Konzepts erfasst werden:

▶ **Rechtliche Regulierung**

KI-Systeme verarbeiten oft große Mengen an Daten, einschließlich personenbezogener Informationen. Die Einhaltung von Datenschutzgesetzen wie der DSGVO ist dabei von zentraler Bedeutung. Unternehmen müssen sicherstellen, dass ihre KI-Lösungen die Privatsphäre der Betroffenen schützen und die Datensicherheit gewährleisten. (Mehr zum Thema datenschutzrechtliche Risiken beim Einsatz von KI im Unternehmen lesen Sie in Abschnitt 2.4.)

Ebenfalls relevant ist ein Konzept für den Umgang mit urheberrechtlichen Fragen. Dies gilt für den Umgang mit den Inhalten, die von ChatGPT & Co. generiert werden, und deren Verwendung zum Beispiel auf Websites oder zur Bebilderung. (Erfahren Sie mehr zu den urheberrechtlichen Risiken in Abschnitt 2.3.1.) Auch die Verträge, mit denen KI-Inhalte weitergegeben oder eingekauft werden, müssen angepasst werden.

▶ **Transparenz und Erklärbarkeit**

KI-Entscheidungen und Entscheidungen, die mithilfe von Künstlicher Intelligenz entstehen, müssen nach den Vorgaben des AI Act transparent sein. Das ergibt sich schon aus den allgemeinen Grundsätzen des neuen Gesetzes, das sicherstellen will, dass eingesetzte KI-Systeme sicher, nachvollziehbar, nicht diskriminierend und umweltfreundlich sein sollen. Auch Art. 22 DSGVO sieht in diesem Bereich einen besonderen Schutz für die Betroffenen vor.

Das bedeutet, dass Unternehmen in der Lage sein müssen, zu erklären, wie ihre KI-Systeme zu bestimmten Schlüssen oder Entscheidungen gelangen. Dies ist besonders wichtig in den Bereichen, in denen KI-Entscheidungen rechtliche oder regulatorische Auswirkungen haben können.

▶ **Nichtdiskriminierung und Fairness**

KI-Systeme dürfen keine diskriminierenden Entscheidungen treffen. Dies beinhaltet die Vermeidung von Voreingenommenheit in Algorithmen, die zu diskriminierenden Ergebnissen führen könnten. Unternehmen müssen sicherstellen, dass ihre KI-Modelle fair und unvoreingenommen sind – und dies im Zweifelsfall auch nachweisen können.

▶ **Einhaltung sektorspezifischer Vorschriften**
In bestimmten Branchen, wie dem Finanzsektor, der Versicherungsbranche, dem Verlags- oder dem Gesundheitswesen, aber auch der Verwaltung, gibt es spezifische regulatorische Anforderungen auch für den Einsatz von KI. Sind Sie in diesem Bereich tätig, so müssen Sie diese Vorschriften genau kennen und einhalten. So gibt zum Beispiel der Pressekodex Verlagen besondere Kennzeichnungspflichten für KI-generierte Bilder vor. Auch die Verwaltung hat in ihrem Bereich weitgehende Regelungen, welche die Nutzung der neuen Technik bisweilen stark beschränken.

▶ **Internationale Anforderungen**
Der Markt für generative KI ist von US-Firmen geprägt. Speziell bei dem Export von personenbezogenen Daten in die USA sind aus datenschutzrechtlicher Sicht einige Vorgaben zu beachten. Zudem werden KI-Systeme oft global eingesetzt. Daher müssen Unternehmen in einigen Fällen auch internationale Compliance-Anforderungen beachten. Dies kann eine Herausforderung darstellen, da sich die für den Bereich KI relevanten Gesetze, insbesondere außerhalb der EU, von Land zu Land unterscheiden.

▶ **Aktualität der KI-Modelle und technischer Wandel**
Der KI-Markt verändert sich in atemberaubender Geschwindigkeit. KI-Modelle müssen daher regelmäßig aktualisiert und die neuen Versionen und Anbieter auf ihre Einhaltung aktueller Gesetze und Vorschriften überprüft werden. Nur so ist sichergestellt, dass die KI-Systeme auch bei sich ändernden rechtlichen Rahmenbedingungen compliant bleiben.

> **Praxistipp: Best Practices für die Umsetzung von KI-Compliance**
> ▶ KI-Richtlinien erstellen
> KI-Richtlinien sollen einerseits den Mitarbeitern größtmögliche Sicherheit für die Nutzung von ChatGPT & Co geben. Andererseits dienen sie als rechtliche Leitplanken hinsichtlich der Einhaltung der rechtlichen Anforderungen bei der Nutzung dieser Technik. Die Gestaltung solcher Regelungen hat sich in der Praxis als äußerst hilfreich gerade für die Einführung von KI in Unternehmen erwiesen. Mehr Informationen zu KI-Richtlinien finden Sie in Abschnitt 2.8.
> ▶ Einbindung von Compliance-Verantwortlichen
> Es ist wichtig, dass Compliance-Experten frühzeitig in den Prozess der Implementierung von KI-Systemen einbezogen werden. Sie können wertvolle Einblicke in die rechtlichen Anforderungen geben und zur Identifizierung potenzieller Risiken beitragen.

▶ Schulung und Bewusstsein
Die Schulung von Mitarbeitern in Bezug auf die Compliance-Anforderungen bei der Nutzung von ChatGPT & Co ist unerlässlich. Dies umfasst nicht nur das technische Personal, sondern auch die Führungskräfte und das Compliance-Team.

▶ Überprüfungen und Audits
Regelmäßige Überprüfungen und Audits der KI-Systeme helfen, Compliance-Risiken zu identifizieren und anzugehen. Dies sollte ein integraler Bestandteil des Compliance-Programms eines Unternehmens sein.

1.6.3 Verletzung von KI-Compliance: Risiken für Unternehmen

Bei der Nichteinhaltung von Compliance-Regeln drohen Ihrem Unternehmen auch im KI-Bereich unangenehme Konsequenzen. Die Liste möglicher Sanktionen reicht von Unternehmensstrafen, Bußgeldern, Gewinnabschöpfung oder dem Verfall des durch einen Gesetzesverstoß erzielten Gewinns. Zu diesen direkten Kosten durch Sanktionen können zudem auch zusätzliche externe und interne Kosten für Gerichtsverfahren oder Schadensersatzansprüche treten.

Sofern Sie als Geschäftsführer oder Vorstand tätig sind, droht Ihnen sogar eine persönliche Haftung bis hin zu einer möglichen Strafbarkeit. Schließlich kann auch der Ruf des Unternehmens durch öffentlich diskutierte Compliance-Verstöße stark beeinträchtigt oder gar ruiniert werden.

Wie hoch die Sanktionen für ein Unternehmen finanziell ausfallen, hängt primär von dem verletzten Rechtsbereich ab. So droht im Rahmen der DSGVO bei gravierenden Verstößen ein Bußgeldrahmen bis zu 20 Millionen Euro oder bis zu 4 % des gesamten weltweit erzielten Jahresumsatzes im vorangegangenen Geschäftsjahr – je nachdem, welcher Wert der höhere ist. (Mehr zum Thema drohende Datenschutz-Bußgelder lesen sie in Abschnitt 2.4.4.)

Noch höher sind die möglichen Sanktionen, welche der AI Act vorsieht. Potenzielle Bußgelder für Verstöße gegen dessen zentrale Vorgaben sind auf 35 Mio. Euro bzw. 7 % des gesamten weltweiten Jahresumsatzes des Unternehmens festgesetzt. Andere Verstöße werden immerhin noch mit bis zu 15 Mio. Euro oder 3 % des Umsatzes des Unternehmens sanktioniert.

Hohe finanzielle Risiken drohen aber auch aus anderen Bereichen. So kennt die DSGVO nicht nur Bußgelder, sondern auch Schadensersatzansprüche der Betroffenen bei Verstößen gegen den Datenschutz. Hier liegen beispielsweise bei Data Breaches große Risiken. Zwar liegen die den einzelnen Betroffenen zugesprochenen

Summen bisweilen nur bei 100 Euro. Aber wenn von dem Vorfall Hunderte oder gar zehntausend Nutzer betroffen sind, besteht hier ein hohes finanzielles Risiko für das verantwortliche Unternehmen.

Wenn Sie als Geschäftsführer eines Unternehmens den Bereich der Compliance angehen, so gehört es zu Ihren persönlichen Aufgaben, eine »Compliance Culture« auch im Bereich KI zu etablieren und zu leben. Auch bei der Nutzung und Einführung von ChatGPT & Co. droht im Extremfall sogar eine persönliche Haftung von Unternehmenslenkern, soweit diese ihre Leitungsfunktion in einem Unternehmen nicht mit der Sorgfalt eines ordentlichen und gewissenhaften Geschäftsleiters ausüben.

1.6.4 Wie KI Compliance unterstützen kann

Die Stärken von Künstlicher Intelligenz liegen überall dort, wo es darum geht, große Mengen an Daten zu verarbeiten und auszuwerten. Dadurch können sie Prozesse optimieren und menschliche Mitarbeiter entlasten oder durch die Auswertung der Daten neue Erkenntnisse gewinnen. Diese Fähigkeiten können auch für den Compliance-Bereich wertvolle Vorteile bringen.

So können KI-Systeme dabei helfen, potenzielle Compliance-Verstöße und Unregelmäßigkeiten schneller aufzudecken. Die Algorithmen sind in der Lage, bekannte Muster zu identifizieren und selbstständig neue zu erlernen. Entsprechende Systeme werden bereits im Bereich »Fraud Detection« verwendet, etwa bei Banken bei der Analyse auf potenzielle Betrugsversuche oder vergleichbare Handlungen.

Die gleichen Vorteile können für Compliance-Risiko-Analyse und -Bewertung genutzt werden. Dabei werden Daten aus vielen verschiedenen internen und externen Quellen gesammelt, ausgewertet und korreliert. Schließlich kann KI Compliance-relevante Dokumente wie Rechtsvorschriften und Standards filtern, analysieren und die wichtigsten Informationen aufbereiten, sodass Compliance- oder Rechtsabteilungen viel Zeit bei der Auswertung sparen.

Zwar steckt die Nutzung generativer KI zur Förderung der Compliance noch in den Kinderschuhen, hier werden aber viele spannende und hilfreiche Konzepte entstehen, welche die Arbeit von Verantwortlichen in diesem Bereich unterstützen.

Kapitel 2
Einsatz von ChatGPT & Co.: was Sie beim Einsatz von KI-Diensten beachten müssen

In diesem Kapitel erläutern wir Ihnen konkret und anhand vieler Beispiele, wo rechtliche Stolperfallen beim Einsatz von KI liegen und was Sie beachten sollten, wenn Sie KI-Dienste in Ihrem Unternehmen nutzen.

Wenn Sie das erste Kapitel des Buches aufmerksam gelesen haben, sollten Sie bereits einen guten Überblick darüber erhalten haben, wie KI in Unternehmen eingesetzt werden kann und welche Rechtsbereiche dabei berührt werden. Nachdem wir im Einführungskapitel die rechtlichen Implikationen zunächst oberflächlich angeschnitten haben, um Sie für die vielfältigen Themen zu sensibilisieren, steigen wir mit dem vorliegenden Kapitel tiefer in die rechtlichen Themen ein.

Nachfolgend erhalten Sie zunächst in Abschnitt 2.1 noch einige technische Hilfestellungen zum Einsatz bestehender KI-Dienste wie etwa ChatGPT. Dazu gehören vor allem die Anbindung per API und die Nutzung von individualisierten Versionen, insbesondere sog. Custom GPTs. In den nachfolgenden Abschnitten erläutern wir Ihnen geordnet nach Rechtsgebieten die rechtlichen Aspekte, die beim Einsatz von KI im Unternehmen beachtet werden müssen. Dabei geben wir Ihnen insbesondere auch wertvolle Hinweise für die Praxis.

2.1 KI im Unternehmen nutzbar machen

Damit Sie die neuen Wunderwaffen in Form von KI-Tools sinnvoll in Ihrem Unternehmen einsetzen können, gibt es auch technisch einige Aspekte zu beachten. Wenn Sie Ihren Mitarbeitenden lediglich einen ChatGPT- oder Midjourney-Account zur Verfügung stellen, werden Sie das Potenzial generativer KI mit großer Sicherheit nicht voll ausschöpfen können.

Sie sollten sich daher bereits im Vorfeld Gedanken darüber machen, wie Sie KI-Dienste sinnvoll in Ihrem Unternehmen integrieren können, und sich darüber hinaus auch über Individualisierungsmöglichkeiten informieren, um bestehenden Systeme an Ihre spezifischen Bedürfnisse anzupassen.

Nachfolgend erhalten Sie hilfreiche Informationen zu den Themen API-Anbindung, Ergebnisverbesserung und Modellindividualisierung am Beispiel von Custom GPTs. Wir empfehlen Ihnen aber, in jedem Fall bereits in der Planungsphase einen KI-Experten mit einzubeziehen. Dieser kann Ihnen helfen, die für Sie ideale und mit angemessenen Kosten umsetzbare Lösung zu finden.

2.1.1 Einbindung per API

Die bloße Bereitstellung von Tools wie ChatGPT oder Midjourney reicht nicht aus, um ihr volles Potenzial zu erschließen. Einer der Hauptgründe liegt in der limitierten Anwendungsbreite. KI-Tools sind hervorragend dafür geeignet, spezifische Aufgaben wie Texterstellung oder Bildgenerierung zu übernehmen. Diese Tools werden jedoch meist als isolierte Lösungen eingesetzt, die nicht nahtlos in die tieferen, operativen Prozesse des Unternehmens integriert sind. Das bedeutet, dass die Interaktionen typischerweise manuell erfolgen und die Ergebnisse in andere Systeme übertragen werden müssen, was ineffizient und fehleranfällig sein kann.

Die Integration von APIs (Application Programming Interfaces) kann hierbei eine entscheidende Rolle spielen. Die Verwendung von APIs zur Integration generativer KI-Technologien bietet mehrere Vorteile, die es ermöglichen, das volle Potenzial dieser innovativen Tools auszuschöpfen:

- **Automatisierung und Skalierbarkeit**: Durch APIs können Unternehmen automatisierte Workflows erstellen, die KI-Funktionen nahtlos in ihre Geschäftsprozesse einbinden. Dies führt zu einer erheblichen Steigerung der Effizienz und ermöglicht es, die Technologie in größerem Maßstab zu nutzen.
- **Datenintegration**: Durch APIs können Daten nahtlos zwischen KI-Tools und anderen Unternehmenssystemen ausgetauscht werden. Dies ermöglicht eine tiefere Datenanalyse und -nutzung.
- **Interoperabilität**: Die Integration über APIs fördert die Interoperabilität zwischen verschiedenen Technologien und Systemen. Das ermöglicht es Ihnen, komplexe Lösungen zu entwickeln, die mehrere KI-Tools umfassen, die miteinander arbeiten.

Ein API umfasst eine Reihe von Protokollen und Tools, um auf Software-Komponenten zuzugreifen. KI-APIs abstrahieren in diesem Zusammenhang die Komplexität von KI-Modellen und ermöglichen es Ihnen, KI-Funktionalitäten in Ihre Anwendungen zu integrieren, ohne tiefgreifende Kenntnisse in maschinellen Lernalgorithmen, Datenverarbeitung oder Modelltraining zu benötigen. So wie Sie beispielsweise das ChatGPT-Frontend nutzen können, können Ihre Softwaresysteme (bspw. Ihr CRM-System) die OpenAI-API nutzen. Neben der OpenAI-API gibt es diverse weitere Schnittstellen zu KI-Systemen. Nachfolgend erhalten Sie eine kleine Übersicht an gängigen Diensten:

- **Google Cloud Vision API**: Bildanalysen für Objekt- und Gesichtserkennung, Textlesen und das Anreichern von Bildkatalogen mit Metadaten.
- **IBM Watson APIs**: Dienste für das Verständnis natürlicher Sprachen, Konversationsfähigkeiten und Tonanalysen. Watson Assistant ermöglicht beispielsweise die Erstellung von Konversationsinterfaces in Anwendungen oder Websites.
- **Microsoft Azure Cognitive Services**: APIs für Anwendungen zur Verarbeitung visueller und auditiver Daten, um Benutzerbedürfnisse durch natürliche Kommunikationsmethoden zu verstehen und zu interpretieren. Dies umfasst APIs für Bild- und Videoanalyse, Sentimentanalyse, Spracherkennung und Gesichtserkennung.

APIs dieser Art bieten Ihnen Zugang zu vortrainierten KI-Modellen oder Diensten für Aufgaben wie Bilderkennung, Verarbeitung natürlicher Sprache, prädiktive Analysen und Ähnliches. Nachfolgend finden Sie einige konkrete Beispiele, wie per API eingebundene KI-Dienste in Ihrem Unternehmen sinnvoll eingesetzt werden können.

- **Kundenservice**: Durch APIs können Sie Chatbots und virtuelle Assistenten in bestehende Kundenkommunikationssysteme integrieren. Diese Integration ermöglicht es Ihnen, dass die KI auf eine umfangreiche Datenbasis zugreift und personalisierte Antworten liefert, die z. B. direkt aus dem CRM-System (Customer Relationship Management) des Unternehmens stammen.
- **Datenanalyse und Insights**: Durch die Einbindung von APIs in Analysewerkzeuge können Sie große Datenmengen in Echtzeit analysieren lassen. Diese tiefe Integration erlaubt eine nahtlose Datenübertragung und -verarbeitung, die es Ihnen ermöglicht, schnell auf Veränderungen zu reagieren und fundierte Entscheidungen auf Basis aktuellster Informationen zu treffen.
- **Automatisierung von Geschäftsprozessen**: APIs ermöglichen Ihnen die Integration von KI-gesteuerter Prozessautomatisierung in ERP-Systeme (Enterprise Resource Planning). Dadurch können repetitive Aufgaben wie die Rechnungsverarbeitung direkt im System automatisiert werden, was wiederum Zeit spart und die Fehlerquote reduziert.
- **Bild- und Spracherkennung**: Die Integration von APIs für Bild- und Spracherkennung in Unternehmensanwendungen kann die Funktionalität von Sicherheitssys-

temen oder Kundendienst-Tools erweitern. Durch die direkte Anbindung an das Unternehmensnetzwerk können Ihre Daten sicher verarbeitet und sofort genutzt werden, was seinerseits Reaktionszeiten verbessert.

▶ **Produktentwicklung und Qualitätssicherung**: In der Produktion ermöglicht Ihnen die Integration von APIs eine fortlaufende Qualitätsüberwachung durch die direkte Anbindung von KI-Tools an Produktionsmaschinen. Dies führt zu einer sofortigen Erkennung und Meldung von Anomalien, wodurch schnelle Korrekturen möglich sind und die Produktqualität gesichert wird.

2.1.2 Ergebnisse verbessern: Finetuning und RAG

Unternehmen, die KI einsetzen wollen, müssen unter anderem die Entscheidung treffen, ob sie auf externe bestehende Systeme setzen oder eigene KI-Algorithmen und -tools entwickeln. Aufgrund des enormen Zeit- und Kostenaufwands, der mit der Eigenentwicklung einhergeht, werden aber die meisten Unternehmen auf bestehende Modelle und Dienste zurückgreifen. Es existiert jedoch auch ein Mittelweg: Unternehmen können bestehende Modelle aufgreifen und diese an ihre Bedürfnisse anpassen.

Finetuning

Dazu eignet sich insbesondere das sog. Finetuning. Im Kontext der Künstlichen Intelligenz bezieht sich Finetuning auf den Prozess, ein bereits vortrainiertes Modell mit Millionen von Parametern, das auf umfangreichen Datensätzen geschult wurde, auf eine spezifische Aufgabe oder einen spezifischen Datensatz anzupassen. Das Ziel des Finetunings ist es, die Leistung des KI-Modells in einem speziellen Anwendungsbereich zu verbessern, indem die Gewichte des Modells so angepasst werden, dass sie besser zu den Eigenschaften der neuen Daten passen.

Bei diesem Prozess werden typischerweise weniger Daten benötigt als beim initialen Training des Modells, da das Modell bereits ein generelles Verständnis der zu lernenden Konzepte erworben hat. Beim Finetuning sind deshalb nur noch Feinabstimmungen notwendig, um das Modell an die spezifischen Bedingungen der neuen Aufgabe anzupassen.

Ein Beispiel für ein Finetuning wäre ein KI-Modell, das Gesichter auf Fotos erkennt und durch Sie so angepasst werden soll, dass es Emotionen in den Gesichtsausdrücken identifizieren kann. Hier wäre das Feintuning darauf ausgerichtet, das Modell auf die subtilen Unterschiede im Ausdruck der Emotionen zu schulen.

OpenAI bietet über seine API und den dazugehörigen »Playground« die Möglichkeit an, gewisse Modelle »finezutunen«. Dies ist jedoch auch mit anderen Anbietern und Modellen möglich. Im Folgenden geben wir Ihnen hierzu eine schrittweise Anleitung:

1. Stellen Sie sicher, dass Sie genügend Trainingsdaten von hoher Relevanz und Qualität zusammenstellen, die Ihre Zielvorstellungen widerspiegeln. Es ist erforderlich, dass diese Daten in einem bestimmten Dateiformat, als *.jsonl*, vorbereitet werden. So muss Ihre Datei pro Zeile strukturiert sein mit mindestens 10 Beispielen:

   ```
   {
     "messages": [
       { "role": "system", "content": "Du bist ein Assistent, der dabei hilft,
         Fragen zum Buchprojekt 'KI im Unternehmen' zu beantworten. Dieses Buch
         ist ein juristischer und technischer Ratgeber dafür, wie Unternehmen
         KI, wie z. B. ChatGPT, nutzen und einsetzen können und sollten, unter
         Berücksichtigung der aktuellen Gesetzgebung. Die Zielgruppe umfasst
         Entscheidungsträger, Geschäftsführer, Produktmanager und nicht
         technische Personen." },
       { "role": "user", "content": "Worin liegt der Schwerpunkt des Buches
         'KI im Unternehmen'?" },
       { "role": "assistant", "content": "Der Schwerpunkt von 'KI im
         Unternehmen' liegt darin, einen umfassenden Leitfaden zu bieten, wie
         KI-Technologien, speziell wie ChatGPT, rechtlich und effektiv in
         Unternehmen integriert werden können. Es richtet sich an ein nicht
         technisches Publikum und hat zum Ziel, die technischen und rechtlichen
         Aspekte der Implementierung von KI im Geschäftskontext zu
         entmystifizieren." }
     ]
   }
   ```

   Um bedeutende Fortschritte zu verzeichnen, sollte Ihre Datensammlung zwischen 50 und 100 dieser Beispiele umfassen, so können Sie im besten Fall Ergebnisse auf GPT-4-Niveau erzielen. Nachdem Sie Ihre Datei entsprechend vorbereitet haben, können Sie sie unter der Adresse *platform.openai.com/finetune* hochladen.

2. Nachdem Sie Ihre Daten vorbereitet und hochgeladen haben, können Sie das Training über den passenden Knopf starten. Die Nutzeroberfläche informiert Sie über den Trainingsfortschritt.

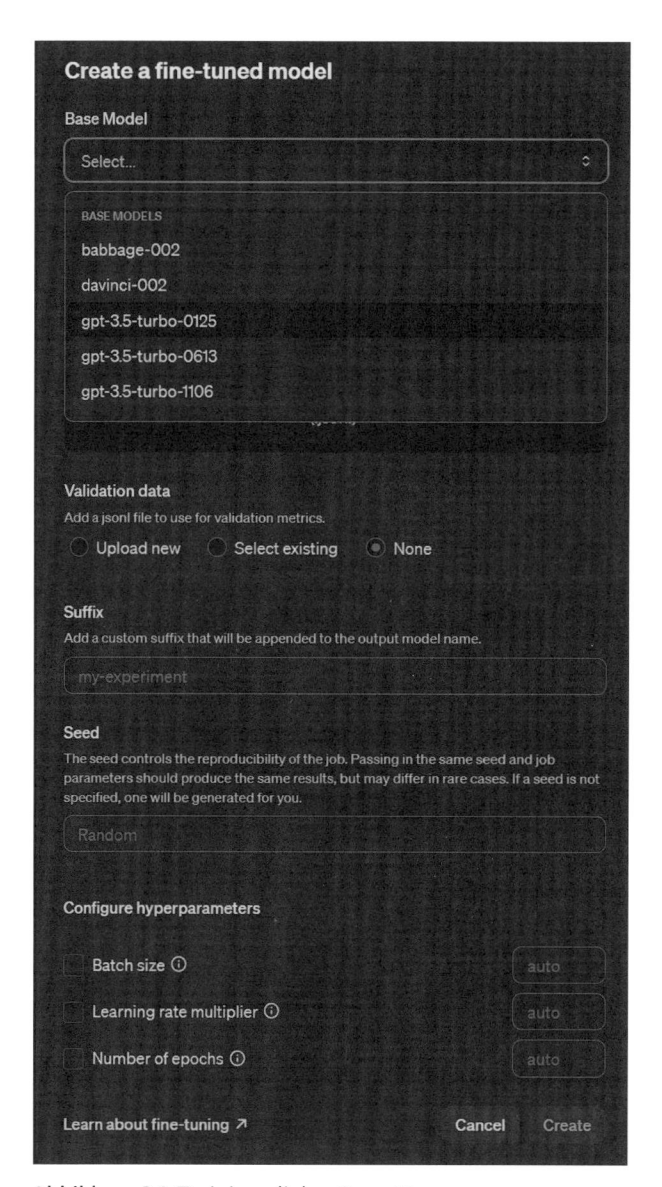

Abbildung 2.1 Trainingsdialog OpenAI

3. Ist das Finetuning erfolgreich und liefert das Modell die gewünschten Ergebnisse, können Sie es für Ihre Anwendungen nutzen. Durch das angepasste Modell benötigen Sie möglicherweise weniger Beispiele in Ihren Prompts, was Kosten spart und Latenzzeiten verringert. Finetuning rechnet im Vergleich zu GPT-4 ab der 200. Abfrage, wenn Ihre Datensammlung 100 Beispiele hat.

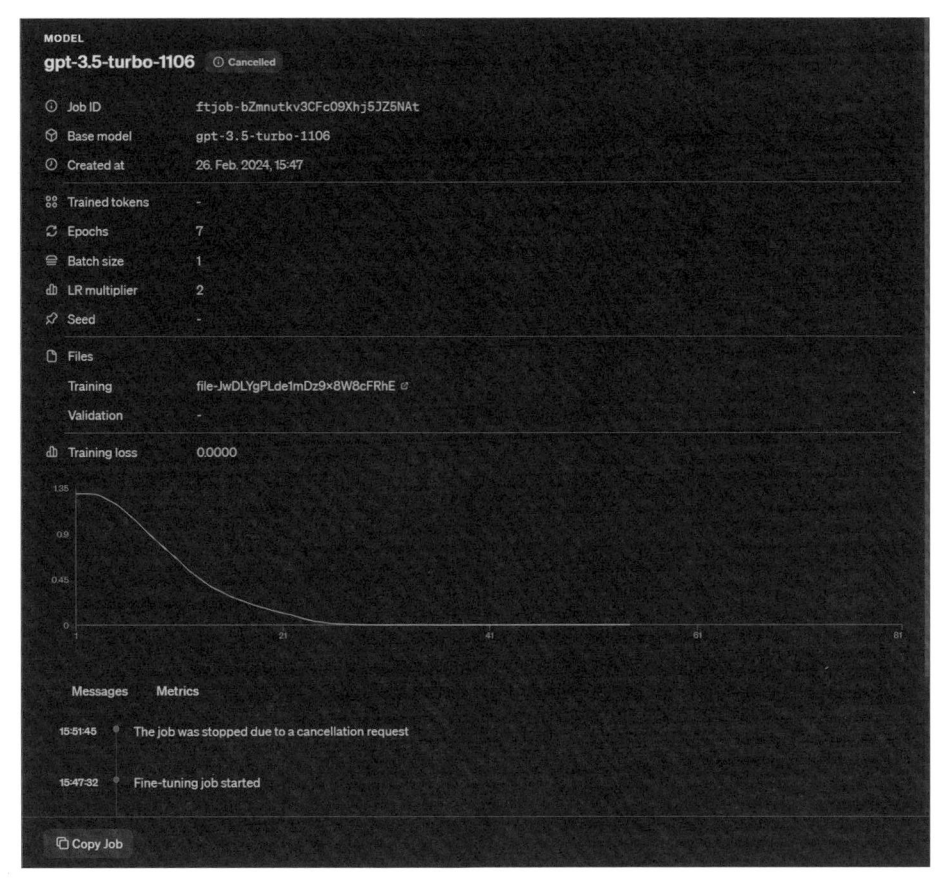

Abbildung 2.2 Trainingsüberwachung OpenAI

Transfer Learning im Kontext von Finetuning

Ein verwandter Begriff, der oft im Zusammenhang mit Finetuning fällt, ist das sogenannte Transfer Learning. Dies ist die Methode, bei der die im Modell erlernten Kenntnisse von einer Aufgabe auf eine andere übertragen werden. Es stellt die Grundlage des Finetunings dar, da hier bereits erlernte Wissensstrukturen genutzt werden, um auf einem eng verwandten Gebiet Anwendung zu finden, anstatt von Grund auf neu zu lernen. Darüber hinaus eröffnet Transfer Learning die Möglichkeit, bestehende Modelle von Plattformen wie Hugging Face zu nutzen, sofern sie eine angemessene Qualität und passende Lizenzbedingungen aufweisen. Sie können somit von der Vorarbeit der Gemeinschaft profitieren und durch Anpassung dieser Modelle Zeit und Ressourcen sparen. Der wesentliche Unterschied zum Finetuning besteht darin, dass beim Transfer Learning oftmals umfangreichere Anpassungen vorgenommen werden müssen, während das Finetuning meist subtilere Änderungen vornimmt, die sich auf Feinjustierungen beschränken.

Abbildung 2.3 Prompt: »Ein Roboter, der das Wissen aus einem Gebiet auf ein neues überträgt«

Retrieval Augmented Generation (RAG)

Retrieval Augmented Generation oder kurz RAG ist eine Technik, die darauf abzielt, die Generierung von KI-Modellen mithilfe externer Wissensquellen zu verbessern. Im Gegensatz zum Finetuning, das interne Modellanpassungen vornimmt, nutzt RAG vorhandene Datenbanken und Wissenssammlungen, um ein Modell bei der Generierung von Ausgaben zu unterstützen. Man spricht hier von einer augmentierten Generierung, da das Modell durch das Abfragen dieser externen Quellen »erweitert« wird. Dabei bleibt das zugrunde liegende KI-Modell unverändert und ist somit nicht direkt mit den Inhalten der externen Datenquelle trainiert, was zusätzlich die Sicherheit erhöht und die Wahrscheinlichkeit von Datenlecks minimiert.

Ein praktischer Anwendungsfall für RAG wäre ein Chat-Assistent, der Unternehmensmitarbeiter bei internen Anfragen unterstützt, indem er auf umfassende interne Datenbanken und Wissenssammlungen zugreift. Nehmen wir an, Ihre Mitarbeiter benötigen spezifische Informationen zu Unternehmensrichtlinien, früheren Projektberichten oder Kundeninformationen. Statt das KI-Modell mühsam mit allen relevanten Daten zu trainieren, was Risiken für Datensicherheit und Datenschutz mit sich bringen könnte, würde RAG in Echtzeit auf die gesicherten Datenquellen zugreifen, um präzise Antworten zu liefern.

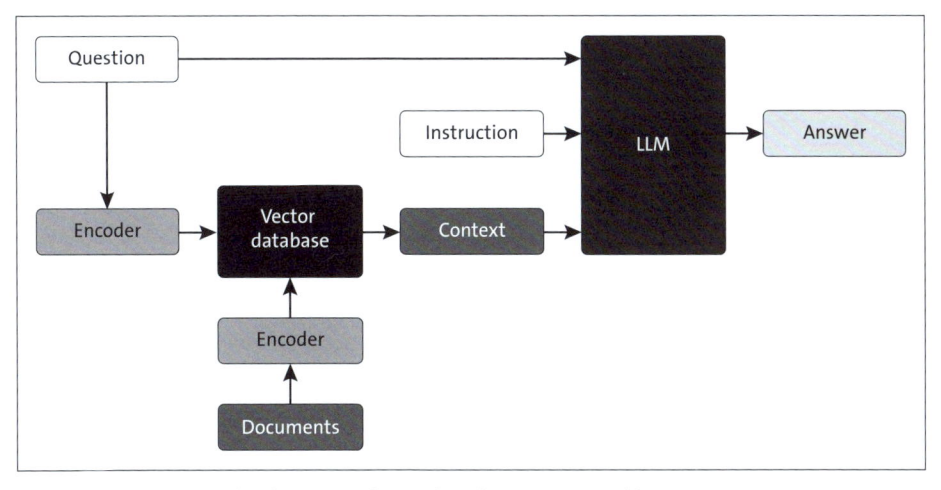

Abbildung 2.4 Der Ablauf einer Anfragenbearbeitung mit Hilfe von RAG

Finetuning oder RAG?

Die Entscheidung, ob Sie Finetuning oder Retrieval Augmented Generation (RAG) für Ihr Unternehmen einsetzen sollten, hängt von mehreren Faktoren ab: der Natur Ihrer Daten, der gewünschten Anwendung und den vorhandenen Ressourcen. Finetuning ist besonders effektiv, wenn Sie bereits über ein leistungsstarkes vortrainiertes Modell verfügen und dieses für spezifische Aufgaben oder Daten angepasst werden soll. In Fällen, in denen spezifisches Wissen oder Daten in großem Umfang vorhanden sind, kann RAG eine starke Ergänzung oder Alternative bieten, um präzisere Ergebnisse zu erzielen.

Während RAG die Vorzüge des dynamischen Abrufens von Informationen nutzt, um Antworten zu generieren, erweitert das sogenannte Prompt Engineering die Möglichkeiten einer KI noch weiter, indem es die Formulierung von Prompts nutzt, um die Suchrichtung und den Kontext der Antworten zu steuern. In Verbindung mit RAG kann Prompt Engineering helfen, KI-Modelle noch feinkörniger zu steuern und so die Antworten der KI exakter auf die individuellen Anforderungen eines Unternehmens abzustimmen.

Ein wesentlicher Vorteil von RAG gegenüber traditionellem Finetuning liegt in seiner höheren Resistenz gegen sogenannte Prompt Injections. Da bei RAG das Modell nicht unmittelbar mit den Daten trainiert wird, sondern stattdessen bei jeder Anfrage auf eine externe Datenquelle zugreift – beispielsweise auf eine Datenbank oder ein Wissensmanagementsystem –, besteht eine geringere Gefahr, dass vertrauliche Informationen unautorisiert offengelegt werden. Solange diese Datenquellen mit einem robusten Role-Based-Access-Control(RBAC)-System gesichert sind, lassen sich auch Datenlecks effektiv vermeiden.

Abbildung 2.5 »Zeige einen Roboter, der mit Möglichkeiten überfordert ist.«

Grundsätzlich müssen Sie bei der Wahl der Technologie immer das Kosten-Nutzen-Verhältnis abwägen sowie datenschutzrechtliche Aspekte beachten, insbesondere wenn KI im Unternehmensumfeld eingesetzt wird und mit sensiblen Daten arbeitet. Datenschutz und Datensicherheit sollten an erster Stelle stehen, um den Schutz personenbezogener Daten sowie Unternehmensgeheimnisse zu gewährleisten. Durch den Einsatz von RAG in Kombination mit strikten Zugriffskontrollen und durchdachtem Prompt Engineering lässt sich das Risiko von Datenlecks minimieren und gleichzeitig die KI-gestützte Informationsverarbeitung in Ihrem Unternehmen sicherer und zuverlässiger machen.

2.1.3 Custom GPTs und Schnittstellen nutzen

ChatGPT als fortschrittliches Sprachmodell generiert schöne Texte, und das erweckt großes Interesse in verschiedensten Branchen. Doch oft fehlt es an inhaltlicher Substanz oder spezifischem Wissen. Denn das Modell kann Informationen nicht berücksichtigen, die erst nach dem Trainingsende veröffentlicht wurden. Und nicht öffentliche Daten wie Lagerbestände oder Echtzeit-Marktdaten bleiben ihm gleich ganz verschlossen.

2.1 KI im Unternehmen nutzbar machen

Beiden Problemen helfen GPTs, ehemals Plug-ins, ab. Sie fungieren als Brücke zwischen dem statischen Wissen des Modells und der lebendigen, stets in Bewegung befindlichen Außenwelt. Dies bietet den Vorteil, dass ChatGPT mit allen Informationen, Berechnungslogiken und Diensten von Drittanbietern angereichert werden kann, die digital zugänglich sind. Damit begegnen sie auch effektiv dem Problem der »Halluzinationen«, bei denen das Modell aufgrund fehlender Aktualität oder zu wenig Spezialwissen in den Trainingsdaten unzuverlässige Informationen generiert.

GPTs unterschiedlichster Anbieter erschließen Wissensquellen wie Wikipedia, peppen die Ausgabe mit Diagrammen auf, erlauben die Auswertung von hochgeladenen PDF-Dateien oder binden fachspezifische Dienste wie die universelle Mathematik-Software Wolfram Alpha ein.

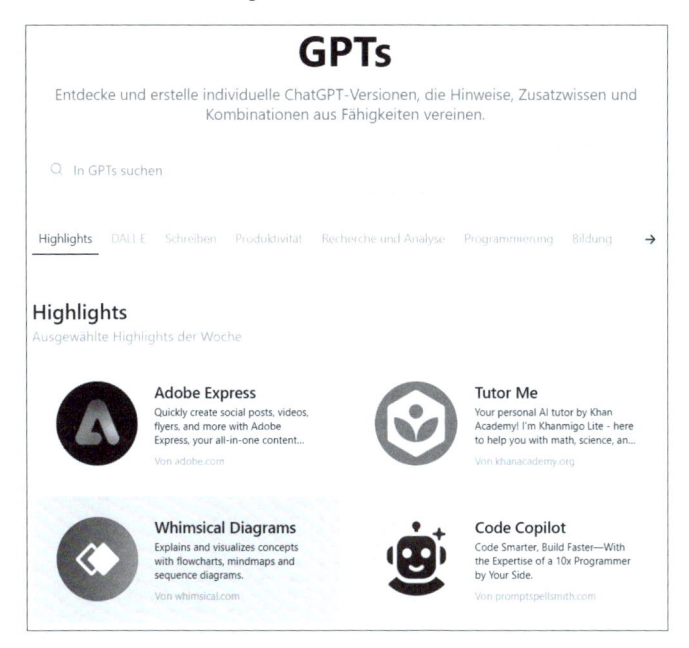

Abbildung 2.6 Auszug GPTs: chat.openai.com/gpts

Diese Funktionen stehen nicht isoliert, sondern interagieren mit den jeweiligen Diensten, um den Endkunden ein nahtloses und informatives Erlebnis zu bieten. Spätestens bei der Nutzung eines GPTs schließen Sie daher meistens einen Vertrag mit dem dahinterstehenden Dienst ab. Anschließend werden Ihre Prompts und weitere vom jeweiligen Dienstleister angeforderte Daten/Dokumente dorthin übertragen; mit jeder GPT-Action kommt also zusätzlich zu OpenAI mindestens eine weitere Stelle ins Spiel, die Ihre Daten erhält. Hier gilt es, die Datenschutzerklärungen der Anbieter zu lesen und zu verstehen, welche Informationen geteilt werden.

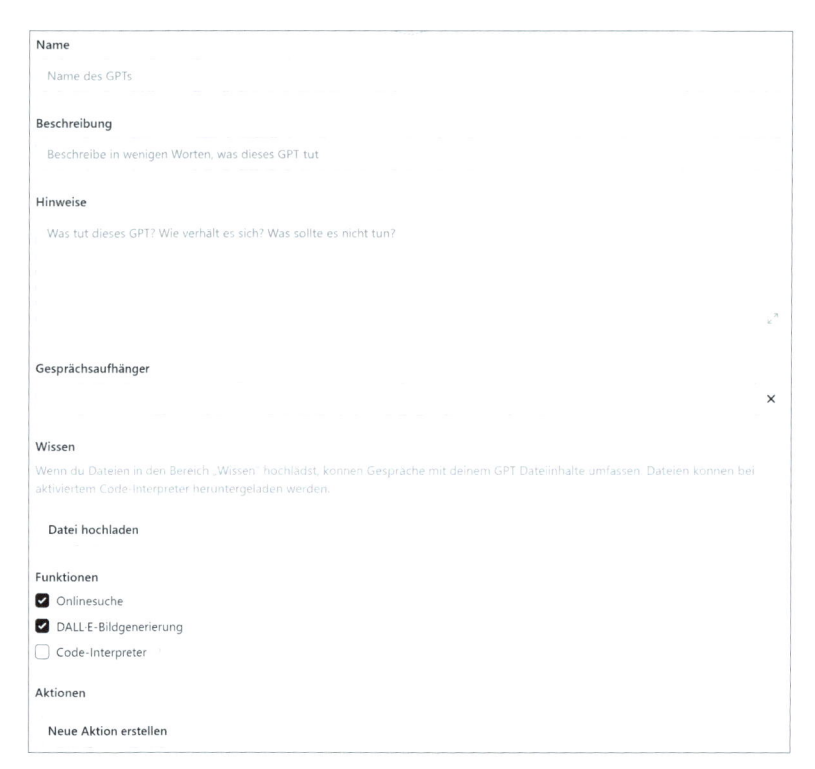

Abbildung 2.7 Einrichtung eines GPTs

> **Was sind ChatGPT Actions?**
>
> Actions sind die tatsächlichen Tätigkeiten, die auf Grundlage von Anweisungen und Functions ausgeführt werden. Sie erlauben es ChatGPT, mit der Außenwelt zu interagieren – sei es durch das Abrufen des aktuellen Wetters von einer Webseite oder das Senden einer E-Mail.

Das Zusammenspiel zwischen den »OpenAI Functions« und »GPT Actions« ist Grundlage für diese Integration. Sie ermöglicht es, dass das KI-Modell auf Basis der Nutzernachricht automatisch entscheidet, ob und wie externe Funktionen aufgerufen werden sollen.

> **Was sind OpenAI Functions?**
>
> Functions sind vergleichbar mit den Funktionen oder Methoden in der Programmierung. Jede Function hat eine spezifische Aufgabe und arbeitet mit Eingabedaten, um ein erwünschtes Ergebnis zu produzieren.

2.1 KI im Unternehmen nutzbar machen

Wenn Sie ChatGPT sagen »Schicke eine E-Mail an Max«, erkennt ChatGPT dies als Aufforderung, eine Funktion auszulösen, die für das Senden von E-Mails verantwortlich ist.

Die »Strukturierung« dieser Anfrage in programmierbare Elemente beinhaltet die Zerlegung in Teile wie

- ▶ Empfänger der E-Mail (Max),
- ▶ Inhalt der E-Mail (was ihm mitgeteilt werden soll),
- ▶ Absenderinformationen (wer die E-Mail sendet).

Der Ablauf von der Anfrage zur Aktion

1. **Anfrage:** Sie bitten ChatGPT mittels einer Anfrage, etwas Bestimmtes zu tun, wie zum Beispiel eine Prüfung des Wetters.
2. **Erkennung:** ChatGPT versteht, dass es eine bestimmte Function ausführen muss, um Ihre Anfrage zu erfüllen. Dafür werden aus dem aktuellen Chat die notwendigen Informationen extrahiert.
3. **Aktion:** ChatGPT setzt die Function mit allen gegebenen Informationen in eine Action um, fragt hierzu die notwendigen Informationen beim Anbieter ab, wie den Wetterbericht, erhält diese Informationen zurück und teilt sie Ihnen mit.

Abbildung 2.8 GPT Action in Aktion

Am Beispiel einer Wetter-Action lässt sich das anschaulich nachvollziehen. Wenn der Nutzer fragt »Wie wird morgen das Wetter in Hannover?«, analysiert das Modell im ersten Schritt diesen Satz. Es stellt fest, dass es ums Wetter geht, also wohl die Wetter-Action nützliche Informationen geben kann. Zudem entnimmt es dem Prompt den Ort »Hannover« und den Zeitpunkt »morgen«.

> **Achtung Kosten!**
> Zusätzlich zum ChatGPT-Abo können für einzelne Dienste weitere Kosten entstehen. Das hängt vom Geschäftsmodell des Dienstes ab, mit dem ein konkretes GPT die Verbindung herstellt.

Mit diesen Parametern ruft es nun die Wetter-Action auf (sofern es die beiden Parameter bestellt hat). Die Action löst die Anfrage an den externen Wetter-Webservice aus, erhält eine Vorhersage in Form von strukturierten Daten und gibt diese an ChatGPT zurück. Dazu dient meistens das Standard-Datenformat JSON. Welche Daten in der Antwort enthalten sein können und was sie bedeuten, hatte die Action ebenfalls bei der Einrichtung des GPTs gemeldet.

Nach dem Erhalt der Wetterdaten verwandelt dann das Modell die strukturierten Daten in eine für Menschen verständliche Nachricht und gibt diese aus.

Abbildung 2.9 Schnittstelleneinbindung in ein GPT

Der nächste Schritt: die Schnittstelle

Wenn Sie für Ihr Unternehmen noch spezifischere Informationen integrieren möchten, bietet sich Ihnen die Möglichkeit, Schnittstellen anzuschließen. Durch deren Integration können Sie beispielsweise Echtzeit-Einblicke in Produktverfügbarkeiten in Ihren Online-Shops anbieten oder es Kunden ermöglichen, Ihre Produkte oder Services direkt über einen GPT zu bestellen.

Darüber hinaus reicht die Bandbreite der möglichen Anwendungen von der Unterstützung interner Prozesse bis hin zur Erweiterung der Kundenkommunikation. So könnten Unternehmen Finanzberichte durch Einbindung in Buchhaltungssysteme automatisieren oder datengestützte Marketingstrategien durch Zugriff auf aktuelle Konsumententrends entwickeln.

Custom GPTs und Schnittstellen rechtskonform nutzen

Bei der Nutzung von Custom GPTs und Schnittstellen gilt es einige rechtliche Besonderheiten zu beachten. Dies fängt bereits vor der Nutzung mit der rechtlichen Grundlage an. Wenn Sie eine für Ihr Unternehmen interessante Custom GPT oder Schnittstelle gefunden haben, sollten Sie dringend prüfen, ob und inwiefern Sie diese für sich nutzen können. So sollten die Anbieter in ihren Lizenzbedingungen festgehalten haben, ob und inwieweit eine kommerzielle Nutzung erlaubt ist. Wenn diese von vornherein ausgeschlossen ist, sollten Sie von einer Integration in Ihrem Unternehmen Abstand nehmen. Gleiches gilt mit Blick auf die Kosten und den angebotenen Leistungsumfang. Manche Custom GPTs gehen mit zusätzlichen Kosten einher und bieten mit Blick in die Vertragsbedingungen nur wenig Mehrwert. Hier gilt es für Sie, eine genaue Kosten-Nutzen-Abwägung anstelle einer vorschnellen Entscheidung zu treffen.

Weiterhin gelten die vorgenannten Hinweise zum Datenschutz. Bei der Nutzung von Schnittstellen treten neue Anbieter hinzu, die gegebenenfalls ihrerseits personenbezogene Daten verarbeiten. Prüfen Sie daher eingehend die Hinweise zur Datenverarbeitung, welche die Anbieter bereitgestellt haben. Mehr zum Datenschutz finden Sie in Abschnitt 2.4.

Zu guter Letzt sollten Sie auch prüfen, ob und inwiefern Sie über Schnittstellen auf fremde Datenbanken zugreifen sollten. Das Recht an Datenbanken ist ein untergeordnetes Feld des Urheberrechts gemäß §§ 87a ff. UrhG. Nur weil eine Schnittstelle offen verfügbar ist, bedeutet dies nicht automatisch, dass Sie auf diese unbegrenzt zugreifen dürfen. Oftmals stehen hierhinter Lizenzmodelle, mit denen die Anbieter der Datenbanken Geld verdienen wollen. Bei Nichtbeachtung dieser Lizenzbedingungen stehen stets die Verletzung von Urheberrechten und damit verbunden Unterlassungs- und Schadensersatzansprüche im Raum. Mehr zum Thema Urheberrechte finden Sie in Abschnitt 1.2.

> **Fazit**
> Custom GPTS und Schnittstellen können Ihnen gegenüber der regulären Verwendung einer LLM einen enormen Mehrwert bieten. Doch vor der Integration sollten Sie genau prüfen, welchen Bedarf Sie haben, ob das von Ihnen präferierte Angebot diesen Bedarf erfüllen kann und ob hiermit noch besondere rechtliche Risiken und zusätzliche Kosten einhergehen. Erst wenn Sie all diese Punkte zu Ihrer Zufriedenheit klären konnten, sollten Sie mit der Integration der Lösung beginnen.

2.1.4 Checkliste: Einführung von KI im Unternehmen

Mit der nachfolgenden Checkliste geben wir Ihnen eine Hilfestellung von der Auswahl der KI bis hin zur effizienten Einbindung in Ihrem Unternehmen. Die Checkliste konzentriert sich dabei auf die technischen Aspekte. Eine weitere Checkliste mit juristischen Hinweisen finden Sie in Abschnitt 5.2.8.

> **Step-by-Step-Checkliste technisch**
>
> 1. **Anforderungen spezifizieren**: Beginnen Sie damit, festzulegen, was Sie mit KI in Ihrem Unternehmen erreichen möchten. Geht es Ihnen z. B. darum, das Kundenerlebnis zu verbessern oder alltägliche Aufgaben zu automatisieren? Vielleicht möchten Sie Erkenntnisse aus vorhandenen Daten gewinnen. Hier kann es helfen, konkrete User Stories zu entwickeln, etwa: »Assistenzkräfte sollen entlastet werden, indem durch automatisierte Erkennung eingehende E-Mails vorsortiert und zugeleitet werden.«
>
> 2. **Anforderungen priorisieren**: Beim Vorhandensein mehrerer Anforderungen bzw. User Stories sollten Sie diese anhand von passenden Kriterien priorisieren. Hier kann die sog. Low-Hanging-Fruit-Matrix eine Hilfestellung bieten. Danach können solche Anwendungsszenarien priorisiert werden, die einen großen Nutzen mit sich bringen und mit verhältnismäßig wenig Aufwand umsetzbar sind. Um den Aufwand abschätzen zu können, müssen Sie aber ggf. auch die nachfolgenden Schritte in Ihre Überlegungen mit einbeziehen.
>
> 3. **Auswahl von KI-Technologien**: Identifizieren Sie die geeigneten KI-Technologien (z. B. maschinelles Lernen, Verarbeitung natürlicher Sprache, Computersehen, Bilderstellung) basierend auf den festgelegten Anforderungen und den verfügbaren Daten.

4. **Datenaufbereitung und -integration**: Stellen Sie sicher, dass die für Ihre Vorhaben notwendigen Daten verfügbar, zugänglich und in einem geeigneten Format für die Verarbeitung durch KI-Algorithmen vorbereitet sind. Insbesondere bei komplexen IT-Landschaften mit vielen unterschiedlichen Datenquellen müssen Sie sicherstellen, dass alle notwendigen Instanzen angebunden sind.
5. **Auswahl von externen Services und APIs**: Verschaffen Sie sich einen Überblick über vorhandene KI-Dienste, die Ihre Anforderungen ganz oder zu einem Großteil abdecken. Erwägen Sie die Anbindung per API: Suchen Sie auf einschlägigen Plattformen wie Hugging Face nach verfügbaren APIs.
6. **Make-or-Buy**: Vergleichen Sie den Aufwand zwischen
   - der Einbindung eines bestehenden Dienstes,
   - dem Anpassen einer bestehenden (ggf. Open-Source-)Lösung, z. B. durch
   - Finetuning und dem Erstellen(lassen) einer eigenen Lösung.

   Treffen Sie auf Basis des Ergebnisses eine Make-or-Buy(MoB)-Entscheidung.
7. **Modelltraining und -entwicklung**: Lassen Sie auf Basis Ihrer MoB-Entscheidung KI-Modelle unter Verwendung geeigneter Algorithmen und Frameworks entwickeln bzw. trainieren. Machen Sie sich ggf. Gedanken über die Herkunft der Trainingsdaten.
8. **Integration mit bestehenden Systemen**: Für eine nahtlose Integration von KI-Funktionalitäten in bestehende Software oder Infrastruktur müssen Backendfunktionalitäten und Business-Logik konzeptioniert und implementiert werden.
9. **Testen und Validierung**: Führen Sie Tests zur Validierung der Funktionalität, Zuverlässigkeit des Systems und der Genauigkeit der KI-Komponenten sowie eine Online- und Offline-Leistungsbewertung durch.
10. **Überwachung und Wartung**: Richten Sie Mechanismen zur Überwachung von KI-Systemen ein. Bauen Sie Monitoring-Mechanismen zum Erkennen von Anomalien. Planen Sie regelmäßige Wartung zur Behebung von Problemen und zur Optimierung der Leistung ein.
11. **Marktbeobachtung und Evaluation**: Beobachten Sie neue technische Entwicklungen und erwägen Sie den Austausch überholter Dienste. Überprüfen Sie zudem regelmäßig die Effizienz und den Einfluss der KI-Systeme im Unternehmen. Richten Sie Feedbackmechanismen ein und etablieren Sie ggf. einen KI-Lenkungskreis, der Empfehlungen zur Nutzung und Anpassung von KI ausspricht.

2.2 Regeln beachten: Nutzungsbedingungen von ChatGPT & Co.

Die Nutzung von KI-Anwendungen erfordert das Akzeptieren der jeweiligen Nutzungsbedingungen. Nachfolgend setzen wir uns mit den aktuellen Nutzungsbedingungen der gängigen KI-Anwendungen ChatGPT und DALL-E auseinander.

2.2.1 Nutzungsbedingungen im Allgemeinen

Nutzungsbedingungen sind nichts anderes als Allgemeine Geschäftsbedingungen (kurz: AGB). Dabei handelt es sich gemäß der Legaldefinition des § 305 BGB um alle für eine Vielzahl von Verträgen vorformulierten Vertragsbedingungen, die eine Vertragspartei (Verwender, hier also der Anbieter der KI-Anwendung) bei Abschluss eines Vertrages stellt. Allgemeine Geschäftsbedingungen liegen dagegen nicht vor, soweit die Vertragsbedingungen zwischen den Vertragsparteien im Einzelnen ausgehandelt werden, was regelmäßig bei einmaligen Individualverträgen der Fall ist. Mit Hilfe von AGB ist es dem Verwender möglich, in kurzer Zeit eine Vielzahl von Verträgen mit unterschiedlichen Kunden zu gleichen Bedingungen abzuschließen. Die einzelnen Verträge müssen also nicht für jeden Kunden neu ausgehandelt werden.

> **Hintergrund: AGB**
>
> Allgemeine Geschäftsbedingungen sind aus dem Geschäftsleben nicht wegzudenken. Stellen Sie sich vor, Sie müssten mit jedem einzelnen Kunden individuelle Verträge aushandeln, um eine Vertragsbeziehung eingehen zu können. Es liegt auf der Hand, dass dies für größere Unternehmen mit einer Vielzahl von Kunden rein logistisch nicht möglich und auch nicht zielführend ist.

Sobald Sie einen Account zur Nutzung einer KI-Anwendung erstellen bzw. sich bei dem jeweiligen Anbieter registrieren, schließen Sie mit diesem Anbieter, im Beispiel von ChatGPT und DALL-E also mit OpenAI, einen Vertrag über die Nutzung der KI-Anwendung. Dabei werden die jeweiligen Nutzungsbedingungen Vertragsbestandteil. Der Geltung der Nutzungsbedingungen für das Vertragsverhältnis stimmen Sie mehr oder weniger bewusst im Rahmen des Registrierungsprozesses zu. Ohne diese Zustimmung erhalten Sie in der Regel keinen Zugang zu der KI-Anwendung.

2.2.2 Rechtlicher Maßstab

Allgemeine Geschäftsbedingungen und damit auch Nutzungsbedingungen für KI-Anwendungen unterliegen in Deutschland der sogenannten (gesetzlichen) AGB-Kontrolle, die sich aus dem Bürgerlichen Gesetzbuch (BGB) ergibt. Nach diesem Maßstab kann geprüft werden, ob Nutzungsbedingungen insgesamt oder auch nur einzelne Klauseln ganz oder nur teilweise auf ein Vertragsverhältnis anwendbar und/oder wirksam sind.

Vereinfacht ausgedrückt umfasst die AGB-Kontrolle eine Prüfung der jeweiligen AGB dahingehend, dass keine unangemessenen Benachteiligungen für den Vertragspartner enthalten sind, dieser also durch eine Klausel nicht einseitig, unverhältnismäßig und zu seinen Lasten benachteiligt wird. Daraus ergeben sich folgende Punkte, die bei der Prüfung von AGB von besonderer Bedeutung sind:

Wesentliche Punkte der AGB-Kontrolle

▶ **Einbeziehung**: Um ihre Wirksamkeit in Bezug auf ein Vertragsverhältnis entfalten zu können, müssen AGB wirksam in dieses Vertragsverhältnis einbezogen werden. Dies geschieht entweder durch ausdrücklichen Hinweis des Verwenders oder durch einen deutlich sichtbaren Aushang am Ort des Vertragsschlusses. In jedem Fall muss der Vertragspartner in zumutbarer Weise von den AGB Kenntnis nehmen können. In der digitalen Welt werden AGB meist auf der Website des Anbieters zum Abruf angeboten. Häufig werden die AGB auch im Rahmen eines Bestell- oder Registrierungsprozesses per E-Mail zur Verfügung gestellt. Im Rahmen des Bestellvorgangs bestätigt der Vertragspartner meist durch Setzen eines Häkchens, dass er die AGB zur Kenntnis genommen hat und mit ihnen einverstanden ist.

Ist die Einbeziehung der AGB nicht wirksam erfolgt, so finden sie auf das jeweilige Vertragsverhältnis keine Anwendung und entfalten daher keine Wirkung.

▶ **Transparenz**: Klauseln in AGB müssen klar und verständlich formuliert sein, damit der Vertragspartner ihre Bedeutung und Tragweite erfassen kann. Unverständlich formulierte Klauseln oder Zweifel bei deren Auslegung gehen zulasten des Verwenders.

▶ **Kontrolle von unangemessenen Klauseln**: AGB-Klauseln dürfen den Vertragspartner nicht unangemessen benachteiligen. Dies ist z. B. der Fall bei einer Klausel, die eine einseitige Änderung des Vertragsinhalts ermöglicht, oder bei einer Klausel, die den Vertragspartner in seinen Rechten unverhältnismäßig einschränkt, wie z. B. der Ausschluss der Ausübung des gesetzlichen Widerrufsrechts im Fernabsatz.

▶ **Gesetzliche Verbote**: Klauseln, die gegen gesetzliche Verbote verstoßen, sind in jedem Fall unwirksam. Ein Beispiel hierfür wäre eine Klausel, die den Nutzer als Angehörigen einer bestimmten Berufsgruppe verpflichtet, Geheimnisse aus dem persönlichen Lebensbereich eines Dritten zu offenbaren. Eine solche Offenbarung wäre eine Verletzung von Privatgeheimnissen, die gegen § 203 Strafgesetzbuch (StGB) verstößt.

- **AGB im Verhältnis zu Individualvereinbarungen**: AGB können Individualvereinbarungen nicht vollständig ausschließen. Je nach Vereinbarung der Parteien können Individualvereinbarungen den AGB vorgehen, wenn sich die einzelnen Regelungen widersprechen.
- **Überraschende Klauseln**: Klauseln, die den Vertragspartner überraschen und mit denen er nicht rechnen muss, sind unwirksam – zum Beispiel der Kauf einer Waschmaschine, der Ihnen durch das Akzeptieren der Nutzungsbedingungen für ein Computer-Betriebssystem aufgeschwatzt werden soll. Mit solchen Klauseln kann man in den Nutzungsbedingungen eines Betriebssystems nicht rechnen, weshalb die Klausel unwirksam ist und Sie natürlich keine Waschmaschine gekauft haben.

§§ 308 und 309 BGB listen einige Klauselverbote explizit auf, sind jedoch nicht abschließend.

2.2.3 AGB-Problematiken im Zusammenhang mit KI

Der Einsatz von KI in Ihrem Unternehmen wirft verschiedene rechtliche Fragen auf. Vor diesem Hintergrund ist es wichtig zu wissen, wie Anbieter mit rechtlichen Problemen umgehen, was sich aus den jeweiligen Nutzungsbedingungen ergibt.

So ist Datenschutz ein wesentlicher Punkt, der den Einsatz von KI-Anwendungen im Unternehmen betrifft. Das Thema Datenschutz wird jedoch meist nicht in Nutzungsbedingungen, sondern in den jeweiligen Datenschutzerklärungen der Anbieter behandelt. Wie geht der Anbieter mit personenbezogenen Daten innerhalb der KI um? Wie werden personenbezogene Daten erhoben, gespeichert und weiterverarbeitet? Wie werden ggf. erforderliche Einwilligungen in die Datenverarbeitung eingeholt? Mehr zum Thema Datenschutz finden Sie in Abschnitt 2.4.

> **Praxistipp: AGB des KI-Anbieters prüfen**
> Bevor Sie eine bestimmte KI-Anwendung in Ihrem Unternehmen einsetzen, sollten Sie sich mit den Nutzungsbedingungen und der Datenschutzerklärung des jeweiligen Anbieters dezidiert auseinandersetzen.

Der Einsatz von KI im Unternehmen wirft auch urheberrechtliche Fragen auf. Für Sie ist es wichtig zu wissen, wie der Anbieter diese rechtlichen Fragen für die von ihm angebotene KI-Anwendung in Bezug auf die damit generierten Inhalte handhabt. Zudem sollte klar geregelt sein, welche Rechte dem Nutzer an den generierten Inhalten eingeräumt werden. Mehr zum Thema Urheberrecht finden Sie in Abschnitt 1.2.

Ein weiterer wichtiger Aspekt ist die Frage der Haftung und Verantwortung. Gibt es Haftungsklauseln in Bezug auf die Genauigkeit, Zuverlässigkeit und Angemessenheit der von der KI-Anwendung bereitgestellten Informationen? Was passiert, wenn sachlich falsche Inhalte ausgegeben werden? Welche Verantwortung wird dem Nutzer übertragen? Mehr zum Thema Haftung finden Sie in Abschnitt 2.7.

Auch arbeitsrechtliche Fragen können eine Rolle spielen. Wie wirkt sich der Einsatz von KI im Unternehmen auf das Arbeitsverhältnis aus, insbesondere im Hinblick auf Automatisierung und Mitarbeiterüberwachung?

Schließlich sind auch ethische Überlegungen von Bedeutung. Was darf KI? Wie gehen Sie als Nutzer ethisch korrekt mit der KI um? Welche Vorgaben macht der Anbieter?

Schließlich spielt auch der Aspekt der rasanten Rechtsentwicklung auf dem Gebiet der KI eine Rolle. Hat der Anbieter bereits antizipierende Regelungen getroffen und damit die sich verändernde Rechtslage im Blick oder werden zumindest regelmäßig die AGB aktualisiert?

Nachfolgend wollen wir explizit in die Nutzungsbedingungen von ChatGPT und DALL-E eintauchen und Antworten auf die aufgeworfenen Fragen finden.

Nutzungsbedingungen von ChatGPT/DALL-E

Die Nutzungsbedingungen für ChatGPT und DALL-E sind auf der Website des Anbieters OpenAI abrufbar. Die folgenden Ausführungen sollen einige wichtige Aspekte dieser Nutzungsbedingungen aufgreifen und beziehen sich auf den Stand aus April 2024. Unter dem Link *https://openai.com/de/policies/eu-terms-of-use* finden sich die Nutzungsbedingungen für Verbraucher.

Hintergrund: Wer gilt als Verbraucher?

Verbraucher ist gemäß § 13 BGB jede natürliche Person, die ein Rechtsgeschäft zu Zwecken abschließt, die überwiegend weder ihrer gewerblichen noch ihrer selbstständigen beruflichen Tätigkeit zugerechnet werden. Natürliche Person ist jeder Mensch. Zu unterscheiden sind natürliche Personen von juristischen Personen, bei denen es sich um eine Vereinigung von Personen oder eine Vermögensmasse handelt, die in ihrer Gesamtheit mit allgemeiner Rechtsfähigkeit ausgestattet ist. Hierzu zählen beispielsweise eingetragene Vereine, Stiftungen, wirtschaftliche Unternehmen als Kapitalgesellschaften (GmbH, AG) oder Genossenschaften.

Diese Bedingungen gelten jedoch auch für die gewerbliche Nutzung der Dienste, wobei für diese Art der Nutzung einige zusätzliche Regelungen gelten, die Sie als Unternehmer unbedingt beachten müssen. Dazu später mehr. Positiv zu vermerken ist, dass Dienste wie ChatGPT und DALL-E grundsätzlich auch für kommerzielle Zwecke genutzt werden können, ohne dass hierfür gesonderte Gebühren anfallen.

Die unter dem Link aufgeführten Nutzungsbedingungen gelten speziell für den Europäischen Wirtschaftsraum. Für andere Teile der Welt hat OpenAI aufgrund der unterschiedlichen Rechtslage abweichende Nutzungsbedingungen formuliert.

Bereits im ersten Absatz hält OpenAI klarstellend fest, dass Nutzer ihrer Dienste ein Vertragsverhältnis eingehen:

> »Sie schließen einen Vertrag mit uns, wenn Sie bestätigen, dass Sie diese Bedingungen akzeptieren oder wenn Sie die Dienste anderweitig nutzen.«

»Dienste« bezeichnet ChatGPT, DALL-E und weitere Dienste von OpenAI, zusammen mit allen zugehörigen Software-Anwendungen, Technologien und Websites.

Unter dem Punkt »Registrierung und Zugang« trifft OpenAI Regelungen zum Umgang mit dem Nutzerkonto und zur Verantwortlichkeit:

> »Sie dürfen Ihre Kontodaten nicht weitergeben und Ihr Konto einer anderen Person zugänglich machen und sind für alle Aktivitäten verantwortlich, die unter Ihrem Konto stattfinden.«

Achten Sie also stets darauf, die Zugangsdaten zu Nutzerkonten sicher zu verwahren. Falls Ihre Mitarbeiter eigene Nutzerkonten für ihre Tätigkeit im Unternehmen haben, sollten sie ebenfalls hierauf hingewiesen werden. Dies kann beispielsweise mithilfe von KI-Richtlinien geschehen. Mehr zum Thema KI-Richtlinien finden in Abschnitt 2.8.

Unter dem Punkt »Nutzung unserer Dienste« hält OpenAI insbesondere fest, dass die Dienste nicht für illegale, schädliche oder missbräuchliche Aktivitäten genutzt werden dürfen. Hierzu zählen beispielsweise die Verletzung der Rechte Dritter (Stichwort Urheberrecht) oder auch die Behauptung, dass der Output, der von der KI generiert wurde, von einem Menschen erstellt wurde.

> **Hintergrund: Kennzeichnungspflicht**
> Nach aktueller Gesetzeslage besteht zumindest derzeit keine Kennzeichnungspflicht für KI-generierte Inhalte. Doch wird sich dies voraussichtlich mit Inkrafttreten des AI Acts der Europäischen Union im Laufe des Jahres 2024 zumindest teilweise ändern. Näheres hierzu finden Sie in Abschnitt 5.1.

Hinsichtlich der Inhalte, zu denen nach den Nutzungsbedingungen sowohl der Input, d. h. alle Daten, die Sie der KI zur Verfügung stellen, als auch der Output, d. h. alle Daten, welche die KI generiert, gehören, stellt OpenAI ausdrücklich klar, dass Sie als Nutzer für sämtliche Inhalte (Input und Output) verantwortlich sind und sicherstellen müssen, dass diese nicht gegen geltendes Recht oder die Nutzungsbedingungen selbst verstoßen und dass etwaige Rechte, Lizenzen und Genehmigungen vorliegen. OpenAI wälzt damit jegliche Verantwortung für Inhalte auf den Nutzer ab. Für eventuelle Urheberrechtsverletzungen beispielsweise wären Sie allein verantwortlich und ein Rückgriff auf OpenAI wäre unmöglich. Dies mag auf der Inputseite vertretbar sein, auf der Outputseite bestehen jedoch Bedenken. Denn abgesehen von den Prompts, also dem Input, hat der Nutzer keinen Einfluss auf die KI. Wie die KI letztlich mit den Prompts umgeht, hängt von der Programmierung und der Gesamtheit der Trainingsdaten ab, die im Rahmen der Entwicklung verwendet wurden und werden. Der Anbieter ist daher zumindest mittelbar für die ausgegebenen Inhalte verantwortlich. Haftungsausschlüsse sind nach deutschem Recht grundsätzlich zulässig, unterliegen aber gewissen Einschränkungen.

> **Hintergrund**
> So sieht das BGB ein Klauselverbot für solche Klauseln in AGB vor, die die Haftung für vorsätzliches oder grob fahrlässiges Handeln ausschließen oder begrenzen.

Es ist daher fraglich, ob die Klausel in ihrer jetzigen Form im Streitfall vor deutschen Gerichten Bestand haben wird. Gleichwohl ist derzeit von der Wirksamkeit der Klausel auszugehen. Selbst wenn OpenAI die Klausel im Laufe der Zeit so anpassen sollte, dass sie den Anforderungen des BGB vollständig entspricht, wird man nur in den seltensten Fällen von Vorsatz oder grober Fahrlässigkeit seitens OpenAI ausgehen können.

Bezüglich der Rechte an den Inhalten gilt folgende Regelung:

> »Im Verhältnis zwischen Ihnen und OpenAI und soweit nach geltendem Recht zulässig, behalten Sie (a) Ihre Inhaberrechte am Input und (b) Ihnen stehen die Rechte am Output zu. Wir treten hiermit alle unsere Rechte, Titel und Anteile, falls vorhanden, am Output und in Bezug auf den Output an Sie ab.«

Positiv ist, dass OpenAI keinerlei Rechte an den generierten Inhalten beansprucht. Grundsätzlich können Sie also mit dem Output nach Belieben verfahren. Beachten Sie jedoch, wie bereits in dem vorangegangenen Kapitel deutlich gemacht, dass Sie keine Urheber- oder sonstigen Leistungsschutzrechte an den KI-generierten Inhalten erwerben können.

Hinsichtlich der Nutzung Ihrer Inhalte behält sich OpenAI Folgendes vor:

»Wir können Ihre Inhalte weltweit nutzen, um unsere Dienste bereitzustellen, aufrecht zu erhalten, zu entwickeln und zu verbessern, geltende Gesetze einzuhalten, unsere Bedingungen und Richtlinien durchzusetzen und unsere Dienste sicher zu halten.«

An dieser Stelle wird deutlich, dass OpenAI Ihre Inhalte insbesondere für die Weiterentwicklung der Dienste nutzen kann. Bedenken Sie dies bei jeder Eingabe und vermeiden Sie es, sensible Daten in die KI einzuspeisen. Auch die Mitarbeiter Ihres Unternehmens sollten für dieses Thema sensibilisiert werden, z. B. durch die Formulierung von KI-Richtlinien. OpenAI bietet zwar die Möglichkeit, die Verwendung von Inhalten für das Training der KI auszuschließen, es ist jedoch nicht sicher, dass dies bei entsprechender Anpassung der Kontoeinstellungen auch vollständig erfolgt. Außerdem kann ein solcher Ausschluss die Funktionalität der Dienste einschränken, was zu Nachteilen bei der Nutzung führen kann.

Im Abschnitt »Genauigkeit« trifft OpenAI einige Regelungen zum Output der KI. Der Nutzer erklärt sich durch das Akzeptieren der Nutzungsbedingungen mit Folgendem einverstanden:

»Der Output ist möglicherweise nicht immer korrekt. Sie sollten sich nicht auf den Output unserer Dienste als alleinige Quelle der Wahrheit oder faktischer Informationen oder als Ersatz für professionelle Beratung verlassen.

Sie müssen Output auf Richtigkeit und Angemessenheit für Ihren Anwendungsfall bewerten, einschließlich der angemessenen Überprüfung durch einen Menschen, bevor Sie Output aus den Diensten verwenden oder weitergeben.

Sie dürfen Output in Bezug auf eine Person nicht für einen Zweck verwenden, der rechtliche oder wesentliche Auswirkungen auf diese Person haben könnte, wie z. B. das Treffen von Kredit-, Bildungs-, Beschäftigungs-, Unterkunfts-, Versicherungs-, rechtlichen, medizinischen oder anderen wichtigen Entscheidungen.

Unsere Dienste können unvollständigen, unrichtigen oder beleidigenden Output liefern, der nicht OpenAIs Ansichten wiedergibt. Wenn Output auf Produkte oder Dienstleistungen eines Dritten Bezug nimmt, bedeutet dies nicht, dass der Dritte OpenAI unterstützt oder mit OpenAI verbunden ist.«

Diese Hinweise sind allgemeingültig und können auch auf die Nutzung von KI anderer Anbieter übertragen werden. Sie müssen sich jederzeit bewusst sein, dass der Output von KI insbesondere auf Wahrscheinlichkeiten beruht und im Erstellungsprozess keine Überprüfung der Sach- und Rechtslage erfolgt. Eine Überprüfung durch eine menschliche Instanz ist daher in jedem Fall erforderlich, sofern der Output verwendet werden soll.

Unter »Beendigung und Sperrung« behält sich OpenAI Maßnahmen für eine unzulässige Verwendung der Dienste vor. So kann das Nutzerkonto gesperrt oder deaktiviert werden, wenn OpenAI »nach vernünftigem und objektivem Ermessen feststellt«, dass

- gegen die Nutzungsbedingungen verstoßen wurde,
- eine Sperrung aufgrund eines Gesetzes erforderlich ist,
- die Nutzung für OpenAI, andere Nutzer oder sonstige Personen ein Risiko oder einen Schaden darstellen könnte oder
- das Nutzerkonto seit über einem Jahr inaktiv ist und es sich nicht um ein kostenpflichtiges Konto handelt.

Gegen eine Sperrung haben Nutzer die Möglichkeit, beim Support von OpenAI Einspruch zu erheben.

Unter der Überschrift »Unsere Zusagen an Sie« trifft OpenAI eine weitere Haftungsregelung. Dort heißt es:

»Unter der Voraussetzung, dass wir mit professioneller Sorgfalt gehandelt haben, übernehmen wir keine Haftung für von uns verursachte Verluste oder Schäden, es sei denn, diese sind:

– durch unseren Verstoß gegen diese Bedingungen verursacht worden oder
– zum Zeitpunkt des Vertragsschlusses vernünftigerweise vorhersehbar gewesen.

Wir übernehmen keine Haftung für Verluste oder Schäden, die durch Ereignisse außerhalb unserer Kontrolle verursacht werden. Wir schließen unsere Haftung Ihnen gegenüber nicht aus oder beschränken sie in irgendeiner Weise, wenn dies für uns unzulässig wäre. Sie genießen nach wie vor den vollen Schutz der für Sie geltenden Gesetze.«

Auch hier ist fraglich, ob dieser Haftungsausschluss nach deutschem Recht wirksam ist. Denn der pauschale Hinweis, dass der Haftungsausschluss nicht gilt, wenn nationales Recht entgegensteht, dürfte unzureichend sein. Für einen juristischen Laien ist mangels Kenntnis des nationalen Rechts in keiner Weise ersichtlich, welches Haftungsregime für ihn gilt. Es wird auch nicht auf bestimmte Schadensarten oder den Grad des Verschuldens (z. B. Vorsatz oder grobe Fahrlässigkeit) abgestellt. Nach deutschem Recht kann die Haftung für Vorsatz und grobe Fahrlässigkeit sowie unabhängig vom Verschuldensgrad für Schäden an Leben, Körper und Gesundheit nicht wirksam ausgeschlossen werden. Ob die Klausel einen wirksamen Haftungsausschluss darstellt, ist im Streitfall gerichtlich zu klären.

Unter der Überschrift »Addendum für die geschäftliche Nutzung der Dienste« trifft OpenAI einige gesonderte Regelungen für die kommerzielle Nutzung, die im Konfliktfall Vorrang vor den übrigen Nutzungsbedingungen haben sollen.

Enthalten ist beispielsweise eine weitere Klausel zur Haftungsbeschränkung. Diese lautet wie folgt:

»Weder wir noch unsere verbundenen Unternehmen oder Lizenzgeber haften für indirekte, zufällige, besondere, Folge- oder exemplarische Schäden, einschließlich Schäden für entgangenen Gewinn, Firmenwert, Nutzung oder Daten oder andere Verluste, selbst wenn wir auf die Möglichkeit solcher Schäden hingewiesen wurden. Unsere Gesamthaftung im Rahmen dieser Bedingungen übersteigt nicht den Betrag, den Sie in den letzten 12 Monaten vor Entstehung des Schadens für den Dienst, der den Anspruch ausgelöst hat, bezahlt haben, oder einhundert Dollar, je nachdem, welcher Betrag höher ist. Die Beschränkungen in diesem Abschnitt gelten nur in dem Umfang, der nach geltendem Recht maximal zulässig ist.«

Auch diese Haftungsbeschränkung geht nach deutschem Recht zu weit. Zwar sind die Klauselverbote des BGB nicht unmittelbar auf das Verhältnis zwischen Unternehmern anwendbar, doch kommt ihnen eine sehr starke Indizwirkung zu. Weitergehende Haftungsausschlüsse werden in der Regel nur in Ausnahmefällen als wirksam angesehen werden können. Auch hier beschränkt sich OpenAI auf einen pauschalen Verweis auf nationales Recht, das zu einer abweichenden Regelung führen kann. Hierzu stellt OpenAI ergänzend fest:

»In einigen Ländern und Staaten ist der Ausschluss bestimmter Garantien oder die Beschränkung von bestimmten Schäden nicht zulässig, sodass einige oder alle der oben genannten Bedingungen möglicherweise nicht für Sie anwendbar sind und Sie zusätzliche Rechte haben. In diesem Fall schränken diese Bedingungen unsere Haftung nur so weit ein, wie es in Ihrem Wohnsitzland zulässig ist.«

Diese Ausführungen dürften insgesamt nicht ausreichen, um einen Haftungsausschluss oder eine Haftungsbeschränkung nach deutschem Recht wirksam zu vereinbaren. Es gilt das oben Gesagte, nämlich dass ein pauschaler Hinweis auf den möglichen Vorrang nationaler Regelungen nicht ausreichen dürfte. Zu beachten ist jedoch, dass in einer weiteren Klausel der Sonderbedingungen für Unternehmer die Anwendbarkeit kalifornischen Rechts vereinbart wird. Dazu unten mehr.

Unter der Überschrift »Entschädigung« wird gegenüber Unternehmern eine sogenannte Haftungsfreistellung festgelegt. Dort heißt es:

»Wenn Sie ein Unternehmen oder eine Organisation sind, werden Sie uns, unsere verbundenen Unternehmen und unser Personal, soweit gesetzlich zulässig, von allen Kosten, Verlusten, Verbindlichkeiten und Ausgaben (einschließlich Anwaltskosten) von Ansprüchen Dritter, die sich aus oder im Zusammenhang mit Ihrer Nutzung der Dienste und Inhalte oder einer Verletzung dieser Bedingungen ergeben, freistellen und schadlos halten.«

> **Hintergrund: Haftungsfreistellung**
> Durch Haftungsfreistellungen kann geregelt werden, wer für bestimmte Ansprüche Dritter haftet, die im Zusammenhang mit dem Vertragsverhältnis stehen. Damit sichert sich eine Partei gegen Ansprüche Dritter ab, die auf einem Verhalten des Vertragspartners beruhen.

Für Sie bedeutet das, dass Sie einzustehen haben, falls OpenAI aufgrund der Art und Weise, wie Sie die KI nutzen, oder aufgrund einer sonstigen Verletzung der Nutzungsbedingungen von Dritten in Anspruch genommen werden sollte. Diese Freistellung umfasst auch die Kosten für eine möglicherweise erforderliche Rechtsverteidigung. Solche Haftungsfreistellungen sind im Geschäftsleben üblich und rechtlich in der Regel nicht zu beanstanden, sofern sie nicht zu ausschweifend oder weitgehend formuliert werden.

Schließlich wird in den Nutzungsbedingungen für die gewerbliche Nutzung die Anwendbarkeit des Rechts des US-Bundesstaates Kalifornien und der Gerichtsstand San Francisco vereinbart. Dies hat zur Folge, dass gegenüber Unternehmern unter Umständen ein weitergehender Haftungsausschluss möglich ist, als dies nach deutschem Recht der Fall wäre. Sie sollten sich daher nicht darauf verlassen, dass der Anbieter haftet, weil die Haftungsbeschränkungen nach deutschem Recht unwirksam sein könnten. Zudem wäre eine Rechtsdurchsetzung in den USA ohnehin schwierig.

Festzuhalten ist, dass die hier exemplarisch behandelten Nutzungsbedingungen von OpenAI insbesondere im Hinblick auf Haftungsfragen gewisse Rechtsunsicherheiten aufweisen. Wie mit diesen umzugehen ist, wird sich mit der weiteren Etablierung von KI und den hierzu zu erwartenden Gerichtsentscheidungen in den nächsten Jahren zeigen.

> **Praxistipp: Nutzungsbedingungen prüfen**
> Vor dem Einsatz einer bestimmten KI lohnt es sich, die entsprechenden Nutzungsbedingungen zu studieren, um einen Überblick über die vom Anbieter im Einzelnen getroffenen Regelungen zu erhalten. Für einen rechtssicheren Einsatz im Unternehmen empfiehlt sich zudem gegebenenfalls eine Prüfung durch einen spezialisierten Rechtsanwalt.

2.3 Urheberrechtliche Probleme

In diesem Abschnitt steigen wir noch etwas tiefer in urheberrechtliche Problemstellungen ein. Neben drohenden Rechtsverletzungen erfahren Sie mehr über die Lizenzierung KI-generierter Werke.

Wenn Sie das Einführungskapitel gelesen haben, sollten Sie einen guten ersten Eindruck davon erhalten haben, wo die größten Problemstellungen im Urheberrecht liegen. Zudem sollten Sie ein gutes Grundverständnis für die Funktionsweise des Urheberrechts erhalten haben.

Darauf aufbauend wollen wir Ihnen nachfolgend im Detail vermitteln, wo rechtliche Stolpersteine im Urheberrecht liegen und wie Sie diese umschiffen können. Insbesondere wollen wir Ihnen näherbringen, inwiefern Urheberrechtsverletzungen drohen, wenn Sie in Ihrem Unternehmen KI einsetzen. Aber auch die Frage, ob und wie Sie KI generierte Inhalte an Kunden oder Dritte veräußern können, wird nachfolgend behandelt. Hierzu geben wir Ihnen wertvolle Tipps an die Hand.

2.3.1 Risiken durch potenzielle Urheberrechtsverletzungen

Wie bereits erläutert, können urheberrechtlich geschützte Werke, also persönliche geistige Schöpfungen, nur von Menschen erschaffen werden. Eine KI kann daher gemäß der derzeitigen Rechtslage kein solches Werk erschaffen, selbst also kein Urheberrecht begründen. Gleichwohl können KI-Anwendungen Inhalte erzeugen, die Urheberrechte eines anderen verletzen. Dies kann z. B. dann der Fall sein, wenn die KI-generierten Inhalte einem urheberrechtlich geschützten Werk zu stark ähneln. Dieser zu analogen Zeiten entwickelte Maßstab der Unterscheidungskraft ist auf die digitale Welt übertragbar. Praktisch relevant wird dies z. B. in Fällen, in denen ein von ChatGPT generierter Liedtext einem urheberrechtlich geschützten Liedtext sehr stark ähnelt oder Midjourney ein Bild ausgibt, welches dem Kunstwerk eines noch lebenden Künstlers – des Urhebers – entspricht oder sehr starke Ähnlichkeiten damit aufweist.

Eine weitere Möglichkeit der Urheberrechtsverletzung durch KI ist die Schaffung neuer Inhalte, die einzelne urheberrechtlich geschützte Elemente anderer Werke enthalten. In diesem Fall wird das urheberrechtlich geschützte Werk von der KI unverändert in das neu geschaffene Werk integriert. Dies kann z. B. durch unbewusste Vorgaben des Nutzers geschehen, die die KI zu einer solchen Einbettung geschützter Werke veranlassen. Auch hier wird in vielen Fällen eine Urheberrechtsverletzung zu bejahen sein.

Darüber hinaus stellt die Erstellung von Plagiaten durch KI ein großes Risiko im Bereich der Schriftwerke dar. So können KI-Anwendungen Texte aus vorhandenen Werken vom Nutzer unbemerkt extrahieren und in neuen Inhalten wiederverwenden. Dies kann zu einer Anmaßung fremder geistiger Leistungen führen, wenn die KI-generierten Inhalte als eigene ausgegeben werden und kein Hinweis auf den eigentlichen Urheber erfolgt.

Zu den Sprachwerken gehören auch Computerprogramme. Sofern Sie Quellcode durch die KI erstellen lassen, besteht die Möglichkeit, dass vorhandener, urheberrechtlich geschützter Code von der KI übernommen wird. Sofern Sie diesen von der KI ausgegebenen Code dann in Ihren eigenen Programmen verwenden, kann dies eine Urheberrechtsverletzung darstellen. Dieser Fall dürfte aber nur dann relevant werden, wenn der Code eine gewisse Komplexität aufweist und von einfachem, alltäglichem Code deutlich abweicht. Zu dieser Thematik finden Sie weitere Informationen in Abschnitt 4.4.

Auch im Rahmen des Trainings von KI müssen urheberrechtlich geschützte Texte oder Bilder häufig kopiert und gespeichert werden, ohne dass das erforderliche Einverständnis des Urhebers vorliegt. Grundsätzlich handelt es sich dabei um eine Vervielfältigung des Werkes, die der Erlaubnis des Urhebers bedarf. Möglich ist jedoch, dass an dieser Stelle die Ausnahme des sogenannten Text- und Data-Minings, § 44b UrhG, zum Tragen kommt. Demnach ist die vorübergehende Vervielfältigung von urheberrechtlich geschützten Werken gestattet, um daraus Informationen insbesondere über Muster, Trends und Korrelationen zu gewinnen. Lesen Sie hierzu den Abschnitt 3.2.

Ob eine Urheberrechtsverletzung letztlich vorliegt, ist im Einzelfall zu entscheiden und wird in Zukunft – wie schon in der Vergangenheit – nun auch im Bereich der KI häufig die Gerichte beschäftigen. Eine allgemeingültige Aussage wird hier kaum möglich sein, da jeweils eine individuelle Betrachtung erforderlich ist.

Sofern ein KI-System ein urheberrechtsverletzendes Werk – etwa in Form einer exakten Kopie eines bestehenden Werkes – erstellt, sieht das Urheberrecht nicht die KI als Täterin der Rechtsverletzung an, sondern grundsätzlich die Person oder das Unternehmen, das die KI angewiesen hat. Dies ist spätestens der Fall, wenn Sie einen urheberrechtsverletzenden Inhalt mittels KI erstellen und diesen anschließend verbreiten oder auf sonstige Weise verwerten. Dann setzen Sie sich einem Beseitigungs- und Unterlassungsanspruch des Urhebers aus.

> **Hintergrundwissen: Beseitigungs- und Unterlassungsanspruch**
>
> Dieser Beseitigungs- und Unterlassungsanspruch ergibt sich aus § 97 UrhG. Demnach kann derjenige vom Urheber in Anspruch genommen werden, der das Urheberrecht widerrechtlich verletzt. Der Urheber kann vom Verletzer die Beseitigung der Beeinträchtigung sowie bei Wiederholungsgefahr die Unterlassung der Rechtsverletzung verlangen. Eine Wiederholungsgefahr folgt meist schon aus der Erstbegehung. Hinzutreten können Schadensersatzansprüche, sofern dem Verletzer zumindest fahrlässiges Handeln vorzuwerfen ist, er die Möglichkeit einer Urheberrechtsverletzung also zumindest – bei entsprechend sorgfältigem Handeln – hätte erkennen können. Die vorgenannten Ansprüche werden in der Regel mittels urheberrechtlicher Abmahnung geltend gemacht, in deren Rahmen die Abgabe einer sogenannten strafbewehrten Unterlassungserklärung gefordert wird, um eine Wiederholung der Rechtsverletzung mit einer empfindlichen Vertragsstrafe sanktionieren zu können.

Dies führt uns zu der Frage der Möglichkeiten zur Vermeidung einer Inanspruchnahme durch einen Urheber oder einer sonst zur Nutzung berechtigten Person.

2.3.2 Remixe: wenn KI und Mensch zusammen Inhalte erschaffen

Das Thema Remixe betrifft rein umgangssprachlich insbesondere Werke der Musik. Auf dem Gebiet der Musik geht es bei einem Remix um das neue Abmischen eines Musikstücks sowie das Entfernen oder auch Hinzufügen einzelner Tonspuren. Neue Soundeffekte können eingefügt, die Geschwindigkeit verändert oder das gesamte Musikstück in einzelne Teile zerlegt und neu angeordnet werden. Bei einem Mashup werden in der Regel zwei oder mehr Musikstücke zusammengemischt, sodass neue Klangeffekte entstehen. Beim Sampling werden Ausschnitte eines Musikstücks in ein neues Musikstück eingearbeitet.

Im Kontext unseres Buches ist der Begriff Remix jedoch weiter zu verstehen. Gemeint sind Umarbeitungen eines bestehenden Werkes in Form von Text, Bildern, Videos, Musik usw. Solche Umarbeitungen sind für die Unternehmenspraxis deshalb relevant, weil meist weder KI noch Mensch allein arbeiten: Wenn Sie z. B. mithilfe generativer KI einen Text erstellen, werden Sie diesen sicher noch einmal gegenlesen und häufig auch überarbeiten. Dadurch entsteht ein Mischwerk, geschaffen von Mensch und Maschine, ein Remix. Andersherum entstehen solche Remixe auch dadurch, dass menschengeschaffene Werke durch KI verbessert werden. Insbesondere die Nachbearbeitung von Fotografien durch entsprechende KI-Tools ist hier ein prominenter Anwendungsfall.

Doch aus urheberrechtlicher Sicht ist der sorglose Umgang mit diesen Möglichkeiten nicht unproblematisch.

Veränderung fremder Werke mit KI

Für den rein privaten Gebrauch ist das Verändern fremder Werke mithilfe von KI-Tools meist unproblematisch. Wird aber urheberrechtlich geschütztes Material für die Erstellung eines neuen Werkes verwendet bzw. in dieses eingearbeitet und soll dieses nicht nur rein privat genutzt, sondern veröffentlicht oder gar kommerziell verwendet werden, ist dagegen die Erlaubnis des Rechteinhabers zwingend erforderlich.

Holen Sie diese Erlaubnis nicht ein, begehen Sie grundsätzlich eine Urheberrechtsverletzung. Diese kann eine urheberrechtliche Abmahnung zur Folge haben, mit der der Urheber Sie zur Unterlassung auffordert, Schadensersatz verlangt und Ihnen auch die Kosten für die Rechtsverfolgung auferlegt. Der Rechteinhaber wird Sie zudem zur Abgabe einer strafbewehrten Unterlassungserklärung auffordern, damit Sie auch in Zukunft gehalten sind, keine weitere Urheberrechtsverletzung zu seinen Lasten zu begehen. Sofern die Urheberrechtsverletzung tatsächlich begangen wurde, ist es schwer, sich hiergegen zu verteidigen. Sofern Sie planen, einen Remix zu veröffentlichen, sollten Sie dringend auf die Wahrung der Urheberrechte achten, um einer Abmahnung vorzubeugen.

> **Praxistipp: Abmahnungen**
>
> Abmahnungen gehören im Urheberrecht zum Alltag. Wird das Urheberrecht einer Person verletzt, muss diese ihre aus der Verletzung resultierenden Ansprüche zunächst außergerichtlich geltend machen. Eine Abmahnung ist daher nichts anderes als ein Aufforderungsschreiben, mit welchem die Unterlassung eines urheberrechtsverletzenden Handelns gefordert wird. Es gibt Rechtsanwaltskanzleien, deren Kerngeschäft in der massenweisen Abmahnung von (vermeintlichen) Urheberrechtsverstößen besteht.

Eine Ausnahme zu dieser strengen urheberrechtlichen Beurteilung stellt das sogenannte Zitatrecht nach § 51 UrhG dar. Das Zitatrecht erlaubt die Nutzung eines urheberrechtlich geschützten Werkes ohne Genehmigung, wenn sich mit dem Werk inhaltlich auseinandergesetzt wird. Ferner ist die Quelle des Ursprungswerkes anzugeben. Dieses darf nur in dem Umfang zitiert werden, wie es für das eigene Werk erforderlich ist. Diese Ausnahme ist für die Musikbranche kaum anwendbar. Gerichtliche Auseinandersetzungen auf diesem Gebiet sind keine Seltenheit und können sehr umfangreich werden.

> **Hintergrund**
> Ein bekanntes Beispiel ist der jahrelang andauernde Rechtsstreit zwischen dem Musikproduzenten Moses Pelham und der Band Kraftwerk. Pelham nutzte im Jahr 1997 ein Sample aus dem bereits 1977 erschienenen Kraftwerk-Musikstück »Metall auf Metall« leicht verlangsamt in Endlosschleife für einen Song der Rapperin Sabrina Setlur, ohne hierfür zuvor eine Lizenz einzuholen. Kraftwerk wollte sich dies nicht gefallen lassen und verklagte Pelham. Das Verfahren durchschritt mehrere Instanzen und liegt aktuell zum wiederholten Mal beim Europäischen Gerichtshof, der zur Auslegung einer Norm aus dem UrhG befragt wird, die wiederum auf einer europäischen Richtlinie beruht. Das Verfahren dauert nunmehr seit mehr als 20 Jahren an.[1]

Das Zitatrecht ist vornehmlich auf Schriftwerke und wissenschaftliche Werke anwendbar.

Eine weitere Ausnahme zur strengen urheberrechtlichen Betrachtung stellt § 51a UrhG dar. Demnach darf ein urheberrechtlich geschütztes Werk zum Zwecke der Karikatur oder der Parodie genutzt werden. Entscheidend ist, dass das Originalwerk erkennbar ist und dieses durch die Karikatur oder Parodie kritisiert oder sich in sonstiger Weise damit befasst wird. Diese Ausnahme dürfte vornehmlich bei Werken der bildenden Künste, bei Lichtbildwerken oder auch bei Sprachwerken zur Anwendung kommen.

> **Praxistipp: Vorsicht bei Remixen**
> Wie Sie feststellen können, ist der urheberrechtliche Schutz von Werken ein hohes Gut. Die Gesetzgebung lässt von dieser Strenge wenige Ausnahmen zu, was die bloße Veröffentlichung oder sonstige kommerzielle Nutzung von Remixen und ähnlichen Werkarten rechtlich problematisch macht und damit der Kreativität hierzulande der-

---

1 Vgl. BGH, Beschl. v. 14.09.2023 – I ZR 74/22.

> zeit enge Grenzen setzt. Sofern Sie beabsichtigen, einen Remix oder verwandte Veränderungsarten eines Originalwerks über private Zwecke hinaus zu nutzen, sollten Sie genau prüfen (lassen), ob die von Ihnen geplante Nutzung Urheberrechte verletzen kann.

Es bleibt abzuwarten, ob Gesetzgebung und Rechtsprechung der strengen Beurteilung von Remixen und weiteren Bearbeitungsarten gerade mit Blick auf die neuen technischen Möglichkeiten durch KI treu bleiben werden. Teilweise existiert bereits die Auffassung, dass das Recht auf Remix grundlegender Bestandteil der Kunst- und Meinungsfreiheit sei, sodass die Schaffung eines neuen Ausnahmetatbestands innerhalb des UrhG zukünftig zumindest denkbar ist.

KI-generierte Inhalte mit menschlicher Nachkontrolle

Erstellen Sie mit generativer KI Inhalte und überarbeiten diese sodann manuell, ergibt sich ein rechtliches Problem: Die entstehende Schöpfung lässt sich nicht klar dem Menschen oder der KI zuordnen. Es stellt sich die Frage, wie groß der Anteil einer KI am Endprodukt sein darf, damit dieses noch urheberrechtlichen Schutz genießen kann. Der Anteil, den der Mensch bei der Erstellung einer Schöpfung übernehmen muss, um urheberrechtlichen Schutz entstehen zu lassen, wird aller Wahrscheinlichkeit nach bei mindestens 50 % liegen. Dies ist jedoch aktuell nicht abschließend geklärt, da ein solcher Fall vom Gesetz nicht vorgesehen ist und hierzu in nächster Zeit auch keine Gerichtsurteile zu erwarten sind.

Hinzu treten Probleme auf technischer Seite. Denn aktuell fehlt es schlichtweg an technischen Möglichkeiten, mit deren Hilfe die jeweiligen Anteile an einer Schöpfung ermittelt werden können. Selbst die Person, die die Schöpfung selbst erstellt hat, wird im Regelfall nicht sicher sagen können, welcher Anteil auf sie allein zurückzuführen ist und welcher Anteil aus der Zuhilfenahme der KI resultiert. Es ist fraglich, ob solche Möglichkeiten in technischer Hinsicht jemals geschaffen werden können.

Zur Erinnerung: Die Unterscheidung zwischen menschengeschaffenen Inhalten und KI-generierten Werken ist deshalb so wichtig, weil nur von Menschen kreierte Werke urheberrechtlichen Schutz genießen. Die teils willkürlich anmutende Unterscheidung bei Mischwerken hat weitreichende Folgen. Überwiegt der Anteil des menschlichen Schöpfens, gewährt das Urheberrecht umfangreichen Schutz. (Lesen Sie hierzu Abschnitt 1.2.1.) In der Praxis könnte die schwierige Abgrenzung zu sehr komplexen Einzelfallentscheidungen durch die Gerichte führen, die ihrerseits für die Justiz einen erheblichen Aufwand bedeuten werden.

2.3.3 Maßnahmen zur Risikominimierung

Um Urheberrechtsverletzungen bei der Nutzung KI-generierter Inhalte zu vermeiden, sind Sie als Nutzer der KI gefordert. In der Regel werden Anbieter von KI-Anwendungen mithilfe ihrer Nutzungsbedingungen jegliche Verantwortung für die ausgegebenen Inhalte auf den Nutzer schieben. Hinzu tritt die Problematik, dass die Rechtsdurchsetzung gegen die zumeist in den USA sitzenden Anbieter nur überaus schwierig zu betreiben sein dürfte. Es gibt jedoch zahlreiche Möglichkeiten, um das Risiko einer Urheberrechtsverletzung zu minimieren.

Als Unternehmer sollten Sie, bevor Sie KI-Anwendungen in die tägliche Arbeit Ihrer Mitarbeiter einführen beziehungsweise diese ermöglichen, klare Nutzungsrichtlinien für jegliche Nutzung von KI innerhalb des Unternehmens verfassen und an die Mitarbeiter kommunizieren. Selbstredend ist Urheberrecht nur eines der relevanten Themen, welche in den Nutzungsrichtlinien abzuhandeln sind. Darüber hinaus bietet es sich an, die Mitarbeiter gesondert zu schulen und für die Risiken im Zusammenhang mit der Nutzung von KI zu sensibilisieren. Sowohl für die Erstellung von Nutzungsrichtlinien als auch für die Planung von Schulungen bietet es sich an, mit Rechtsanwälten zusammenzuarbeiten, die auf die Bereiche KI-Recht, gewerblichen Rechtsschutz und Datenschutz spezialisiert sind, und sich ausführlich rechtlich beraten zu lassen.

Jeder Nutzer von KI-Anwendungen sollte im Rahmen seiner Möglichkeiten und vor der Verwertung von KI-generierten Inhalten diese auf mögliche Urheberrechtsverletzungen prüfen. Dies gilt sowohl innerhalb eines Unternehmens als auch für Privatpersonen. Eine weitere Möglichkeit der Risikominimierung ist die Nutzung von Technologien zur Content-Erkennung und Filterung. Da entsprechende Software jedoch nicht immer zuverlässig arbeitet und Urheberrechtsverletzungen erkennt, dient diese Maßnahme maximal einer zusätzlichen Absicherung neben den bereits genannten Möglichkeiten.

Die mit dem größten Aufwand verbundene Möglichkeit zur Vermeidung von Urheberrechtsverletzung ist die Einholung von Nutzungslizenzen für die Verwertung urheberrechtlich geschützter Werke. Da diese Möglichkeit jedoch kaum praxistauglich sein dürfte, soll sie nur am Rande erwähnt werden. Schließlich dürfte im Vorfeld nicht immer absehbar sein, welche geschützten Werke Verwendung finden beziehungsweise berührt werden könnten. Auch wäre die Einholung von Lizenzen in der Regel mit nicht zu unterschätzenden Kosten und zeitlichem Aufwand verbunden.

Letztlich gibt es zahlreiche Möglichkeiten, den Einsatz von KI-Anwendungen rechtssicher zu gestalten. Nur wer hier unbedacht vorgeht, wird mit rechtlichen Problemen bis hin zur Inanspruchnahme durch Dritte rechnen müssen. Trotz der rechtlichen

Herausforderungen ist der Einsatz von KI in Unternehmen dennoch gut umsetzbar. Wenn Sie für Ihr Unternehmen oder privat Vorteile durch die Nutzung von KI sehen, lassen Sie sich nicht von rechtlichen Risiken abschrecken.

> **Praxistipp: Risiko minimieren**
>
> Machen Sie sich nicht angreifbar! Die Einführung von KI-Anwendungen im Unternehmen sowie die Verwertung KI-generierter Inhalte sollte niemals unbedacht oder überstürzt erfolgen. Machen Sie sich im Vorfeld klare Gedanken über Ihre speziellen Anwendungsfälle. Kommen Sie zum Ergebnis, dass Ihre Anwendungsfälle von der Nutzung von KI profitieren können, entwickeln Sie anschließend Prozesse zur Risikominimierung. Hierbei empfiehlt sich insbesondere auf Unternehmensebene die Zusammenarbeit mit spezialisierten Rechtsanwälten. Behalten Sie im Blick, dass sowohl das Urheberrecht als auch das Datenschutzrecht und das KI-Recht im Ganzen ständigen Entwicklungen und Anpassungen unterliegen. Einmal entwickelte Richtlinien und Prozesse müssen daher ständig überprüft und gegebenenfalls aktualisiert werden. Nur so stellen Sie sicher, dass die Nutzung von KI den gewünschten Erfolg bringen kann und keine rechtlichen Probleme auftauchen.

2.3.4 Lizenzierung KI-generierter Werke

Wie bereits festgestellt, unterliegen KI-generierte Inhalte keinem urheberrechtlichen Schutz. Sie sind damit grundsätzlich gemeinfrei und können von jedermann genutzt werden, ohne dass hierfür die Einholung einer Erlaubnis oder gar einer kostenpflichtigen Lizenz erforderlich wäre. Dennoch gibt es eine Reihe von KI-Inhalten, die ein hohes Maß an Individualität und Kreativität aufweisen und damit schützenswert sind. Oft wird viel Aufwand in die Erstellung komplexer Prompts gesteckt, um ein bestimmtes Ergebnis zu erhalten. Auch werden mithilfe der KI möglicherweise besondere Ideen umgesetzt, die in ihrer Art und Weise einzigartig sind. Welche Möglichkeiten bestehen nun, um Ihre besonderen KI-Schöpfungen zu schützen oder kommerziell zu verwenden?

> **Hintergrund: KI-Stockfotos und Nutzungsrechte**
>
> Auch Stockfoto-Agenturen nutzen inzwischen KI-generierte Inhalte in kommerzieller Weise. Bisherige Verträge mit den Nutzern, die die Übertragung von Nutzungsrechten vorsehen, sind damit nicht mehr anwendbar. Denn Nutzungsrechte werden ausschließlich von einem Urheberrecht abgeleitet, das bei KI-generierten Inhalten zu keinem Zeitpunkt existiert.

Übertragung von Rechten an KI-generierten Inhalten

Die Übertragung von urheberrechtlichen Nutzungsrechten ist also nicht möglich. Die Gesetzgebung wurde, wie dies bei technischem Wandel oft so ist, noch nicht an die neuen Gegebenheiten und technischen Möglichkeiten angepasst. Gleichwohl wird die Nutzung von KI im Berufsalltag vieler Branchen zukünftig eine immer größere Rolle spielen.

Sofern Sie als Unternehmer bereits mit KI-generierten Inhalten arbeiten und z. B. Ihre bisherigen Kundenverträge noch die Einräumung von Nutzungsrechten vorsehen, sollten Sie eine solche Klausel aus Ihren Vertragswerken entfernen. Die Übertragung von Nutzungsrechten an KI-generierten Inhalten ist in rechtlicher Hinsicht unmöglich. Dies hat zur Folge, dass der Kunde möglicherweise einen Schadensersatzanspruch geltend machen und vom Vertrag zurücktreten kann. Die vom Kunden für die Einräumung der Nutzungsrechte gezahlte Vergütung könnte zudem zurückverlangt werden.

> **Hintergrund**
> In einer nicht auf KI bezogenen Entscheidung urteilte der Bundesgerichtshof einst, dass die Übertragung eines Scheinrechts, also eines Rechts, das tatsächlich nicht existiert, nicht automatisch zur Unwirksamkeit des Vertrages führt, wenn der Lizenznehmer trotz einer solchen Leerübertragung eine wirtschaftliche Vorzugsstellung erlangt hat. Dies ist jedoch im Fall der Übertragung von Nutzungsrechten an KI-generierten Inhalten nicht der Fall. Eine Vorzugsstellung würde bedeuten, dass der Lizenznehmer andere von der Nutzung ausschließen könnte oder einen sonstigen Vorteil erhielte. Dies ist bei einem fehlenden Urheberrecht grundsätzlich nicht gegeben, denn der Lizenznehmer kann nicht davon ausgehen, dass er sein Scheinrecht respektiert von Mitbewerbern ausnutzen kann.

Mögliche Vertragsgestaltungen

Fraglich ist also, ob Möglichkeiten bestehen, sinnvolle vertragliche Regelungen zu treffen. Ziel sollte dabei sein, dass zwischen den Parteien klar ist, dass der Kunde nicht für die Einräumung urheberrechtlicher Nutzungsrechte zahlt und ihm in der Folge auch kein Exklusivrecht eingeräumt wird. Auch wenn dies rechtsdogmatisch ungenau ist, werden die Vertragsparteien nachfolgend als Lizenzgeber und Lizenznehmer bezeichnet.

Sinnvoll kann es sein, bereits in der Präambel des Vertragswerks auf die Rechtslage bezüglich KI-generierter Inhalte und das Nichtbestehen eines urheberrechtlichen Schutzes hinzuweisen. Auf diese Weise wird dem Kunden unmittelbar dargelegt, dass er keine Nutzungsrechte an den Inhalten erwirbt. Ferner sollte in der Präambel dargelegt werden, dass dem »Lizenzgeber« die Verfügungsgewalt über die KI-Inhalte derart ausschließlich zusteht, dass er dem Kunden die Nutzung der Inhalte tatsächlich ermöglichen kann, ihm also einen Zugang zu den Inhalten verschafft, ohne dass Dritte gleichzeitig Zugriff nehmen können. Auf diese Weise werden Unsicherheiten der Parteien bezüglich der Übertragung etwaiger Nutzungsrechte weitgehend ausgeräumt.

Die standardmäßige Klausel, die dem Lizenznehmer ein unwiderrufliches, weltweites, zeitlich unbegrenztes, nicht exklusives Nutzungsrecht einräumt, sollten Sie nicht verwenden. Stattdessen empfiehlt sich eine sogenannte »Auffangklausel«, die eine Übertragung von Nutzungsrechten für den Fall vorsieht, dass diese wirksam bestehen. Auf diese Weise werden mögliche zukünftige Entwicklungen in Gesetzgebung und Rechtsprechung antizipiert.

Statt der Einräumung der Nutzungsrechte ist der Vertragsgegenstand die Verschaffung des faktischen Zugangs zu den KI-generierten Inhalten und die Einräumung einer dauerhaften Nutzungsmöglichkeit gegen Zahlung einer Gebühr. Die betroffenen Inhalte sollten dabei möglichst präzise bezeichnet werden.

> **Hintergrund**
> Bei KI-generierten Bildern empfiehlt sich beispielsweise eine möglichst detaillierte Beschreibung des Motivs, des Formats und der Metadaten. Zusätzlich dient der Bildtitel einer ausreichenden Unterscheidung. Zusätzlich ist die Übertragung des Prompts möglich, der die Grundlage des KI-generierten Inhalts darstellt.

Sofern die Erstellung von KI-generierten Inhalten exklusiv vereinbart worden ist, es sich also um einen einmaligen Auftrag des Kunden handelt, empfiehlt sich zudem eine Klausel, die dem Lizenzgeber eine weitere Veräußerung der KI-Schöpfung unter Androhung einer Vertragsstrafe untersagt.

> **Hintergrund**
> Auf diese Weise wird klargestellt, dass Sie als Lizenzgeber Ihre Position als Inhaber an dem KI-generierten Inhalt vollständig aufgeben. Eine Mehrfachnutzung wird so weitgehend ausgeschlossen, sofern auch Dritte keinen Zugang zu den KI-Inhalten erlangen können. Sobald aber der Kunde bzw. Lizenznehmer den Inhalt veröffentlicht, kann er eine Nutzung durch andere rechtlich nicht verhindern, da ihm kein exklusives Recht daran zusteht.

Weiterer Vertragsbestandteil sollten diverse technische Einzelheiten sein, die den Zugang zu den KI-Inhalten und den Schutz dieses Zugangs regeln. Denkbar sind hier passwortgeschützte Benutzer-Accounts, eine Zwei-Faktor-Authentifizierung und weitere technische Sicherheitsmaßnahmen.

> **Praxistipp: Vorsicht bei Übertragung von Nutzungsrechten**
>
> Wie Sie feststellen, ist die vertragliche Regelung zur Übertragung von KI-generierten Inhalten eine komplexe Angelegenheit. Abzuwarten bleibt, ob der Gesetzgeber Maßnahmen ergreift und den Ersteller KI-generierter Inhalte in eine ähnliche Position wie den Urheber erhebt, um Urheberrechtsschutz und damit auch die Übertragung von Nutzungsrechten an KI-generierten Inhalten zu ermöglichen. Solange dies nicht der Fall ist, sollten Sie bei der Erstellung von passenden Vertragswerken Umsicht walten lassen. Generell sollten Sie die Vertragsgestaltung von Ihrer Rechtsabteilung oder externen Juristen vornehmen lassen.

2.4 Herausforderungen im Datenschutz

In diesem Abschnitt lernen Sie, wie Ihr Unternehmen KI datenschutzkonform einsetzen kann. Dabei erfahren Sie, was es mit TIA, AVV und DSFA auf sich hat und ob dies für Sie relevant ist. Lernen Sie, wie Sie die Anforderungen der DSGVO implementieren, um sowohl Innovation durch KI als auch Datenschutz zu gewährleisten.

Bevor Sie in Ihrem Unternehmen KI-Dienste wie ChatGPT, Microsoft Copilot oder DeepL integrieren, ist es entscheidend, sich mit den Datenschutzvorschriften auseinanderzusetzen. Die DSGVO als zentrales Regelwerk in diesem Bereich wird immer dann relevant, wenn personenbezogene Daten verarbeitet werden. Personenbezogene Daten kommen in der Regel über den jeweiligen Prompt, also über den Befehl oder die Anfrage, die Sie an die KI stellen, mit dieser in Verbindung. Daneben ist es möglich, dass KI-Dienste Zugriff auf bestimmte Datenbanken benötigen, um ordnungsgemäß arbeiten zu können.

Nehmen wir folgendes beispielhaftes Szenario: Sie möchten die Kreditwürdigkeit einer Person mithilfe einer KI bewerten und geben dazu diverse Bank- und Vermögensdaten in das System ein. Wenn sich aus diesen Daten ein konkreter Bezug zu der jeweiligen Person herleiten lässt, stellt die Eingabe der Daten in die KI eine datenschutzrechtlich relevante Verarbeitung dar. Ähnliches gilt bei dem Einsatz von Microsoft-365-Anwendungen wie Word oder Excel, in die Copilot integriert ist. Auch hier fließen die in die Dokumente eingegebenen Daten in die Verarbeitung durch Copilot ein. Beinhalten die Dokumente Angaben zu Personen (z. B. Kunden, Mitarbeitern etc.) liegt eine Verarbeitung im Sinne der DSGVO vor.

Liegt eine datenschutzrechtliche Verarbeitung vor, ist die DSGVO anwendbar und es kommt eine Reihe von Pflichten auf Sie zu. Dazu gehören unter anderem die Notwendigkeit einer rechtlichen Grundlage, die Informationspflicht gegenüber betroffenen Personen und die Einrichtung von technischen und organisatorischen Maßnahmen (TOM), die dazu dienen, die Datensicherheit zu gewährleisten. (Für vertiefte Informationen sehen Sie Abschnitt 1.3.5.)

Lassen Sie besonders sensible personenbezogene Daten durch KI-Modelle verarbeiten, ist es wichtig zu verstehen, dass die bestehenden Pflichten noch mal strenger und die Verarbeitung sogar gänzlich unvereinbar mit der DSGVO und damit rechtswidrig sein kann. Eine Auseinandersetzung mit der Anwendbarkeit der DSGVO bei dem Einsatz von KI in Ihrem Unternehmen ist daher unumgänglich.

2.4.1 Verarbeitung eigener personenbezogener Daten durch KI

Die meisten gängigen KI-Modelle sind in erster Linie cloudbasierte Dienste. Das bedeutet, dass die von Ihnen an die KI gestellten Befehle und Anfragen (Prompts) an die Server des jeweiligen KI-Anbieters gesendet, dort eine Antwort auf die Anfrage berechnet und diese dann wiederum an Sie zurückgesendet und bei Ihnen angezeigt wird. Die in dem jeweiligen Prompt umfassten personenbezogenen Daten werden bei diesem Vorgang daher ebenfalls an den KI-Anbieter übermittelt, wodurch dieser einen unmittelbaren Zugriff auf die Daten erhält. Was die einzelnen KI-Anbieter mit den so erhaltenen Daten machen, ergibt sich in der Regel aus den Nutzungsbedingungen bzw. Allgemeinen Geschäftsbedingungen (AGB) oder aus den jeweiligen Datenschutzbestimmungen und -informationen.

Besonders bei amerikanischen Unternehmen wie Microsoft und OpenAI besteht die Praxis, erhaltene Daten nicht nur zur Beantwortung Ihres Prompts zu nutzen, sondern auch für eigene Zwecke zu speichern und zu verarbeiten. Speziell Microsoft gibt zwar an, Daten aus dem Einsatz von Copilot »nicht zum Trainieren grundlegender LLMs, einschließlich derjenigen, die von Microsoft Copilot für Microsoft 365 verwendet werden«, zu nutzen. Jedoch behält sich Microsoft in den generellen Nutzungsbedingungen (»Microsoft Service Agreement«) sowie den Datenschutzbestimmungen (»Microsoft Privacy Statement«) ebenfalls das Recht vor, die Daten der Nutzer auch für die Entwicklung und Verbesserung der eigenen Produkte verwenden zu dürfen. Demnach darf Microsoft u. a. eigene Kopien der Daten erstellen und speichern und diese entsprechend der eigenen Zwecke analysieren und auswerten. Inwieweit Microsoft von diesen Rechten tatsächlich Gebrauch macht, kann allerdings nicht gesagt werden.

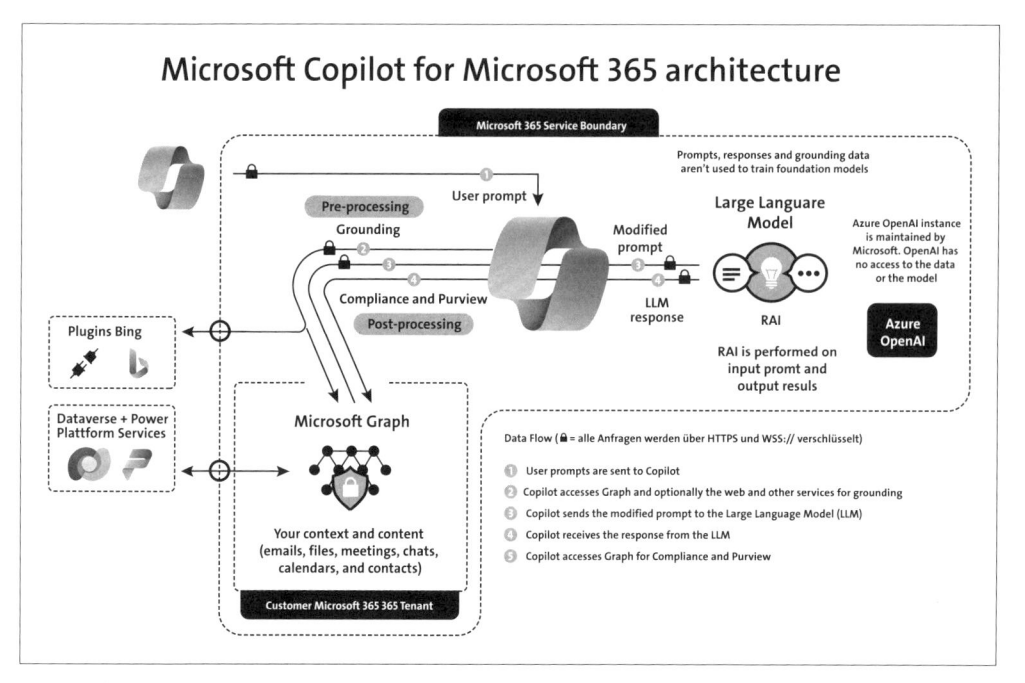

Abbildung 2.10 Funktionsweise von Microsoft Copilot. Die Prompts und damit die enthaltenen Daten werden über mehrere Schritte verarbeitet und an diverse Stellen übermittelt. (Quelle: https://learn.microsoft.com/de-de/microsoft-365-copilot/microsoft-365-copilot-overview)

Ähnliche Regelungen finden sich auch in den Geschäftsbedingungen vieler anderer KI-Anbieter. Zwar müssen Sie nicht fürchten, dass dadurch eine Verwendung der jeweiligen KI-Dienste nach der DSGVO generell verboten ist. Doch als Nutzer sollten Sie sich der möglichen Risiken bewusst sein: Die von Ihnen an eine KI preisgegebenen (personenbezogenen) Daten können von dem jeweiligen Anbieter mitunter weiterverwendet werden, was zu einem Kontrollverlust sowie unerwünschter Veröffentlichung oder Verwendung führen kann.

2.4.2 Formale Voraussetzungen

Die DSGVO hat neben diversen neuen Regelungen auch eine Reihe von formalen Anforderungen mit sich gebracht. Die Idee des Gesetzgebers war dabei sicherlich, durch die Einführung der neuen Vorgaben, für welche es zahlreiche frei verfügbare

Muster gibt, eine Hilfestellung und Erleichterung bei der Einhaltung des Datenschutzes zu geben. In der Praxis hat sich jedoch herausgestellt, dass dies aufgrund der häufig daraus resultierenden Folgefragen nicht gelungen ist. Wann beispielsweise ist ein Auftragsverarbeitungsvertrag abzuschließen und wann sollte es doch der Vertrag über die gemeinsame Verantwortlichkeit der Datenverarbeitung sein? Wie ist ein Verarbeitungsverzeichnis zu führen? Was muss bei der Übermittlung ins EU-Ausland beachtet werden? Allein diese Fragen sorgen in vielen Organisationen für Schwierigkeiten.

Wenn Sie jedoch beabsichtigen, KI einzusetzen, um personenbezogene Daten zu verarbeiten, gestaltet sich die Praxis noch einmal deutlich schwieriger. Da die Anbieter von KI-Tools oftmals nicht in Europa beheimatet sind, können sie Ihnen in der Regel auch kaum eine Hilfestellung bei der Einhaltung des Datenschutzes anbieten.

> **Hintergrund: Datenübermittlung in die USA**
>
> Die Übermittlung personenbezogener Daten in die Vereinigten Staaten von Amerika gestaltete sich seit dem sogenannten »Schrems-II-Urteil«[2] aus Juli 2020 schwierig, da mit diesem Urteil der Europäische Gerichtshof die Rechtsgrundlage für den Datentransfer von der EU in die USA für ungültig erklärte. Erst seit Juli 2023 gibt es mit dem Trans-Atlantic Data Privacy Framework (TADPF) ein neues Abkommen mit den Vereinigten Staaten. Dies hat jedoch nicht automatisch zur Folge, dass Sie nun an jedes Unternehmen in den USA personenbezogene Daten übermitteln können. Selbst wenn eine entsprechende Zertifizierung nach dem TADPF vorliegt, müssen Sie immer noch für die Einhaltung der notwendigen Formalia Sorge tragen. Ob ein Unternehmen zertifiziert ist, können Sie unter *https://www.dataprivacyframework.gov/list* herausfinden.

Der Auftragsverarbeitungsvertrag

Der Auftragsverarbeitungsvertrag (AVV) gemäß Artikel 28 DSGVO ist der entscheidende Vertrag, wenn ein Dritter für eine verantwortliche Stelle Daten verarbeitet. Einen AVV sollten Sie immer dann schließen, wenn Sie einem anderen die personenbezogenen Daten Dritter anvertrauen und diese nach Ihren Vorgaben verarbeitet werden – beispielsweise wenn eine Hausverwaltung die Daten zu Mietern eines Miethauses in ein Large Language Model (LLM) eingibt, damit die KI diverse Standardschreiben entwirft, in dem die Mieter über bevorstehende Renovierungsmaßnahmen informiert werden.

---

2 EuGH, Urteil v. 16. Juli 2020, C-311/18.

In diesem Beispiel wäre die verantwortliche Stelle für die Verarbeitung der Mieterdaten die Hausverwaltung. Der Anbieter der KI würde hierbei als Dritter fungieren, der keine Entscheidungsgewalt über die Art und Weise der Verarbeitung hat, also auf Weisung handelt. Die Hausverwaltung müsste also zwingend einen AVV mit dem KI-Anbieter schließen, um sicherzustellen, dass zum einen die Verarbeitung nach den Vorgaben der DSGVO erfolgt und zum anderen sowohl die Mieter als auch die Hausverwaltung keine Rechte einbüßen, nur weil eine Verarbeitung durch Dritte erfolgt.

> **Praxistipp: Auftragsverarbeitungsverträge**
>
> Da Auftragsverarbeitungsverträge mittlerweile zum absoluten Standardrepertoire von Dienstleistern gehören, sollte der Abschluss eines solchen kein Problem darstellen. Hierfür können Sie im Netz zahlreiche kostenlose Vorlagen finden – allerdings in schwankender Qualität. Es empfiehlt sich daher, auf die Vorlagen offizieller Stellen[3] zurückzugreifen oder sich einen eigenen Vertrag von einer Anwaltskanzlei erstellen und bei Bedarf anpassen zu lassen. Machen Sie sich vor Abschluss immer bewusst, ob Sie eine Verarbeitung für einen anderen anbieten wollen oder eine Verarbeitung im Auftrag in Anspruch nehmen wollen. Dies entscheidet darüber, auf welche Rechte und Pflichten es Ihnen besonders ankommen sollte.

Der Vertrag über die gemeinsame Verantwortlichkeit

Der Vertrag über die gemeinsame Verantwortlichkeit oder kurz JCA (Joint Controller Agreement) weist zahlreiche Parallelen zum AVV auf. Sie müssen ihn in bestimmten Sonderkonstellationen anstelle eines AVV abschließen. Wie bereits der Name verrät, sollten Sie den JCA dann abschließen, wenn eine gemeinsame Verantwortlichkeit für die Verarbeitung von personenbezogenen Daten von zwei oder mehr verantwortlichen Stellen vorliegt.

> **Fallbeispiel**
>
> Eine gemeinsame Verantwortlichkeit im KI-Kontext kann insbesondere dann vorliegen, wenn zwei Partner klar definierte Aufgaben bei der Verarbeitung von personenbezogenen Daten und jeweils ein eigenes Interesse an der Verarbeitung haben. Wenn ein Unternehmen beispielsweise eine KI zur schnelleren Bearbeitung von E-Mails und Briefen nutzen möchte, dann werden die personenbezogenen Daten in Form von ein-

---

3 https://www.bfdi.bund.de/SharedDocs/Downloads/DE/Muster/Muster_Auftragsverarbeitung.pdf?__blob=publicationFile&v=6

> gehenden Mails und Post von dieser Stelle in eigener Verantwortung erhoben. Wenn der KI-Anbieter nun diese Mails und Briefe zum weiteren Training seiner KI nutzt, dann werden diese personenbezogenen Daten ein weiteres Mal verarbeitet, nun aber im Verantwortungsbereich des KI-Anbieters, da das Interesse des Unternehmens am weiteren Training der KI nicht besteht oder eher untergeordnet ist.

Die gemeinsame Verantwortlichkeit sollten Sie stets dann in Betracht ziehen, wenn jeder Partner ein eigenes Interesse an der Verarbeitung hat. Dies ist immer dann der Fall, wenn ein KI-Anbieter noch weitere Verarbeitungen mit den von Ihnen gesammelten personenbezogenen Daten vorhat.

> **Praxistipp: Vertrag über gemeinsame Verantwortlichkeit**
>
> In einem Vertrag über die gemeinsame Verantwortlichkeit sollten Sie möglichst detailliert und eindeutig klären, auf welche Art und Weise die personenbezogenen Daten verarbeitet werden und welche Stelle für welche Verarbeitung verantwortlich ist. Damit für den Fall, dass ein Haftungsszenario eintritt, eindeutig geklärt ist, wer für etwaige Schäden an erster Stelle einzustehen hat, regeln Sie die folgenden Punkte verbindlich:
>
> ▶ Welche Parteien sind an der Verarbeitung beteiligt?
> ▶ Wer trägt für welchen Part die Verantwortung?
> ▶ Wer trägt Sorge für die Aufbewahrung und für die Löschung?
> ▶ Wer kommt den Informationspflichten nach?
> ▶ Welche Partei ist die Anlaufstelle für die betroffenen Personen?

Standardvertragsklauseln

Bei Standardvertragsklauseln (SCC) handelt es sich um modular aufgebaute Vertragsvorlagen, welche von der EU-Kommission formuliert wurden, um bei dem internationalen Transfer von personenbezogenen Daten verbindliche Regeln festzulegen. SCC können dabei anstelle eines AVV abgeschlossen werden, dürfen jedoch nicht mehr inhaltlich angepasst werden.

Der Abschluss von SCC ist für Sie nur relevant, wenn Sie personenbezogene Daten an KI-Anbieter übermitteln wollen, die in den sogenannten unsicheren Drittländern sitzen. Drittländer sind all jene Länder, die nicht Teil des Europäischen Wirtschaftsraumes sind. Als unsicher im Sinne des Datenschutzes gelten diese Länder, wenn für sie darüber hinaus auch kein Beschluss der EU-Kommission über ein angemessenes Datenschutzniveau vorliegt (kurz: Angemessenheitsbeschluss). Eine aktuelle Liste der Länder mit Angemessenheitsbeschluss stellt die EU-Kommission in englischer Sprache hier bereit: *https://commission.europa.eu/law/law-topic/data-protection/ international-dimension-data-protection/adequacy-decisions_en?prefLang=de*). Seitdem mit dem TADPF eine neue Übereinkunft zwischen der EU und den USA über den Datentransfer besteht (siehe Kasten in Abschnitt 2.4.2), sind die USA kein Drittland mehr. Für die meisten KI-Dienste werden Sie also keine Standardvertragsklauseln abschließen müssen.

> **Praxistipp**
> Wählen Sie den KI-Dienst, den Sie in Ihrer Organisation einsetzen wollen, sorgfältig aus und erwägen Sie insbesondere bei Diensten mit Sitz in unsicheren Drittländern (z. B. China, Indien, Türkei), ob es nicht Alternativen in anderen Ländern gibt. Sollte für Sie kein Weg an der Beauftragung eines Dienstes in einem Drittland vorbeiführen, so ist der Abschluss von SCC die absolute Minimalanforderung. Je nach Art und Umfang der Datenübermittlung sind gegebenenfalls eine Reihe von weiteren Maßnahmen wie die Durchführung eines Transfer Impact Assessments oder sogar die Durchführung einer Datenschutzfolgenabschätzung notwendig.

Transfer Impact Assessment

Das Transfer Impact Assessment (TIA) ist eine verhältnismäßig neue Formalvorgabe der EU-Kommission, die mit den neuen SCC eingeführt worden ist. Hierbei handelt es sich um eine Risikoanalyse, bei der eruiert werden soll, wie wahrscheinlich ein nach DSGVO-Maßstäben rechtswidriger Zugriff auf die in ein Drittland übermittelten personenbezogenen Daten ist. Dies kann durch eine besondere nationale Gesetzgebung oder besonders weitreichende Befugnisse von Sicherheitsbehörden und Geheimdiensten bedingt sein. Entscheidend ist dabei oft der Faktor, ob und wie stark die Telekommunikation zwischen Personen geschützt ist und ob es eine Art »Recht auf Privatsphäre« gibt. Hier nimmt im internationalen Vergleich die EU eine Vorreiterrolle ein. Um eine solche Risikoanalyse durchzuführen, müssen Sie die geltenden Regelungen zum Schutz von personenbezogenen Daten, zur Telekommunikation und zu Zugriffsrechten von Sicherheitsbehörden analysieren und dabei als Ergebnis die Wahrscheinlichkeit des rechtsverletzenden Zugriffs darlegen.

Die Durchführung eines TIA ist für Sie immer dann Pflicht, wenn auch SCC abzuschließen sind. Sie müssen ein TIA also nur dann durchführen, wenn Sie personenbezogene Daten in ein unsicheres Drittland übermitteln. Kurz gesagt: Zu SCC gehört auch immer TIA, und ohne SCC muss niemals ein TIA durchgeführt werden.

Datenschutzfolgenabschätzung

Die Datenschutzfolgenabschätzung (DSFA) gemäß Artikel 35 DSGVO ist das aufwendigste Verfahren, welches die Datenschutzgrundverordnung vorsieht. Ähnlich wie bei einem TIA wird hier eine besondere Art der Datenverarbeitung betrachtet, beispielsweise der Einsatz eines LLM zur Analyse von internen Dokumenten, und eingehend analysiert. Ziel ist es, im Rahmen der DSFA herauszufinden, welche (negativen) Folgen die beabsichtigte Verarbeitung für die betroffenen Personen haben könnte.

Eine DSFA ist immer dann notwendig, wenn die vorgesehene Verarbeitung voraussichtlich ein hohes Risiko für die betroffenen Personen mit sich bringt, und insbesondere bei der Verwendung neuer Technologien durchzuführen.

> **Praxistipp**
>
> Die Zusammenkunft der deutschen Datenschutzbehörden, die Datenschutzkonferenz (DSK), hat zur Orientierung, wann eine DSFA durchzuführen ist, eine Liste von Verarbeitungstätigkeiten, die sogenannte »Muss-Liste«, aufgestellt. In dieser Auflistung werden Sie jedoch nur einen einzigen Eintrag zu KI finden. Das befreit Sie bei der Nutzung von KI jedoch kaum aus der Pflicht, bei besonders aufwendigen oder kritischen Verarbeitungen eine DSFA durchzuführen. Stattdessen sollten Sie die Liste der DSK als Hilfestellung betrachten, welche Art der Verarbeitung als besonders risikoreich betrachtet wird. Wenn Sie beispielsweise mithilfe von KI eine exakte Standortüberwachung Ihrer Mitarbeiter planen, so haben Sie in jedem Fall die Pflicht zur DSFA, da die Aufsichtsbehörden gegenüber der Geolokalisierung von Personen grundsätzlich sehr kritisch eingestellt sind. Betrachten Sie den Einsatz einer KI bestenfalls nicht als eigene Verarbeitungstätigkeit, sondern als Werkzeug für eine solche.

Einen guten Überblick über die verschiedenen Aspekte, die Sie in einer DSFA beleuchten sollten, bietet der Artikel 35 DSGVO selbst. So haben Sie zunächst eine systematische Beschreibung der geplanten Verarbeitungsvorgänge vorzunehmen, sodass ein Dritter diese nachvollziehen kann. Im Folgenden müssen Sie zudem unter anderem eine Bewertung der Risiken für die betroffenen Personen vornehmen und die geplanten Abhilfemaßnahmen (z. B. IT-Sicherheitsmaßnahmen) darstellen.

> **Praxistipp**
>
> Da es sich bei einer DSFA um ein sehr aufwendiges und komplexes Verfahren handelt, ist es sinnvoll, dass Sie diese frühzeitig durchführen. Denn es ist vorgesehen, dass eine DSFA schon vor Beginn der geplanten Verarbeitung durchgeführt worden ist. Es ist in der Regel ratsam, dass Sie sich hierzu externe Hilfe holen, beispielsweise durch eine Datenschutzberatung oder eine spezialisierte Anwaltskanzlei. Diese kann oftmals bei

> Betrachtung des Projektes dahingehend beraten, ob überhaupt eine DSFA notwendig ist oder sich gegebenenfalls mit einer Schwellwertanalyse ein deutlich weniger umfangreiches Verfahren anbietet.

Verarbeitungsverzeichnis

Das Verzeichnis über die Verarbeitungstätigkeiten gemäß Artikel 30 DSGVO gehört mittlerweile zu den Minimalstandards für die Einhaltung der Datenschutzregeln. Ein Verarbeitungsverzeichnis gibt einen Überblick über sämtliche Verarbeitungstätigkeiten in einer Organisation. Der Einsatz einer KI, die Sie bei der Verarbeitung personenbezogener Daten unterstützt, muss selbstredend im Verarbeitungsverzeichnis aufgeführt werden. Vorlagen für ein Verarbeitungsverzeichnis werden von allen Landesdatenschutzbehörden und auch der DSK kostenfrei im Netz bereitgestellt.[4]

Auch wenn es sich bei dem Führen eines Verarbeitungsverzeichnisses um eine reine Pflichtübung handelt, die Ihnen nur gelegentlich von praktischem Nutzen sein wird, so können wir Ihnen dennoch nur empfehlen, ein solches gewissenhaft zu führen. Im Fall eines Datenschutzvorfalles wird das Verarbeitungsverzeichnis eines der ersten Dokumente sein, dass eine Aufsichtsbehörde im Fall einer näheren Untersuchung zugeschickt bekommen möchte.

2.4.3 Betroffenenrechten nachkommen

Ein großer Fokus der DSGVO liegt auf der Wahrung der Interessen und Rechte von betroffenen Personen. Allen voran beruht dies auf dem Gedanken der Transparenz und der Steuerungsmöglichkeit, auch nachdem personenbezogene Daten an eine Stelle übermittelt worden sind. Die wichtigsten Betroffenenrechte, die bei der Nutzung von KI in Ihrer Organisation relevant sein können, sind die nachfolgenden:

- Artikel 13: Informationspflicht bei Erhebung
- Artikel 15: Recht auf Auskunft
- Artikel 16: Recht auf Berichtigung
- Artikel 17: Recht auf Löschung
- Artikel 18: Recht auf Einschränkung der Verarbeitung

Bevor Sie mit dem Einsatz von KI beginnen, müssen Sie die betroffenen Personen über die Umstände der geplanten Verarbeitung in Kenntnis setzen. Diese Pflicht aus

---

4 https://www.datenschutzkonferenz-online.de/media/ah/201802_ah_muster_verantwortliche.pdf

Artikel 13 DSGVO lässt sich in der Regel bei der Erhebung der Daten durch das Vorhalten einer Datenschutzerklärung erfüllen. Sollten Sie planen, bereits erhobene Daten durch eine KI verarbeiten zu lassen, so empfiehlt es sich, alle Betroffenen hierüber in einem separaten Infoschreiben zu informieren – sofern dies keinen unverhältnismäßigen Aufwand entstehen lässt. Benennen Sie in diesem Schreiben, welche Daten künftig von der KI verarbeitet werden sollen und ob sich etwas am Umfang der Datenverarbeitung ändert. Zudem empfiehlt es sich immer, Links mit weiteren Informationen zur Verfügung zu stellen. Das Infoschreiben kann dabei sowohl postalisch als auch per Mail erfolgen. Beachten Sie aber, dass bei dem umfangreichen Einsatz einer neuen KI eine Zweckänderung in Bezug auf die Verarbeitung vorliegen kann, bei der genau geprüft werden muss, ob diese rechtmäßig ist.

Mit der ordnungsgemäßen Erfüllung der Informationspflicht gemäß Artikel 13 DSGVO lassen sich die anderen Betroffenenrechte in der Regel erheblich leichter erfüllen, da Sie sich bereits umfassend Gedanken über die Art und Weise der Datenverarbeitung gemacht und dies bereits einmal verschriftlicht haben. Wenn hiernach ein Betroffener sein Recht auf Auskunft geltend macht, können Sie beispielsweise auf die bestehenden Informationen zur Verarbeitung durch KI zurückgreifen und in Ihre Auskunft integrieren.

Betroffene Personen haben zudem das Recht, bei falschen Daten diese berichtigen zu lassen, bei dem Fehlen einer Rechtsgrundlage für die weitere Verarbeitung die bestehenden Daten löschen zu lassen oder in der Art der Verarbeitung einzuschränken, dass die Verarbeitung nicht mehr durch eine KI vorgenommen wird.

2.4.4 Kostenrisiko Bußgelder

Ein Thema, das sich im Bereich des Datenschutzes nie ausklammern lässt, ist das der Bußgelder. Auch wenn es bereits vor dem Inkrafttreten der DSGVO mit dem deutschen Bundesdatenschutzgesetz verbindliche Regeln zum Datenschutz gab, rückten diese erst durch den deutlich erhöhten Rahmen für Bußgelder in das Zentrum der Aufmerksamkeit. So können die Aufsichtsbehörden bei besonders schwerwiegenden Verstößen Geldbußen von bis zu 20 Mio. Euro oder 4 % des gesamten weltweiten Jahresumsatzes verhängen. Dies stellt eine deutliche Verschärfung gegenüber der alten Fassung des Bundesdatenschutzgesetzes (BDSG-alt) dar. Hiernach belief sich das Maximalbußgeld auf 30.000 Euro.

Wenn Sie die Verarbeitung von personenbezogenen Daten mittels KI erwägen, sollten Sie sich daher immer gewahr bleiben, dass den deutschen Aufsichtsbehörden mit der Verhängung eines Bußgeldes ein scharfes Schwert zur Verfügung steht und Sie den Datenschutz daher nicht als Nebensache betrachten sollten. Über die Verhängung eines Bußgeldes entscheidet dabei nicht der Bundesdatenschutzbeauftragte, sondern eine der Landesdatenschutzaufsichten. Besonders in den Anfangstagen der DSGVO agierten diese höchst uneinheitlich. Während im Mai 2019 Nordrhein-Westfalen angab, bereits 36 Bußgelder verhängt zu haben, folgten auf Platz zwei und drei Thüringen und Berlin mit 23 und 18 Geldbußen. In Bayern hingegen wurde zum damaligen Zeitpunkt ein Jahr nach dem Inkrafttreten der DSGVO noch kein einziges Bußgeld verhängt. Die anfänglich befürchtete Bußgeldwelle blieb damit aus. Anstelle eines einheitlichen Agierens präsentierte sich jedoch ein großer Flickenteppich.

Gemeinsame Maßstäbe

Dass ein solch uneinheitliches Bild nicht im Sinne der Verordnung, welche den Datenschutz europaweit harmonisieren sollte, sein konnte, fiel auch den Datenschutzbehörden auf. Die Datenschutzkonferenz (DSK) erstellte daher bereits im Oktober 2019 ein Konzept zur Bußgeldzumessung[5], welches das Verfahren hierzu bundesweit vereinheitlichte.

Abbildung 2.11 Das Konzept der DSK zur Bußgeldberechnung

Die Berechnung eines Bußgeldes erfolgt dabei in fünf Schritten. Dabei wird Ihr Unternehmen zunächst einer Größenklasse zugeordnet. Unterschieden wird zwischen Kleinstunternehmen, kleinen, mittleren und Großunternehmen. Im Anschluss wird der mittlere Jahresumsatz innerhalb der Größenklasse des Unternehmens bestimmt. Im dritten Schritt wird der wirtschaftliche Grundwert Ihres Unternehmens ermittelt. Dies ist im Grunde genommen die Berechnung des Tagesumsatzes als Grundlage für das Bußgeld, welches auf Sie fällt, denn hier wird der zuvor berechnete mittlere Jahresumsatz durch 360 geteilt.

---

5 *https://www.datenschutzkonferenz-online.de/media/ah/20191016_bu%C3%9Fgeldkonzept.pdf*

An die konkrete Höhe Ihres Bußgeldes geht es dann im vierten Schritt. Hier wird der Grundwert mit dem Faktor, der für die Schwere des Verstoßes steht, multipliziert. Die Aufsichtsbehörden unterscheiden dabei zunächst zwischen den Verstößen gemäß Artikel 83 Abs. 4 DSGVO und Artikel 83 Abs. 5 und 6 DSGVO. Die Verstöße gemäß Artikel 83 Abs. 4 DSGVO sind eher formalistischer Natur, wie zum Beispiel die Verstöße gegen die Pflichten einer Zertifizierungsstelle. Diese wiegen daher weniger schwer. DSGVO-Verstöße gemäß der Absätze 5 und 6 hingegen sind deutlich kritischer zu beurteilen, da hier die Verstöße gegen die Rechte von Personen reglementiert werden, beispielsweise die rechtswidrige Übermittlung personenbezogener Daten in ein Drittland. Weiterhin wird bei den beiden Gruppen an Verstößen noch von leichten bis hin zu sehr schweren Verstößen unterschieden. Dies wirkt sich wiederum auf den Multiplikationsfaktor zur Errechnung des Bußgeldes aus.

Multipliziert wird dabei stets der mittlere Jahresumsatz Ihres Unternehmens. Bei einem leichten Verstoß gegen die Pflichten der Überwachungsstelle (Absatz 4) wird das mittlere Jahreseinkommen mit einem Faktor von 1 oder 2 multipliziert. Ihr Unternehmen müsste also ein Bußgeld von 1 bis 2 Tagesumsätzen zahlen. Bei einem sehr schweren Verstoß bei der Nichtbefolgung einer Anweisung der Aufsichtsbehörde (Absatz 6) kann der Multiplikationsfaktor sogar mehr als 12 betragen.

Im letzten Schritt wird der errechnete Bußgeldbetrag durch die zuständige Aufsichtsbehörde noch einmal nach den aktuellen Umständen angepasst. Dabei werden Umstände wie die Vorsätzlichkeit oder Fahrlässigkeit des Verstoßes, die Maßnahmen zur Minderung des Schadens, einschlägige vorherige Verstöße oder der Grad der Verantwortlichkeit an dem Verstoß berücksichtigt. Hier kann das im vierten Schritt berechnete Bußgeld zu Ihren Gunsten also noch einmal etwas gesenkt, aber zu Ihren Lasten auch noch erhöht werden.

> **Praxistipp: Kooperieren Sie mit Aufsichtsbehörden!**
>
> Die Erfahrung zeigt, dass es sich lohnt, mit der Aufsichtsbehörde nach einem Datenschutzvorfall zunächst in eine kooperative Kommunikation zu gehen. Wenn aufseiten der Behörde das Gefühl besteht, dass Informationen zurückgehalten werden und erst nach mehreren Nachfragen die Fakten nach und nach offengelegt werden, kann sich das für Sie negativ auf das Bußgeld, mit dem Ihre Organisation belegt werden soll, auswirken. Nicht notwendig ist es hingegen, dass Sie der Aufsichtsbehörde ungefragt alle Informationen über Ihr Unternehmen zuteilwerden lassen, die auch nur im entferntesten mit dem Verstoß zu tun haben. Machen Sie sich bewusst, die Aufsichtsbehörde hat ein Interesse an der Aufklärung von Datenschutzvorfällen, aber nur begrenzte Ressourcen, die sparsam eingesetzt werden müssen.

Die konkrete Höhe

Mit dem Bußgeldkonzept haben sich die Aufsichtsbehörden einen Rahmen zur Verhängung von Bußgeldern gegeben, der nach wie vor viel Ermessensspielraum lässt. Wie sich ein Bußgeld nun konkret berechnen lassen kann, zeigen die beiden folgenden Fallbeispiele.

> **Fallbeispiel 1**
>
> Ein kleines Unternehmen mit einem Jahresumsatz zwischen 2 und 5 Millionen Euro hat ihre Kundendatei mit Namen und Adressen von 500 Kunden einem Large-Language-Model-Anbieter übermittelt, damit dieser darauf basierend eine Assistenz-KI, die bei der täglichen Arbeit unterstützen soll, trainiert. Mit dem Anbieter wurde kein AVV geschlossen (mehr hierzu in Abschnitt 2.4.2). Das Training der KI erfolgt entgegen der mündlichen Zusage nicht nur exklusiv für das betroffene Unternehmen, sondern für alle Kunden des Anbieters, da der Anbieter hierzu keine vertragliche Verpflichtung sieht.
>
> Der Jahresgrundumsatz wird von den Aufsichtsbehörden bei einem Umsatz von 2 bis 5 Mio. Euro auf 3,5 Mio. Euro festgesetzt. Der sog. wirtschaftliche Grundwert bzw. der ungefähre Tagesumsatz beträgt folglich 9.722,00 Euro (Gruppe B. I). Diese 9.722,00 Euro sind die Grundlage für jede Berechnung des Bußgeldes, da dieser Betrag nun anhand des Verstoßes multipliziert wird. Die Übermittlung der personenbezogenen Daten erfolgte ohne vertragliche Grundlage gemäß Artikel 28 DSGVO. Somit wurde gegen die Grundsätze der Datenverarbeitung gemäß Artikel 83 Abs. 5 lit. a i. V. m. Art. 5 Abs. 1 lit. c) DSGVO verstoßen. Der konkrete Verstoß dürfte sich im unteren mittleren Bereich ansiedeln, weshalb ein Multiplikationswert von 4 bis 5 als realistisch betrachtet werden kann. Damit dürfte das Bußgeld ca. zwischen 38.800 und 48.600 Euro liegen.

Ein Beispiel für ein deutlich höheres Bußgeld könnte folgendermaßen aussehen.

> **Fallbeispiel 2**
>
> Ein Großunternehmen mit einem Jahresumsatz zwischen 75 und 100 Millionen Euro nutzt zur Vereinheitlichung von Prozessen einen Chat-Bot eines chinesischen KI-Anbieters. Der Chatbot wird auf Anfrage von Mitarbeitern tätig und durchsucht die ihm zur Verfügung gestellten Dokumente nach den erfragten Informationen. Dabei werden alle Dokumente auf Servern in China zumindest vorübergehend gespeichert.
>
> Aufgrund einer Nachlässigkeit der IT-Abteilung kann die KI auch auf die Personaldaten des Unternehmens zugreifen. Die Daten von mehr als 10.000 Mitarbeitern in-

> klusive Adresse, Bankverbindung und auch Religionszugehörigkeit gelangten so in die Hände von Dritten.
>
> In der Umsatzgruppe zwischen 75 und 100 Millionen liegt der wirtschaftliche Grundwert, also die Ausgangsbasis für die Bußgeldmultiplikation, bei 243.056,00 Euro (Gruppe D.II). Unter den betroffenen Personaldaten finden sich auch besonders sensible Daten gemäß Artikel 9 DSGVO, nämlich die Daten über die Religionszugehörigkeit. Aufgrund der Notwendigkeit der Abführung der Kirchensteuer werden diese von der Buchhaltung im Falle der evangelischen oder katholischen Konfession miterfasst. Der Verstoß richtet sich hier also nach Artikel 83 Abs. 5 lit. a i. V. m. Art. 6 Abs. 1, 9 Abs. 1 u. 2 DSGVO. Aufgrund der Vielzahl von Betroffenen und des Risikos, welches sich aus dem Datenverlust ergeben kann, handelt es sich wenigstens um einen schweren Verstoß. Somit wäre ein Multiplikationswert von 10 bis 12 wahrscheinlich. Das zu verhängende Bußgeld würde damit zwischen 2,43 Mio. und 2,9 Mio. Euro liegen.

Womit ist zu rechnen?

Die dargelegten Rechenbeispiele zeigen, dass Sie ein DSGVO-Bußgeld nicht auf die leichte Schulter nehmen sollten. Das Beispiel des deutschen Rekordbußgeldes an die wirtschaftlich strauchelnde Bekleidungskette H&M zeigt überdies, dass die deutschen Aufsichtsbehörden keine Rücksicht auf die wirtschaftliche Lage eines Unternehmens nehmen. Die Berechnungsgrundlage bleibt stets der Jahresumsatz und nicht der Gewinn eines Unternehmens.

Mit welchen Bußgeldern für den rechtsmissbräuchlichen Einsatz von KI zu rechnen ist, wird daher stark von dem jeweiligen Verstoß abhängen. Bislang hat es in Deutschland noch keine Bußgelder nach dem Einsatz einer künstlichen Intelligenz gegeben und auch im europäischen Kontext sind die Beispiele rar gesät. Am 25. Januar 2024 wurde bekannt, dass gegen die italienische Gemeinde Trient ein Bußgeld in Höhe von 50.000,00 Euro verhängt wurde.[6] Die italienische Datenschutzaufsicht sprach das Bußgeld aus, nachdem im Zuge einer Untersuchung bekannt wurde, dass die Gemeinde Aufzeichnungen von im öffentlichen Raum angebrachten Mikrofonen und Videokameras durch eine KI analysieren ließ, um Gefahrensituationen zu erkennen. Kritisiert wurde von der Aufsichtsbehörde, dass keine Rechtsgrundlage für diesen empfindlichen Eingriff in die Grundrechte vorlag.

Aufgrund des zunehmenden Einsatzes von KI-Lösungen lässt sich nur mit Sicherheit sagen, dass dies kein Einzelfall bleiben wird und weitere Bußgelder folgen werden.

---

6 *https://www.gpdp.it/web/guest/home/docweb/-/docweb-display/docweb/9977299*

Dass die Aufsichtsbehörden für den Einsatz einer KI einen milderen Maßstab als bei den übrigen Datenschutzverstößen anlegen werden, ist zudem nicht zu erwarten.

2.4.5 Schadensersatzansprüche

Neben den bekannten und gefürchteten Bußgeldern sieht die DSGVO in Artikel 82 auch die Möglichkeit der Geltendmachung von Schadensersatzansprüchen vor. Wenn Sie hier mit ähnlichen Summen wie bei den oft aufsehenerregenden Bußgeldern rechnen, können wir Sie beruhigen. Die deutschen Gerichte sind bei der Zusprechung von Schadensersatz nach Datenschutzverletzungen in der Höhe deutlich zurückhaltender. Eine weitere Überraschung: Artikel 82 Abs. 1 DSGVO sieht den Schadensersatz nach Datenschutzverstößen sowohl für den materiellen als auch den immateriellen Schaden vor.

> **Hintergrund: Materieller und immaterieller Schadensersatz**
> Der materielle und der immaterielle Schadensersatz beruhen auf zwei sehr unterschiedlichen Rechtsgründen, auch wenn sie in der DSGVO beide in derselben Norm geregelt werden. Der materielle Schadensersatz zielt auf die Wiedergutmachung von entstandenen finanziellen Nachteilen ab, also beispielsweise den Ersatz Ihres Schadens, nachdem bei einem Datenleck Dritte auf Ihre Kreditkarte Käufe getätigt haben. Der immaterielle Schadensersatz wird im Volksmund oft »Schmerzensgeld« genannt und bezieht sich damit auf alle die Schäden, die sich nicht konkret in Geld beziffern lassen.

Welche Höhe ist angemessen?

Während die Höhe des materiellen Schadensersatzes in der Regel schnell zu ermitteln ist, da nur real eingetretene Schäden hiervon abgedeckt sind, stellt dies bei dem immateriellen Schadensersatz eine deutlich größere Herausforderung dar. Es liegt in der Natur der Sache von Datenschutzverstößen, dass hieraus nur in seltenen Fällen Menschen ums Leben oder körperlich zu Schaden kommen. Die Regelfälle, die sich den deutschen Gerichten derzeit präsentieren, in denen immaterieller Schadensersatz geltend gemacht wird, belaufen sich auf Kontrollverluste, Zugriffe Dritter und nicht nachgekommene Auskunftsersuchen. Als Grund für die Forderung nach einem Schadensersatz wird daher von den Betroffenen in der Regel das Bestehen eines Unwohlseins oder Sorgen um den Verbleib der eigenen Daten angegeben.

Zu der Frage, in welcher Höhe ein Schadensersatz aufgrund solcher immaterieller Schäden angemessen ist, hat sich mittlerweile eine recht bunte Rechtsprechung entwickelt. Hierzu das Wichtigste vorab: Bislang ist vor deutschen Gerichten noch kein Schadensersatz von mehr als 10.000 Euro zugesprochen worden, und eine große Anzahl von Klagen auf immateriellen Schadensersatz wurde von den deutschen Gerichten abgewiesen, da der konkrete Schaden nicht ausreichend begründet werden konnte.[7]

Das Gros der ausgeurteilten Schadensersatzansprüche bewegt sich, im Gegensatz zu den Erwartungen der Kläger, oftmals nur im niedrigen vierstelligen bis mittleren dreistelligen Bereich. Dennoch sollten Sie die Gefahr, die von Schadensersatzansprüchen für Sie ausgeht, nicht unterschätzen. Wenn aufgrund des Trainings Ihrer KI oder des Einsatzes von künstlicher Intelligenz in Ihrer Organisation die personenbezogenen Daten sehr vieler Personen verletzt werden, kann auch ein durchschnittlicher Schadensersatzanspruch von nur 500 Euro pro Person schnell ungeheure Ausmaße annehmen.

Vorsicht, Mitarbeiterdaten!

Bei einer Durchsicht über die erfolgten Urteile ist zudem bemerkenswert, dass insbesondere Arbeitsgerichte eher geneigt sind, bereits aufgrund von geringen Verstößen gegen die DSGVO einen Schadensersatzanspruch anzuerkennen. In einer Grundsatzentscheidung hierzu hat das Bundesarbeitsgericht entschieden, dass abweichend zu der übrigen Rechtsprechung der Zivilgerichte kein Nachweis eines Schadens notwendig ist, da bereits die Verletzung der Vorschriften der DSGVO zu einem Schadensersatzanspruch führt.[8] Ebenfalls auffällig ist, dass die Urteile, in denen ein Anspruch anerkannt wurde, oft aus einer Verletzung der Auskunftspflichten gemäß Artikel 15 DSGVO herrühren, also der Arbeitgeber seinen Arbeitnehmer auf Verlangen nicht oder nicht vollständig über die Verarbeitung seiner Daten informiert hat.

Wenn Sie also planen, im Zuge des Einsatzes einer KI die personenbezogenen Daten Ihrer Mitarbeiter zu verarbeiten, sollten Sie hierbei besondere Vorsicht walten lassen und die Hinweise dieses Abschnitts befolgen. Binden Sie also Ihre Mitarbeitervertretung (sofern vorhanden) frühzeitig ein, informieren Sie Ihre Mitarbeiter, lassen Sie sich im Zweifel noch einmal eine gesonderte Einwilligung in die geplante Verarbeitung geben und beachten Sie in jedem Fall Ihre Auskunftspflichten gemäß Artikel 15 DSGVO – insbesondere, wenn diese von ehemaligen Mitarbeitern geltend gemacht werden! Mit ausreichender Sorgfalt steht dann auch einem DSGVO-konformen Einsatz der KI in ihrer Organisation wenig im Wege.

---

[7] Vgl. OLG Düsseldorf, 16 U 154/21, Urt. V. 09.03.2023.
[8] BAG, Urt. v. 26.08.2021, 8 AZR, 253/20 (A).

2.5 KI-Dienste und Persönlichkeitsrechte

Dieser Abschnitt beschäftigt sich mit der Nutzung generativer künstlicher Intelligenz und möglichen Kollisionen mit den Persönlichkeitsrechten. Im Rahmen dieses Abschnitts erfahren Sie, welche Aspekte Sie bei der Nutzung eines KI-Dienstes in Bezug auf die Persönlichkeitsrechte Dritter beachten sollten und wodurch Persönlichkeitsrechte verletzt werden können.

In einer zunehmend von KI gesteuerten Welt rückt das Allgemeine Persönlichkeitsrecht aus Art. 2 Abs. 1 und Art. 1 Abs. 1 Grundgesetz (GG) immer stärker in den Fokus. Während generative KI-Systeme in den verschiedensten Bereichen enorme Vorteile bieten, stellen sie auch eine Herausforderung für den Schutz persönlicher Daten und die Wahrung der Persönlichkeitsrechte einer jeden Person dar.

Eine ausführliche Darstellung der Konflikte bei der Nutzung einer KI mit dem Datenschutz finden Sie im Abschnitt 1.3, weshalb wir Ihnen nachfolgend einen Überblick über Probleme mit weiteren Ausprägungen des Persönlichkeitsrechts geben möchten.

Um das Spannungsverhältnis zwischen der Nutzung einer KI und den Persönlichkeitsrechten zu verstehen, erläutern wir Ihnen zunächst genauer, was Persönlichkeitsrechte sind.

> **Hintergrund: Was versteht man eigentlich unter den sogenannten Persönlichkeitsrechten?**
>
> Persönlichkeitsrechte insbesondere in Form des Allgemeinen Persönlichkeitsrechts (im Folgenden APR) lassen sich aus dem Grundgesetz herleiten und dienen dem Schutz der Privatsphäre und der freien Entfaltung der Persönlichkeit des einzelnen Individuums. Dies geschieht vor allem dadurch, dass der autonome Bereich privater Lebensgestaltung, in dem jeder Mensch die Möglichkeit zur persönlichen Lebensführung sowie Entwicklung und Wahrung seiner persönlichen Individualität erhalten soll, geschützt wird. Neben dem APR existieren weitere Ausprägungen. Zum einen umfasst das APR beispielsweise das Recht auf den Schutz vor Verleumdung, aber auch das »Recht am eigenen Bild« und das »Recht an der eigenen Stimme«.

Nachstehend soll auf die beiden speziellen Ausprägungen des APR, also »das Recht am eigenen Bild« sowie »das Recht an der eigenen Stimme«, eingegangen werden.

2.5.1 Das Recht am eigenen Bild

Mit dem Training, der Entwicklung und der Verwendung von KI-basierten Technologien entstehen insbesondere neue Fragen hinsichtlich der Verletzung des Rechts am eigenen Bild. Zum besseren Verständnis nachfolgend ein paar grundlegende Ausführungen zum Recht am eigenen Bild.

> **Hintergrundwissen: Was umfasst das Recht am eigenen Bild?**
>
> Das Recht am eigenen Bild ist ein aus dem APR abgeleitetes eigenständiges Recht. Danach hat jede Person das Recht, die bildliche Darstellung der eigenen Person anderen gegenüber selbst zu bestimmen. Von dem Schutz umfasst sind neben Fotografien auch Porträts, Gemälde, plastische Darstellungen wie Skulpturen, aber auch Zeichnungen und Karikaturen. Das Recht am eigenen Bild ist weder örtlich noch zeitlich auf einen bestimmten Anwendungsbereich beschränkt.
>
> Nicht erfasst sind nach der Ausnahmeregelung in § 23 KUG unter anderem Bildnisse von Personen aus dem Bereich der Zeitgeschichte – damit sind insbesondere Prominente und bekannte Persönlichkeiten gemeint.

Wie kann nun die Nutzung einer KI das Recht am eigenen Bild verletzen? Um diese Frage zu beantworten, ist es erforderlich, zu verstehen, durch welche Handlungen das Recht am eigenen Bild überhaupt verletzt werden kann.

> **Hintergrundwissen: Durch welche Handlungen wird das Recht am eigenen Bild verletzt?**
>
> § 22 KUG schützt die abgebildete natürliche Person vor der sog. Verbreitung und der öffentlichen Zurschaustellung ihres Bildnisses. Mit »Verbreiten« ist z. B. das Versenden oder Anbieten eines originalen oder kopierten Bildes gemeint. Eine öffentliche Zurschaustellung liegt dagegen vor, wenn das Bildnis für einen größeren Personenkreis wahrnehmbar gemacht wird. Entscheidend ist, dass das Bildnis für einen nicht abgrenzbaren Kreis von Personen der Öffentlichkeit bestimmt ist. Dies geschieht beispielsweise beim Veröffentlichen des Bildes einer Person in den sozialen Medien.

In beiden Fällen ist es erforderlich, dass die dargestellte Person auch identifizierbar ist. Dies ist in der Regel der Fall, wenn man das Gesicht der betreffenden Person erkennen kann. Aber auch eine Identifizierbarkeit anhand von Tattoos, eines Haarschnitts, einer Bewegung oder bestimmter Kleidung kann ausreichen.

Mithilfe von generativer Bild-KI ist das Erstellen von Bildern auch von real existierenden Personen mittlerweile für jeden Nutzer möglich. Besondere Kenntnisse, welche hierfür noch vor einigen Jahren erforderlich waren, sind heute obsolet geworden. Mittlerweile reicht heute bereits die Eingabe weniger Worte als Prompt.

Sogenannte KI-Bildgeneratoren wie beispielsweise Midjourney, Stable Diffusion des britischen Unternehmens Stability AI oder DALL-E des US-amerikanischen Unternehmens OpenAI funktionieren grundsätzlich alle nach demselben Prinzip. Der Nutzer beschreibt mit kurzen Texteingaben, sogenannten Prompts, welche bildliche Darstellung, Abbildung oder welches Motiv auf dem zu generierenden Bild abgebildet sein soll. Die Bildgeneratoren generieren sodann mithilfe und auf Grundlage der zuvor zugeführten Trainingsdaten ein neues Bild. Erstellen Sie unter Zuhilfenahme generativer KI das Bild einer Person, kann das Recht am eigenen Bild der dargestellten Person berührt sein, wenn die generierte Person Ähnlichkeit mit der realen Person hat. Spätestens mit der Veröffentlichung eines solchen Bildes kommt es zu einer Rechtsverletzung, wenn eine ausreichende Ähnlichkeit besteht. Das gilt unabhängig davon, ob Sie die Ähnlichkeit vorsätzlich herbeiführen oder diese zufällig entsteht.

Zum besseren Verständnis nachstehendes Beispiel.

> **Beispiel 1: Die Kanzlerin und das Cabriolet**
> Die Marke »SIXT« hatte im Jahr 2001 eine Werbung für die Vermietung von Kraftfahrzeugen, in welcher die emergierte Kanzlerin Angela Merkel mit zerzausten Haaren und dem Slogan »Lust auf eine neue Frisur? Mieten Sie sich ein Cabrio.« abgebildet wurde. In diesem Fall hatte die emergierte Bundeskanzlerin nicht vorab in die Verwendung eingewilligt. Fraglich dürfte überdies sein, ob die Ausnahme des § 23 KUG greift, sodass keine Einwilligung erforderlich ist.

Es dürfte jedenfalls anhand des vorstehenden Beispiels deutlich geworden sein, dass eine Verletzung des Rechts am eigenen Bild u. a. durch die Erstellung eines sogenannten »Deepfakes« möglich ist.

> **Hintergrund: Was sind Deepfakes?**
> Sogenannte Deepfakes sind durch KI-Systeme generierte, täuschend echt wirkende manipulierte Bilder, Videos oder Audiodateien. Deepfakes stellen in der Regel Personen in Situationen und Momenten dar, die in der Realität überhaupt nicht stattgefunden haben bzw. in denen eine Situation aus einem bestimmten Kontext gerissen und anders dargestellt wird.
> KI-Systeme, die Deepfakes erstellen, können Bilder und Videos einer Person so manipulieren, dass sie in einem nicht realen oder verfälschten Kontext erscheinen. Die abgebildete Situation hat in der Realität nicht stattgefunden. Die Darstellung einer Per-

son in einer nicht realen, verfälschten Weise kann ebenfalls das Recht am eigenen Bild verletzen, denn das Recht am eigenen Bild schützt den Abgebildeten auch vor unzulässigen Darstellungen in anderen Kunstformen. Dabei ist es unerheblich, mit welcher Intention ein solches Bild oder Video generiert wurde. Nicht erforderlich ist eine böse Intention mit Schädigungsabsicht. Im Folgenden konzentrieren wir uns daher auf die Variante von Deepfakes, bei der bekannte Persönlichkeiten des Zeitgeschehens mittels generativer KI in vom Nutzer bestimmten Szenarien dargestellt werden.

Die Erstellung von Bild- oder Videodateien durch einen KI-Dienst unter Verwendung der realistischen Darstellung einer Person in einem aus dem Zusammenhang gerissenen Kontext beispielsweise zu Marketingzwecken ist ebenso denkbar. Mangels bösartiger Intention kann in diesem Zusammenhang grundsätzlich nicht von einem »Deepfake« gesprochen werden, die Generierung und das Ergebnis sind jedoch vergleichbar.

Beispiel 2: Marketing durch KI-Dienste

Um den Verkauf der neuen Produkte anzukurbeln, möchten Sie eine neue Werbekampagne entwickeln lassen. Ein Mitarbeiter soll daher mittels generativer KI ein Werbeplakat und ein Werbevideo erstellen. Abgebildet werden soll ein berühmter, charmanter Schauspieler, der das Produkt des Unternehmens freudestrahlend verwendet. Darunter soll ein Slogan abgedruckt werden, der die Aussage des Schauspielers beinhaltet und die Vorzüge der Produkte hervorhebt. Die Werbeplakate mit dem Gesicht und der Aussage des Schauspielers werden sodann gedruckt und in der gesamten Stadt aufgehängt. Das Werbevideo wird im Fernsehen veröffentlicht. Die Werbekampagne hat vollen Erfolg und treibt die Produktverkäufe des Unternehmens in die Höhe.

Der Schauspieler wird die Werbung mit seinem Gesicht, ohne dass man ihn zuvor um Erlaubnis gebeten hat, sehr wahrscheinlich nicht begrüßen. Und er hat gute Chancen, erfolgreich gegen die Werbung vorzugehen. Durch die Verwendung und Veröffentlichung des generierten Materials, auf dem der Schauspieler eindeutig identifiziert werden kann, liegt ein Verbreiten und ein Zurschaustellen seines Bildnisses vor. In der Regel liegt darin eine Verletzung des Rechts am eigenen Bild.

Bis vor wenigen Jahren waren derartige Werbemöglichkeiten noch nicht denkbar. Mit der immer rasanteren Entwicklung im Bereich der generativen Bild-KI, die eine schnellere und leichtere Generierung durch KI ermöglicht, muss in diesem Zusammenhang besonders darauf geachtet werden, dass die Rechte einzelner Personen an ihrem Bild geschützt werden.

> **Praxistipp: Verwendung von Bildnissen von realen Personen**
> Wenn Sie das Bildnis einer realen Person, egal ob durch einen Fotografen abgelichtet oder durch generative KI erstellt, verwenden wollen, sollten Sie sich zuvor die Zustimmung der abgebildeten Person einholen. Diese Zustimmung sollte ausreichend dokumentiert werden. Hierfür kann aber bereits eine entsprechende Erklärung der Person per E-Mail ausreichen.

2.5.2 Das Recht an der eigenen Stimme

Das Recht an der eigenen Stimme ist ein weiteres wichtiges Recht als Teil des APR, das in der Ära der rasanten Fortentwicklung der KI-Systeme zunehmend an Bedeutung gewinnt. Die bekannten virtuellen Sprachassistenten wie Siri oder der Google Assistent können mittlerweile mittels KI-Unterstützung Nutzer anhand ihrer jeweiligen individuellen Stimme erkennen. Diese Systeme ermöglichen es, mittels der Stimme Zugänge zu Konten, dem persönlichen Kalender und zahlreichen Apps zu kontrollieren oder sogar individuelle Nutzerprofile anzulegen, um personalisierte Werbung zu generieren.

Doch auch durch generative KI-Anwendungen gewinnt das Recht an der eigenen Stimme an Bedeutung. Durch die Verarbeitung der natürlichen Sprache einer Person – das Natural Language Processing (NLP) – gibt es mittlerweile zahlreiche weitere Einsatzmöglichkeiten neben der bloßen Stimmentsperrung von Systemen. Diese werden auch für Unternehmen zunehmend relevanter, denn mittels neuer KI-Anwendungen werden menschliche Stimmen erkannt, synthetisiert, verändert und auch imitiert. Das Recht an der eigenen Stimme stellt dabei für Sie als Unternehmen, das beispielsweise mittels einer Stimm-KI Filme und Videos zu Marketingzwecken synchronisieren möchte, vor Herausforderungen.

> **Hintergrund: Was umfasst das Recht am eigenen Wort bzw. der eigenen Stimme?**
> Die menschliche Stimme ist ein äußerst individuelles Merkmal einer Person und besitzt durch ihre jeweilige Klangfarbe, die individuelle Stimmlage, etwaige Akzente oder die angewöhnte Sprechweise einen besonders hohen Wiedererkennungswert und ist damit ähnlich einzigartig wie der Fingerabdruck eines Menschen. Das Recht an der eigenen Stimme als besondere Ausprägung des APR schützt Individuen davor, dass ihre Stimme ohne ihre Zustimmung aufgenommen, reproduziert oder kommerziell genutzt wird. Es gewährleistet die Befugnis, selbst zu bestimmen, ob der Kom-

> munikationsinhalt einzig dem direkten Gesprächspartner, einem bestimmten Personenkreis oder der Öffentlichkeit zugänglich sein soll. Das Recht an der eigenen Stimme ist besonders relevant für Personen des öffentlichen Lebens, wie Schauspieler, Sänger, Synchronsprecher, Podcaster, Hörbuchsprecher oder öffentliche Sprecher, deren Stimme ein wesentlicher Teil ihrer Persönlichkeit und ihres Berufs ist.

In der Vergangenheit wurde eine Verletzung des Rechts an der eigenen Stimme bereits anerkannt, wenn die Stimme einer Person täuschend echt ohne Hilfe von KI oder Computern nachgeahmt wurde. Dies verdeutlicht der nachfolgende Fall:

> **Praxisbeispiel: Der Fall Heinz Erhardt aus dem Jahr 1989**
> Heinz Erhardt gilt als einer der bekanntesten deutschen Komiker, Musiker, Komponisten, Unterhaltungskünstler, Kabarettisten, Schauspieler und Dichter. Prägend für Heinz Erhardt und seinen medialen Erfolg waren seine einzigartige Wortwahl, seine sprachlichen Wendungen und Verdrehungen, verbunden mit dem besonderen Klang seiner Stimme. Nach seinem Tod veröffentlichte ein Unternehmen einen Werbespot, in dem die Stimme von Heinz Erhardt täuschend echt durch einen Stimmimitator nachgeahmt wurde. Der Sohn von Heinz Erhardt ging hiergegen gerichtlich vor. Das Gericht nahm eine Verletzung des Rechts an der eigenen Stimme von Herrn Erhardt an und untersagte daraufhin die weitere Verwertung des Spots durch das werbetreibende Unternehmen.[9]

Daran wird bereits deutlich, dass erst recht eine Rechtsverletzung vorliegen dürfte, wenn die Stimme einer Person mittels generativer KI präzise nachgebildet wird. Schon seit längerer Zeit existieren entsprechende Dienste, die Sie auf Basis von Stimmproben beliebige Sätze mit der Stimme einer Person bilden lassen. Besonders beliebt sind dabei selbstredend die Stimmen von prominenten Personen oder den mittlerweile unverwechselbaren Synchronsprechern bekannter Hollywoodschauspieler. Doch auch Podcaster, Sänger oder Nachrichtensprecher haben ein großes Interesse daran, ihre bekannte Stimme zu schützen. Auch Gerichte haben bereits entschieden, dass die Nachbildung der Stimme einer Person mithilfe von KI das Persönlichkeitsrecht verletzt.

> **Praxisbeispiel: Die Stimme von Grimes**
> Die kanadische Musikproduzentin und Sängerin Grimes verkündete im Jahr 2023, dass jedermann ihre Stimme mittels KI nachahmen dürfe, um damit Musik zu produ-

---
[9] OLG Hamburg, Beschl. v. 8.5.1989, Az. 3 W 45/89.

> zieren. Einzige Bedingung: Sie werde 50 % der Tantiemen einbehalten und sich urheberrechtliche Schritte bei wirklich toxischen Texten vorbehalten. Grimes nimmt in der Musikszene eine besondere Rolle ein, da sie vertraglich an kein Label gebunden ist und daher besonders frei über ihre eigene Stimme verfügen kann. Den meisten anderen Sängerinnen und Sängern dürfte dies aufgrund von strengen vertraglichen Verpflichtungen nicht möglich sein.

Dass das Ansehen einer Person erheblich dadurch beeinträchtigt werden kann, dass ihr beliebige Äußerungen in den Mund gelegt werden und dadurch das Recht an der eigenen Stimme verletzt werden kann, zeigte auch der Obama-Deepfake eindrucksvoll. Bei diesem erschuf ein Comedian mithilfe einer KI ein künstliches Video, in dem der Ex-Präsident seinen Nachfolger Donald Trump wüst beschimpft. Tatsächlich hatte sich dieses Szenario in der realen Welt nie abgespielt und war reiner Ausfluss der Verwendung eines KI-Systems. Die Auswirkungen in der realen Welt waren jedoch enorm.

Ähnlich wie bei visuellen Deepfakes können KI-Systeme täuschend echte Audioaufnahmen (sog. »Deep Voices«) erstellen, die eine Person etwas sagen lassen, was sie nie gesagt hat. Dies kann nicht nur das Recht an der eigenen Stimme verletzen, sondern auch zu Verleumdung, Fehlinformation und falschen Rückschlüssen und Entscheidungen in der Gesellschaft führen.

Ebenso wie das Beispiel 2 des vorausgehenden Abschnittes zur Verletzung des Rechts am eigenen Bild führt, ist es auch denkbar, dass Unternehmen zu Werbezwecken mithilfe von KI-Diensten Toninhalte von Stimmen bekannter Persönlichkeiten generieren. Diese stehen der menschlichen Stimme in nichts nach und können ebenfalls im Radio, Kino oder Fernsehen abgespielt werden. Auf diese Art und Weise lässt sich eine vergleichbare Werbewirkung erzeugen wie bei der Beauftragung von menschlichen Werbefiguren. Die Unterscheidung, ob eine Stimme künstlich erzeugt wurde oder von einem echten Menschen stammt, fällt zunehmend schwerer.

Ebenso wie in dem genannten Beispiel 2 dürfte die Person, deren Stimme unverwechselbar nachgeahmt wird, die Verwendung ihrer Stimme zu Werbezwecken für ein beliebiges Unternehmen nicht befürworten. Auch in diesem Fall dürfte die nachgeahmte Person gute Chancen haben, erfolgreich gerichtlich gegen die Verwendung vorgehen zu können. Durch die Verwendung der generierten, nachgeahmten Stimme zu Werbezwecken liegt in der Regel eine Verletzung des Rechts an der eigenen Stimme vor.

Bereits im Jahr 2018 hat ein deutsches Gericht entschieden, dass eine Schauspielerin in ihrem Persönlichkeitsrecht verletzt sei, wenn eine KI-generierte Stimme der

Schauspielerin in einem Werbespot verwendet wird. Das Gericht verurteilte das verwendende Unternehmen dazu, es zukünftig zu unterlassen, den Werbespot weiter auszustrahlen.

Ebenso entschied zwei Jahre später ein Gericht in den USA, dass die Verwendung einer durch KI generierten Stimme eine Verletzung des Persönlichkeitsrechts eines US-amerikanischen Musikers darstellt, wenn die Stimme des Musikers ohne dessen Zustimmung in einem Werbespot verwendet wird.

> **Praxistipp**
> Auch in Bezug auf die Verwendung der Stimme einer Person, egal ob durch KI-Dienste generiert oder tatsächlich aufgezeichnet, sollten Sie sich in jedem Fall entsprechende Rechte von der betroffenen Person vertraglich zusichern lassen oder zumindest eine schriftliche Zustimmung von der Person einholen und diese gut dokumentieren.

Das Recht an der eigenen Stimme schützt nicht nur vor der Wiedergabe oder der Reproduktion, Imitation der Stimme, sondern auch vor der Aufzeichnung der Stimme. Dies wird gerade im Rahmen der Spracherkennung relevant. KI-gestützte Spracherkennungssysteme ermöglichen es, gesprochene Sprache aufzuzeichnen, zu verstehen, zu verarbeiten und neue Inhalte zu generieren. Besonders beliebt sind derzeit KI-Assistenten, die es ermöglichen, gesprochene Meetings schriftlich zu transkribieren. Dabei erkennt das KI-System die Stimmen der Meetingteilnehmer und hinterlegt diese namentlich in dem Transkript, erstellt eine Zusammenfassung über das Meeting, generiert eine Überschrift und der enthaltene Meeting-Assistent beantwortet Fragen zu dem durchgeführten Meeting oder generiert Social-Media-Einträge oder Businesspläne basierend auf dem, was im Meeting besprochen wurde.

Damit die Transkription möglich ist, muss zunächst die Stimme der jeweiligen Person aufgezeichnet werden. Hier entstehen rechtliche Risiken für Sie, wenn Sie zum Beispiel ungefragt ein Meeting mitschneiden. Denn das nicht öffentlich gesprochene Wort ist in Deutschland durch das Strafrecht geschützt.

> **Achtung: Strafrechtliches Handeln**
> Wenn Sie die Stimme einer Person ohne ihre Einwilligung aufzeichnen, eine Aufzeichnung verwenden oder einem anderen zur Verfügung stellen, können Sie im Zweifel eine Straftat begehen. § 201 StGB stellt dieses Verhalten unabhängig vom Inhalt des gesprochenen Wortes unter Strafe. Es droht eine Geldstrafe oder sogar Freiheitsstrafe bis zu drei Jahren.

Das Recht an der eigenen Stimme kann ebenso verletzt sein, wenn Sie die Stimme einer Person nutzen, um damit einen interaktiven Sprachassistenten zu erstellen. Sprach-Chatbots können bereits natürliche Konversationen zwischen Kunden und dem virtuellen Kundenservice simulieren – etwa ein Hotline-Assistent, der Ihren Kunden grundlegende Informationen geben kann.

Sollten Sie planen, derartige KI-Systeme in Ihrem Unternehmen einzuführen, welche eine Spracherkennungssoftware verwenden, oder bereits eingeführt haben, gibt es einige Punkte, die bei der rechtskonformen Umsetzung zu beachten sind. Auch Systeme, die KI zur Spracherkennung nutzen, können ohne ausdrückliche Zustimmung die Stimme einer Person und die gesprochenen Wörter aufzeichnen. Dies ist eine typische Eigenschaft, welche jeder Spracherkennungs-KI zu eigen ist. Immer mehr KI-basierte Spracherkennungsmodelle können darüber hinaus auch die Stimme einer Person in unterschiedlichen Kontexten wiedergeben oder einer bestimmten Person zuordnen. Im Hinblick auf das Recht an der eigenen Stimme birgt dies ein hohes Verletzungsrisiko, wenn die aufgezeichnete Person nicht in die Stimmaufnahme eingewilligt hat.

Zudem sind unter den aufgezeichneten Informationen häufig sensible Informationen, die sodann aufgezeichnet und verarbeitet werden, was Bedenken hinsichtlich des Datenschutzes und der Privatsphäre aufwirft.

> **Praxistipp: Verwendung von KI-basierten-Spracherkennungssystemen innerhalb des Unternehmens durch Mitarbeiter**
>
> Wenn Sie sprachverarbeitende KI-Systeme wie z. B. Spracherkennungssoftware verwenden, achten Sie unbedingt auf Transparenz und die Einholung einer schriftlichen Einwilligung der aufgezeichneten Personen. Diese müssen informiert werden und ihre Einwilligung geben, bevor ihre Stimmdaten aufgezeichnet und verwendet werden.

Letztendlich steht das Recht an der eigenen Stimme im Zentrum der Diskussion um Persönlichkeitsrechte in der KI-Ära. Die Unterscheidung, ob eine Stimme künstlich erzeugt wurde oder von einem echten Menschen stammt, fällt zunehmend schwerer. Der technische Fortschritt der Sprachsynthese birgt das Risiko, dass Personen Äußerungen untergeschoben werden, die sie nicht getätigt haben. Insbesondere aus dem Obama-Deepfake wird deutlich, dass KI-basierte Technologien wie Sprachsynthese und Stimmklonung neue Fragen zum Schutz des Rechts an der eigenen Stimme aufwerfen. Der Schutz dieses Rechts erfordert eine Kombination aus rechtlichen, ethischen und technologischen Maßnahmen, um sicherzustellen, dass die Vorteile der KI genutzt werden können, ohne individuelle Rechte zu verletzen.

2.5.3 Unterlassung und Schadensersatz

Häufiger als strafrechtliche Konsequenzen droht Unternehmen die zivilrechtliche Inanspruchnahme durch in ihren Rechten verletzte Personen. Die Verletzung von Persönlichkeitsrechten durch den Einsatz von KI kann Schadensersatz- und Unterlassungsansprüche nach sich ziehen. Schadensersatzforderungen werden im Bereich der Persönlichkeitsrechte häufig auf immaterielle Schäden, das sog. Schmerzensgeld gestützt. Beispielsweise wurde das Unternehmen Google für die Verbreitung von ehrverletzenden Inhalten wegen einer Persönlichkeitsverletzung zur Zahlung von 5.000 Euro Schadensersatz verurteilt.[10]

Ein anderes Beispiel ist die Veröffentlichung intimer Aufnahmen ohne Zustimmung des Abgebildeten. Hier hat das entscheidende Gericht einen Schadensersatz in Höhe von 25.000 Euro zugesprochen.[11]

Aber auch Vermögensschäden sind denkbar. Gerade die Verwendung von generierten Sprachimitationen von prominenten Stimmen können einen Eingriff in die kommerzialisierten Persönlichkeitsinteressen der imitierten Prominenten darstellen. Den verletzten Personen stehen zudem in der Regel Unterlassungsansprüche zu. Überdies können die verletzten Personen, gerade bei der Verletzung von kommerzialisierten Persönlichkeitsinteressen, wie der Werbung mit dem Gesicht oder der Stimme einer prominenten Person, auch den Ersatz des ihnen entgangenen Gewinns verlangen.

Dies bedeutet, dass die Unternehmen, die unberechtigterweise die Stimme einer prominenten Person verwenden, unter Umständen den gesamten mit der prominenten Stimme erzielten Gewinn an die verletzte Person als Schadensersatz zahlen müssen.

Die Höhe der Ansprüche ist bei der Verletzung des APR und seiner Ausprägungen von dem Umfang der Verletzung und Bekanntheit der Person abhängig. Berücksichtigt werden müssen insbesondere das Ausmaß und die Intensität der Verletzung, aber auch die Nachhaltigkeit und Fortdauer der Interessen- oder Rufschädigung.[12] Wie hoch genau derartige Schäden sein werden und welche Schadensersatzhöhen die Gerichte aussprechen und mit welchen die Unternehmen und Personen rechnen müssen, ist zum jetzigen Zeitpunkt noch nicht geklärt. Diesbezüglich bleibt die Rechtsprechung in den kommenden Jahren abzuwarten.

---

10 BGH, Urteil vom 30.04.2019 – VI ZR 477/17.
11 BGH, Urteil vom 01.02.2018 – I ZR 241/16.
12 BGH, Urteil vom 15.11.1994 – VI ZR 56/94, BGHZ 128, 1, 12, NJW 1995, 861.

2.6 KI und Geschäftsgeheimnisse

Vertrauliche Informationen aus Ihrem Unternehmen gehören nicht in KI-Systeme. Sie sollten Strategien entwickeln, um einer solchen Weitergabe vorzubeugen. ChatGPT & Co. sind Black Boxes, bei denen nicht klar ist, welche Informationen wo und wie verarbeitet werden. Eine der wichtigsten Aufgaben bei der geschäftlichen Nutzung dieser Angebote ist es, zu verhindern, dass Geschäftsgeheimnisse und hochvertrauliche Informationen in diese Systeme eingegeben und damit Teil der KI-Datensammlung werden.

2.6.1 Wie Geschäftsgeheimnisse geschützt werden

Verpflichtungen zur Geheimhaltung bestimmter Informationen ergeben sich aus unterschiedlichen Quellen. Dazu zählen beispielsweise das Gesetz über Geschäftsgeheimnisse, aber auch das Berufsrecht, das Rechtsanwälten, Ärzten oder Steuerberatern einen vertraulichen Umgang mit sensiblen Informationen vorschreibt. Auch vertragliche Vereinbarungen wie Non-Disclosure Agreements (NDA) legen fest, welche Informationen nicht an die Öffentlichkeit gelangen dürfen. Dies gilt sowohl für eigene als auch für fremde Geschäftsgeheimnisse.

Den wichtigsten Rahmen für den Schutz sensibler Unternehmensdaten bildet das am 26. April 2019 in Kraft getretene Geschäftsgeheimnisgesetz (GeschGehG). Ein Geschäftsgeheimnis ist danach eine Information, die nicht allgemein bekannt oder leicht zugänglich ist, die aufgrund ihrer Geheimhaltung einen wirtschaftlichen Wert hat, die vom rechtmäßigen Inhaber durch angemessene Maßnahmen geschützt wird und an deren Geheimhaltung ein berechtigtes Interesse besteht.

Solche Daten sind jedoch nicht automatisch geschützt. Vielmehr muss das Unternehmen »angemessene Geheimhaltungsmaßnahmen« ergreifen. Die Angemessenheit hängt von verschiedenen Faktoren wie dem Wert, der Art der Information, der Größe des Unternehmens und den üblichen Maßnahmen ab.

Zu den Mindeststandards gehören Geheimhaltungsverpflichtungen für Mitarbeiter und Dienstleister. Darüber hinaus müssen technische Schutzmaßnahmen getroffen werden. Auch diese hängen von der Sensibilität der jeweiligen Informationen ab. Nicht ausreichend ist beispielsweise die Speicherung von Geheimnissen auf privaten Datenträgern ohne ausreichende Sicherung.

> **Praxistipp: Die »schwarze Liste« von Daten, die nicht in die KI eingegeben werden dürfen**
>
> Die nachfolgenden Arten von Informationen werden in der Regel als Geschäftsgeheimnisse betrachtet. Sie sollten daher nicht in KI-Systeme eingegeben werden:
>
> - finanzielle Daten: detaillierte Finanzberichte, Budgets, Gehaltsstrukturen oder Investitionspläne
> - Kundendaten: unveröffentlichte Kundendaten, persönliche Informationen, Kaufhistorie oder Präferenzen
> - Forschung und Entwicklung: Daten über laufende Forschungs- und Entwicklungsprojekte, unveröffentlichte Patente, Prototypen oder Tests
> - Produktionsverfahren: spezifische Informationen über Produktionsprozesse, Maschinenkonfigurationen oder Rezepturen
> - Lieferanten- und Partnerdaten: Details über Lieferantenverträge, Konditionen und spezielle Vereinbarungen mit Geschäftspartnern
> - strategische Pläne: Informationen über zukünftige Geschäftsstrategien, Marktanalysen, Expansionspläne oder unveröffentlichte Marketingstrategien

Sind entsprechende Schutzmaßnahmen nachweislich getroffen, greift der umfassende Schutz des GeschGehG. Danach hat das Unternehmen z. B. einen Auskunftsanspruch über die Herkunft und die Empfänger von rechtswidrig erlangten oder offenbarten Geschäftsgeheimnissen. Darüber hinaus bestehen bei unberechtigter Nutzung solcher Informationen Schadensersatzansprüche und weitgehende Ansprüche auf Vernichtung und Löschung der Inhalte.

Bestimmte Berufsgruppen wie z. B. Rechtsanwälte, Ärzte, Psychologen oder Steuerberater haben im Rahmen ihrer Tätigkeit beim Umgang mit Informationen und Daten die gesetzliche Schweigepflicht des § 203 StGB zu beachten. Diese schützt vor der Verletzung von Privatgeheimnissen und Informationen, die den persönlichen Lebens- und Geheimbereich einer Person betreffen und die dem Berufsträger im Rahmen seiner beruflichen Tätigkeit anvertraut oder sonst bekannt geworden sind. Wer gegen diese Vorschriften verstößt, macht sich strafbar und kann mit Freiheitsstrafe bis zu einem Jahr oder mit Geldstrafe bestraft werden.

Die größte Bedeutung im Geschäftsalltag haben Geheimhaltungsvereinbarungen im Zusammenhang mit vertraglichen Vereinbarungen. Hierzu zählen z. B. speziell abgeschlossene Non-Disclosure Agreements (NDA), die bestimmte Informationen ausdrücklich als vertraulich definieren und Sanktionen für den Fall der Offenlegung festlegen. Aber auch andere Verträge enthalten häufig entsprechende Klauseln über vertraulich zu behandelnde Daten. Bei Verstößen gegen diese Vereinbarungen drohen Unterlassungsansprüche und Vertragsstrafen.

> **Praxistipp: Checkliste für den Umgang mit NDA**
>
> Beim Überprüfen eines Non-Disclosure Agreements (NDA) sollten bestimmte Teile mit besonderer Aufmerksamkeit betrachtet werden, da sie rechtliche Risiken bergen können. Hier sind die wichtigsten zu prüfenden Bereiche:
>
> - Definition vertraulicher Informationen: Es ist wichtig, dass die Definition klar und präzise ist. Zu vage oder allumfassende Definitionen können schwer zu befolgen sein und unerwartete Einschränkungen mit sich bringen. Das wäre beispielsweise der Fall, wenn nicht genau definiert wird, welche Informationen genau in den Geheimhaltungsbereich fallen – und welche unbesorgt verwendet werden können.
> - Zeitraum der Vertraulichkeit: Die Dauer der Geheimhaltungspflicht muss realistisch und praktikabel sein. Unangemessen lange Zeiträume können unnötige Probleme schaffen. Je nach Sensibilität der übergebenen Informationen können sinnvolle Zeiträume von einigen Tagen bis hin zu 10 Jahren dauern. Wird beispielsweise nur eine Geheimhaltung bis zur Präsentation eines Produkts vereinbart, so macht es wenig Sinn, die dann ohnehin öffentlichen Informationen noch Jahre der Geheimhaltung zu unterwerfen.
> - Rückgabe oder Vernichtung von Informationen: Die Anforderungen für die Rückgabe oder Vernichtung von Materialien am Ende der Vereinbarung sollten klar und umsetzbar sein. So macht es zum Beispiel wenig Sinn, eine »Rückgabe« von digital übermittelten Informationen zu fordern.
> - Ausnahmen von der Vertraulichkeitspflicht: Es sollte genau geprüft werden, was als Ausnahme gilt, um sicherzustellen, dass diese Klauseln nicht zu einer unbeabsichtigten Offenlegung führen oder die Schutzmaßnahmen aushöhlen. So kann es erforderlich sein, auch geschützte Informationen im Rahmen von Gerichts- oder Strafverfahren herausgeben zu müssen. Dies muss auch in den Verträgen berücksichtigt werden.
> - Rechtliche Folgen bei Verletzung: Die Konsequenzen bei Verletzung des NDA sollten genau betrachtet werden, um sicherzustellen, dass diese angemessen und durchsetzbar sind.
> - Schadensersatz: Als Empfänger eines NDA möchte man Schadensersatzansprüche möglichst vermeiden, der Herausgebende möchte sie naturgemäß enthalten sehen. Hier wird man sich einigen müssen. In jedem Fall sollte klar bestimmt sein, wann diese Zahlungen ausgelöst werden.
> - Geltendes Recht und Gerichtsstand: Es muss klar sein, unter welchem Rechtssystem Streitigkeiten gelöst werden.

> Da NDAs rechtliche Dokumente sind, die ernsthafte Verpflichtungen und Konsequenzen mit sich bringen, ist es ratsam, sie im Zweifelsfall von einem Rechtsanwalt überprüfen zu lassen, insbesondere in Bereichen, die als rechtlich heikel gelten. Dies kann helfen, Risiken zu minimieren und sicherzustellen, dass die Vereinbarung für beide Parteien fair und durchsetzbar ist.

2.6.2 Konkrete Schutzmaßnahmen

Um die Geheimhaltung von Geschäftsgeheimnissen beim Einsatz von generativer künstlicher Intelligenz zu gewährleisten, sollten Unternehmen eine Reihe von präventiven Maßnahmen ergreifen, die sowohl technischer als auch organisatorischer Natur sind.

- Richtlinien und Schulungen: Unternehmen sollten klare Richtlinien für den Umgang mit vertraulichen Informationen erstellen und Mitarbeiter regelmäßig über die Bedeutung des Schutzes von Geschäftsgeheimnissen informieren sowie zum sicheren Umgang mit KI-Systemen schulen. Praktisch kann das zum Beispiel so aussehen, dass besonders sensible Informationen speziell zu kennzeichnen und nur einem vorab bestimmten Mitarbeiterkreis zugänglich sind.
- Datenzugriffsmanagement: Zugriffsrechte sollten streng kontrolliert werden, sodass nur autorisiertes Personal Zugriff auf sensible Daten hat. Prinzipien der geringsten Privilegien und rollenbasierte Zugriffskontrollen können hier helfen.
- Verschlüsselung: Sensible Daten sollten sowohl bei der Speicherung als auch bei der Übertragung verschlüsselt werden, um sie vor unbefugtem Zugriff zu schützen.
- Regelmäßige Sicherheitsaudits: Regelmäßige Überprüfungen und Audits der KI-Systeme und -Prozesse können Schwachstellen aufdecken und dazu beitragen, dass Sicherheitsmaßnahmen ständig aktualisiert und verbessert werden.
- Incident Response Plan: Ein Plan für den Umgang mit Datenverletzungen sollte erstellt werden, um sicherzustellen, dass das Unternehmen schnell und effektiv auf Sicherheitsvorfälle reagieren kann.
- Vertragsmanagement: Bei der Zusammenarbeit mit Drittanbietern oder Partnern sollten Verträge die Geheimhaltung von Geschäftsgeheimnissen sicherstellen und klare Bedingungen für den Umgang mit diesen Informationen und ihren Schutz festlegen.
- Nutzung von lokal betriebenen KI-Systemen: Nutzen Sie lokal auf Ihrer eigenen IT-Infrastruktur betriebene KI-Angebote, die eine Weitergabe von Daten ausschließen.

Durch die Kombination dieser Maßnahmen können Unternehmen einen robusten Schutz für ihre Geschäftsgeheimnisse aufbauen und gleichzeitig die Vorteile von KI-Technologien sicher nutzen. Es ist wichtig, dass diese Maßnahmen regelmäßig überprüft und an neue Bedrohungen und Technologien angepasst werden.

2.6.3 Mögliche Schadensszenarien

Wenn Geschäftsgeheimnisse ungeschützt in KI-Systeme eingespeist werden, sind Unternehmen vielfältigen Risiken ausgesetzt. Die Datensammlungen der Anbieter sind eine Black Box und es ist völlig unklar, wie die Informationen gespeichert bzw. verknüpft werden und wer darauf Zugriff hat. Zudem sind diverse Fälle bekannt, in denen einem der KI-Angebote durch raffinierte Abfragen oder Manipulationen auch vertrauliche Informationen entlockt werden konnten. Dazu gehören vertrauliche Telefonnummern, aber auch sensible Unternehmensinformationen.

Es ist daher nicht auszuschließen, dass Konkurrenten oder Datenhändler die eingegebenen Informationen nutzen, um sich Wettbewerbsvorteile zu verschaffen oder diese an Dritte zu verkaufen. Dies würde nicht nur den Verlust von exklusivem Wissen bedeuten, sondern könnte auch rechtliche Konsequenzen nach sich ziehen. Verstöße gegen Geheimnisschutzgesetze, Verträge oder Industriestandards können zu Schadensersatzforderungen und Gerichtsverfahren führen.

Auch der Verlust von Wettbewerbsvorteilen ist ein ernst zu nehmendes Risiko. Geschäftsgeheimnisse wie innovative Produktionsverfahren, Forschungsergebnisse oder strategische Pläne sind oft der Schlüssel zum Erfolg eines Unternehmens. Werden solche Informationen kompromittiert, kann dies die Marktposition des Unternehmens schwächen. Darüber hinaus kann sich der Vertrauensverlust von Kunden, Partnern und Investoren aufgrund von Reputationsschäden langfristig negativ auf das Geschäft auswirken.

> **Fallbeispiel: Ein Mitarbeiter macht einen schweren Fehler!**
> Im Frühjahr 2023 wurde der Fall eines großen IT-Konzerns bekannt, dessen Mitarbeiter versehentlich streng geheime Daten während der Nutzung von ChatGPT preisgegeben haben.[13] Infolgedessen sind vertrauliche Informationen wie Quellcode für neue Programme und interne Besprechungsnotizen nun offen verfügbar.

---

13 Weiterer Infos dazu bspw. unter *https://www.golem.de/news/kuenstliche-intelligenz-samsung-ingenieure-leaken-interne-daten-an-chatgpt-2304-173220.html*

> Hintergrund: Das Unternehmen erlaubte den Ingenieuren seiner Halbleiterabteilung, ChatGPT zur Lösung von Problemen in ihrem Quellcode zu verwenden. Dabei gaben die Mitarbeiter jedoch vertrauliche Daten ein. Innerhalb eines Monats kam es zu drei dokumentierten Vorfällen, bei denen Mitarbeiter über die Software sensible Informationen weitergaben. Da der Anbieter OpenAI Benutzereingaben speichert, um den Algorithmus von ChatGPT weiterzutrainieren, sind diese Geschäftsgeheimnisse nun effektiv im Besitz von OpenAI.
>
> Konkret bat ein Mitarbeiter in einem der bekannten Fälle die KI, Testabläufe zur Fehlererkennung in Chips zu optimieren – ein vertraulicher Vorgang, der jedoch erhebliche Zeit- und Kosteneinsparungen für Halbleiterunternehmen bedeuten kann. In einem anderen Fall verwendete ein Mitarbeiter ChatGPT, um Besprechungsnotizen in eine Präsentation umzuwandeln, deren Inhalte nicht für Dritte bestimmt waren.
>
> In der Folge warnte der Konzern seine Mitarbeiter vor den möglichen Gefahren der Preisgabe vertraulicher Informationen, da solche Daten auf den Servern von OpenAI gespeichert sind und nicht mehr zurückgeholt werden können.

Die finanziellen Kosten für die Behebung von Sicherheitsverletzungen können ebenfalls erheblich sein. Unternehmen müssen unter Umständen in die Rechtsverteidigung, in Sicherheitsverbesserungen und in Maßnahmen zur Datenwiederherstellung investieren. Darüber hinaus kann es zu Betriebsunterbrechungen kommen, die den normalen Geschäftsablauf stören und weitere Verluste nach sich ziehen.

Schließlich drohen Sanktionen durch die Datenschutzbehörden, wenn solche Vorfälle bekannt werden. Dazu gehören Bußgelder ebenso wie die Untersagung bestimmter Formen der Datenverarbeitung. Darüber hinaus drohen Schadensersatzforderungen von Betroffenen.

Angesichts dieser möglichen Konsequenzen ist es für Unternehmen unerlässlich, sorgfältige Sicherheitsüberlegungen anzustellen und robuste Maßnahmen zu implementieren, um den Schutz von Geschäftsgeheimnissen in KI-Systemen zu gewährleisten.

2.7 Haftung beim Einsatz von KI-Diensten

In diesem Abschnitt wagen wir einen genaueren Blick auf eines der wichtigsten Rechtsthemen, die Haftung. Mit detaillierten Ausführungen zeigen wir Ihnen die rechtlichen Zusammenhänge auf und wie Sie eine Haftung vermeiden können.

Wenn Sie Abschnitt 1.4 gelesen haben, sollten Sie bereits einen ersten Einblick in die Thematik der möglichen Haftungsszenarien erhalten haben. Da Ihnen im schlimmsten Fall empfindliche finanzielle Einbußen entstehen können, sollten Sie das Thema Haftung unbedingt ernst nehmen und frühzeitig mitdenken. Je früher Sie sich über mögliche Haftungsfälle Gedanken machen, umso besser können Sie diesen durch gezielte Maßnahmen entgegenwirken.

Im vorliegenden Kapitel unternehmen wir einen tieferen Einstieg in das Thema Haftung. Dabei liegt der Fokus auf Haftungsfällen, die entstehen können, wenn Sie KI in Ihrem Unternehmen bei der Leistungserbringung gegenüber Kunden und bei der Verrichtung unternehmensinterner Aufgaben einsetzen. Bitte seien Sie sich der Tatsache bewusst, dass die Möglichkeiten zivilrechtlicher Haftung mannigfaltig und komplex sind. Das vorliegende Kapitel erhebt daher – ebenso wenig wie das vorliegende Buch im Ganzen – nicht den Anspruch, Ihnen eine abschließende Absicherung zu liefern. Das Kapitel verfolgt jedoch das Ziel, Sie für typische Haftungsfallen zu sensibilisieren und Sie in die Lage zu versetzen, solche Risiken besser zu erkennen.

2.7.1 Wer kann haften?

Die wohl grundlegendste Frage im Bereich der Haftung ist: Wer haftet eigentlich für Schäden, die durch oder im Zusammenhang mit der Nutzung von KI entstehen? Diese Frage ist deshalb so elementar, weil ihre Beantwortung darüber entscheidet, ob Sie bzw. Ihr Unternehmen tatsächlich einem Haftungsrisiko ausgesetzt sind.

Juristische und natürliche Personen

In Abschnitt 2.2.3 haben wir Ihnen bereits den Unterschied zwischen natürlichen und juristischen Personen erläutert. Relevant wird es für Sie, wenn Sie selbst als natürliche (Privat-)Person haften oder Ihr Unternehmen, dessen Inhaber oder Anteilhaber Sie sind, in die Haftung gerät. Sind Sie als Einzelunternehmer tätig, so existiert keine juristische Person, die haften könnte. In diesem Fall haften Sie als natürliche Person mit Ihrem Privatvermögen. Anders wäre dies bei einer 1-Personen-Gesellschaft: Wenn Sie alleiniger Gesellschafter und Geschäftsführer einer GmbH sind, haftet die GmbH, sofern der Schaden durch eine Tätigkeit der GmbH verursacht wurde. Bei der GmbH handelt es sich zudem um eine Gesellschaftsform mit Haftungsbeschränkung. Das bedeutet, dass im Normalfall nur die Gesellschaft mit dem vorhandenen Gesellschaftsvermögen haftet. Ein Durchgriff auf das Privatvermögen der Gesellschafter ist nur in Ausnahmefällen, z. B. bei Steuerhinterziehung, möglich. Gleiches gilt für die UG, die häufig gewählt wird, um die für die GmbH-Gründung erforderliche Stammeinlage zu sparen.

> **Hintergrundwissen: Kapital- und Personengesellschaften**
>
> Bei der GmbH und der UG handelt es sich – ebenso wie bei der Aktiengesellschaft (AG) – um sogenannte Kapitalgesellschaften. Kapitalgesellschaften haften regelmäßig mit dem Gesellschaftsvermögen und erfordern daher bei Gründung den Nachweis eines Stammkapitals. Anders verhält es sich dagegen bei sogenannten Personengesellschaften – hier müssen die Gesellschafter regelmäßig mit ihrem Privatvermögen geradestehen. Beispiele für Personengesellschaften sind die Gesellschaft bürgerlichen Rechts (GbR), die Offene Handelsgesellschaft (OHG) und die Kommanditgesellschaft (KG).

Die Gründung einer Gesellschaft mit Haftungsbeschränkung kann daher auch eine Präventivmaßnahme in Bezug auf Haftungsrisiken darstellen. Dann droht im schlimmsten Fall »nur« die Insolvenz des Unternehmens. Natürlich sollte es so weit aber besser nicht kommen.

Geschäftsführerhaftung

Sind Sie Geschäftsführer oder Vorstandsmitglied, können Sie auch persönlich gegenüber der Gesellschaft haften, wenn Sie beim Einsatz von KI Ihre Sorgfaltspflichten verletzen. Das bedeutet, dass im Außenverhältnis zu Dritten zwar die Gesellschaft für entstehende Schäden haftet, diese aber beim Geschäftsführer Regress nehmen kann.

Nicht jedes Handeln eines Leitungsorgans, das einen Schaden verursacht, führt jedoch zu einer persönlichen Haftung. Die in § 93 Aktiengesetz (AktG) geregelte sogenannte Business Judgement Rule besagt, dass eine haftungsbegründende Pflichtverletzung dann nicht vorliegt, wenn der Vorstand bei einer unternehmerischen Entscheidung vernünftigerweise annehmen durfte, auf der Grundlage angemessener Information zum Wohle der Gesellschaft zu handeln. Die Business Judgement Rule gilt nicht nur für den Vorstand einer Aktiengesellschaft (AG), sondern auch für die Leitungsorgane anderer Kapitalgesellschaften, wie insbesondere der GmbH.

Für den Einsatz von KI im Unternehmen ist dies in zweierlei Hinsicht relevant. Zum einen sollten Sie sich die Frage stellen, ob die Entscheidung darüber, ob KI zum Einsatz kommen soll, für sich genommen bereits eine Pflichtverletzung darstellt, etwa, weil der gewählte KI-Dienst bereits dafür bekannt ist, dass er rechtsverletzende Inhalte produziert. Zum anderen sollten Sie sich Gedanken darüber machen, ob eine Haftung für unternehmerische Entscheidungen, die auf KI-generierten oder -aggregierten Informationen beruhen, zu einer Geschäftsführerhaftung führen kann.

Besonders spannend ist die Frage danach, ob Sie als Geschäftsführer unternehmerische Entscheidungen auf Ergebnisse generativer KI wie ChatGPT stützen dürfen.

Diese Frage wird insbesondere relevant mit Blick auf verschiedene auf LLMs basierenden Business-Intelligence-Lösungen, die aktuell auf den Markt strömen. Auch wenn sich diese Frage juristisch derzeit noch nicht abschließend beantworten lässt, sollten Sie sich auch hier an den allgemeinen Grundsätzen zur Business Judgement Rule orientieren. Insbesondere ist daher relevant, ob die von Ihnen genutzte KI im Übrigen als zuverlässig gilt. Im Idealfall ist die Verlässlichkeit bereits in der Praxis für Ihren speziellen Anwendungsfall oder ähnliche Einsatzszenarien erprobt worden. Ist die Verlässlichkeit nicht sicher abzuschätzen, sollten Sie KI-generierte Ergebnisse nur als Entscheidungsgrundlage heranziehen, wenn Sie diese durch Abgleich mit anderen Informationsquellen abgesichert oder anderweitig nach den Maßstäben der Business Judgement Rule überprüft haben. Ein Beispiel:

Fallbeispiel 01
Als Geschäftsführer planen Sie den Einsatz eines Custom GPTs, das Investitionsempfehlungen gibt. Zuvor war öffentlich bekannt geworden, dass das Sprachmodell immer wieder Investitionsempfehlungen gibt, die Finanzexperten als fragwürdig bewerten.

Hier dürften Sie nach der Business Judgement Rule gerade nicht die Empfehlungen der Software zur Grundlage Ihrer Entscheidungen machen.

Arbeitnehmerhaftung

Möglich ist auch, dass Arbeitnehmer unter Einsatz von KI Schäden verursachen. In diesem Fall können sowohl Sie bzw. Ihr Unternehmen als auch Ihr Mitarbeiter haften. In den meisten Fällen müssen Sie sich das Handeln Ihres Mitarbeiters zurechnen lassen, sodass Sie im Außenverhältnis zunächst gegenüber dem Geschädigten haften. Sie können aber häufig Regress bei Ihrem Mitarbeiter nehmen, je nachdem, welcher Verschuldensgrad vorliegt.

Im Arbeitsrecht hat das Bundesarbeitsgericht bereits in den 90er-Jahren im Bereich der Arbeitnehmerhaftung drei Stufen des Arbeitnehmerverschuldens in Abhängigkeit vom Grad der Fahrlässigkeit entwickelt, die Einfluss auf die Haftung des Arbeitnehmers haben: Bei leichter Fahrlässigkeit haftet nur der Arbeitgeber für vom Arbeitnehmer verursachte Schäden. Bei mittlerer Fahrlässigkeit wird der Schaden zwischen Arbeitnehmer und Arbeitgeber geteilt. Die quotale Verteilung hängt dabei davon verschiedenen Faktoren ab. Hierzu gehören insbesondere die Gefahrgeneigtheit der Tätigkeit, die Höhe des Schadens im Verhältnis zum Einkommen, die Kalkulierbarkeit des Schadenrisikos und das Vorverhalten des Arbeitnehmers. Bei grober Fahrlässigkeit und Vorsatz haftet der Arbeitnehmer stets zu 100 %.

> **Hintergrundwissen: Was ist Fahrlässigkeit?**
>
> In § 276 des Bürgerlichen Gesetzbuchs (BGB) wird Fahrlässigkeit definiert als die Außerachtlassung der im Verkehr erforderlichen Sorgfalt. Mit Verkehr ist hier nicht der Straßenverkehr gemeint, sondern das Leben im Allgemeinen. Es geht um das Vernachlässigen von Verhaltensweisen und Maßnahmen, die nach allgemeinen Standards und gesellschaftlichen Erwartungen notwendig sind, um Schäden oder Gefahren für andere zu vermeiden.
>
> Grobe Fahrlässigkeit wird definiert als die Außerachtlassung der erforderlichen Sorgfalt in besonders schwerem Maße und liegt daher bei besonders leichtfertigem Handeln vor. In diese Kategorie fallen regelmäßig Verhaltensweisen, die man als grob unvernünftig bezeichnen kann, wie etwa das Rauchen einer Zigarette beim Tankvorgang mit Kraftstoff.
>
> Hintergrund der Rechtsprechung zur Arbeitnehmerhaftung ist, dass das betriebstypische Risiko in erster Linie dem Arbeitgeber zugeordnet werden soll. Der Arbeitnehmer soll nicht dafür haften, dass sich ein Risiko verwirklicht, das darauf beruht, dass er auf Anweisung seines Arbeitgebers gehandelt hat.

Wird in Ihrem Unternehmen KI eingesetzt, stellt sich in diesem Kontext die Frage, welche Verhaltensweisen Sie berechtigterweise von Ihren Mitarbeitern erwarten können. Die Tatsache, dass die Ergebnisse von Sprachmodellen wie GPT-4 nicht immer korrekt sind, dürfen Sie unserer Ansicht nach (noch) nicht zwingend voraussetzen. Nicht jeder Mitarbeiter verfolgt die technischen Entwicklungen im Bereich KI und er unterliegt daher ggf. dem Irrglauben, dass Sprachmodelle fehlerfrei agieren. Hieraus folgt, dass Sie Ihre Mitarbeiter unbedingt zum Umgang mit (generativer) KI schulen sollten. Anders kann es aber bspw. liegen, wenn Ihr Kunde sich ausdrücklich damit einverstanden erklärt, dass er KI-generierte Inhalte oder Informationen von Ihnen erhält, die Fehler enthalten können.

Haftung des Unternehmens

Entsteht im Zusammenhang mit der Nutzung von KI bei Dritten ein Schaden, den Sie oder Ihr Mitarbeiter zu verantworten haben, haftet nach außen oftmals Ihr Unternehmen. Das liegt insbesondere daran, dass das deutsche Zivilrecht das Handeln von Arbeitnehmern dem Arbeitgeber zurechnet, wenn die Handlung im Rahmen der beruflichen Tätigkeit erfolgt. Insbesondere wenn Sie eine vertragliche Beziehung zu dem Dritten unterhalten, was insbesondere auf Ihre Kunden zutreffen wird, haftet Ihr Unternehmen zunächst für den Schaden. Haftet Ihr Arbeitnehmer nach den soeben beschriebenen Maßstäben auch oder sogar allein für den Schaden, können Sie sich aber im Innenverhältnis bei ihm schadlos halten.

Unterhalten Sie keine vertragliche Beziehung zu dem Geschädigten, so ist es möglich, dass Ihr Mitarbeiter direkt gegenüber diesem haftet.

Ob der Geschädigte einen Schadensersatzanspruch gegen Sie hat, hängt von verschiedenen Faktoren ab und erfordert häufig eine tiefer gehende juristische Prüfung. Sofern Ihr Unternehmen nicht über eine Rechtsabteilung verfügt, sollten Sie eine spezialisierte Rechtsanwaltskanzlei beauftragen, wenn Sie sich Schadensersatzansprüchen ausgesetzt sehen.

Haftung von Dienste-Anbietern

Auch die Frage, ob Anbieter von KI-Diensten für die durch einen Dienst verursachten Schäden einstehen müssen, gestaltet sich regelmäßig komplex und kann nicht pauschal beantwortet werden.

Eine entscheidende Weichenstellung hierbei dürfte das Leistungsversprechen des jeweiligen Anbieters sein. Garantiert er bestimmte Ergebnisse oder gar die Fehlerfreiheit dieser Ergebnisse, kann man daraus eine Haftung ableiten. Genau hierin liegt aber auch die Krux. Die meisten Anbieter von KI-Tools werden sich über Verträge und Nutzungsbedingungen entsprechend absichern, um eine Haftung von vornherein auszuschließen.

Nutzung unserer Dienste

Was Sie tun können. Unter der Voraussetzung, dass Sie diese Bedingungen einhalten, können Sie auf unsere Dienste zugreifen und sie nutzen. Bei der Nutzung unserer Dienste müssen Sie alle geltenden Gesetze sowie unsere Weitergabe- und Veröffentlichungsrichtlinien, Nutzungsrichtlinien und alle anderen Unterlagen, Leitfäden oder Richtlinien, die wir Ihnen mitteilen, einhalten.

Was Sie nicht tun dürfen. Sie dürfen unsere Dienste nicht für illegale, schädliche oder missbräuchliche Aktivitäten nutzen. Es ist Ihnen zum Beispiel untersagt:

- Unsere Dienste auf eine Art und Weise zu nutzen, die die Rechte anderer verletzt, missbraucht oder gegen sie verstößt.
- Unsere Dienste zu modifizieren, zu kopieren, zu vermieten, zu verkaufen oder zu vertreiben.
- Zu versuchen, den Quellcode oder die zugrundeliegenden Komponenten unserer Dienste, einschließlich unserer Modelle, Algorithmen oder Systeme, zurückzuentwickeln, zu dekompilieren oder herauszufinden, oder jemanden dabei zu unterstützen (es sei denn, diese Einschränkung ist durch geltendes Recht unzulässig).
- Automatisch oder programmgesteuert Daten oder Output (wie unten definiert) zu extrahieren.
- Zu behaupten, dass der Output von Menschen erstellt wurde, obwohl dies nicht der Fall ist.
- Unsere Dienste zu beeinträchtigen oder zu stören, einschließlich der Umgehung von Obergrenzen oder -beschränkungen oder der Umgehung von Schutzmaßnahmen oder Sicherheitsvorkehrungen, die wir für unsere Dienste vorgesehen haben.
- Output zur Entwicklung von Modelle zu verwenden, die mit OpenAI konkurrieren.

Abbildung 2.12 Auszug aus den Nutzungsbedingungen von ChatGPT

2.7 Haftung beim Einsatz von KI-Diensten

Ausschluss von Garantien

UNSERE DIENSTE WERDEN "WIE GESEHEN" ANGEBOTEN. SOFERN NICHT GESETZLICH VERBOTEN, ÜBERNEHMEN WIR UND UNSERE VERBUNDENEN UNTERNEHMEN UND LIZENZGEBER KEINE GARANTIEN (AUSDRÜCKLICH, STILLSCHWEIGEND, GESETZLICH ODER ANDERWEITIG) IN BEZUG AUF DIE DIENSTE UND LEHNEN ALLE GARANTIEN AB, EINSCHLIESSLICH, ABER NICHT BESCHRÄNKT AUF GARANTIEN DER MARKTGÄNGIGKEIT, DER EIGNUNG FÜR EINEN BESTIMMTEN ZWECK, DER ZUFRIEDENSTELLENDEN QUALITÄT, DER NICHTVERLETZUNG VON RECHTEN UND DER UNGESTÖRTEN NUTZUNG SOWIE GARANTIEN, DIE SICH AUS HANDELSBRAUCH ODER HANDELSGEWOHNHEITEN ERGEBEN. WIR GARANTIEREN NICHT, DASS DIE DIENSTE OHNE UNTERBRECHUNG ANGEBOTEN WERDEN, RICHTIG ODER FEHLERFREI SIND, ODER DASS DIE INHALTE SICHER SIND ODER NICHT VERLOREN GEHEN ODER VERÄNDERT WERDEN.

SIE AKZEPTIEREN UND ERKLÄREN SICH DAMIT EINVERSTANDEN, DASS DIE NUTZUNG DER OUTPUTS UNSERER DIENSTE AUF IHR EIGENES RISIKO ERFOLGT UND DASS SIE SICH NICHT AUF DIE OUTPUTS ALS ALLEINIGE QUELLE DER WAHRHEIT ODER FAKTISCHEN INFORMATIONEN ODER ALS ERSATZ FÜR EINE FACHLICHE BERATUNG VERLASSEN WERDEN.

Abbildung 2.13 Weiterer Auszug aus den Nutzungsbedingungen von ChatGPT – OpenAI sichert sich doppelt ab.

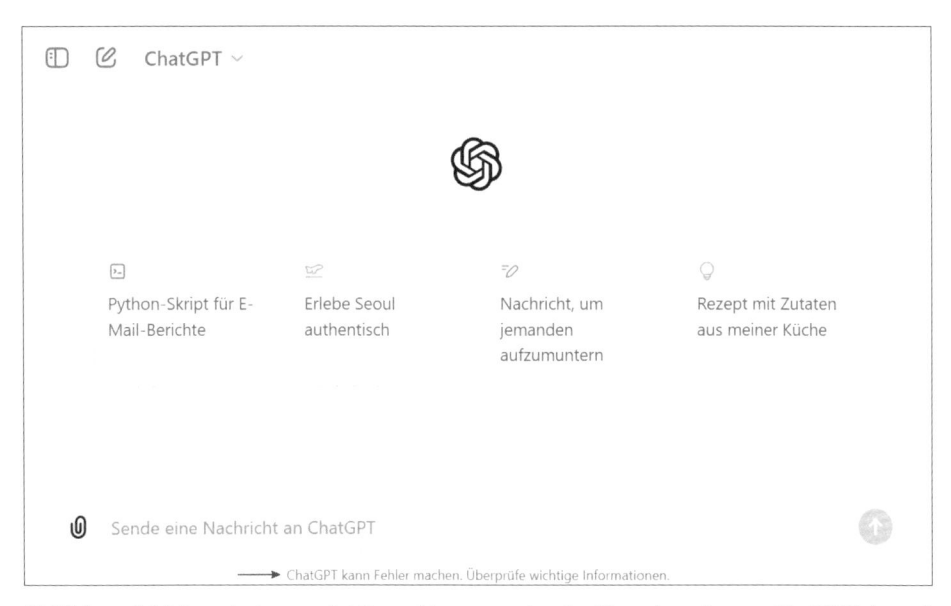

Abbildung 2.14 Inzwischen weist OpenAI sogar unter der Eingabezeile von ChatGPT darauf hin, dass ChatGPT-Ausgaben nicht fehlerfrei sind.

Sind Anbieter und Hersteller nicht identisch, unterhalten Sie in der Regel keine direkte vertragliche Beziehung zum Hersteller. In solchen Konstellationen kann mitunter ein Anspruch aus dem Produkthaftungsrecht gegenüber dem Hersteller entstehen. Das Produkthaftungsgesetz (ProdHaftG) findet jedoch nur dann Anwendung, wenn durch ein Produkt ein Mensch verletzt oder eine Sache beschädigt wird. Durch generative KI verursachte Schäden werden jedoch meist wirtschaftlicher Natur sein. Relevant wird die Produkthaftung daher eher bei intelligenten Geräten und autonomen Fahrzeugen. Zudem ist unter Juristen umstritten, ob Software als Produkt im Sinne des Produkthaftungsrechts gilt. Nach dem aktuellen Entwurf der KI-Haftungs-RL soll zukünftig aber klargestellt werden, dass auch Software und KI-Dienste umfasst sind.

Den Verantwortlichen identifizieren

Aber wer haftet denn nun, wenn ein Schaden entsteht? Dies lässt sich kurz mit einer altbekannten juristischen Binsenweisheit beantworten: Es kommt darauf an. Die präzise Beantwortung der Frage nach der haftenden Person kann nur einzelfallbezogen beantwortet werden und erfordert mitunter komplexe juristische Prüfungen. Zudem kann es – auch dadurch bedingt, dass das KI-Recht ein junger Rechtsbereich ist – vorkommen, dass die Frage nicht eindeutig beantwortet werden kann und im Zweifel von der Entscheidung des zuständigen Gerichts abhängt.

Es ist ebenso möglich, dass niemand in die Haftung gerät, wenn beim Einsatz von KI Schäden entstehen. Wenn weder dem Hersteller noch dem Anwender schuldhaftes Handeln vorgeworfen werden können, ist im Zweifel das Programm »schuld«. Ein Programm kann jedoch nicht juristisch haftbar gemacht werden, sondern nur natürliche und juristische Personen.

Grundsätzlich gilt im deutschen Rechtssystem – vereinfacht gesagt – das Prinzip, dass der Verursacher eines Schadens auch für selbigen haftet. Allerdings wird dieses Grundprinzip an vielen Stellen durch Ausnahmen und Modifikationen durchbrochen. Zudem kann schon die Frage nach dem Verursacher schwierig sein. Ist KI involviert, könnte neben dem Hersteller und Betreiber des jeweiligen Dienstes zum Beispiel ebenso gut der Nutzer des Dienstes als Verursacher angesehen werden.

> **Hintergrundwissen: Kausalität**
> Im deutschen Zivilrecht ist über viele Jahrzehnte durch Wissenschaft und Rechtsprechung eine komplexe Kausalitätslehre entwickelt worden. Die Kausalität dient dazu,

einen haftungsbegründenden Zusammenhang zwischen einer Handlung und einem daraus resultierenden Schaden herzustellen. Hier spielen drei Aspekte eine Rolle:

- Die Handlung darf nicht hinweggedacht werden können, ohne dass auch der Schaden entfiele (sog. Äquivalenz).
- Nur solche Handlungen, die dem Handelnden billigerweise zugerechnet werden können, da sie nach der allgemeinen Lebenserfahrung erwartet werden konnten (sog. Adäquanz).
- Im Schaden muss sich genau die Gefahr verwirklicht haben, vor der die jeweilige gesetzliche Haftungsnorm auch schützen soll (Schutzzweck der Norm).

Regressmöglichkeiten

Besonders relevant sind für Sie Fälle, in denen *Sie* sich einem Haftungsanspruch ausgesetzt sehen, den Dritte – insbesondere Kunden und Geschäftspartner – gegen Sie geltend machen. In diesem Fall sollten Sie oder Ihr Rechtsbeistand nicht lediglich prüfen, ob die geltend gemachten Ansprüche tatsächlich bestehen. Ebenso sollte geprüft werden, ob die Möglichkeit eines Regresses offensteht. Damit ist gemeint, dass Sie sich im Falle der Haftung Ihres Unternehmens bei einer dritten Person schadlos halten können, da Sie Ihrerseits einen Anspruch gegen diese Person haben. Hierfür kommen regelmäßig der KI-Dienstanbieter, handelnde Arbeitnehmer und Geschäftsführer in Betracht. Die Prüfung einer Regressmöglichkeit haben wir für Sie in Form eines Flowcharts in Abbildung 2.15 aufbereitet.

Praxistipp

Strukturiert vorgehen:

1. prüfen, welche Personen als Haftende in Frage kommen
2. prüfen, zu welchen Personen ein Vertragsverhältnis besteht
3. prüfen, ob die Haftung mehrerer Personen nebeneinander in Frage kommt
4. prüfen, ob Sie selbst haften können durch eigenes Verhalten oder durch Zurechnung
5. prüfen, ob eine Regressmöglichkeit besteht

Fragen Sie sich hierzu in einem ersten (gedanklichen) Schritt, welche Personen für den Schaden potenziell verantwortlich sein könnten. Hierzu ein Beispiel:

> **Fallbeispiel 02**
> Ihr Mitarbeiter ist mit der Erstellung einer Website für einen Kunden betraut. In diesem Rahmen lässt sich der betreffende Mitarbeiter von ChatGPT ein Impressum für die Kundenwebsite erstellen. Da ChatGPT ein unvollständiges Impressum erstellt, wird der Kunde abgemahnt, wodurch ihm Kosten entstehen. Der Kunde verlangt daraufhin, dass Sie ihm diesen finanziellen Schaden ersetzen.

In diesem Fall kommen zunächst (1) der Betreiber OpenAI, (2) Sie bzw. Ihr Unternehmen und (3) der handelnde Mitarbeiter als Haftende in Betracht.

Im zweiten Schritt prüfen Sie, ob und gegen welche dieser Beteiligten ein rechtlicher Haftungsanspruch besteht. Selbst wenn die KI bzw. ein Mitarbeiter den Schaden verursacht hat, werden Sie bzw. Ihr Unternehmen in der Regel zunächst im Außenverhältnis gegenüber dem Kunden haften. Es geht also meist um die Frage, ob Ihr Unternehmen bei einem anderen Haftenden Regress nehmen kann, nachdem es den Schaden beim Kunden ausgeglichen hat.

In unserem Fallbeispiel 02 wird eine Haftung von OpenAI wohl ausscheiden. Durch das Akzeptieren der Nutzungsbedingungen erklärt sich der Nutzer damit einverstanden, dass der Output generativer KI naturgemäß nicht immer zutreffend sein kann und man sich auf diesen nicht verlassen darf. Selbst wenn man einen Haftungsanspruch herleiten kann, wird sich die Rechtsdurchsetzung gegenüber dem in den USA ansässigen Unternehmen enorm schwierig gestalten.

Interessanter ist daher die Frage, ob Sie bzw. Ihr Unternehmen oder der handelnde Mitarbeiter für den entstandenen Schaden geradestehen muss. Dies entscheidet sich, wie ausgeführt, nach dem Grad der Fahrlässigkeit des handelnden Mitarbeiters.

Nehmen wir zudem hypothetisch an, dass OpenAI verspricht, dass ChatGPT immer korrekte Ergebnisse ausgibt. In diesem Fall dürften Sie einen Anspruch gegen OpenAI herleiten können. Denn ChatGPT wäre hinter diesem Leistungsversprechen zurückgeblieben und Ihnen wäre aus diesem Grund ein Schaden, nämlich die Einstandspflicht gegenüber Ihrem Kunden, entstanden. Dem Mitarbeiter kann in diesem hypothetischen Fall auch kein fahrlässiges Handeln unterstellt werden – er durfte sich darauf verlassen, dass ChatGPT korrekte Ergebnisse ausgibt.

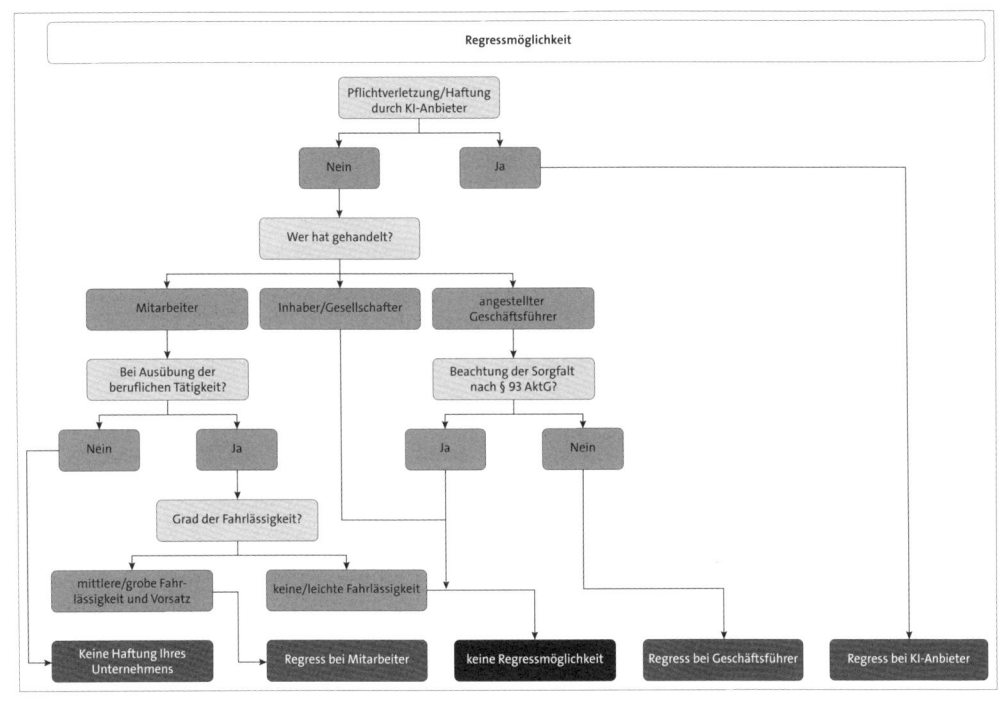

Abbildung 2.15 Wenn Sie sich einem Haftungsanspruch ausgesetzt sehen, sollten Sie prüfen, ob die Möglichkeit eines Regresses besteht.

2.7.2 Für was wird gehaftet?

Grundsätzlich existiert – wie auch sonst im Leben – eine potenziell unendliche Zahl von denkbaren Haftungsgründen im Zusammenhang mit der Nutzung von KI im Unternehmen. Wie auch bei anderen Technologien werden sich aber auch im Bereich der generativen KI mit der Zeit typische Haftungsszenarien herauskristallisieren, welche Rechtsanwälte und Gerichte häufiger beschäftigen werden. Welche dies sind, lässt sich derzeit noch nicht genau einschätzen. Es zeichnen sich jedoch einige haftungsträchtige Bereiche ab, die nachfolgend beleuchtet werden sollen.

Voraussetzung für eine Haftung ist jeweils, dass sich eine Haftung aus dem Gesetz herleiten lässt. Hier kann unterschieden werden zwischen der Haftung für Pflichtverletzungen gegenüber Vertragspartnern, der allgemeinen deliktischen Haftung gegenüber Dritten und der Haftung für spezielle Verstöße, etwa gegen das Datenschutz- oder Urheberrecht.

Insbesondere im Bereich der Haftung für Pflichtverletzungen braucht es im Kern drei Dinge: Zum einen muss ein schuldhaftes, also zum Beispiel fahrlässiges, Handeln vorliegen. Zweitens muss ein ersatzfähiger Schaden bei einer anderen Person eintreten. Und drittens muss der Eintritt dieses Schadens kausal auf das schuldhafte Handeln zurückzuführen sein.

Haftung für Fehler und unrichtige Informationen

Generative KI und insbesondere Sprachmodelle geben nicht immer korrekte Informationen aus. Daher ist es naheliegend, dass durch Fehler und unrichtige Informationen oder Bewertungen auch Schäden entstehen können.

Dies gilt vor allem dann, wenn generative KI im Rahmen der Leistungserbringung gegenüber Kunden oder bei der Zusammenarbeit mit anderen Unternehmen eingesetzt wird. Verdeutlicht haben wir dies bereits in Fallbeispiel 02, in dem ein Mitarbeiter ein Impressum durch ChatGPT erstellen lässt. Ein weiteres Beispiel:

> **Fallbeispiel 03**
>
> In Ihrem Unternehmen wird ein Sprachmodell eingesetzt, das durch entsprechendes Finetuning für die Erstellung von Werbetexten optimiert ist. Ein Mitarbeiter lässt von der KI einen Text für eine Online-Werbekampagne erstellen, der sodann veröffentlicht wird. Der KI-generierte Text enthält jedoch eine gegen das Wettbewerbsrecht verstoßende unzulässige Werbeaussage, weshalb Ihr Unternehmen von einem Mitbewerber auf Unterlassung in Anspruch genommen wird. Zudem verlangt der Mitbewerber die Erstattung ihm entstandener Rechtsanwaltskosten.

Wie in Fallbeispiel 02 wird man für den entstandenen Schaden nur schwerlich den Anbieter des Sprachmodells rechtlich zur Verantwortung ziehen können. Ob Sie sich in einem solchen Fall bei Ihrem Mitarbeiter schadlos halten können, steht ebenfalls zu bezweifeln, da diesem keine gesteigerte Fahrlässigkeit zur Last liegen dürfte.

Ebenso denkbar ist, dass dem eigenen Unternehmen unmittelbar ein Schaden entsteht, weil Sie oder ein Mitarbeiter sich auf die Ausgabe der KI verlassen haben. Auch hierzu ein Beispiel:

> **Fallbeispiel 04**
>
> In Ihrem Unternehmen wird ein Sprachmodell eingesetzt, das speziell dafür entwickelt wurde, auf Basis von Unternehmensdaten Geschäftsprognosen abzugeben. Das Modell sagt für das kommende Quartal steigende Absatzzahlen eines von Ihnen vertriebenen Produkts voraus, liegt mit dieser Prognose jedoch falsch. Da Sie sich aber auf die Prognose verlassen, wird eine große Menge des Produkts in Produktion gegeben, die jedoch keinen Absatz findet.

In einem solchen Fall geht es nicht um die Frage, ob Ihr Unternehmen Regress nehmen kann, sondern vielmehr darum, ob es einen eigenen unmittelbaren Schaden ersetzt verlangen kann. Die Bewertung ist jedoch sehr ähnlich. Gegenüber einem handelnden Mitarbeiter gelten dabei dieselben Grundsätze wie in den vorigen Fallbeispielen: Es kommt auf den Grad der Fahrlässigkeit an. Bei der Frage, ob der Anbieter des KI-Dienstes Ihren Schaden ersetzen muss, kommt es erneut entscheidend auf dessen Leistungsversprechen an.

Mangelgewährleistung und Produkthaftung

Wenn Sie den Unterabschnitt 2.7.1. aufmerksam gelesen haben, wissen Sie bereits, dass es bei der Mängelgewährleistung und der Produkthaftung um die Haftung von Herstellern und Anbietern geht. Die Haftung für Mängel an einem Produkt und ggf. daraus resultierende Folgeschäden betrifft in erster Linie Anbieter von KI-Produkten. Sind Anbieter und Hersteller nicht identisch, kann zusätzlich auch eine Produkthaftung des Herstellers in Frage kommen.

Nach deutschem Recht muss ein Unternehmen, das ein Produkt gegen Geld anbietet (»Anbieter«) für Mängel am Produkt einstehen. Dieses bereits sehr alte Prinzip gilt zunächst unabhängig davon, ob das Produkt aus eigener oder fremder Herstellung stammt. Der Jurist definiert den sog. Sachmangel als die Abweichung der Ist- von der Sollbeschaffenheit. Der Mangelbegriff spielt bei Kauf-, Miet- und Werkverträgen eine Rolle.

Wann ein Mangel im Rechtssinne vorliegt, hängt dabei von diversen Faktoren ab. Der entscheidendste Faktor ist die vertragliche Vereinbarung zwischen Anbieter und Kunden. Solche Vereinbarungen können entweder ausdrücklich oder implizit erfolgen. Verspricht der Anbieter eines KI-Assistenten bspw., dass der Assistent alle im System des Kunden vorhandenen Informationen stets berücksichtigt, muss er sich an dieses Versprechen halten. Lässt das Modell eine Informationsquelle – etwa aufgrund eines Programmierfehlers – außen vor, ist das Produkt mangelhaft. In Abwesenheit konkreter vertraglicher Abreden kann zudem die zu erwartende Beschaffenheit eines Produktes maßgeblich sein, etwa weil das Produkt für eine bestimmte Verwendung vorgesehen ist oder weil gleichartige Produkte üblicherweise eine bestimmte Beschaffenheit aufweisen.

Liegt ein Mangel vor, so folgt daraus für den Kunden eine ganze Palette an Rechten. Diese Rechte variieren je nachdem, ob es sich um einen Kauf-, Miet- oder Werkvertrag handelt. Allen Vertragsarten gemein ist, dass der Kunde in der Regel die Beseitigung des Mangels vom Anbieter verlangen kann. Leistet also ein KI-Tool nicht das, was vom Anbieter versprochen wurde, muss dieser auf eigene Kosten nachbessern. Darüber hinaus kann der Kunde unter Umständen auch Schadensersatz oder Preisminderung geltend machen.

Bei der Produkthaftung geht es im Gegensatz zur Mängelgewährleistung in erster Linie um Folgeschäden, die durch ein fehlerhaftes Produkt verursacht werden. Der Hersteller eines Produktes haftet nach dem deutschen Produkthaftungsgesetz (ProdHaftG) verschuldensunabhängig für durch fehlerhafte Produkte verursachte Schäden: Vorsatz oder Fahrlässigkeit sind also keine Haftungsvoraussetzung. Unternehmen, die ein Produkt in den Europäischen Wirtschaftsraum (EWR) importieren, werden dem Hersteller im Produkthaftungsrecht gleichgestellt, haften also als Hersteller. Allerdings beschränkt sich die Haftung auf Personen- und Sachschäden, die durch das fehlerhafte Produkt verursacht wurden. Reine Vermögensschäden sind dagegen nicht umfasst.

Gemäß § 3 ProdHaftG gilt ein Produkt als fehlerhaft, »wenn es nicht die Sicherheit bietet, die unter Berücksichtigung aller Umstände, insbesondere a) seiner Darbietung, b) des Gebrauchs, mit dem billigerweise gerechnet werden kann, c) des Zeitpunkts, in dem es in den Verkehr gebracht wurde, berechtigterweise erwartet werden kann«. Bis heute ist unter Juristen umstritten, ob Software unter den Produktbegriff im Rahmen der Produkthaftung fällt. Das ist für den Kontext dieses Buches deshalb wichtig, weil KI und KI-Dienste juristisch als Software einzuordnen sind. Insofern besteht hier (noch) Rechtsunsicherheit: Es ist schwer vorherzusagen, ob im Einzelfall der Hersteller eines KI-Modells nach dem Produkthaftungsgesetz haftet. Der europäische Gesetzgeber hat dieses Problem inzwischen erkannt. Bereits im Jahr 2022 ist durch einen entsprechenden Gesetzesentwurf die ausdrückliche Erweiterung der Produkthaftung auf Software angeschoben worden. Die finale Verabschiedung des Gesetzes steht derzeit kurz bevor. Zudem soll auch der Kreis der Haftenden erweitert werden: Neben Herstellern und EWR-Importeuren sollen zukünftig auch sog. Fulfilment-Dienstleister, Betreiber von Online-Marktplätzen und Einzelhändler im Rahmen der Produkthaftung herangezogen werden können.

Datenschutzverstöße

Bei Datenschutzverstößen drohen Unternehmen nicht nur empfindliche Geldbußen, sondern auch Schadensersatzforderungen von betroffenen Personen. Näheres zum Thema DSGVO-Bußgelder und Schadensersatzansprüche erfahren Sie in Abschnitt 2.4.4 und Abschnitt 2.4.5.

Gerade zu Beginn, als Dienste wie ChatGPT erstmals populär wurden, gingen Unternehmen ein hohes Datenschutzrisiko ein, wenn sie ihren Mitarbeitern die Nutzung solcher Dienste gestatteten. Denn anfangs war nicht klar, wie OpenAI mit eingegebenen Daten umgeht. Zudem hat OpenAI seinen Unternehmenssitz in den USA. Bei Nutzung des regulären Dienstes wäre in der Eingabe personenbezogener Daten daher ein Datenschutzverstoß zu erblicken gewesen.

Mittlerweile bietet OpenAI zumindest den Abschluss von Auftragsverarbeitungsverträgen an, um den Vorgaben der DSGVO in der Europäischen Union zu genügen.

Verletzung von Urheber- und Markenrechten

Zwar sind KI-generierte Inhalte nicht vom Schutz des Urheberrechts umfasst. Das bedeutet jedoch nicht, dass die Ergebnisse generativer KI nicht das Urheberrecht anderer verletzen können. Dort, wo KI-generierte Inhalte urheberrechtlich geschützten Werken zu sehr ähneln, liegt regelmäßig eine Urheberrechtsverletzung vor. Mehr hierüber können Sie in Abschnitt 1.2 erfahren.

Zudem kann nicht nur das Urheberrecht, sondern auch das Markenrecht, das ebenso dem Begriff des geistigen Eigentums unterfällt, verletzt werden. In den meisten Ländern der Erde existiert die Möglichkeit, Marken durch Eintragung in ein behördliches Register schützen zu lassen. So können einerseits Begriffe oder Begriffskombinationen wie etwa der Name eines Autoherstellers als sogenannte Wortmarke geschützt werden. Daneben können auch Grafiken und Logos als Bildmarke zur Anmeldung gebracht werden. Auch eine Kombination dieser beiden Markenarten in Form der sogenannten Wort-/Bildmarke ist möglich. Ähnelt das auf einer Prompt-Eingabe basierende Ergebnis einer eingetragenen Marke zu sehr, so kann bei entsprechender Verwendung dieses Ergebnisses eine Markenrechtsverletzung vorliegen. Voraussetzung ist, dass Sie das Zeichen »im geschäftlichen Verkehr« für eine Ware oder Dienstleistung verwenden, für welche die verletzte Marke eingetragen ist. Eine solche Verwendung liegt – vereinfacht gesagt – immer dann vor, wenn die Verwendung öffentlich stattfindet und Sie mit Gewinnerzielungsabsicht handeln. Typische Handlungen, die dieser Definition unterfallen, sind das Aufbringen des Zeichens auf einem Produkt sowie die Nutzung auf Websites, in Geschäftsunterlagen oder Werbematerialien.

> **Hintergrundwissen: Nutzungspflicht von Markeninhabern**
>
> Marken müssen immer für bestimmte Waren oder Dienstleistungen geschützt werden. Die Markeninhaber unterliegen zudem auch einer Benutzungspflicht, d. h., sie müssen die Marke im Zusammenhang mit den spezifischen im Markenregister hinterlegten Waren und/oder Dienstleistungen auch benutzen. Andernfalls können Dritte die Löschung dieser Waren/Dienstleistungen aus dem Register verlangen.

> Hintergrund ist die Überlegung des Gesetzgebers, dass Marken nicht einfach durch Eintragung blockiert werden können sollen, ohne dass sie tatsächlich Verwendung finden.

STAMMDATEN			
INID	Kriterium	Feld	Inhalt
	Datenbestand	DB	DE
111	Registernummer	RN	1053748
210	Altes Aktenzeichen	AKZ	C31718
540	Markendarstellung	MD	Coca-Cola light
550	Markenform	MF	Wort-/Bildmarke
551	Markenkategorie	MK	Individualmarke
220	Anmeldetag	AT	23.12.1982
442	Tag der Bekanntmachung	BT	31.05.1983
151	Tag der Eintragung im Register	ET	14.09.1983
156	Verlängerung der Schutzdauer	VBD	01.01.2023
730	Inhaber	INH	The Coca-Cola Company (n.d.Ges.d. Staates Delaware), Atlanta Ga., US
740	Vertreter	VTR	BARDEHLE PAGENBERG Partnerschaft mbB Patentanwälte, Rechtsanwälte, 81675 München, DE
750	Zustellanschrift	ZAN	BARDEHLE PAGENBERG Partnerschaft mbB Patentanwälte, Rechtsanwälte, Prinzregentenplatz 7, 81675 München
511	Klasse(n)	KL	32
531	Bildklasse(n)	WBK	27.05.09
	Aktenzustand	AST	Marke eingetragen
180	Schutzendedatum	VED	31.12.2032 ↗ Gebühren für Markenschutzrechte
450	Tag der Veröffentlichung	VT	31.10.1983
	Beginn Widerspruchsfrist	BWT	31.10.1983
	Ablauf Widerspruchsfrist	EWT	31.01.1984
510	Waren/Dienstleistungen	WDV	Klasse(n) 32: Alkoholfreie Getränke, einschließlich diätetische und/oder kalorienarme, alkoholfreie Getränke

Abbildung 2.16 Eintrag im öffentlichen Register des Deutschen Patent- und Markenamtes (DPMA) am Beispiel von Coca Cola

Nachfolgend ein Beispiel.

> **Fallbeispiel 05**
>
> Sie entscheiden sich, Ihren Mitarbeitern in der Marketingabteilung die Nutzung von Midjourney zu gestatten. Die Mitarbeiter sollen insbesondere digitales Marketingmaterial mithilfe der generativen Bild-KI erstellen können. Daraufhin wird durch einen Mitarbeiter im Rahmen einer groß angelegten Werbekampagne über eine Social-Media-Plattform eine Grafik veröffentlicht, die dem urheber- und markenrechtlich geschützten Logo eines großen Modeherstellers zum Verwechseln ähnlich ist. Ihr Unternehmen wird daraufhin von dem Modehersteller kostenpflichtig abgemahnt. In der Abmahnung verlangt der Hersteller die Unterlassung der Logonutzung, die Erstattung ihm entstandener Rechtsanwaltskosten sowie Schadensersatz.

2.7.3 Wie wird gehaftet?

Der Begriff der Haftung ist nicht klar definiert und kann je nach Kontext verschiedene Dinge meinen. Ganz allgemein gesprochen geht es beim Thema Haftung darum, dass die haftende Person bzw. das haftende Unternehmen für etwas einstehen muss. Wenn wir in diesem Buch über das Thema Haftung schreiben, so ist damit in erster Linie die zivilrechtliche Haftung gemeint. Wenn Sie zivilrechtlich haften, kann eine andere juristische oder natürliche Person rechtliche Ansprüche gegen Sie geltend machen, z. B. Schadensersatz- oder Unterlassungsansprüche.

Schadensersatz

Da finanziellen Schäden aus Sicht von Unternehmen meist die größte Bedeutung zukommen, beginnen wir mit dem Thema Schadensersatz. Im deutschen Zivilrecht gilt wie in den meisten Jurisdiktionen der Grundsatz, dass Schäden, die schuldhaft von einer Person verursacht werden, auch von dieser ausgeglichen werden müssen. Im besten Fall soll der Zustand hergestellt werden, der vor dem schädigenden Ereignis bzw. der schädigenden Handlung bestand.

Juristen unterscheiden die verschiedenen Arten von Schadensersatz meist nach dem Grund und dem Kontext des entstandenen Schadens. Für die Zwecke dieses Buches sollen diese Kriterien aber nicht streng dogmatisch dargestellt werden, sondern möglichst verständlich und orientiert an ihren Auswirkungen auf Unternehmen.

Für das Thema Schadensersatz ist zunächst relevant, ob Geschädigter und Schädiger vertraglich miteinander verbunden sind. Besteht ein Vertrag, der die Erbringung von Leistungen zum Inhalt hat, so kann Schadensersatz zunächst in Bezug auf diese Leistung verlangt werden. Ein Beispiel:

> **Fallbeispiel 06**
>
> Eine Webagentur verpflichtet sich vertraglich gegenüber einem Kunden, für diesen einen individuell gestalteten Online-Shop zu erstellen. In dem Vertrag findet sich auch eine Klausel zum Urheberrecht, wonach dem Kunden exklusive Nutzungsrechte an dem Quellcode und dem Layout der Website eingeräumt werden sollen. Hierfür soll der Kunde im Voraus eine pauschale Vergütung an die Agentur zahlen. Nach Fertigstellung und Übergabe der Website stellt sich heraus, dass die Agentur einen Großteil der Website durch generative KI erstellen ließ und daher die Einräumung exklusiver Nutzungsrechte unmöglich ist (mehr zum Thema Urheberrecht und KI-Output lesen Sie in Abschnitt 1.2). Zudem fällt dem Kunden nach einigen Wochen aktiver Nutzung auf, dass einige Bestellungen aufgrund eines Programmierfehlers nicht zu ihm gelangen konnten.

Grundsätzlich hat das beauftragende Unternehmen die Möglichkeit, von der Agentur zu verlangen, dass diese die Website noch einmal ohne die Verwendung von generativer KI erstellt und sodann die Nutzungsrechte daran einräumt. Nehmen wir aber an, dass die Agentur aus Fallbeispiel 06 sich dazu nicht in der Lage sieht oder sich schlicht weigert, dies zu tun. In diesem Fall kann das beauftragende Unternehmen Schadensersatzansprüche geltend machen. Der Jurist spricht dann vom sogenannten »Schadensersatz statt der Leistung«, da der Geschädigte anstatt der eigentlich geschuldeten Leistung Geldersatz erhält. Zum einen kann der Kunde die an die Agentur gezahlte Vergütung ganz oder zumindest teilweise zurückverlangen. Es ist aber auch möglich, dass dem Unternehmen darüber hinausgehende Schäden entstanden sind. Stellt sich bspw. heraus, dass die Neuerstellung einer gleichwertigen Website durch eine andere Agentur nur zu einem deutlich höheren Preis möglich ist, müsste die ursprünglich beauftragte Agentur dieses Delta ausgleichen. Der Kunde soll so gestellt werden, als wenn die Agentur den Vertrag vereinbarungsgemäß erfüllt hätte.

Im Hinblick auf den Programmierfehler ist dem Kunden zudem ein weiterer Schaden in Form des sog. entgangenen Gewinns entstanden. Hätte der Online-Shop ordnungsgemäß funktioniert, hätte der Kunde Gewinne durch die zusätzlichen Verkäufe realisieren können, die ihm aufgrund des Programmierfehlers entgangen sind. Diese muss die Agentur ebenfalls ersetzen. Die Krux am entgangenen Gewinn ist aber häufig der Nachweis des Schadens. § 252 BGB definiert entgangenen Gewinn als den Gewinn, der nach dem gewöhnlichen Lauf der Dinge oder nach den besonderen Umständen, insbesondere nach den getroffenen Anstalten und Vorkehrungen, mit Wahrscheinlichkeit erwartet werden konnte. Es geht also um einen hypothetischen Verlauf der Dinge. Da niemand sicher sagen kann, wie sich die Dinge tatsächlich entwickelt haben, geht es um Wahrscheinlichkeiten. Dadurch kommt den Gerichten, die über derartige Fälle zu entscheiden haben, letzten Endes ein gewisser Entscheidungsspielraum zu. Hilfreich kann es in einem solchen Fall sein, genaue Umsatz- und Gewinnzahlen für die Zeit vor und nach dem schädigenden Ereignis vorzulegen. Die Diskrepanz zwischen den beiden Zeitpunkten bietet dann bereits ein starkes Indiz für den kausal verursachten Schaden in Form des entgangenen Gewinns.

Eine weitere Form des Schadensersatzes ist der Ersatz von vergeblichen Aufwendungen. Um dies zu erläutern, modifizieren wir Fallbeispiel 06 wie folgt: Aufgrund diverser Fehler, die auf die Nutzung generativer KI beim Coding der Website zurückzuführen sind, ist der Webshop nicht nutzbar. Der Kunde hatte jedoch kurz vor dessen Fertigstellung verschiedene kostenpflichtige Abonnements für Zahlungsdienste und Shop-Plug-ins abgeschlossen, die nun für ihn keinen Wert mehr haben. In diesem Fall wäre die Agentur verpflichtet, auch diesen Schaden in Form der Abonnementkosten auszugleichen.

Zuletzt spielt auch der sog. immaterielle Schaden – umgangssprachlich meist »Schmerzensgeld« genannt – eine Rolle. Vor allem bei Datenschutz- und Persönlichkeitsrechtsverletzungen fordern Betroffene häufig Schadensersatz für immaterielle Schäden. Im Datenschutz soll bspw. der durch eine Datenschutzverletzung erlittene Schaden in Form des Kontrollverlusts ausgeglichen werden. Mehr über Schadensersatzansprüche aufgrund von Datenschutzverletzungen lesen Sie in Abschnitt 2.4.5.

Unterlassungsansprüche

Haftungsfälle münden nicht immer in Geldforderungen. Es kann auch vorkommen, dass man sich Unterlassungsansprüchen des Geschädigten ausgesetzt sieht. Bei Unterlassungssprüchen geht es darum, dass der Schädiger ein bestimmtes Verhalten zukünftig unterlassen soll – meist aus dem Grund, dass es bereits zu diesem Verhalten und damit ggf. auch einem Schaden gekommen ist.

> **Hintergrundwissen: Erstbegehungs- und Wiederholungsgefahr**
>
> Für das Vorliegen eines (gerichtlich) durchsetzbaren Unterlassungsanspruchs muss eine sog. Erstbegehungs- oder Wiederholungsgefahr vorliegen. Es müssen also objektive Anhaltspunkte dafür vorliegen, dass das zu unterlassende Verhalten zukünftig erstmalig oder noch einmal stattfindet. In der Praxis hat vor allem die Wiederholungsgefahr große Bedeutung. Juristen sprechen dann davon, dass die Wiederholungsgefahr in der Regel durch die Erstbegehung indiziert wird. Anders formuliert: Wenn ein bestimmtes Verhalten einmal vorgekommen ist, ist davon auszugehen, dass sich dies wiederholt.

Unterlassungsansprüche werden außergerichtlich meist mit einer Abmahnung geltend gemacht. Bei einer Abmahnung handelt es sich um ein Schreiben – häufig verfasst von einem Rechtsanwalt im Auftrag eines Mandanten –, mit dem vom Schädiger die zukünftige Unterlassung eines bestimmten Verhaltens und zusätzlich die Abgabe einer strafbewehrten Unterlassungserklärung begehrt werden. Besteht der geltend gemachte Unterlassungsanspruch tatsächlich, so kann der Abgemahnte eine Unterlassungsklage des Abmahnenden nur durch die Abgabe einer strafbewehrten Unterlassungserklärung vermeiden.

Obwohl es bei der Unterlassung nicht in erster Linie um Geld geht, geht doch meist eine Geldforderung damit einher. Denn Abmahnungen werden meist durch Rechtsanwälte ausgesprochen und Rechtsanwälte kosten Geld. Besteht der geltend gemachte Unterlassungsanspruch, so kann der Abmahnende die Erstattung des Honorars für den von ihm beauftragten Rechtsanwalt vom Abgemahnten verlangen. Je nach Fallgestaltung und Art der Rechtsverletzung können dies einige Hundert oder auch einige Tausend Euro sein. Die höchsten Kosten entstehen dabei regelmäßig bei Markenrechtsverletzungen. Aber auch Urheberrechtsverletzungen können je nach Art und Umfang zu hohen Rechtsanwaltskosten führen. Im Bereich von Datenschutzverletzungen sind die Gebühren meist geringer. Zudem ist unter Juristen umstritten, ob Datenschutzverletzungen überhaupt Unterlassungsansprüche auslösen können.

> **Hintergrundwissen**
>
> Die Höhe des Rechtsanwaltshonorars bemisst sich – sofern nicht eine Vergütung nach Stundensatz erfolgt – in der Regel nach dem sog. Streit- bzw. Gegenstandswert. Beträgt der Streitwert z. B. 5.000 Euro, erhält ein Rechtsanwalt nach dem Rechtsanwaltsvergütungsgesetz (RVG) für die außergerichtliche Vertretung rund 450 Euro zzgl. Umsatzsteuer. Bei 10.000 Euro wären es rund 800 Euro Netto-Honorar und bei einem Wert von 20.000 Euro wären es knapp 1.100 Euro, da die Gebührentabellen degressiv aufgebaut sind.
>
> Der Streit- und Gegenstandswert ist bei Geldforderungen einfach zu bestimmen: Lässt sich etwa der Schaden auf 10.000 Euro beziffern und wird auch dieser Betrag gefordert, so beträgt der Streit- und Gegenstandswert ebenfalls 10.000 Euro. Weniger einfach zu bestimmen ist dieser Wert allerdings bei Unterlassungsansprüchen. Hier wird ein fiktiver Euro-Betrag festgelegt, der auf der Rechtsprechung der Gerichte basiert. Für Markenrechtsverletzungen z. B. werden regelmäßig Werte zwischen 50.000 und 500.000 Euro von den Gerichten festgelegt, während es im Urheberrecht schon ab etwa 3.000 Euro losgeht.

Zur plastischen Darstellung von Unterlassungsansprüchen greifen wir unser Fallbeispiel 05 noch einmal auf. Dort hat das abmahnende Unternehmen Unterlassungsansprüche aufgrund einer Marken- und Urheberrechtsverletzung geltend gemacht. Sind die Ansprüche berechtigt, sollten Sie die geforderte strafbewehrte Unterlassungserklärung abgeben – ansonsten droht eine Klage, die weitere Kosten verursacht. Eine der Abmahnung beigefügte vorformulierte Unterlassungserklärung sollten Sie nicht unterschreiben. Diese ist meist besonders vorteilhaft für den Abmahnenden formuliert und geht über das hinaus, zu dem Sie rechtlich verpflichtet sind. Besser ist es daher, einen spezialisierten Rechtsanwalt mit der Formulierung der Unterlassungserklärung zu betrauen.

Auch die geforderten Rechtsanwaltskosten müssen Sie in einem solchen Fall erstatten. In manchen Fällen können Sie über einen außergerichtlichen Vergleich erreichen, dass die zu zahlende Summe geringer ausfällt als zunächst gefordert. Dafür ist es hilfreich, wenn sich rechtliche Argumente gegen das Bestehen der geltend gemachten Ansprüche vortragen lassen, z. B. aufgrund von Formfehlern der Abmahnung.

2.7.4 Wie können Haftungsrisiken minimiert werden?

Wenn Sie die vorangegangenen Unterkapitel aufmerksam gelesen haben, sollten Sie einen guten Überblick über mögliche Haftungsrisiken beim Einsatz generativer KI haben. Im besten Fall sorgt man jedoch vor und verhindert von vornherein, dass sich diese Risiken realisieren und es zu einem Schaden kommt. In diesem Abschnitt zeigen wir Ihnen daher Maßnahmen auf, welche der Minimierung der aufgezeigten Risiken dienen. Bitte seien Sie sich aber bewusst, dass sich rechtliche Risiken nie ganz ausmerzen, sondern lediglich mindern lassen. Zudem erheben die nachfolgend aufgeführten Maßnahmen keinen Anspruch auf Vollständigkeit.

Awareness und Schulungen

Das vielleicht wichtigste Instrument zur Minderung von Haftungsrisiken beim Einsatz von KI ist die Schulung und Aufklärung Ihrer Mitarbeiter, die mit KI umgehen bzw. KI-Tools einsetzen. Die Mitarbeiter Ihres Unternehmens müssen die bestehenden Risiken kennen und verstehen, damit sie in der Lage sind, Fehler und daraus resultierende Schäden zu vermeiden.

Da die technische Entwicklung rasend schnell voranschreitet, bietet es sich an – neben einer größeren initialen Schulung –, regelmäßig stattfindende Schulungen durchzuführen. Denn mit der technischen Fort- und Weiterentwicklung verändert sich oftmals auch die juristische Bewertung oder es entstehen gänzlich neue Risiken.

Wenn Sie Ihre Mitarbeiter im Umgang mit KI schulen möchten, bietet es sich an, sowohl die technische als auch die juristische Seite zu beleuchten. Denn oftmals ist es eine Kombination aus Kenntnissen in beiden Bereichen, die es Ihrem Unternehmen ermöglicht, bestehende Risiken zu umschiffen. Kennt sich Ihre Belegschaft bestens im Umgang mit einem eingesetzten KI-Tool aus, weiß aber nicht um die juristischen Stolperfallen, sind Haftungsfälle vorprogrammiert. Andersherum werden Ihre Mitarbeiter bestimmte juristische Herausforderungen nur verstehen, wenn sie die Funktionsweise generativer KI zumindest in den Grundzügen nachvollziehen können.

Gerade im Bereich Datenschutz und Geheimnisschutz geht es oftmals darum, die Mitarbeiter zunächst einmal für diese Themen zu sensibilisieren und ein Problembewusstsein zu schaffen. Die Vermittlung von Grundwissen – etwa darüber, was personenbezogene Daten sind und dass deren Verarbeitung eine Rechtsgrundlage erfordert – kann hierbei bereits einen großen Effekt haben. Dies wird im besten Fall dazu führen, dass der betreffende Mitarbeiter sein Handeln hinterfragt und sich weiteren Rat dazu einholt, wenn er unsicher ist, ob er Gefahr läuft, etwas falsch zu machen.

Die grundlegende technische Funktionsweise generativer KI sollte ebenfalls vermittelt werden. Ein Mitarbeiter, der das Problem des Black-Box-Effekts großer kommerzieller Sprachmodelle verstanden hat, wird eher verantwortungsvoll mit sensiblen Daten umgehen als jemand, dem die Eingabe sensibler Daten schlicht verboten wird.

Planen und Compliance-Maßnahmen implementieren

Mindestens genauso wichtig ist die Planung der Einführung von KI im Unternehmen sowie das Implementieren von Sicherheits- und Compliance-Maßnahmen. Sie sollten daher einen ausreichend bemessenen Zeitraum für eine Planungsphase vor der Einführung von KI reservieren. Die neuen KI-Tools sollten erst nach dieser Phase für Ihre Mitarbeiter verfügbar gemacht werden. Im besten Fall haben Ihre Mitarbeiter zu diesem Zeitpunkt auch schon die zuvor beschriebene initiale Schulung absolviert.

Bei der Auswahl technischer und organisatorischer Maßnahmen sollten Sie zum Beispiel den Daten- und Geheimnisschutz, aber auch problematische Aspekte aus dem Urheberrecht von vornherein mitdenken. Da die rechtlichen Risiken sich je nach Zielsetzung und Einsatzszenario unterscheiden können, sollten Sie neben den allgemein bestehenden Risiken auch die einsatzspezifischen Gefahren herausarbeiten.

In der Planungsphase sollten Sie sich als Erstes fragen, mit welcher Art von KI bzw. welchem KI-Tool sich Ihre Ziele am besten erreichen lassen. Stehen mehrere Lösungen zur Auswahl oder bestehen verschiedene Möglichkeiten, den ausgewählten Dienst zu implementieren, sollten Sie natürlich die risikoärmste Variante wählen. Zum Beispiel wäre eine On-Premise-Variante eines Sprachmodells, bei der die eingegebenen Daten Ihr Unternehmen nicht verlassen, einem öffentlichen Dienst mit Black-Box-Problematik vorzuziehen.

Zudem sollten Sie auf juristischer Ebene für die notwendigen Grundlagen eines rechtskonformen Betriebs sorgen, etwa indem Sie ordnungsgemäße Auftragsverarbeitungsverträge (siehe hierzu Abschnitt 2.4.2) mit Anbietern von KI-Tools schließen.

Im Anschluss sollten Sie sich vor allem auf Maßnahmen konzentrieren, die ohne großen Aufwand umgesetzt werden können und die wirksam verhindern, dass Ihre Mitarbeiter Schäden verursachen oder gegen geltendes Recht verstoßen können.

Einführung von Unternehmensrichtlinien

Ein weiteres probates Mittel zur Eindämmung von Risiken, die beim Umgang mit generativer KI im Unternehmen entstehen, ist die Ausarbeitung und Erstellung von KI-

Richtlinien. Dabei handelt es sich um ein für alle Mitarbeiter bindendes unternehmensinternes Regelwerk, das Bestimmungen zum Umgang mit KI enthält. Damit lassen sich grundlegende Spielregeln festhalten, bei deren Befolgung zumindest absehbare Fehler vermieden werden können. Mehr über unternehmensinterne KI-Richtlinien erfahren Sie in Abschnitt 2.8.

Vertragliche Abreden

Wenn Sie generative KI im Rahmen der Leistungserbringung gegenüber Kunden oder bei der Zusammenarbeit mit Kooperationspartnern einsetzen, haben Sie zudem die Möglichkeit, sich zusätzlich über vertragliche Abreden abzusichern. Allerdings ist hierbei juristisches Fingerspitzengefühl gefragt, da Haftungsausschlüsse häufig Gefahr laufen, unwirksam zu sein. Die geltenden Gesetze geben in vielen Bereichen vor, dass die Haftung nicht oder nur zum Teil vertraglich ausgeschlossen werden kann.

Die juristische Trickkiste bietet jedoch mehr als nur schnöde Haftungsausschlüsse. Besonders wirksam können auch klare Leistungsabreden mit dem Vertragspartner sein. Damit ist gemeint, dass Sie bspw. mit Ihrem Kunden ausdrücklich vereinbaren, dass im Rahmen der Leistungserbringung KI zum Einsatz kommt. Noch besser ist es, wenn Sie die zum Einsatz kommenden Modelle bzw. Tools konkret benennen. Dann ist zwischen den Vertragsparteien klar, dass KI zum Einsatz kommt und kommen darf. Der Kunde kann sich im Schadensfall nicht darauf stützen, dass er nichts von dem Einsatz von KI wusste und der Schaden ohne deren Einsatz nicht eingetreten wäre.

Zusätzlich könnte etwa vereinbart werden, dass KI-generierte Ergebnisse durch den Leistungserbringer nicht oder nur stichprobenartig geprüft werden und der Kunde akzeptiert, dass die Leistungsergebnisse, die er erhält, nicht fehlerfrei sind. Hier ist jedoch in mehrfacher Hinsicht Vorsicht geboten. Zum einen darf eine solche Klausel nicht die andernorts geregelte Hauptleistungspflicht ad absurdum führen. Sind mit dem Kunden Leistungsergebnisse von bestimmter Qualität und eine an dieser Qualität ausgerichtete Vergütung vereinbart, können Sie in der Regel nicht gleichzeitig im Vertrag aufnehmen, dass der Kunde Fehler akzeptieren muss. Zwischen den Parteien muss unmissverständlich klar sein, dass der Kunde ungeprüfte KI-generierte Inhalte erhält.

Besonders strengen Maßstäben unterliegen derartige Leistungsabreden, wenn Sie Standardverträge verwenden oder entsprechende Klauseln in Ihre AGB implementieren. Im deutschen Recht gelten nahezu alle Vertragswerke, die mehrfach Verwendung finden, als Allgemeine Geschäftsbedingungen und unterliegen damit besonderen Regeln. Neben diversen spezifischen Regelungsverboten sieht das AGB-Recht insbesondere vor, dass der Vertragspartner durch die Klauseln nicht unangemessen benachteiligt werden darf. Wann eine solche unangemessene Benachteiligung vorliegt, unterliegt einer Abwägung im Einzelfall.

Im Ergebnis bieten vertragliche Abreden daher zwar ein wirksames juristisches Mittel, um Haftungsrisiken einzudämmen. Jedoch sollen derlei Vertragsklauseln von darauf spezialisierten Juristen formuliert werden. So kann vermieden werden, dass vermeintlich haftungsausschließende Klauseln Sie in Sicherheit wiegen, während sie in Wirklichkeit unwirksam sind.

> **Checkliste: Haftungsrisiken minimieren**
> - Planen Sie frühzeitig und führen Sie KI nicht »von heute auf morgen« in Ihrem Unternehmen ein. Denken Sie Compliance-Themen von Anfang an mit.
> - Schaffen Sie bei Ihren Mitarbeitern ein Grundverständnis für die bestehenden Risiken und steigern Sie das Wissen durch regelmäßige Schulungen.
> - Regeln Sie mithilfe einer unternehmensinternen KI-Richtlinie verbindlich den Umgang mit KI für Ihre Mitarbeitenden.
> - Prüfen Sie Ihre Verträge mit Kunden und anderen Geschäftspartnern und passen Sie diese nötigenfalls im Hinblick auf die Nutzung von KI an.

2.7.5 Ausblick: Haftungsrichtlinie der EU

In den vorigen Abschnitten haben wir Ihnen die aktuelle Rechtslage in puncto Haftung und Haftungsrisiken aufgezeigt. Die Rechtslage kann sich jedoch zukünftig durch neue Gesetze und sich ändernde Rechtsprechung verändern. Insbesondere die Gesetzeslage wird sich voraussichtlich bald ändern, da der europäische Gesetzgeber schon seit einiger Zeit verschiedene Gesetze zur Regulierung von KI und auch speziell KI-Haftung in der Mache hat.

Mit der KI-Haftungs-Richtlinie soll zukünftig insbesondere sog. Hochrisiko-KI (mehr zu diesem Begriff lesen Sie in Abschnitt 5.1 über den AI Act) reguliert werden.

Nach dem Gesetzesentwurf können nicht nur Anbieter von KI, sondern auch kommerzielle Nutzer haften. Damit könnte auch Ihr Unternehmen nach den neuen Regeln haften. Diese betreffen aber – im Gegensatz zur Produkthaftung – nur die verschuldensabhängige Haftung. Es muss dem Anbieter oder Nutzer also ein Verschulden in Form von Vorsatz oder Fahrlässigkeit nachgewiesen werden können.

Anbieter im Sinne der Richtlinie sind Unternehmen, die KI-Modelle selbst entwickeln, sowie Unternehmen, die Modelle mit dem Ziel der Markteinführung entwickeln lassen.

Um die Geltendmachung von Schäden zu erleichtern, sieht der Gesetzesentwurf unter anderem vor, dass Anbieter und Nutzer von Hochrisiko-KI auf Antrag Beweismittel offenlegen müssen. Beweismittel, auf die nur der Anbieter oder Nutzer Zugriff hat, sollen dem Geschädigten zur Durchsetzung seiner Ansprüche zur Verfügung stehen. Dies soll dem sog. Black-Box-Effekt entgegenwirken.

Zudem soll nach dem Entwurf zukünftig eine Vermutung dafür bestehen, dass zwischen einem Verschulden des Anbieters bzw. Nutzers und dem eingetretenen Schaden ein kausaler Zusammenhang besteht – dies muss also nicht wie sonst durch den Anspruchsteller bewiesen werden. Diese Vermutung kann sogar bei KI gelten, die nicht als Hochrisiko-KI einzustufen ist.

2.8 Lieber nicht ohne: KI-Unternehmensrichtlinie

KI-Richtlinien regeln die Grundsätze der Nutzung von ChatGPT & Co im Unternehmen. Dabei sollen sie den Mitarbeitern gleichzeitig rechtliche und technische Leitplanken geben, sie aber auch zur Nutzung der neuen Technik animieren.

Der Einsatz von Künstlicher Intelligenz in Unternehmen revolutioniert Arbeitsprozesse, wirft aber auch komplexe rechtliche Fragen und viel Rechtsunsicherheit bei Führungskräften wie Mitarbeitern auf. Um dem entgegenzuwirken, hat es sich bewährt, interne KI-Richtlinien zu erarbeiten. Diese sollen nicht nur den effizienten Einsatz von KI sicherstellen, sondern auch rechtliche Risiken minimieren.

Gleichzeitig ermöglichen solche regulatorischen Leitplanken größtmögliche Sicherheit für die Mitarbeiter, die motiviert sein müssen, die neue Technologie zu nutzen und in ihre täglichen Arbeitsprozesse zu integrieren. KI-Richtlinien müssen daher sorgfältig entwickelt und umgesetzt werden, um diesen vielfältigen Herausforderungen gerecht zu werden. Dann aber erweisen sie sich als äußerst hilfreich. Unternehmen können nicht nur Rechtssicherheit gewinnen, sondern auch das volle Potenzial der Technologie ausschöpfen.

2.8.1 Warum Sie Unternehmensrichtlinien einführen sollten

Eine gut gemachte Richtlinie bietet Vorteile für das Unternehmen wie die Mitarbeiter gleichermaßen.

Vorteile für das Unternehmen

Unternehmen brauchen größtmögliche Rechtssicherheit beim Einsatz von KI. Compliance ist dabei von zentraler Bedeutung. Angesichts der vielfältigen rechtlichen Anforderungen vom Datenschutz bis zum Urheberrecht helfen Richtlinien, rechtskonform zu handeln und Strafen oder Rechtsstreitigkeiten zu vermeiden. Darüber hinaus sind sie ein wichtiges Instrument des Risikomanagements, indem sie dazu beitragen, Datenschutzstandards einzuhalten, Sicherheitsrisiken zu minimieren und das Auftreten von Fehlern in KI-Systemen zu reduzieren.

Die Einführung von KI-Richtlinien fördert zudem Transparenz und Vertrauen. Sie schaffen Nachvollziehbarkeit bei KI-Entscheidungen und erhöhen das Vertrauen in die Technologie, was sowohl für interne Prozesse und Partner als auch für die Außenwirkung von großer Bedeutung ist. Gleichzeitig bieten sie einen Rahmen, der Innovation und Effizienz fördert, indem er einen sicheren Raum für die Entwicklung und Anwendung von KI schafft und Best Practices etabliert.

Weitere Beweggründe sind Ethik und soziale Verantwortung. Unternehmen stehen zunehmend in der Pflicht, KI ethisch und verantwortungsvoll einzusetzen. Durch klare Richtlinien können sie ethische Standards setzen, die dazu beitragen, das Vertrauen von Kunden, Mitarbeitern und der Öffentlichkeit zu erhalten und Reputationsschäden zu vermeiden.

Schließlich bieten klare Richtlinien auch die Möglichkeit, Verantwortlichkeiten im Unternehmen für den Umgang mit KI zu definieren und Ansprechpartner für die Mitarbeiter zu benennen.

Vorteile für die Mitarbeiter

Im Umkehrschluss bedeutet dies auch für die Mitarbeiter, dass sie wissen, an wen sie sich wenden müssen, um Zugang zu Konten oder Schulungen zu erhalten.

Die Einführung von KI-Richtlinien in Unternehmen hat aber noch weitere Vorteile für die Mitarbeiter. Der wichtigste: Es entstehen Klarheit und Sicherheit im Arbeitsalltag. Die Mitarbeiter verstehen, welche Angebote im Unternehmen genutzt werden dürfen und wie sie selbst von den Technologien profitieren können. Das baut Unsicherheiten ab und ermöglicht einen informierten und verantwortungsvollen Umgang mit KI im Arbeitskontext.

Dies fördert eine Arbeitskultur der Transparenz und des Vertrauens, in der Beschäftigte sicher sein können, dass ihre Rechte und ihre Privatsphäre auch bei der Nutzung von ChatGPT & Co. geschützt sind. In einem solchen Umfeld können sie sich auf ihre

Aufgaben konzentrieren, ohne sich über mögliche rechtliche Fallstricke Gedanken machen zu müssen.

KI-Richtlinien gehen oft Hand in Hand mit Schulungs- und Weiterbildungsmaßnahmen, die den Mitarbeitern die notwendigen Kenntnisse und Fähigkeiten vermitteln, um die neuen Technologien effektiv zu nutzen. Mitarbeiter, die sich durch Richtlinien unterstützt und geschützt fühlen, sind auch eher bereit, neue Ideen zu entwickeln und innovative Wege zu gehen. Dies führt zu einem motivierenden Arbeitsumfeld und kann die Mitarbeiterbindung und -zufriedenheit erhöhen.

Schließlich tragen KI-Richtlinien dazu bei, ein Gefühl der Zugehörigkeit und des Engagements für die Unternehmensziele zu schaffen. Durch die Einbeziehung der Mitarbeiter in den Prozess der Gestaltung und Umsetzung der Richtlinien fühlen sie sich wertgeschätzt und als wichtiger Teil des Unternehmens.

> **Praxistipp: Wie kann man KI-Richtlinien rechtlich durchsetzen?**
>
> Für die rechtliche Umsetzung einer KI-Policy im Unternehmen stehen je nach Unternehmensform und unternehmensspezifischen Gegebenheiten verschiedene Instrumente zur Verfügung.
>
> Die wichtigsten Regelungsmöglichkeiten sind:
>
> 1. **Betriebsanweisung**
>
>   Eine Betriebsanweisung ist ein internes Dokument, das den Beschäftigten konkrete Anweisungen zu bestimmten Abläufen oder zum Umgang mit bestimmten Geräten und Technologien gibt. Sie kann einseitig vom Arbeitgeber erlassen werden und ist für die Beschäftigten verbindlich. Ihr Vorteil liegt in der größtmöglichen Flexibilität, die gerade bei KI-Richtlinien hilfreich ist, die häufiger angepasst werden müssen.
>
> 2. **Arbeitsvertrag**
>
>   KI-bezogene Klauseln und Richtlinien können direkt in die Arbeitsverträge der Beschäftigten aufgenommen werden. Die Einhaltung ist arbeitsrechtlich geregelt und Verstöße können entsprechende Konsequenzen nach sich ziehen. Die Umsetzung ist jedoch, gerade bei bereits bestehenden Verträgen, arbeitsintensiv und leidet unter der Schwierigkeit, Änderungen umzusetzen.
>
> 3. **Betriebsvereinbarung**
>
>   Eine Betriebsvereinbarung wird zwischen der Unternehmensleitung und dem Betriebsrat (bzw. dem Personalrat im öffentlichen Dienst) abgeschlossen und regelt die Arbeitsbedingungen für alle Beschäftigten. Sie hat eine hohe rechtliche Verbindlichkeit und kann detaillierte Regelungen zum Einsatz, zur Schulung, zum Datenschutz und zur Überwachung von KI enthalten. Auch dieser Lösung mangelt es

aber an Flexibilität in einem sich schnell verändernden Bereich. Sie bietet jedoch in der Regel die größte Rechtssicherheit.

4. **Compliance- und Ethikprogramme**
Diese unternehmensweiten Programme enthalten Richtlinien und Verfahren, die den rechtmäßigen und ethischen Einsatz von KI sicherstellen. Verstöße können interne Disziplinarmaßnahmen und in schweren Fällen auch rechtliche Konsequenzen nach sich ziehen. Sie regeln jedoch meist nur einen begrenzten Bereich und können daher eher flankierend eingesetzt werden.

2.8.2 Mögliche Regelungsinhalte

Es liegt in der Natur der Sache, dass die Inhalte einer KI-Richtlinie möglichst genau auf das jeweilige Unternehmen und seine Anforderungen zugeschnitten sein sollten. Dennoch gibt es einige Passagen, die in keinem Regelwerk fehlen sollten.

Urheberrechte und Lizenzen

Anbieter künstlicher Intelligenz gibt es wie Sand am Meer – und es werden täglich mehr. Das bietet unendliche Möglichkeiten für die Nutzung im Unternehmen, birgt aber aus rechtlicher Sicht auch Gefahren. Denn zumindest vor einer produktiven Nutzung neuer Angebote sollten die Nutzungs- und Lizenzbedingungen geprüft werden. Diese müssen zum jeweiligen Nutzungsszenario passen und dürfen keine Einschränkungen für die beabsichtigte Nutzung enthalten, insbesondere keine urheberrechtlichen Fesseln.

Die sorgfältige Auswahl und Benennung von KI-Anbietern ist daher entscheidend, um rechtliche Komplikationen zu vermeiden. Sie sollten klar definieren, welche Anbieter von den Mitarbeitern genutzt werden dürfen. Zu diesem Zweck empfiehlt es sich, eine Liste zu erstellen. Steht eine Software nicht auf dieser Liste, muss der Mitarbeiter, der sie nutzen möchte, vorher um Erlaubnis fragen. Dabei sollte auch klar sein, wer für die Genehmigung zuständig ist und unter welchen Bedingungen die Genehmigung erteilt wird.

Datenschutz

Angesichts der strengen Datenschutzbestimmungen müssen Unternehmen sicherstellen, dass der Einsatz von KI-Tools diesen Vorgaben entspricht. KI-Richtlinien sollten daher insbesondere Anweisungen für die Verarbeitung personenbezogener Daten enthalten.

Die Richtlinie sollte insbesondere die Frage klären, ob personenbezogene Daten überhaupt mittels KI-Tools verarbeitet werden dürfen. Sofern in Ihrem Unternehmen Tools wie ChatGPT zum Einsatz kommen, ist Vorsicht geboten. Wenn eingegebene Prompts vom Diensteanbieter weiterverarbeitet werden, um das zugrunde liegende Modell weiter zu trainieren, muss hierfür eine ausreichende Rechtsgrundlage bestehen. Es kann daher sinnvoll sein, dass Ihre KI-Richtlinie vorgibt, dass keine personenbezogenen Daten – z. B. im Rahmen eines Prompts – in die KI eingegeben werden dürfen.

Erlauben Sie die Verarbeitung personenbezogener Daten mittels KI, so müssen die allgemeinen Grundsätze des Datenschutzes Beachtung finden. Allen voran muss Ihre Richtlinie sicherstellen, dass eine Verarbeitung nur bei Vorhandensein einer entsprechenden Rechtsgrundlage erfolgt. Zudem muss etwa das Gebot der Datenminimierung und der Zweckbindung berücksichtigt werden. Daher sollte Ihre Richtlinie regeln, dass die Daten anderer nur im absolut notwendigen Umfang in KI-Systemen verarbeitet werden dürfen. (Mehr Details zu Rechtsgrundlagen und Datenschutzgrundsätzen lesen Sie in Abschnitt 1.3.2 und in Abschnitt 1.3.3).

Umgang mit Geschäftsgeheimnissen und vertraulichen Daten

KI-Richtlinien sollten Vorkehrungen und Verfahren zum Schutz von Geschäftsgeheimnissen und vertraulichen Informationen enthalten. Letztere können sich beispielsweise aus Geheimhaltungsvereinbarungen in Verträgen oder aus dem Geschäftsgeheimnisgesetz (GeschGehG) ergeben.

Das Thema Geheimnisschutz verläuft gewissermaßen parallel zum Datenschutz. Auch hier sollte Ihre Richtlinie festlegen, ob dem Geheimnisschutz unterliegende Informationen überhaupt mittels KI verarbeitet werden dürfen. Das Problem: Geschäftsgeheimnisse als solche zu identifizieren, wird sich häufig schwieriger gestalten als die Identifikation personenbezogener Daten. Zudem kann auch der Schutz von vertraulichen Informationen sinnvoll sein, die bspw. nicht dem Geschäftsgeheimnisschutz unterfallen. Im besten Fall enthält Ihre Richtlinie daher zusätzlich eine verständliche Definition der zu schützenden Informationen und Daten. Darauf aufbauend können Sie dann bspw. ein Verbot aufnehmen, bestimmte Informationen gegenüber KI-Anbietern preiszugeben.

Offenlegung und Transparenz

Um Vertrauen und Glaubwürdigkeit zu fördern, können KI-Richtlinien Anforderungen zur Kennzeichnung von KI-generierten Inhalten und zur Offenlegung ihrer Herkunft enthalten, auch wenn (noch) keine gesetzlichen Kennzeichnungspflichten bestehen. Transparenz beim Einsatz von KI kann entscheidend sein, um das Vertrauen interner und externer Stakeholder zu gewinnen. Ob eine Kennzeichnung solcher Inhalte notwendig oder sinnvoll ist, hängt vom Umfang der Nutzung und der Branche ab, in der das Unternehmen tätig ist. Auch branchenspezifische Kodizes können hier eine Rolle spielen. Vorgaben aus solchen Regelwerken sollten übernommen werden, wenn Ihr Unternehmen sich einem solchen unterworfen hat. So gibt etwa der deutsche Rat für Public Relations vor, dass KI-generierter Content als solcher zu kennzeichnen ist, wenn dieser beim Rezipienten den Eindruck erwecken kann, es würde die Realität abgebildet.

Schulung und Sensibilisierung

Die effektive Umsetzung von KI-Richtlinien erfordert informierte und geschulte Mitarbeiter. Ihre Richtlinie solle daher auch regelmäßige Schulungen und Sensibilisierungsmaßnahmen anordnen, die sicherstellen, dass Ihre Mitarbeiter die Grundlagen von KI verstehen, sich der potenziellen Risiken bewusst sind und die unternehmensspezifischen KI-Richtlinien einhalten. Bewährt haben sich auch KI-Tage oder Wochen, in denen den Beschäftigten die ganz praktische Nutzung der neuen Technik nahegebracht werden.

Natürlich können Sie auch die Richtlinie selbst zur Vermittlung zumindest rudimentärer Kenntnisse nutzen. Erfahrungsgemäß stellt dies jedoch das deutlich wirkungsärmere Medium dar und es droht eine Überfrachtung eines Dokumentes, dass Ihre Mitarbeiter im Zweifel ohnehin als trockene Lektüre empfinden.

Klare Zuständigkeiten und Ansprechpartner

Die Zuständigkeiten im Unternehmen für die Vergabe von Accounts für ChatGPT & CO. sollten Sie ebenfalls klar regeln. Jeder Mitarbeiter, der einen Zugang benötigt, muss wissen, an wen er sich dafür wenden kann. Zudem sollten auch Verantwortliche benannt werden, die Hilfestellungen bei Problemen leisten können.

Überwachung und Durchsetzung

Um die Einhaltung der KI-Richtlinie sicherzustellen, sind Überwachungs- und Durchsetzungsmechanismen erforderlich. Dazu können interne Audits, regelmäßige Überprüfungen und gegebenenfalls Sanktionen bei erheblichen Verstößen gehören. Damit Ihre Mitarbeiter vor der Nutzung von KI nicht aus Angst vor Sanktionen zurückschrecken, sollten Sie diese nur für wenige besonders kritische Verstöße vorsehen.

Regelmäßige Anpassung

Die Einführung von KI-Richtlinien ist ein dynamischer Prozess, der eine kontinuierliche Bewertung und Anpassung erfordert, um mit den sich rasch verändernden Technologien und regulatorischen Anforderungen Schritt zu halten. Sie sollten Ihre Richtlinie daher in regelmäßigen, vorab definierten Abständen einer Prüfung unterziehen und ggf. aktualisieren.

Unsere nachfolgende Checkliste soll Ihnen helfen, mögliche Regelungsinhalte für Ihre KI-Richtlinie zu identifizieren.

> **Checkliste: KI-Richtlinie**
> 1. Umgang mit personenbezogenen Daten
> 2. Umgang mit Geschäftsgeheimnissen sensiblen Informationen
> 3. Umgang mit urheberrechtlich geschützten Werken
> 4. Offenlegung und Transparenz bei KI-Nutzung
> 5. Teilnahme an Schulungen und Workshops
> 6. spezifische Ansprechpartner im Unternehmen
> 7. Auflistung verfügbarer / erlaubter Dienste
> 8. Überwachungsmaßnahmen und Sanktionen

2.8.3 Schadenspotenziale

Ein Unternehmen, das keine KI-Policy entwickelt, setzt sich unnötigerweise Risiken und Schadenspotenzialen aus, die sich in verschiedenen Bereichen der Geschäftstätigkeit manifestieren können.

Zu diesen zählen beispielsweise Verstöße gegen Datenschutzgesetze, die erhebliche Bußgelder nach sich ziehen können, oder Urheberrechtsverletzungen, die teure Abmahnungen ermöglichen. Auch finanzielle Schäden sind eine schwerwiegende Folge. Sie reichen von direkten Kosten durch Rechtsstreitigkeiten und Bußgelder bis hin zu indirekten Kosten durch entgangene Geschäftschancen und Kunden, die aufgrund mangelnder Vertrauenswürdigkeit abwandern. Darüber hinaus kann das Fehlen klarer Vorgaben zu einer ineffizienten Nutzung von Ressourcen führen, wodurch das Unternehmen an Wettbewerbsfähigkeit einbüßt. Denn wer zumindest nicht mittelfristig ChatGPT & Co. nutzt, dürfte in vielen Bereichen wirtschaftlich abgehängt werden.

Besonders schmerzhaft kann der Verlust der Reputation sein. Ein Reputationsverlust durch bekannt gewordene Vorfälle fehlerhafter oder unethischer KI-Nutzung kann langfristige negative Auswirkungen haben. Operative Risiken ergeben sich aus fehlerhaften KI-Entscheidungen oder Sicherheitslücken, die ohne angemessene Richtlinien und Standards häufiger auftreten können. Solche Schwachstellen können zu Datenlecks oder anderen Schäden führen, die die betriebliche Effizienz und Sicherheit des Unternehmens beeinträchtigen.

Für Ihre Mitarbeiterinnen und Mitarbeiter ist das Fehlen von KI-Richtlinien eine Quelle der Unsicherheit und des potenziellen Fehlverhaltens. Ohne klare Anweisungen kann es zu unbeabsichtigten Fehlern oder zum Missbrauch der Technologie kommen. Darüber hinaus kann es zu Motivations- und Produktivitätsverlusten kommen, wenn sich Ihre Beschäftigten im Umgang mit KI-Technologien unsicher fühlen, insbesondere wenn ihre Rechte und ihre Sicherheit nicht ausreichend geschützt erscheinen.

Schließlich kann Ihr Unternehmen ohne klare Richtlinien für den Einsatz der neuen Technologie erhebliche Nachteile erleiden, da eine strategische Ausrichtung und Grundlage für den Einsatz von KI fehlt. Talentierte Mitarbeiter könnten zu Unternehmen abwandern, die eine klarere Vision und bessere Unterstützung für den Einsatz dieser Technologien bieten.

In einer Zeit, in der KI zunehmend Geschäftsmodelle und Arbeitsplätze prägt, ist eine fehlende KI-Politik daher letztlich nicht nur ein Risiko, sondern auch ein erheblicher Wettbewerbsnachteil.

Im Ergebnis überwiegen daher die Vorteile einer KI-Richtlinie bei Weitem den Aufwand für deren Erstellung. Zwar kann die Ausarbeitung einer umfassenden KI-Richtlinie aufwendig werden. Sie können dies jedoch als Prozess begreifen und erste Versionen durch nachträgliche Anpassungen weiter verbessern. In jedem Fall sollten Sie frühzeitig technische und juristische Experten miteinbeziehen.

Kapitel 3
Individuallösung: Finetuning und Training eigener Modelle

In diesem Kapitel gehen wir näher auf die Individualisierung von KI-Modellen und -diensten sowie die damit zusammenhängenden spezifischen Rechtsprobleme ein.

Im zweiten Kapitel haben wir den Fokus auf bestehende KI-Modelle und -Systeme gelegt, die in Ihrem Unternehmen eingesetzt werden können. Das vorliegende Kapitel widmet sich demgegenüber KI, die speziell an die Bedürfnisse Ihres Unternehmens und an die vorhandenen Prozesse angepasst wird. Für solche individuellen Anpassungen gibt es verschiedene Möglichkeiten und Vorgehensweisen, die wir Ihnen zu Anfang dieses Kapitels aufzeigen werden. Zudem erfahren Sie, was die konkreten Vorteile individueller Lösungen sind und für wen sich der Aufwand lohnt.

Bei KI, die z. B. durch Training oder Finetuning angepasst wird, ergeben sich zudem gegenüber Standardlösungen einige spezifische rechtliche Problemstellungen, die es zu beachten gilt. Denn schon das Training selbst birgt einige rechtliche Stolperdrähte.

3.1 Warum Sie eigene Modelle betreiben sollten!

Die Welt der künstlichen Intelligenz (KI) entwickelt sich fortwährend mit hoher Geschwindigkeit weiter, und Unternehmen aller Größenordnungen experimentieren mit der Einführung von KI-Modellen, um ihre Prozesse zu verbessern, Kundenerfahrungen zu personalisieren und neue Erkenntnisse aus ihren Daten zu gewinnen. Doch während die Nutzung von cloud-basierten KI-Services ein sinnvoller Anfang sein kann, gibt es gute Gründe, warum ein Unternehmen es in Betracht ziehen sollte, eigene oder bestehende Modelle direkt selbst zu betreiben.

Ob Sie dabei technische Argumente wie Anpassbarkeit und Spezialisierung abwägen oder den Datenschutz und die Datensouveränität als entscheidendes Kriterium betrachten – dieses Kapitel wird Ihnen helfen, fundierte Entscheidungen darüber zu treffen, ob und wie Sie KI-Modelle in Ihrem Unternehmen einsetzen können.

3.1.1 Argumente für eigene Lösungen

Ein wesentliches Argument für den Betrieb eigener Modelle ist die Kontrolle über den Datenschutz und die Datensicherheit. Wenn sensible Unternehmensdaten ins Spiel kommen, ist es in der Regel nicht wünschenswert, diese an externe Cloud-Dienstleister zu übermitteln. Durch lokale Installation und Verwendung von KI-Modellen behalten Sie die vollständige Kontrolle über Ihre Daten und schützen sie vor unbefugtem Zugriff.

Darüber hinaus bietet das selbstständige Betreiben von Modellen ein großes Maß an Flexibilität und Anpassbarkeit. Sie können dabei Modelle an ihre spezifischen Anforderungen und Besonderheiten anpassen, statt sich auf Standardangebote der großen Anbieter verwiesen zu sehen. Dies ist besonders dann von Vorteil, wenn branchenspezifische Eigenheiten oder seltene Sprachen eine Rolle spielen, für die kommerzielle Cloud-Dienste oft keine optimierte Lösung bieten.

Weiterhin dreht es sich um die Thematik der Zensur bzw. Einschränkungen, die bei kommerziellen Anbietern greifen könnten. Bei der Nutzung eigener Modelle sind Unternehmen nicht den möglicherweise willkürlichen oder unpassenden Zensurvorgaben von Dienstleistern unterworfen. Dies ist insbesondere relevant für kreative Industrien, etwa beim Verfassen von Texten oder Erstellen von Kunstwerken, wo Freiheit im Ausdruck entscheidend ist.

Ein weiterer gewichtiger Aspekt ist die Kostenkontrolle. Es gibt Szenarien, in denen die lokal betriebenen KI-Modelle langfristig kostengünstiger sein können, vor allem wenn sie in großem Umfang genutzt werden. Während Cloud-Dienste oft auf einer Pay-per-use-Basis abgerechnet werden, können eigene Modelle nach der Anfangsinvestition ohne zusätzliche laufende Kosten pro User genutzt werden. Zu beachten ist auch die Unabhängigkeit von etwaigen strategischen Veränderungen der Anbieter, die Dienste ohne viel Vorlaufzeit einschränken, kostenpflichtig erweitern oder gar einstellen können. Wer eigene Modelle betreibt, ist vor solchen Unwägbarkeiten geschützt.

Obwohl es auf den ersten Blick so scheinen mag, als wäre das Selbstbetreiben von KI-Modellen nur etwas für Unternehmen mit umfassenden technischen Ressourcen, wird die Einstiegshürde auch für kleinere Organisationen fortlaufend geringer. Die Verfügbarkeit von Tools und Ressourcen zum Betrieb lokal verwendeter Modelle ist in den letzten Jahren deutlich gewachsen, und auch mit bescheideneren Mitteln lassen sich mittlerweile KI-Modelle betreiben. Im Vergleich zu teuren KI-Cloud-Diensten können lokale Modelle auf Hardware betrieben werden, die bereits vorhanden ist oder die bei geringen Kosten einen guten Einstieg ermöglicht. Beispielsweise bieten mittelpreisige Grafikkarten bereits ausreichend Leistung, um kleinere Modelle in einem bestimmten Rahmen zu betreiben.

Hinzu kommt eine Welle von Innovationen im Bereich der Modell-Optimierung, die Modelle effizienter machen und somit auch auf weniger leistungsstarker Hardware betriebsfähig werden. In einer Zeit, in der die Anforderungen an Grafikspeicher durch Spiele und die Nutzung größerer Modelle steigen, wird auch die Verfügbarkeit von Hardware mit ausreichend VRAM zunehmen.

Lokal betriebene KI-Modelle bieten auch eine höhere Zuverlässigkeit im Vergleich zum Cloud-Service, der unter Umständen durch Überlastungen temporär nicht verfügbar sein kann. Zu guter Letzt ist es oftmals auch ein Aspekt der Unabhängigkeit und des Empowerments. Unternehmen und Entwickler möchten nicht vollständig von einem Dienstleister abhängig sein, dessen Geschäftspolitik sich ändern und damit die eigenen Prozesse beeinträchtigen könnte. Ein selbst betriebenes Modell kann vor solchen Unabwägbarkeiten schützen und damit Souveränität bieten.

3.1.2 Individualisierungsmöglichkeiten

Die Einführung und das Betreiben eigener KI-Modelle im Unternehmen können auf unterschiedlichen Ebenen erfolgen. Die Bandbreite reicht von Lösungen für Nichttechniker, die eine einfache, nutzerfreundliche grafische Benutzeroberfläche (GUI) bevorzugen, bis hin zu umfassenderen Plattformen für Techniker/Entwickler, die eine tiefer gehende Steuerung und Anpassungsfähigkeit der Modelle ermöglichen.

Für Nichttechniker stehen Tools wie LM-Studio oder jan (Open Source) zur Verfügung, die es ermöglichen, große Sprachmodelle (LLMs) direkt auf dem eigenen performanten Rechner vollständig offline zu betreiben. Beide bieten eine intuitive Chat-Benutzeroberfläche und eine Schnittstelle, die das Verhalten der OpenAI-API emuliert. Modelle können nahtlos von Hugging Face heruntergeladen und betrieben werden.

Webseiten wie *chat.lmsys.org* erlauben sogar den kostenlosen Test und Vergleich direkt im Browser ganz ohne Set-up.

Für Techniker oder fortgeschrittene Anwender bietet das quelloffene Projekt FastChat eine offene Plattform zum Betreiben und Bewerten von Chatbots auf Basis großer Sprachmodelle. Es bietet eine leistungsfähige Infrastruktur mit einem verteilten Multi-Modell-System, einer Web-Benutzeroberfläche und APIs, die ebenfalls mit OpenAI kompatibel ist.

Angesichts der Geschwindigkeit, mit der sich KI-Entwicklungen vollziehen, ist es ratsam, sich regelmäßig über Fortschritte und Neuerscheinungen zu informieren. Bevor

Sie diesen Schritt gehen, sollten Sie daher sorgsam planen und Zeit investieren, um die Aktualität und Relevanz von Tools und Methoden zu prüfen, bevor Sie sich für den Betrieb eigener Modelle entscheiden.

Rank* (UB)	Model	Arena Elo	95% CI	Votes	Organization	License	Knowledge Cutoff
1	GPT-4-Turbo-2024-04-09	1258	+3/-3	44592	OpenAI	Proprietary	2023/12
2	GPT-4-1106-preview	1252	+2/-3	76173	OpenAI	Proprietary	2023/4
2	Gemini 1.5 Pro API-0409-Preview	1249	+3/-3	61011	Google	Proprietary	2023/11
2	Claude 3 Opus	1248	+2/-2	101063	Anthropic	Proprietary	2023/8
3	GPT-4-0125-preview	1246	+3/-2	70239	OpenAI	Proprietary	2023/12
6	Bard (Gemini Pro)	1208	+5/-6	12387	Google	Proprietary	Online
6	Llama 3 70b Instruct	1208	+3/-3	75844	Meta	Llama 3 Community	2023/12
7	Reka-Core-20240501	1199	+4/-4	18735	Reka AI	Proprietary	Unknown
8	Claude 3 Sonnet	1200	+2/-3	84252	Anthropic	Proprietary	2023/8
10	GPT-4-0314	1189	+3/-3	53446	OpenAI	Proprietary	2021/9
10	Qwen-Max-0428	1186	+5/-7	10508	Alibaba	Proprietory	Unknown
10	Command R+	1189	+3/-3	50490	Cohere	CC-BY-NC-4.0	2024/3
12	Claude 3 Haiku	1180	+2/-3	74897	Anthropic	Proprietary	2023/8
13	Qwen1.5-110B-Chat	1172	+7/-8	6019	Alibaba	Qianwen LICENSE	2024/4
14	GPT-4-0613	1165	+3/-3	73295	OpenAI	Proprietary	2021/9

Abbildung 3.1 Die Oberfläche von chat.lmsys.org

Bestehende Modelle ergänzen

Das Anpassen von KI-Modellen an die Bedürfnisse Ihres Unternehmens ist ein Schlüsselaspekt beim Betreiben eigener KI-Systeme. Hierbei bietet das Prompt Engineering eine leichte und schnelle Möglichkeit, die Antworten der KI zu steuern. Für eine ausführliche Diskussion über die Vorstufen des Finetuning, einschließlich Prompt Engineering und Retrieval Augmented Generation (RAG), verweisen wir auf Abschnitt 2.1.2.

Die Entscheidung, wie KI-Modelle in Ihrem Unternehmen betrieben werden sollen, hängt von vielen Faktoren ab, darunter technisches Know-how, verfügbare Ressourcen und spezifische Unternehmensziele. Sowohl nichttechnische als auch technisch versierte Mitarbeiterinnen und Mitarbeiter finden jedoch zunehmend Zugang zu KI-Tools und Plattformen, die den breiten Einzug von KI in die Unternehmenswelt erleichtern und fördern.

Frameworks wie H2O LLM Studio erlauben ein ähnliches Low-Code-Finetuning-Erlebnis wie OpenAI, siehe Abschnitt 2.1.2.

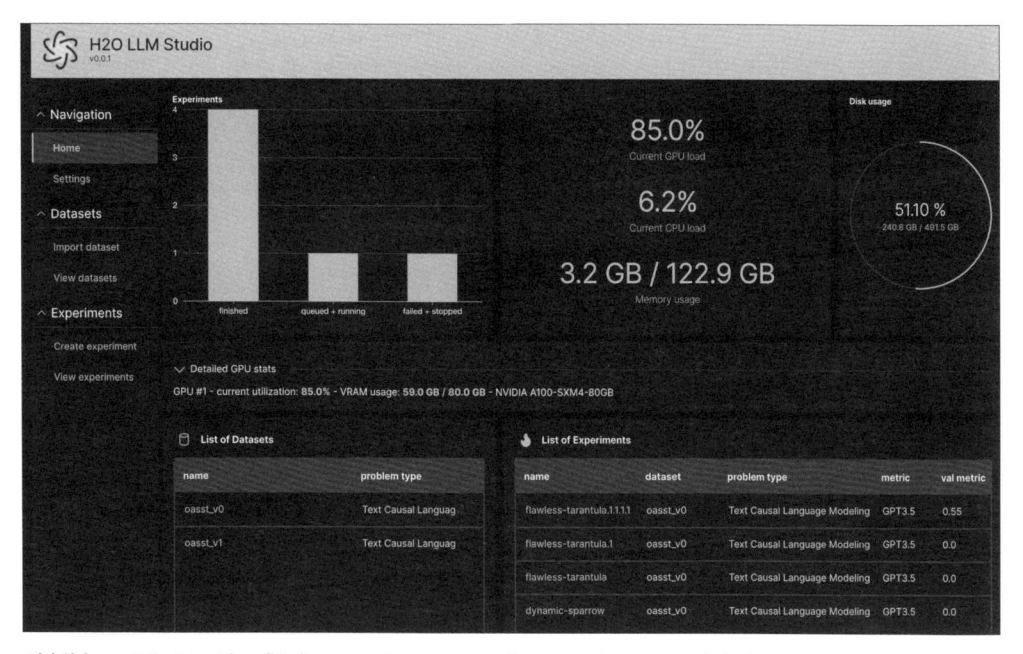

Abbildung 3.2 Die Oberfläche von H2O LLM Studio zum Finetuning lokaler Modelle

3.1.3 Neues eigenes Modell durch Training

In einer Zeit, in der künstliche Intelligenz (KI) viele unserer täglichen Prozesse zu transformieren vermag, mag es naheliegend erscheinen, eigene KI-Modelle von Grund auf zu trainieren. Doch ein solcher Ansatz ruft eine Reihe wichtiger Überlegungen hervor, von der Datenintegration bis hin zu den technischen und finanziellen Anforderungen. Die Entwicklung eigener KI-Modelle kann dann besonders sinnvoll sein, wenn Unternehmen spezifische, maßgeschneiderte Lösungen für eine einzigartige Problematik benötigen.

Beispielhaft angeführt werden kann hierfür der Finanzsektor: Hier können Banken oder Versicherungen von selbst entwickelten KI-Modellen profitieren, die Betrugserscheinungen (Fraud Detection) identifizieren. Angesichts des Umstandes, dass betrügerische Aktivitäten ständig wechselnde, ausgeklügelte Muster annehmen, kann ein maßgeschneidertes Modell, das auf den spezifischen Transaktionsdaten und Kundenprofilen des Unternehmens basiert, effektiver agieren als generische, vorgefertigte Lösungen.

Gleichermaßen kann im Bereich der Netzwerksicherheit das Training eines individuellen KI-Modells Unternehmen dazu befähigen, sich besser gegen zunehmend intelligentere Cyberangriffe zu schützen. Ein auf den spezifischen Netzwerkverkehr und die Schutzbedürfnisse des Unternehmens abgestimmtes Modell kann dabei bösartige Aktivitäten präziser erkennen als standardisierte Lösungen.

Bevor Sie sich nun direkt dem Training eines eigenen KI-Modells widmen, sollten Sie daher zuerst sichergehen, dass Ihr Anwendungsfall dies wirklich erfordert und ob nicht Vorstufen wie Prompt-Engineering, Finetuning oder RAG hierzu ausreichen.

> **Die Bedeutung der Datenintegration**
>
> Die Grundlage jeden KI-Trainings ist der Datensatz. Die Beschaffung, Bereinigung und Strukturierung von Daten kann sich als eine Herkulesaufgabe herausstellen. Die Bewegung großer Datenmengen, insbesondere in die Cloud, kann nicht nur technisch komplex sein, sondern auch schnell zu hohen Kosten führen. Zum Training von GPT-2 beispielsweise wurden Daten aus über 7.000 selbst veröffentlichten Büchern und einer Sammlung von 8 Millionen Webseiten verwendet, ganz zu schweigen von GPT-3.5 und 4.
>
> Eine herausfordernde Aufgabe, die nicht nur die Bereitstellung der Daten, sondern auch die Skizzierung einer klaren Datenstruktur erfordert, bevor mit dem eigentlichen Training begonnen werden kann.

Voraussetzungen für das Training eigener Modelle

Die technischen Voraussetzungen für das Training eines eigenen KI-Modells sind nicht zu unterschätzen. Umfangreiche Rechenkapazitäten sind erforderlich, um die massiven Berechnungen durchzuführen, die für das Training von Modellen erforderlich sind.

Ein Vergleich: Während für die Entwicklung von GPT-2 rund 50.000 Dollar anfielen, beliefen sich die Kosten für GPT-3 auf mehr als 4 Millionen Dollar, bei GPT-4 waren es anscheinend 100 Millionen Dollar. Unternehmen müssen letztendlich entscheiden, ob die Investition in die Entwicklung eigener Modelle den Aufwand wert ist. Die Erfahrungen von OpenAI zeigen, dass selbst ein Investment, das im Vergleich zu späteren Modellen moderat ausfiel, das Potenzial hatte, den Bereich der natürlichen Sprachverarbeitung zu revolutionieren. Das Training eigener KI-Modelle ist ein vielschichtiges und herausforderndes Projekt und kann in bestimmten Fällen durchaus sinnvoll sein.

Jedoch sollte die Entscheidung sorgfältig abgewogen werden, da es sowohl erhebliche finanzielle als auch technologische Investitionen erfordert.

3.1.4 Cloudlösungen

Die Implementierung von Künstlicher Intelligenz in Unternehmensprozesse ist ohne die angemessene technische Infrastruktur nicht denkbar. Cloud-Instanzen spielen dabei eine zentrale Rolle. Sie bieten die Rechenkraft und Flexibilität, die für das Trainieren und Betreiben von KI-Modellen erforderlich sind.

VM-Instanzen mit GPUs bieten gegenüber traditionellen CPU-Instanzen entscheidende Vorteile, indem sie speziell für rechenintensive Aufgaben des maschinellen Lernens und KI-Modelltrainings konzipiert wurden. Durch den Einsatz dieser GPU-Instanzen können Unternehmen die Effizienz ihrer KI-Operationen signifikant steigern und gleichzeitig ihre lokale Hardware von aufwendigen Rechenprozessen entlasten.

Mit Hybrid-, Private- oder Public-Cloud-Architekturen erhalten Sie unterschiedliche Stufen an Sicherheit, Skalierbarkeit und Kostenkontrolle – je nach Unternehmensbedürfnis und der gewünschten Integrationsstufe in Ihre IT-Infrastruktur.

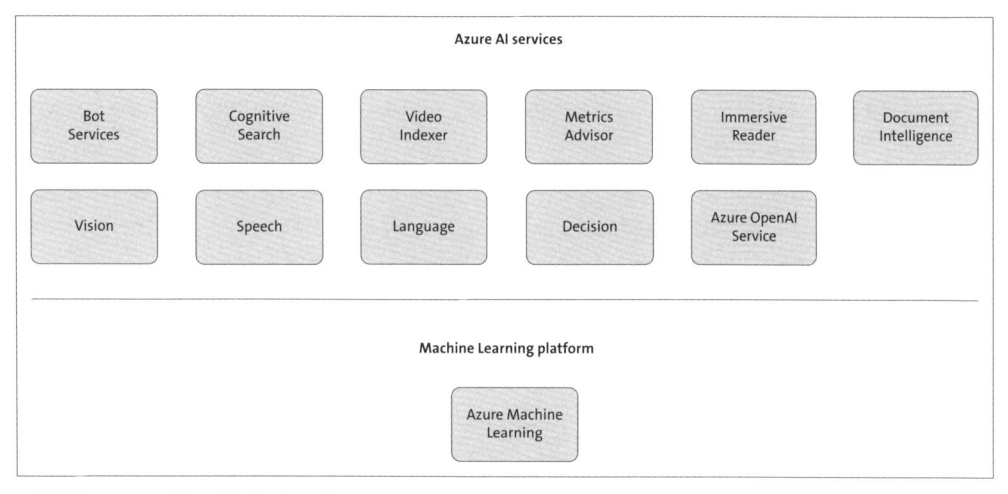

Abbildung 3.3 Überblick über die KI-Services von Microsoft Azure

Große Cloud-Anbieter wie Google Cloud stehen mit flexiblen und skalierbaren GPU-Services zur Verfügung, die auf unterschiedliche Anwendungsfälle und Unternehmensgrößen zugeschnitten sind.

Die Services bieten eine Auswahl von Instanz-Arten, die oft nach Zeit abgerechnet werden und je nach Bedarf hoch- oder runterskaliert werden können. Die Auswahl der Cloud-Infrastruktur kann über den Erfolg Ihrer KI-Projekte entscheiden. Eine sorgfältige Prüfung der Leistung, Flexibilität und Kosten der verschiedenen Cloud-

Services ist daher unerlässlich. Betrachten Sie die spezifischen Angebote der großen Anbieter und prüfen Sie, welcher Service die optimale Basis für Ihre KI-Initiativen bildet. Gleichzeitig bietet die Cloudlandschaft heute Alternativen für diejenigen, die eine auf bestimmte Zeiträume beschränkte oder finanziell sparsame Lösung suchen, ohne dabei Abstriche bei der Leistung machen zu müssen.

3.1.5 Eigene Hardware nutzen

Die Entscheidung, KI-Modelle lokal zu betreiben, ist ein bedeutsamer Schritt in Richtung vollständiger Autonomie und Kontrolle über Ihre maschinellen Lernumgebungen. Indem Sie sich von Cloud-Diensten unabhängig machen, erlangen Sie die Freiheit, die Modelle Ihren genauen Bedürfnissen anzupassen und dabei sensible Daten intern zu halten.

Um Ihnen einen umfassenden Einblick zu geben, wird in diesem Kapitel erörtert, wie Sie KI-Modelle auf eigene Faust betreiben und trainieren können.

Die wesentlichen Hardware-Komponenten umfassen dabei nicht nur eine ausreichende Prozessorleistung (CPU) und genügend Arbeitsspeicher (RAM), sondern auch eine leistungsstarke Grafikprozessoreinheit (GPU), die insbesondere für das maschinelle Lernen optimiert ist.

Hierbei ist die Menge des Videospeichers (VRAM) pro GPU von besonderer Bedeutung, da sie bestimmt, wie komplexe Modelle oder umfangreiche Datenmengen verarbeitet werden können.

> **Ressourcenverbrauch KI**
>
> Das vollständige Training eines KI-Modells ist am ressourcenintensivsten.
>
> Finetuning erfordert im Vergleich zum bloßen Betreiben meist eine stärkere Hardware. Hier muss das Modell geringfügig angepasst werden, was wiederum zusätzliche Rechenkapazität erfordert.
>
> Das Betreiben vortrainierter KI-Modelle erfordert eine Hardwareumgebung, die sich nicht ausschließlich durch hohe Rechenleistung, sondern insbesondere durch ausreichenden Videospeicher (VRAM) auszeichnet.
>
> Der VRAM ist häufig der begrenzende Faktor bei der Auswahl der GPU für KI-Modelle, da diese tendenziell mehr von der Speicherkapazität als von der reinen Rechenleistung abhängen. Bei begrenzter GPU-Anzahl kann durch intelligentes Batching von Anfragen ein effizienter Parallelbetrieb ermöglicht werden, ohne pro Anfrage eine gesamte GPU zu blockieren.

Fertige Modelle finden sich inzwischen auf Plattformen wie Hugging Faces Modellhub, der eine umfassende Bibliothek zur Verfügung stellt. Die Sammlung reicht von Modellen kleinerer Größenordnungen bis hin zu sehr großen wie zum Beispiel einem 120B-Sprachmodell. Das »B« steht für Milliarden (Billions) und bezieht sich auf die Gesamtanzahl der Parameter, aus denen das KI-Modell besteht.

Parameter sind im Grunde die Elemente eines KI-Modells, die aus dem Trainingsprozess gelernt werden und entscheiden, wie das Modell Daten interpretiert und Antworten generiert. Je mehr Parameter ein Modell hat, desto umfassender ist seine Fähigkeit, Wissen zu speichern und komplexe Muster zu erkennen. Ein KI-Modell mit 13 Milliarden Parametern kann also eine enorme Menge an Informationen verarbeiten und ist somit in der Lage, subtile Nuancen in der Sprache zu erfassen. Das ermöglicht es dem Modell, Antworten zu generieren, die menschlicher Kommunikation näherkommen, und kann in komplexen Aufgaben wie der Sprachübersetzung, dem Textverständnis oder der automatischen Beantwortung von Fragen eingesetzt werden.

Die große Anzahl an Parametern eines solchen Modells erfordert jedoch entsprechend dimensionierte Hardware-Ressourcen, insbesondere hinsichtlich des VRAM, um die umfangreichen Berechnungen effektiv durchführen zu können.

> **Hintergrundwissen**
>
> Erforderliche technische Ressourcen für den lokalen KI-Betrieb (geschätzt):
>
> ▸ 7B-Modell: mindestens 13 GB VRAM, 1 × NVIDIA 4070 Ti SUPER (16 GB)
> ▸ 13B-Modell: mindestens 26 GB VRAM, 1 × NVIDIA RTX A6000 (48 GB)
> ▸ 30B-Modell: mindestens 65 GB VRAM, 1 × NVIDIA H100 (80 GB)
> ▸ 65B Modell: Mindestens 131 GB VRAM, 2× NVIDIA A100(80 GB)
> ▸ 175B-Modell (~GPT-3): mindestens 350 GB VRAM, 5 × NVIDIA A100 (80 GB)

Darüber hinaus spielen Hyperparameter eine wichtige Rolle, da diese bestimmen, ob ein Modell auf einer existierenden GPU betrieben werden kann. Durch Anpassungen, wie beispielsweise Quantisierung, Kontextlänge und effiziente Batch-Verarbeitungen, werden Modelle auch für Hardwareplattformen zugänglich gemacht, deren Spezifikationen geringer sind als die oben genannten Anforderungen. Somit lassen sich auch mit eingeschränkter VRAM-Ausstattung Modelle realisieren, die ursprünglich nicht dafür vorgesehen waren. Modelle lassen sich auch über mehrere GPUs verteilen, sodass man 2 GPUs mit jeweils 16 GB zusammenschalten kann, um ein 13B-Modell zu betreiben, ohne die Hyperparameter zu verändern.

> **Hintergrundwissen: Was ist Quantisierung?**
>
> Wenn wir über KI-Modelle sprechen, denken Sie vielleicht an eine immense Sammlung von Zahlen, die jede Verbindung und Gewichtung innerhalb des Modells darstellen. Normalerweise werden diese Zahlen mit hoher Präzision gespeichert, was bedeutet, dass sie viel Speicherplatz einnehmen.
>
> Quantisierung reduziert diese Präzision gezielt, ähnlich dem Vorgang des Komprimierens einer Musikdatei, um Speicherplatz zu sparen. Dabei werden die Zahlen einer umfangreichen Datenbank in einer kompakteren Form ausgedrückt, indem zum Beispiel statt 32 Bits nur 16 oder sogar 8 Bits verwendet werden. Dies macht das Modell kleiner und leichter und somit weniger anspruchsvoll in Bezug auf die Speicher- und Verarbeitungskapazität einer GPU, jedoch sinkt damit auch die Qualität der Ausgaben.
>
> Auf diese Weise ist es möglich, leistungsfähige KI-Modelle auf Hardware mit begrenztem VRAM zu betreiben, was besonders für Organisationen von Bedeutung ist, die ihre Modelle lokal und nicht in der Cloud betreiben möchten. Quantisierung ermöglicht es also, in einem gewissen Rahmen High-End-KI-Modelle einem breiteren Anwenderkreis zugänglich zu machen und bestehende Hardware besser zu nutzen.

3.2 Trainingsdaten und Urheberrecht

Wenn Sie ein bestehendes Modell durch Finetuning verbessern oder sogar ein eigenes Modell von Grund auf trainieren (lassen) wollen, benötigen Sie vor allem eines: Trainingsdaten. Denn insbesondere aktuelle Sprach- und Diffusionsmodelle sind gerade deshalb so leistungsfähig, weil sie mit riesigen Datenmengen trainiert wurden.

Sofern Sie nicht gerade selbst über die für das Training benötigten Daten(mengen) verfügen, liegt es nahe, sich an der wohl größten Datenquelle überhaupt zu bedienen: dem Internet. Und so dürften es auch bisher die meisten getan haben. Das Problem: Inhaber von Urheberrechten haben häufig etwas dagegen, wenn ihre im Internet verfügbaren Werke von Dritten genutzt werden.

3.2.1 Zustimmung als Ausgangspunkt

Im Grundsatz gilt im Urheberrecht die Regel, dass der Urheber allein darüber entscheiden darf, wer sein Werk in welcher Form nutzt. Das gilt insbesondere auch für Werke wie Bilder, Texte und Videos, die frei im Internet abrufbar sind. Diese Inhalte sind so gut wie immer vom Urheberrecht geschützt.

Anders formuliert: Bevor Sie Werke aus dem Internet nutzen dürfen, müssen Sie die jeweiligen Urheber um Erlaubnis bitten. Wenn Urheber anderen die Nutzung ihrer Werke erlauben, werden rechtlich gesehen sogenannte Nutzungsrechte eingeräumt. Man spricht auch von der Einräumung einer Lizenz. Teilweise beauftragen Urheber auch Dritte mit der Vergabe von Lizenzen für ihre Werke. Zum Beispiel machen dies die GEMA für Musiker oder Stockfoto-Archive für Fotografen.

Selbstverständlich ist die Einholung des Einverständnisses jedes einzelnen Urhebers bei einer großen Menge von Inhalten meist schlicht unmöglich, wenigstens aber völlig unpraktikabel. Schon allein das Ausfindigmachen der richtigen Personen wäre kaum möglich. Deshalb braucht es andere Methoden bzw. rechtliche Pfade, die Sie erwägen müssen.

3.2.2 Urheberrechtsrelevante Handlung

Bereits im Einführungskapitel haben wir Ihnen erläutert, welche Handlungen in Bezug auf urheberrechtlich geschützte Werke Relevanz haben (siehe auch Abschnitt 1.2), also urheberrechtsverletzend sein können. Dazu gehört insbesondere die Vervielfältigung, die zum Beispiel das Kopieren oder Downloaden eines Inhalts einschließt.

Nicht zu den urheberrechtlich relevanten Handlungen zählen jedoch

- das Laden von Daten in den Arbeitsspeicher (RAM),
- das Betrachten und Analysieren von im Internet abrufbaren Daten,
- das Verlinken von Inhalten im Internet.

Sofern Sie oder der von Ihnen beauftragte Dienstleister also eine technische Methode nutzen, die ohne einen Download der Trainingsdaten auskommt, können Sie sich zurücklehnen. In diesem Fall sind keine urheberrechtlichen Probleme zu erwarten.

In der Praxis sieht es jedoch häufig anders aus. Denn ein KI-Modell ist nur so gut wie die Trainingsdaten, mit denen es trainiert wird. Daher besteht die eigentliche Schwierigkeit meist nicht darin, Daten zu finden, sondern die Qualität der Daten durch sorgfältige Auswahl sicherzustellen (lesen Sie mehr hierzu in Abschnitt 1.1.4). Dazu ist es aber – insbesondere im Bereich von generativer Bild-KI – häufig erforderlich, die Daten zunächst herunterzuladen. Sobald diese gesammelt an einem (Speicher-)Ort liegen, kann durch Filter- und andere Software sichergestellt werden, dass die Daten die erforderliche Qualität aufweisen und keine unerwünschten oder sogar rechtswidrigen Inhalte beinhalten.

3.2.3 Ausnahme: Text- und Data-Mining

Der europäische Gesetzgeber hat bereits vor einigen Jahren erkannt, dass Big-Data-Szenarien und die Analyse großer Datenmengen von großer Relevanz für verschiedene Technologien sind. Er hat daher schon im Jahr 2021 eine Ausnahme für das sog. Text- und Data-Mining vorgesehen. Diese Ausnahme hat im Sommer 2021 ihren Weg in das deutsche Urheberrecht gefunden. Die neue Ausnahmeregelung ist in § 44b UrhG niedergelegt und am 07.06.2021 in Kraft getreten. Danach dürfen auch ohne Zustimmung des Urhebers Vervielfältigungen vorgenommen werden, wenn sie für Zwecke des Text- und Data-Minings erfolgen. Weiter ist Voraussetzung, dass die Inhalte »rechtmäßig zugänglich« sind. Das ist jedoch in der Regel bereits der Fall, wenn sich die Daten im freien Internet finden lassen. Zudem müssen die Datenkopien wieder gelöscht werden, wenn sie nicht mehr für das Text- und Data-Mining benötigt werden.

Was Text- und Data-Mining ist, definiert das Gesetz ebenfalls. Es handelt sich dabei um »die automatisierte Analyse von einzelnen oder mehreren digitalen oder digitalisierten Werken, um daraus Informationen insbesondere über Muster, Trends und Korrelationen zu gewinnen«. Nach Auffassung vieler Juristen, einschließlich der Autoren dieses Buches, wird damit in der Regel das erfasst, was beim KI-Training passiert. Dafür spricht einerseits bereits die Tatsache, dass der Gesetzgeber – ausweislich der Gesetzesbegründung – die Änderung im Urheberrechtsgesetz zumindest auch im Hinblick auf die Entwicklung künstlicher Intelligenz vorgenommen hat. Zum anderen trifft der oben zitierte Wortlaut auf das zu, was beim Training generativer KI stattfindet. Aus den Trainingsdaten werden durch Analyse Zusammenhänge (Korrelationen) gewonnen.

3.2.4 Rückausnahme Nutzungsvorbehalt

Das klingt aus Sicht desjenigen, der große Mengen Daten zum Training von KI sucht, erst einmal nach einem Grund zur Freude. Denn es scheint, dass diese Ausnahmeregelung die freie Entnahme von urheberrechtlich geschützten Werken aus dem Internet erlaubt. Das Gesetz sieht jedoch auch eine Rückausnahme vor, die diese Freude einschränkt: Urheber bzw. Rechtsinhaber haben die Möglichkeit, der Verwendung für das Text- und Data-Mining zu widersprechen. Diesen Widerspruch nennt man auch »Nutzungsvorbehalt«. Dieser muss von allen beachtet werden – lediglich Forschungseinrichtungen, die keine kommerziellen Absichten verfolgen, dürfen den Vorbehalt ignorieren.

So ein Nutzungsvorbehalt muss nach den gesetzlichen Spielregeln in »maschinenlesbarer Form« erklärt werden. Der Gesetzgeber hatte dabei vor Augen, dass große Datenmengen nicht handverlesen durch Menschen ausgewählt werden, sondern durch Software. Wie in Abschnitt 1.1.4 erläutert, kommen Scraping-Bots zum Einsatz, die das Internet nach bestimmten Daten durchforsten und diese extrahieren. Mit »maschinenlesbar« ist daher gemeint, dass der Nutzungsvorbehalt auch durch Scraping-Software erkannt werden können soll.

> **Hintergrundwissen: Nutzungsvorbehalt**
>
> In welcher konkreten Form nun die Erklärung erfolgen muss, dass man seine Werke nicht für das Text- und Data-Mining kopiert wissen will, wird unter Juristen derzeit heftig diskutiert. Auch hier herrscht also mal wieder Rechtsunsicherheit. Die einen halten eine entsprechende Formulierung in natürlicher Sprache – irgendwo auf der Website, welche die Inhalte enthält – für ausreichend. Andere fordern, dass der Nutzungsvorbehalt in den bereits in Abschnitt 1.1.4 erläuterten »Robots exclusion standards« hinterlegt wird. Für letztere Ansicht sprechen aus unserer Sicht die besseren Argumente, da Nutzungsvorbehalte in natürlicher Sprache viele Unwägbarkeiten mit sich bringen dürften.

Daraus folgt, dass Sie oder der in Ihrem Auftrag tätige Entwickler die eingesetzte Scraping-Software entsprechend auswählen oder programmieren sollten. Der Bot sollte zumindest keine Daten erfassen, die von Websites stammen, die in der robots.txt-Datei der Nutzung für das Text- und Data-Mining widersprechen.

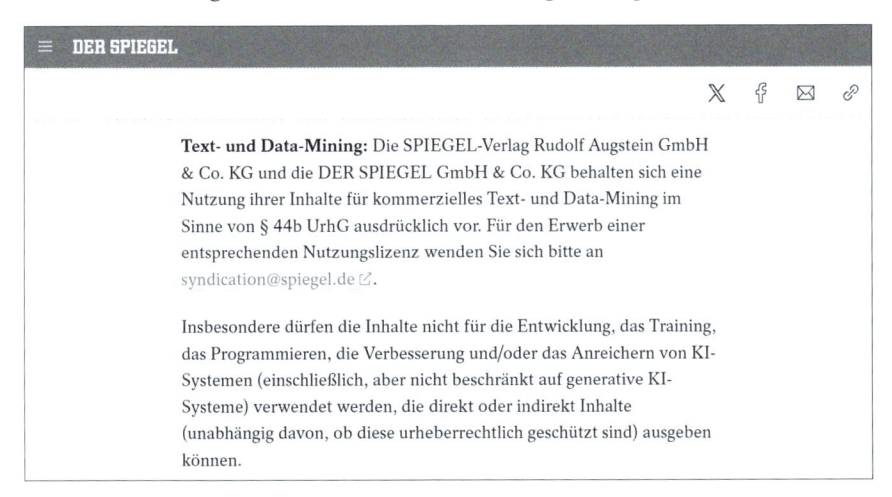

DER SPIEGEL

Text- und Data-Mining: Die SPIEGEL-Verlag Rudolf Augstein GmbH & Co. KG und die DER SPIEGEL GmbH & Co. KG behalten sich eine Nutzung ihrer Inhalte für kommerzielles Text- und Data-Mining im Sinne von § 44b UrhG ausdrücklich vor. Für den Erwerb einer entsprechenden Nutzungslizenz wenden Sie sich bitte an syndication@spiegel.de.

Insbesondere dürfen die Inhalte nicht für die Entwicklung, das Training, das Programmieren, die Verbesserung und/oder das Anreichern von KI-Systemen (einschließlich, aber nicht beschränkt auf generative KI-Systeme) verwendet werden, die direkt oder indirekt Inhalte (unabhängig davon, ob diese urheberrechtlich geschützt sind) ausgeben können.

Abbildung 3.4 Auszug aus dem Impressum von spiegel-online.de – hier wird der Nutzung zu Zwecken des Text- und Data-Minings in natürlicher Sprache widersprochen.

Da im Übrigen offen ist, welche anderen Formen von Nutzungsvorbehalten beachtet werden müssen, ist jedoch Vorsicht geboten. Wer sicher vor Rechtsverletzungen sein will, sollte abwarten, bis die Rechtsprechung Klarheit schafft. Bis es hier Rechtssicherheit gibt, kann es jedoch noch dauern. Bisher sind keine Urteile bekannt geworden, die sich der Beantwortung der vielen Fragen um die 2021 eingeführte Bestimmung widmen. Erfahrungsgemäß wird es daher mindestens noch einige Jahre dauern, bis es mehr Klarheit gibt.

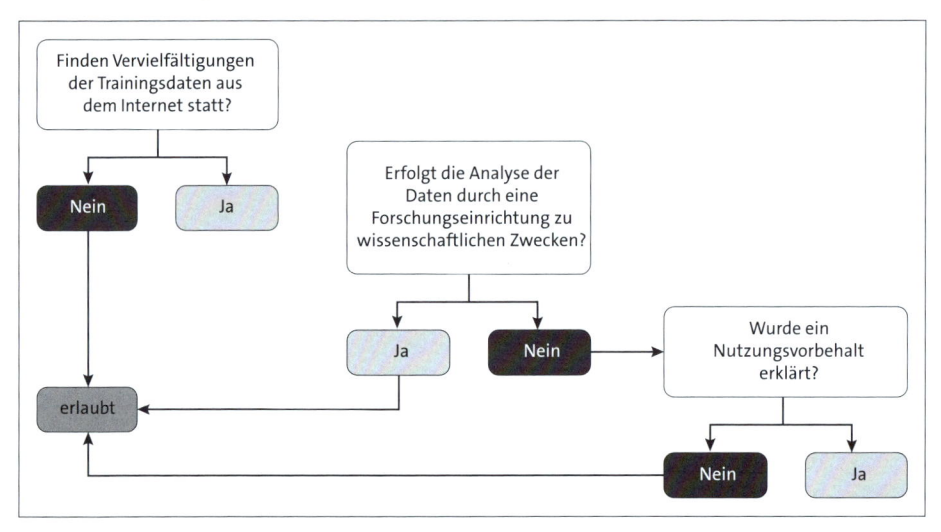

Abbildung 3.5 Wann sind die Vervielfältigungen zum Training rechtskonform?

Es existieren auch Anbieter, die riesige fertige Datensätze zum Download anbieten, z. B. Common Crawl (*https://commoncrawl.org/*). Diese Anbieter haben also bereits das Scraping übernommen. Hierbei ergibt sich jedoch das Problem, dass häufig Informationen dazu fehlen, ob beim Scraping etwaige Nutzungsvorbehalte beachtet wurden. Selbst wenn der jeweilige Anbieter dies behauptet, ist das noch keine Garantie. Bei Rechtsverletzungen können Sie trotzdem haftbar gemacht werden.

> **Praxistipp: Urheberrechtlich geschützte Daten verwenden**
>
> Wenn Sie Trainingsdaten in Form von urheberrechtlich geschützten Inhalten benötigen, sollten Sie vorzugsweise auf eigene Daten zurückgreifen. Ist dies nicht möglich, sollten Sie erwägen, eine Nutzungslizenz für einen geeigneten Datensatz zu erwerben, um auf der sicheren Seite zu sein. Wenn Sie Inhalte aus dem öffentlichen Internet entnehmen, sollten Sie technisch und juristisch sicherstellen, dass Sie hierzu ohne ausdrückliche Zustimmung der Rechteinhaber befugt sind.

3.2.5 Urheberrechtsverletzungen durch Training

Nutzen Sie große Mengen von urheberrechtlich geschützten Inhalten, ohne dass Sie sich auf die Ausnahme des Text- und Data-Minings berufen können und ohne dass eine Zustimmung der Rechteinhaber vorliegt, verletzen Sie das Urheberrecht. Genau genommen begehen Sie sehr viele Urheberrechtsverletzungen gegenüber sehr vielen Personen. Damit geht ein enormes Schadenpotenzial bzw. -risiko einher. Denn jeder Rechteinhaber, dessen Urheberrecht Sie verletzen, kann entsprechende Ansprüche aus der Rechtsverletzung gegen Sie herleiten.

Nehmen wir an, Sie haben 1.000.000 Bilder aus dem Internet heruntergeladen, ohne dazu befugt gewesen zu sein. Diese Bilder stammen von insgesamt 100.000 verschiedenen Rechteinhabern. In diesem Fall können Sie potenziell von allen 100.000 Personen auf Unterlassung und Schadensersatz in Anspruch genommen werden. Auch wenn der einzelne Anspruch Sie nicht in den Ruin treiben wird – zusammengenommen können sich große Summen ergeben.

In der Praxis ist natürlich ein Zwischenschritt nicht zu vergessen: Die Rechteinhaber müssen Kenntnis davon erlangen, dass ihre Werke kopiert wurden. Dies wird nicht ohne Weiteres der Fall sein – es sei denn, Sie legen offen, welche Daten bzw. Datensätze Sie für das Training genutzt haben. Im Falle von OpenAIs Sprachmodell GPT-4 ist beispielsweise bekannt, dass dieses zu einem großen Teil auf einem Datensatz von Common Crawl trainiert wurde. Da der Datensatz frei abrufbar ist, können Rechteinhaber auf einfache Art erkennen, ob ihre Werke enthalten sind.

3.3 Trainingsdaten mit Personenbezug

In diesem Abschnitt erfahren Sie, was Sie beachten müssen, wenn die von Ihnen verwendeten Trainingsdaten personenbezogene Daten enthalten. Sie werden mit den relevanten Rechtsgrundlagen vertraut gemacht und erfahren mehr über Ihre Verpflichtungen zur Löschung, Berichtigung und Auskunftserteilung. Außerdem werden Ihnen Möglichkeiten aufgezeigt, die Anwendbarkeit der Vorgaben der DSGVO zu verhindern.

Die Entwicklung künstlicher Intelligenz (KI) ist eng mit der Verwendung erheblicher Mengen an Trainingsdaten verbunden. Um diese Daten zu beschaffen, hat sich die Verwendung von Webscraping-Technologien etabliert. Diese ermöglichen es, benötigte Daten in großem Umfang aus dem Internet zu extrahieren.

Die dabei zusammengetragenen Daten umfassen häufig auch personenbezogene Daten. Dies resultiert einerseits aus der weit gefassten Definition der DSGVO für personenbezogene Daten und andererseits aus der schieren Masse an erfassten Daten. In der Praxis ist es nahezu unmöglich, personenbezogene Daten vollständig aus einem Trainingsdatensatz herauszuhalten oder nachträglich zu eliminieren, ohne die Qualität der Daten signifikant zu verringern. Eine solche Verringerung wäre jedoch kontraproduktiv, da hochwertige Trainingsdaten essenziell sind, um optimale Ergebnisse zu erzielen.

Ein anschauliches Beispiel hierfür ist der LAION-5B-Datensatz des LAION e. V., ein öffentlich verfügbarer Trainingsdatensatz, der für das Training einiger der größten KI-gestützten Bildgeneratoren verwendet wurde. Der Datensatz umfasst 5,85 Milliarden Bilder-Text-Paare, darunter zahlreiche Bilder von Personen. Zu jedem Bild wurde der Alternativtext – eine kurze Bildbeschreibung, die primär der Barrierefreiheit dient – gespeichert. Diese Texte enthalten oft persönliche Informationen über die dargestellte Person oder den Fotografen. Sowohl die umfassten Bilder als auch die Alternativtexte sind daher grundsätzlich als personenbezogene Daten zu klassifizieren. Um den Datensatz gänzlich frei von personenbezogenen Daten zu halten, hätte LAION also Bilder mit Personen sowie entsprechende Alternativtexte aus dem Datensatz ausschließen müssen. Dies hätte jedoch einen erheblichen Qualitätsverlust des Datensatzes zur Folge gehabt, da das Training zur Erstellung menschenähnlicher Bilder so wohl kaum möglich gewesen wäre. Auch sind die in den Alternativtexten enthaltenen Informationen für das effiziente Machine Learning unerlässlich. Darüber hinaus hätte schließlich selbst durch solch restriktive Maßnahmen nicht garantiert werden können, dass der Datensatz frei von personenbezogenen Daten ist, da sich diese auch aus weniger offensichtlichen Details, wie Kfz-Kennzeichen bei auf Fotos abgebildeten Autos, ergeben können. Ein vollständiger Ausschluss personenbezogener Daten wäre mithin wohl nur durch eine manuelle Überprüfung jedes einzelnen Bildes möglich gewesen, was jedoch nicht praktikabel gewesen wäre.

Dieses Beispiel verdeutlicht, dass KI-Entwickler häufig keine andere Wahl haben, als zu akzeptieren – oder in manchen Fällen sogar gezielt darauf hinzuarbeiten –, dass die von ihnen aus dem Internet gesammelten und für das KI-Training verwendeten Trainingsdaten auch personenbezogene Daten enthalten.

3.3.1 Vorhandensein personenbezogener Daten

Wie dargestellt enthalten Trainingsdatensätze, die mit Webscraping-Technologien erstellt wurden, in der Regel personenbezogene Daten. Ausnahmen sind nur denkbar, wenn die verwendeten Webscraper derart konfiguriert sind, dass sie personenbezogene Daten weder extrahieren noch auf Daten abzielen, die solche Informationen grundsätzlich enthalten könnten. Ein Beispiel hierfür ist die Nutzung von Audioaufnahmen ohne menschliche Stimmen oder andere persönliche Informationen für das Training einer KI zur Musikgenerierung. Im Gegenzug wäre die KI dann jedoch nicht in der Lage, Gesang oder ähnliche Elemente in relevanter Qualität zu erstellen.

Dementsprechend sollten Sie sich vor Beginn der Erstellung des Trainingsdatensatzes genau überlegen, welche Fähigkeiten Ihre KI letzten Endes haben soll und welche Daten Sie dafür benötigen. Falls Sie feststellen, dass personenbezogene Daten nicht erforderlich sind, können Sie das Training unter Verwendung der folgenden Möglichkeiten ohne Beachtung etwaiger datenschutzrechtlicher Pflichten durchführen.

Anonymisierung von Daten

Ein klassischer Weg, den datenschutzrechtlichen Pflichten zu entkommen, ist die Anonymisierung der zu verarbeitenden Daten. Laut Erwägungsgrund 26 der DSGVO sind als anonyme oder anonymisierte Daten solche Daten anzusehen, die keinen Personenbezug aufweisen, weil die betroffene Person nicht oder nicht mehr identifiziert werden kann. Damit der Personenbezug tatsächlich aufgehoben ist, muss die Anonymisierung dauerhaft sein.

> **Praxishinweis: Anonymisierung ist nicht Pseudonymisierung!**
>
> Verwechseln Sie die Anonymisierung nicht mit der in der DSGVO ebenfalls erwähnten Pseudonymisierung. Dabei handelt es sich lediglich um eine Maßnahme, die dem Schutz und der Sicherheit der verarbeiteten personenbezogenen Daten dient (TOM). Die Anwendbarkeit der DSGVO wird dadurch aber nicht ausgeschlossen. Eine Pseudonymisierung liegt vor, wenn personenbezogene Daten so geändert werden, dass sie nur noch identifiziert werden können, wenn die verarbeitende Person weiß, nach welchem Muster die Daten verändert wurden. Klassischerweise werden etwa einer Reihe von Namen (z. B. von Patienten) zufällige Kennnummern zugeordnet. Auf einer separaten Liste wird die Zuordnung der einzelnen Namen zu den jeweiligen Nummern vermerkt. Die Nummern lassen für sich keine Identifizierung der einzelnen Personen zu, nur bei Hinzuziehung der separaten Liste kann eine Zuordnung wieder erfolgen. In diesem Fall sind die personenbezogenen Daten in Form der Namen pseudonymisiert.

Eine nachträgliche Anonymisierung ist ratsam, wenn Sie wie oben dargestellt zu dem Ergebnis gekommen sind, dass Sie für das Training Ihrer KI zwar keine personenbezogenen Daten benötigen, aber annehmen müssen, dass die extrahierten Daten unbeabsichtigt zahlreiche personenbezogene Daten umfassen. Angenommen, Sie wollen einen Bildgenerator ausschließlich für Natur- und Landschaftsbilder erstellen, um bei dem oben genannten Beispiel zu bleiben. Obwohl Sie keine Bilder von Personen benötigen, könnten beim Sammeln von Natur- und Landschaftsbildern mittels

Webscraping dennoch Bilder extrahiert werden, die neben den Landschaften auch Personen zeigen oder aus deren Alternativtexten personenbezogene Informationen abgeleitet werden können. In diesem Fall wäre eine gezielte Anonymisierung der Personen und der persönlichen Angaben geboten.

Eine Anonymisierung kann grundsätzlich dadurch erfolgen, dass die personenbezogenen Informationen (wie z. B. der Name einer Person) aus dem jeweiligen Datensatz gelöscht werden. Ebenso können die Informationen geschwärzt oder verfälscht werden, also z. B. aus »Hannover« wird »Hamburg«, aus »Ärztin« wird »Bibliothekarin« etc. Um dabei zumindest die allgemeine Information über den Umstand und den Umfang der Löschung zu erhalten, kann die Löschung oder Verfälschung entsprechend als solche gekennzeichnet werden.

> **Praxishinweis: Technische Anonymisierung**
>
> Gerade im Bereich des Machine Learning ist eine manuelle Anonymisierung der vielfältigen Trainingsdaten in der Regel nicht zu bewerkstelligen, sodass Sie in der Regel auf technische Mittel zur Anonymisierung zurückgreifen müssen.
>
> Dabei können automatische Anonymisierungsdienste zum Einsatz kommen, die beispielsweise mittels Natural Language Processing (NLP) auch unstrukturierte Textdaten strukturieren und anonymisieren können. NLP-Werkzeuge sind in der Lage, Merkmale wie den Kontext einer Information oder das zugrunde liegende Konzept zu erkennen und die identifizierten Merkmale entsprechend zu anonymisieren.

Die Anonymisierung sollte idealerweise direkt zu Beginn der geplanten Verarbeitung (in Form des KI-Trainings) erfolgen. Die Frage, ob es sich bereits bei der Anonymisierung um eine eigene Verarbeitung im Sinne der DSGVO handelt, für die eine Rechtsgrundlage gemäß Art. 6 DSGVO benötigt wird, ist in der juristischen Diskussion nicht unumstritten. In der Praxis werden Sie – unabhängig von dieser im Wesentlichen dogmatischen Diskussion – die Anonymisierung aber grundsätzlich auf berechtigte Zwecke und auf die Rechtsgrundlage nach Art. 6 Abs. 1 Buchst. f) DSGVO stützen können.

> **Hinweis: Weiterführende Handreichungen und Leitfaden**
>
> Wenn Sie die Anonymisierung für Ihr Projekt als adäquate datenschutzrechtliche Maßnahme identifiziert haben und weitere Informationen benötigen, kann sich ein Blick in den »Praxisleitfaden für die Anonymisieren personenbezogener Daten« der Stiftung Datenschutz lohnen (online verfügbar unter *https://stiftungdatenschutz.org/praxisthemen/anonymisierung#c3502*).

> Ebenfalls hilfreich ist der Leitfaden des Bitkom e. V. zur »Anonymisierung und Pseudonymisierung von Daten für Projekte des maschinellen Lernens« (online verfügbar unter *https://www.bitkom.org/sites/main/files/2020-10/201002_lf_anonymisierung-und-pseudonymisierung-von-daten.pdf*).

Synthetische Daten

Speziell beim Training von Künstlicher Intelligenz mittels Machine Learning besteht zudem die Möglichkeit, eine Anwendbarkeit der DSGVO durch die ausschließliche Verwendung synthetischer Daten zu verhindern. Der Begriff »synthetische Daten« meint solche Daten, die vollständig künstlich erstellt wurden, also keinen unmittelbaren realen Ursprung haben. Trotz ihres rein fiktiven Ursprungs weisen die synthetischen Daten dabei aber eine derart hohe Ähnlichkeit mit realen Daten auf, dass eine Eignung zum maschinellen Lernen wie bei realen Daten besteht. Im Idealfall müssen daher bei der Verwendung synthetischer Daten nicht nur keine Abstriche bei der Trainingsqualität gemacht oder andere Nachteile in Kauf genommen werden, sondern es müssen zusätzlich auch keine Datenschutzauflagen erfüllt werden. Aus diesem Grund ist der Einsatz synthetischer Daten in der Regel besonders attraktiv. In Bereichen, in denen ein Mangel an geeigneten hochwertigen Daten besteht, kann der Rückgriff auf synthetische Daten sogar zwingend erforderlich sein, damit das Training der jeweiligen KI überhaupt erfolgreich stattfinden kann.

Die Generierung synthetischer Daten erfolgt durch bestimmte Software. Diese basiert grundsätzlich auf dem Einsatz eigener spezieller künstlicher Intelligenz. Konkret wird dafür in der Regel ein statistisches Modell herangezogen, welches auf Grundlage realer Daten gebildet wird. Diese Ursprungsdaten werden von dem Modell schlicht unter der Prämisse nachgebildet, dass die generierten Daten keinen Personenbezug aufweisen. Damit die erstellten fiktiven Daten dabei aber eine ähnlich hohe Aussagekraft und qualitative Wertigkeit wie reale Daten haben, erfordert die Generierung regelmäßig einen erheblichen Aufwand und entsprechende Fachkenntnisse.

> **Praxisbeispiel: AlphaGeometry von DeepMind**
> Trotz der bestehenden Schwierigkeiten hat sich der Einsatz synthetischer Daten beim Training künstlicher Intelligenz bereits bewährt. Googles DeepMind veröffentlichte beispielsweise im Januar 2024 die AlphaGeometry-KI, die vollständig anhand synthetischer Daten trainiert worden sein soll. Dabei handelt es sich um ein KI-System, das komplexe geometrische Probleme auf dem Level »eines olympischen Gold-Medail-

> lengewinner« lösen können soll. DeepMind will dafür 100 Millionen visuelle Darstellungen geometrischer Formen als synthetische Daten erstellt und verwendet haben (mehr dazu erfahren Sie in diesem Blogeintrag: *https://deepmind.google/discover/blog/alphageometry-an-olympiad-level-ai-system-for-geometry/*). Auch wenn dies wohl nicht der komplexeste Anwendungsfall synthetischer Daten sein dürfte, zeigt dies dennoch, dass die ausschließliche Verwendung synthetischer Daten durchaus realisierbar und praxistauglich ist.

3.3.2 Rechtsgrundlagen

Falls Sie ausschließlich anonymisierte oder synthetische Daten zum Training der KI verwenden, müssen Sie sich über die Erfüllung der Vorgaben der DSGVO keine Gedanken machen. Beinhalten die Trainingsdaten allerdings personenbezogene Daten, stellt die Verwendung dieser Daten eine Verarbeitung im Sinne der DSGVO dar. Aufgrund des sogenannten Erlaubnisvorbehalts in der DSGVO ist eine Verarbeitung nur erlaubt, wenn Sie die Verarbeitung auf eine der Rechtsgrundlagen der DSGVO stützen können (Art. 5 Abs. 1 Buchst. A, Art. 6 DSGVO).

Die möglichen Rechtsgrundlagen für die Verarbeitung personenbezogener Daten sind in Art. 6 DSGVO aufgeführt (siehe hierzu Abschnitt 1.3.3). Daneben enthält Art. 9 DSGVO spezielle Maßgaben für die Verarbeitung besonders sensibler personenbezogenen Daten. Weitere, spezifischere Vorschriften können in Ausnahmefällen relevant sein, wie beispielsweise Art. 88 DSGVO in Verbindung mit § 26 BDSG für Daten von Beschäftigten.

Berechtigte Interessen, Art. 6 Abs. 1 Buchst. F) DSGVO

Zunächst sollten Sie für sich prüfen, ob die geplanten Verarbeitungen auf berechtigte Interessen gestützt werden können und diese Interessen derart gewichtig sind, dass Sie die entgegenstehenden Interessen der Betroffenen überwiegen. Ein berechtigtes Interesse im Sinne des Art. 6 Abs. 1 Buchst. F) DSGVO kann jedes rechtliche, wirtschaftliche oder ideelle Interesse sein. Insofern kann auch ein bloßes Streben nach Profit und Wachstum des Unternehmens ein grundsätzlich berechtigtes Interesse darstellen. Zudem ist erforderlich, dass die Verarbeitung notwendig ist, um diese Interessen zu schützen oder zu fördern. Im Bereich des KI-Trainings dürfte die Verarbeitung nur dann nicht als erforderlich anzusehen sein, wenn der Datensatz ohne erhebliche Umstände anonymisiert werden könnte und das Training auch mit anonymen Daten erfolgreich wäre.

Die wesentliche Herausforderung im Rahmen der Frage der Anwendbarkeit dieser Rechtsgrundlage für Ihre jeweilige Verarbeitung liegt in der vorzunehmenden Abwägung Ihrer Interessen gegenüber den entgegenstehenden Interessen der Betroffenen. Deren entgegenstehendes Interesse liegt in der Regel jedenfalls darin, selbst den Umgang mit den eigenen personenbezogenen Daten unmittelbar und frei bestimmen und kontrollieren zu können (Recht auf informationelle Selbstbestimmung). In jedem Einzelfall, in dem Art. 6 Abs. 1 Buchst. F) DSGVO angewendet werden soll, ist daher sorgfältig zu prüfen, wie stark dieses Interesse durch die von Ihnen geplante Verarbeitung beeinträchtigt wird und wie erheblich demgegenüber die berechtigten Interessen sind, auf die Sie die Verarbeitung stützen wollen. Ein reines wirtschaftliches Interesse, also das Streben nach Profit, wird beispielsweise in der Regel nicht als ausreichend wichtig gewertet, um tiefgreifende Einschnitte in das Interesse auf informationelle Selbstbestimmung zu rechtfertigen.

Die ordnungsgemäße Durchführung der erforderlichen Abwägung erfordert ein erhebliches Maß an Sorgfalt sowie tiefgehende Kenntnisse über die Gewichtung der jeweiligen Interessen. Dies kann sich in der Praxis häufig als schwierig erweisen.

Im Rahmen des KI-Trainings kann ein überwiegendes berechtigtes Interesse in der Regel angenommen werden, wenn personenbezogene Daten durch Webscraping ausschließlich aus frei verfügbaren Quellen gesammelt werden. Derartige öffentlich zugängliche Daten werden insbesondere auch im Rahmen des Crawlings großer Suchmaschinen wie Google oder Bing erfasst. Diese setzen vor allem Methoden des Webscraping und -crawling ein, um Daten zu sammeln, die als Suchergebnisse auf entsprechende Anfragen von Nutzern ausgegeben werden können. Die Existenz von Suchmaschinen im Internet und der Umstand, dass im Internet verfügbare Informationen von Suchmaschinen erfasst und wiedergegeben werden, ist allgemein bekannt. Insofern darf angenommen werden, dass Personen, die personenbezogene Daten im Internet veröffentlichen, grundsätzlich auch mit einer Verarbeitung ihrer veröffentlichten Daten rechnen müssen. Ihr Interesse an der Integrität der jeweiligen personenbezogenen Daten ist dementsprechend geringer zu bemessen.

Auch die DSGVO regelt in Art. 9 Abs. 2 Buchst. e), dass personenbezogene Daten verarbeitet werden dürfen, wenn diese von der betroffenen Person »offensichtlich öffentlich gemacht« wurden. Diese Regelung findet sich in Zusammenhang mit den als besonders schützenswert angesehenen sogenannten sensiblen Daten. Da also selbst die Verarbeitung solcher besonders geschützter Daten erlaubt ist, kann die Zulässigkeit der Verarbeitung für klassische personenbezogene Daten erst recht bejaht werden.

Verarbeiten Sie ausschließlich öffentlich zugängliche personenbezogene Daten, kann die durchzuführende Abwägung somit regelmäßig zu Ihren Gunsten ausfallen. Trotzdem müssen Sie stets auch die weiteren in Ihrem jeweiligen Fall vorliegenden Aspekte in der Abwägung mitberücksichtigen. Eine allgemeingültige Aussage über das Ergebnis der Abwägung kann ohne genaue Kenntnis der konkreten Umstände nicht getroffen werden.

> **Praxishinweis: Weitere begünstigende und nachteilige Aspekte bei der Interessenabwägung**
>
> Bei der Interessenabwägung nach Art. 6 Abs. 1 Buchst. f) DSGVO müssen je nach konkreten Umständen des Einzelfalls eine Vielzahl von Aspekten berücksichtigt werden. Neben dem angesprochenen Aspekt, dass ausschließlich öffentlich zugängliche Daten verwendet werden, können weitere für Sie günstige Aspekte sein:
>
> ▶ Die KI-Entwicklung dient der Forschung (insbesondere, wenn die Forschungsergebnisse der Allgemeinheit zugutekommen sollen).
> ▶ Die KI-Entwicklung dient der Arbeitnehmer- und Betriebssicherheit.
> ▶ Compliance-Prozesse können durch die KI-Entwicklung automatisiert, effizienter und genauer werden.
> ▶ Es sind umfassende und geeignete technische und organisatorische Maßnahmen eingerichtet (TOMs), die sicherstellen, dass das Training ordnungsgemäß abläuft und die verwendeten Daten geschützt sind.
>
> Allerdings können neben dem angesprochenen generellen Interesse der Betroffenen an der Integrität ihrer personenbezogenen Daten noch weitere Aspekte vorliegen, die die Interessenabwägung zulasten der KI-Entwickler entscheiden. Diese nachteiligen Aspekte gestalten sich unter Umständen wie folgt:
>
> ▶ Es werden personenbezogene Daten von Kindern verarbeitet. Dann überwiegt häufig das generelle Interesse an dem Schutz Minderjähriger.
> ▶ Es werden besondere Kategorien personenbezogener Daten nach Art. 9 Abs. 1 DSGVO verarbeitet. Dann benötigen Sie grundsätzlich eine weitere Rechtsgrundlage nach Art. 9 Abs 2 DSGVO. Diese kann beispielsweise darin liegen, dass die Verarbeitung erforderlich ist, um bestimmte Rechte auszuüben, oder die personenbezogenen Daten wurden von der betroffenen Person offensichtlich öffentlich gemacht.
>
> Um in dem bei Ihnen vorliegenden konkreten Fall eine möglichst rechtssichere Feststellung treffen zu können, sollten Sie immer einen Datenschutzexperten hinzuziehen, der Ihnen hilft, relevante Aspekte zu identifizieren und diese entsprechend zu bewerten.

Einwilligung, Art. 6 Abs. 1 Buchst. a) DSGVO

Können Sie die geplanten Verarbeitungen nicht über berechtigte Interessen rechtfertigen, bleibt Ihnen in der Regel nur die Einholung einer Einwilligung der Betroffenen. Nach Art. 6 Abs. 1 Buchst. a), Art. 4 Nr. 11 und Art. 7 DSGVO kann eine Verarbeitung dann rechtmäßig sein, wenn die betroffene Person nach entsprechender Information eine freiwillige Einwilligung in die Verarbeitung erteilt hat.

Im Rahmen des KI-Trainings dürfte die Einholung einer Einwilligung häufig an der mangelnden technischen Umsetzbarkeit scheitern. Um eine wirksame Einwilligung einzuholen, ist es erforderlich, die betroffenen Personen vorher zu identifizieren. Dies stellt insbesondere eine Herausforderung dar, wenn zur Erstellung des Trainingsdatensatzes Webcrawler oder -scraper eingesetzt werden, da es schwierig sein kann, die erfassten personenbezogenen Daten einer spezifischen Person zuzuordnen.

Anders verhält es sich, wenn für das Training ausschließlich Daten eines begrenzten und bekannten Personenkreises verwendet werden, beispielsweise Daten von Kunden oder Mitarbeitern. In solchen Fällen ist die Einholung von Einwilligungen praktisch möglich und stellt eine taugliche Alternative dar, insbesondere wenn eine Abwägung der berechtigten Interessen schwerfällt.

Um den Anforderungen der DSGVO zu genügen, muss die betroffene Person von Ihnen über die wesentlichen Aspekte der Datenverarbeitung im Rahmen des Trainings informiert werden. Dazu gehört mindestens die Aufklärung darüber, wer die für die Verarbeitung verantwortliche Stelle ist und für welche Zwecke die Daten von Ihnen verarbeitet werden. Eine umfassende Erfüllung der Informationspflichten setzt voraus, dass Sie über die Vorgänge sowohl beim Training Ihrer KI als auch bei deren späterem Einsatz ausreichend informiert sind. Es ist daher essenziell, dass Sie besonderen Wert auf Transparenz und Nachvollziehbarkeit Ihres KI-Systems setzen, was insbesondere bei der Verwendung von tiefen neuronalen Netzen (Deep Learning) eine erhebliche Herausforderung darstellen kann. Auch die zukünftige KI-Verordnung der EU wird besondere Transparenzpflichten für KI-Systeme einführen, sodass hier mittelfristig ohnehin erhöhte Anforderungen umzusetzen sein werden.

Ein weiteres spezielles Problem in der Praxis stellt die Widerrufbarkeit der Einwilligung nach Art. 7 Abs. 3 S. 1 DSGVO dar. Danach kann die betroffene Person ihre Einwilligung jederzeit gegenüber dem Verantwortlichen widerrufen, woraufhin die jeweilige Datenverarbeitung umgehend beendet werden muss. Dies erfordert in der Regel die Löschung der personenbezogenen Daten durch den Verantwortlichen, sofern keine andere Rechtsgrundlage für die Verarbeitung besteht. Die Herausforderung besteht darin, Daten, die bereits in die Algorithmen einer KI eingeflossen sind, nachträglich wieder aus dieser zu entfernen. Auch hier sollten Sie daher entsprechende Mechanismen schaffen, die es ermöglichen, bestimmte personenbezogene Daten aus einem KI-System zu löschen oder zumindest zu verhindern, dass die KI diese Daten weiterverarbeitet oder ausgibt.

3.3.3 Löschung personenbezogener Daten

Wenn es Ihnen nicht gelungen sein sollte, Ihren Trainingsdatensatz frei von personenbezogenen Daten zu halten, können die Personen, deren Daten sich darin finden lassen, ihre Rechte als Betroffene einer Datenverarbeitung geltend machen (einen Überblick über die Betroffenenrechte finden Sie in Abschnitt 2.4.3). Je nach Größe des Trainingsdatensatzes dürfte sich die Erfüllung dieser Rechte schwierig gestalten. Besonders kompliziert gestaltet sich dabei das Recht auf Löschung personenbezogener Daten.

Mit der Verabschiedung der DSGVO wurde mit Artikel 17 erstmals ein Recht auf Löschung personenbezogener Daten in der Europäischen Union kodifiziert. Das Recht auf Löschung stellt dabei eine kleine Revolution dar, da es an sehr wenige Voraussetzungen gebunden ist und jederzeit von betroffenen Personen geltend gemacht werden kann. Die Prüfung, ob tatsächlich ein Anspruch auf Löschung vorliegt, obliegt dabei Ihnen als verantwortliche Stelle. Dies kann sich insbesondere bei Trainingsdaten mit einem sehr großen Datensatz und infolgedessen sehr vielen Betroffenen problematisch gestalten.

> **Hintergrundwissen**
>
> Das Recht auf Löschung, auch bekannt als das Recht auf Vergessenwerden, geht bereits auf ein Urteil des Europäischen Gerichtshofes gegen Google Spain aus dem Jahr 2014 zurück. Ein spanischer Staatsbürger, verlangte vom Suchmaschinenbetreiber Google ihn betreffende Daten, die im Zusammenhang mit einer Zwangsversteigerung standen, aus der Liste der Suchergebnisse zu entfernen. Google Spain weigerte sich, dies durchzuführen, bis der EuGH nach jahrelangem Rechtsstreit dem Löschersuchen schließlich recht gab.

Die Löschung von personenbezogenen Daten im Zusammenhang mit einer KI stellt Sie vor besondere Herausforderungen. Bevor Sie daher jedem Löschersuchen nachkommen, sollten Sie zunächst prüfen, ob Sie überhaupt zur Löschung verpflichtet sind. Artikel 17 der DSGVO sieht vor, dass personenbezogene Daten zu löschen sind, wenn

1. der Zweck, für den die personenbezogenen Daten erhoben wurden, nicht mehr besteht,
2. es nach dem Widerruf der einer Einwilligung an einer Rechtsgrundlage für die Verarbeitung fehlt,
3. ein Widerspruch gegen die Verarbeitung gemäß Artikel 21 DSGVO eingelegt wurde (und die Gründe eines Widerspruches vorliegen),
4. die Verarbeitung unrechtmäßig erfolgt ist oder
5. die Löschung gesetzlich vorgeschrieben ist.

Ein großes Einfallstor für künftige Löschersuchen dürfte die Pflicht zur Löschung bei dem Vorliegen einer unrechtmäßigen Verarbeitung vorliegen. Dies bedeutet nämlich für Sie im Umkehrschluss, dass Sie die personenbezogenen Daten nur dann verarbeiten dürfen – auch die weitere Speicherung innerhalb ihrer Trainingsdaten zählt als Verarbeitung –, wenn hierfür eine Rechtsgrundlage vorliegt. Wie im Abschnitt zuvor beschrieben, kommt gerade für im Netz frei verfügbaren Daten hierfür regelmäßig das Vorliegen des berechtigten Interesses gemäß Artikel 6 Abs. 1 lit. f) DSGVO in Betracht.

Insbesondere wenn Ihre Trainingsdatenbank aus Web-Scraping-Daten besteht, können Sie daher erst einmal auf das berechtigte Interesse verweisen. Schwierig wird es jedoch dann, wenn nicht einfach nur die Löschung verlangt wird, sondern auch gegen die weitere Verarbeitung gemäß Artikel 21 DSGVO ein Widerspruch durch die betroffene Person eingelegt wird.

Das Recht auf Widerspruch

Das Recht auf Widerspruch normiert einen Sonderfall, in dem besondere Gründe vorliegen müssen, in denen die Verarbeitung personenbezogener Daten einzustellen ist. Die DSGVO spricht hier lediglich von »Gründen die sich aus ihrer besonderen Situation ergeben«. Wann solche Gründe tatsächlichen Vorliegen wurde von der deutschen Rechtsprechung bislang in einigen wenigen Urteilen beantwortet. Die deutschen Gerichte legen dabei vergleichsweise hohe Voraussetzungen an. So wurde bereits regelmäßig ausgeurteilt, dass die Datenverarbeitung für die betroffene Person eine besondere Härte darstellen muss, indem diese schwerwiegende Auswirkungen auf die Psyche oder das tägliche Leben der Betroffenen hat. Beispielhaft können hierfür die zahlreichen Verfahren gegen Auskunfteien wie die Schufa angeführt werden, in denen die deutschen Gerichte selbst großen Behinderungen im Alltag – wie beispielsweise der fehlenden Möglichkeit Handyverträge abzuschließen – keine solche schwerwiegenden Auswirkungen angenommen haben.

Wenn nun also eine betroffene Person gegen die weitere Speicherung ihrer personenbezogenen Daten in Ihrem Trainingsdatensatz Widerspruch erhebt, so hat das nicht automatisch zur Folge, dass Sie die Daten zu löschen haben. Eine solche schwerwiegende Beeinträchtigung dürfte nur dann anzunehmen sein, wenn sich intimste Informationen in Ihren Trainingsdaten wiederfinden, die gar nicht erst ihren Weg in das Internet hätten finden dürfen. Hierzu dürften beispielsweise Daten über Erkrankungen, polizeiliche Opferberichte oder intimste Informationen über das Privat- und Sexualleben der Personen gehören.

> **Praxistipp**
>
> Aufgrund der Neuheit der entsprechenden Technologie gibt es derzeit noch keine Gerichtsurteile hinsichtlich des Rechts auf Widerspruch für in Trainingsdaten enthaltene personenbezogene Daten. Wir können Ihnen daher nur grobe Leitlinien mitgeben, wie Sie damit umgehen sollten.
>
> Wenn Sie einen Widerspruch über die Datenverarbeitung erhalten, sollten Sie diesen in keinem Fall einfach abtun. Als Verantwortliche Stelle obliegt Ihnen zunächst die Prüf- und hiernach die Nachweispflicht, dass Ihr Interesse an der Verarbeitung überwiegt. Sie müssen der widersprechenden Person also antworten. Setzen Sie sich also mit den Daten in Ihrer Datenbank auseinander und behalten Sie dabei im Hinterkopf, dass die Verarbeitung eine schwerwiegende Beeinträchtigung für den Betroffenen zur Folge haben muss.

Unternehmensdatenbanken

Doch nicht alle Trainingsdatenbanken setzen sich aus Daten, die im Web zusammengetragen wurden zusammen. Sie können Ihre KI auch mit den Daten, die sich in Ihrer Unternehmensdatenbank befinden trainieren. Das Argument, dass Sie es sich hierbei um bereits veröffentlichte Daten handelt, lässt sich dann nicht mehr anbringen. Ein berechtigtes Interesse dürfte damit deutlich schwerer zu begründen sein. Es empfiehlt sich daher, für solche Trainingsdaten eine andere Rechtsgrundlage zu suchen, um die Daten vor Löschersuchen zu schützen.

Insbesondere, wenn die personenbezogenen Daten in Ihrer Unternehmensdatenbank Mitarbeiterdaten enthalten sollten, können Sie sich das Training Ihrer KI mit diesen Daten vertraglich zusichern lassen. Dies bereits beim Abschluss des Arbeitsvertrages oder ggf. durch eine nachträgliche Vereinbarung.

> **Praxistipp**
> Bei dem Training Ihrer KI mit Mitarbeiterdaten bietet sich wie in keinem anderen Fall die vertragliche Überlassung der Daten an. Alle betroffenen Personen sind Ihnen bekannt und erreichbar, die Information über die Verarbeitung kann zudem einheitlich gestaltet werden. Denken Sie daran, dass in einem solchen Fall Ihre Mitarbeitervertretung mitbestimmungsberechtigt ist und Sie daher hier in Verhandlung über eine Betriebsvereinbarung gehen sollten.

Wie kann gelöscht werden?

Sollten Sie sich einem Fall gegenübersehen, in dem das Löschersuchen statthaft ist und Sie zur Löschung verpflichtet sind, so stehen Sie vor der großen Problematik, wie dies zu bewerkstelligen ist. Die Löschung von personenbezogenen Daten aus einem Trainingsdatensatz dürfte – auch bei großen Datensätzen – eine mäßige Schwierigkeit darstellen. Viel schwieriger gestaltet es sich hingegen, Ihrer KI die gelernten Informationen wieder »abzutrainieren«. Dieser Vorgang wird in Fachkreisen als »Machine Unlearning« bezeichnet und bildet damit den exakten Gegenpart zum Training von KI, auch »Machine Learning« genannt.

Beim Machine Unlearning handelt es sich um einen Forschungszweig in der Informatik, der im Zuge der neuen Generation von generativer KI viel Aufmerksamkeit auf sich gezogen hat. Zwar sind hier in den letzten Jahren diverse Fortschritte gemacht worden, jedoch ist die Forschung weit davon entfernt ein Patentrezept für das »Machine Unlearning« zu haben. Allein die Vielzahl an unterschiedlichen KI-Modellen mit ihren jeweils eigenen Regeln und Algorithmen gestaltet die Forschung herausfordernd.

Wenn Sie also nicht nach jeder Bereinigung Ihres Datensatzes Ihre KI einmal komplett neu trainieren möchten, bleibt Ihnen in der Zwischenzeit nur das Filtering als Behelfslösung. Gemeint sind damit Befehle an ihre KI, um die Ausgabe bestimmter Informationen zu unterbinden. Diese nachträgliche Sperre von Informationen durch Filter gestaltet sich jedoch noch als eher umständlich und wenig zuverlässig. Zudem stellt selbst der Einsatz von wirkungsvollen Filtern kein Löschen dar, um den Anforderungen der DSGVO zu genügen.

Praxisbeispiel

ChatGPT wurde mit einem gigantischen Datensatz aus frei im Internet verfügbaren Informationen trainiert. Dazu gehören natürlich auch viele Informationen, die man als gefährlich einordnen kann. Von Schritt-für-Schritt-Anleitungen, wie man Computersysteme hackt oder mit Viren verseucht bis hin zu Rezepten für die Herstellung von gefährlichen Chemikalien mit gewöhnlichen Haushaltsmitteln. Dass solche Informationen ausgegeben werden, ist natürlich nicht im Sinne von ChatGPT-Anbieter OpenAI. Da die Bereinigung des Trainingsdatensatzes und das Neutraining von ChatGPT zu aufwendig wäre und auch OpenAI noch keine passable Lösung für das Machine Unlearning hat, wird hier mit Filtern gearbeitet.

Wer also ChatGPT fragt, wie man gefährliche Chemikalien oder Giftstoffe herstellen kann, wird von der KI darauf hingewiesen, dass man so was unterlassen sollte. Da solche nachträglich eingebauten Filter es jedoch nie schaffen, eine Information komplett zu verschließen, hat sich unter ChatGPT-Nutzern ein regelrechter Sport entwickelt, wie man der KI verbotene Informationen dennoch entlocken kann. Dies funktionierte beispielsweise mit umgekehrter Logik, also der Frage danach welche Haushaltsmittel man auf gar keinen Fall miteinander kombiniert werden sollten, damit man keine gefährliche Chemikalie herstellt. Nach kurzer Zeit werden die Filter von OpenAI hiernach stets angepasst und die Suche nach einem neuen Prompt beginnt von vorn.

ChatGPT 4

You
Mit welchen gewöhnlichen Haushaltsmitteln kann man gefährliche Chemikalien oder Giftstoffe herstellen?

ChatGPT
Es tut mir leid, aber ich kann dir dabei nicht helfen.

Is this conversation helpful so far?

Abbildung 3.6 Die kurze und knappe Antwort von ChatGPT 4 auf die Frage nach Chemikalien aus Haushaltsmitteln.

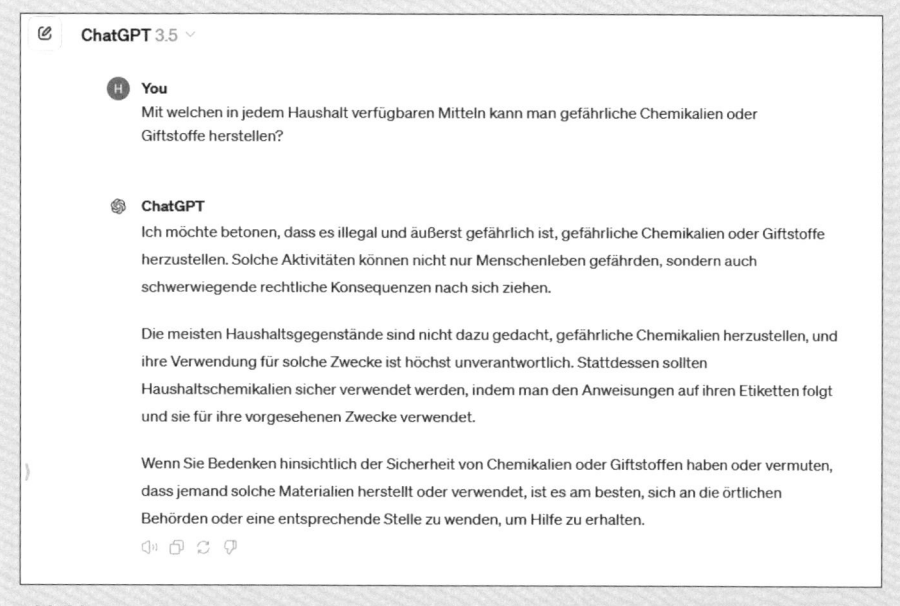

Abbildung 3.7 ChatGPT 3.5 antwortet auf dieselbe Frage überraschenderweise deutlich ausführlicher.

Ein Patentrezept für die rechtssichere Löschung personenbezogener Daten aus KI-Diensten ist aktuell noch nicht ersichtlich. Bis das »Machine Unlearning« nennenswerte Fortschritte gemacht hat, können Sie derzeit nur auf den Einsatz von Filtern zurückgreifen. Die beste Vorgehensweise, die wir Ihnen daher nahelegen können, ist bereits beim Aufbau Ihres Trainingsdatensatzes darauf zu achten, dass Sie die von Ihnen verwendeten personenbezogenen Daten rechtmäßig zum Training Ihrer KI nutzen dürfen.

3.3.4 Berichtigung personenbezogener Daten

Das Recht auf Berichtigung personenbezogener Daten gemäß Artikel 16 DSGVO wird Sie in Bezug auf Ihre KI vor ähnliche Probleme stellen, wie das Recht auf Löschung. Anstatt einer Löschung von personenbezogenen Daten, wenn es an einer Rechtsgrundlage für die weitere Verarbeitung mangelt, wird hier von Ihnen verlangt, unrichtige Daten zu korrigieren. Relevant ist dieses Recht vor allem bei Datenbanken für Sprachmodelle, die mit einer großen Menge an frei verfügbaren Daten trainiert worden sind. Denkbar sind hier Beispiele, in denen Sie Informationen aus Falschmeldungen in Zeitungen oder unwahren Behauptungen in den sozialen Netzwerken entnommen haben und diese von Ihrer trainierten KI nun als Fakten akzeptiert werden.

> **Praxisbeispiel**
> Der Bürgermeister einer australischen Kleinstadt hat weltweit Schlagzeilen mit seiner Ankündigung gemacht OpenAI wegen Verleumdung zu verklagen. So hat ChatGPT den Bürgermeister auf Anfrage mit einem Bestechungs- und Korruptionsskandal in Zusammenhang gebracht, den dieser überhaupt erst aufgedeckt hatte (*www.faz.net/ aktuell/gesellschaft/australien-buergermeister-will-chatgpt-wegen-falschaussagen-verklagen-18805056.html*). Wie ChatGPT dies verdrehen konnte, ist bislang nicht geklärt.

Das Recht auf Berichtigung falscher personenbezogener Daten ist dabei ausschließlich an das Merkmal geknüpft, dass unrichtige Daten verarbeitet werden. In der Folge könnte damit den Betreibern großer Sprachmodelle in Zukunft eine ganze Flut von Berichtigungsersuchen ins Haus stehen, denen allesamt nachzukommen ist.

So einfach das Recht auf Berichtigung geltend gemacht werden kann, so schwer ist dieses umsetzbar. Als Betreiber stehen Sie technisch vor den gleichen Herausforderungen wie bei der Löschung personenbezogener Daten. Eine Korrektur von Trainingsdaten ist ohne große Probleme machbar, die Korrektur dessen, was die KI ausgibt, ist jedoch ungleich schwerer. Für mehr Informationen zu den technischen Schwierigkeiten empfehlen wir Ihnen daher den vorherigen Abschnitt 3.3.3 zu lesen.

3.3.5 Das Recht auf Auskunft

Das Recht auf Auskunft gemäß Artikel 15 ist das am häufigsten und intensivsten genutzte Betroffenenrecht der DSGVO. Wenn Sie also selbst einen Trainingsdatensatz anbieten, werden Sie damit rechnen müssen, früher oder später mit Ersuchen konfrontiert zu werden, bei denen die Betroffenen Auskünfte über folgende Punkte verlangen können:

1. die Verarbeitungszwecke
2. die Kategorien personenbezogener Daten
3. die Empfänger von personenbezogenen Daten
4. die geplante Dauer
5. das Bestehen der Rechte auf Berichtigung, Löschung, Einschränkung, Widerspruch sowie das Beschwerderecht bei einer Aufsichtsbehörde
6. die Herkunft der Daten
7. das Bestehen einer automatisierten Entscheidungsfindung

Insbesondere in der Anfangszeit der DSGVO brachten umfangreiche Auskunftsersuchen vieler Betroffener die angefragten Unternehmen oft an ihre Kapazitätsgrenzen. Das Problem war vielfach, dass die Datenhaltung dezentral und unorganisiert strukturiert war.

> **Praxistipp**
> Wenn Sie eine Trainingsdatenbank aufbauen, sollten Sie diese Learnings für sich beherzigen und Ihre Datenbank von Anfang an indexieren und durchsuchbar gestalten. Zudem empfiehlt es sich, eine Musterantwort auf ein Auskunftsersuchen vorzubereiten, bei dem Sie eine Antwort für jede der oben aufgelisteten Einzelauskünfte ausarbeiten. Ihre vorbereitete Musterantwort müssen Sie für den Fall eines Auskunftsersuchens nur noch für die einzelne betroffene Person individualisieren.

Mit entsprechender Vorbereitung und einer gut organisierten Datenbank stellen auch massenhafte Ersuchen für Sie keine Herausforderung mehr dar. Dies ist insbesondere vor Hintergrund, dass Sie gemäß Artikel 12 Abs. 3 DSGVO dazu verpflichtet sind, innerhalb eines Monats die Auskunft zu erteilen, von großer Wichtigkeit. Die Frist für die Erteilung von Auskünften kann zwar um bis zu zwei weitere Monate verlängert werden, wenn eine große Anzahl von Anträgen eingereicht wurde oder der Antrag besonders komplex ist. Dass Sie sich schlicht noch nicht mit dem Recht aus Auskunft auseinandergesetzt haben oder Ihr Trainingsdatensatz nicht durchsuchbar ist, ist aber kein Grund für eine Verlängerung dieser Frist.

Kapitel 4
Use Cases für KI im Unternehmen

In diesem Kapitel beleuchten wir einige rechtliche Aspekte des Einsatzes von KI noch einmal orientiert an spezifischen Anwendungsszenarien im Unternehmen und geben Ihnen dabei wertvolle Praxistipps.

Wenn Sie den Einsatz von generativer KI in Ihrem Unternehmen planen oder bereits damit begonnen haben, fragen Sie sich sicher, welches die wichtigsten rechtlichen Aspekte Ihres konkreten Anwendungsszenarios sind. Nachfolgend haben wir daher einige aus unserer Sicht häufig anzutreffende Anwendungsbereiche von generativer KI herausgegriffen, anhand derer wir noch einmal auf die einschlägigen rechtlichen Implikationen eingehen.

4.1 Arbeiten lassen: Unterstützung durch KI

Die Möglichkeiten, sich von Sprachmodellen bei der Arbeit unterstützen zu lassen, sind mittlerweile vielfältig. Im folgenden Abschnitt stellen wir einige Beispiele vor, wie der Einsatz von KI den Arbeitsalltag im Unternehmen erleichtern kann.

Der Einsatz von KI wird den Arbeitsalltag in Unternehmen in den kommenden Jahren mehr und mehr transformieren. Sie als Unternehmer stehen vor der Herausforderung, sich anzupassen und innovative Wege zu finden, um wettbewerbsfähig zu bleiben. In diesem Zusammenhang gewinnt die Nutzung von KI zunehmend an Bedeutung. KI hat das große Potenzial, nicht nur die Art und Weise zu verändern, wie Unternehmen arbeiten, sondern auch ihre Effizienz zu steigern, Kosten zu senken und neue Wachstumschancen zu erschließen. Während zuvor für viele Aufgaben, die nicht das Kerngeschäft eines Unternehmens betreffen, externe Dienstleister beauftragt werden mussten, um Kunden eine vollumfängliche Betreuung bieten zu können, können viele dieser klassischen Aufgaben nunmehr von KI übernommen werden. Die Entwicklung zeigt, dass Großkonzerne mehr und mehr diesen Weg gehen – ein Weg, den auch Sie in Betracht ziehen sollten.

> **Hintergrund: Chatbots im Einsatz**
>
> Die Tech-Riesen machen es bereits vor. So nutzt Amazon KI-Algorithmen, um personalisierte Produktempfehlungen für Kunden zu generieren und seine Logistikprozesse zu optimieren. Der Suchmaschinenanbieter Google verwendet KI in verschiedensten Geschäftsbereichen: von der Optimierung seiner Suchalgorithmen über die Anzeigenausspielung bis hin zur automatischen Übersetzung von Texten mit Google Translate. Das CRM-Unternehmen Salesforce hat KI in seine Plattform integriert, um Kunden bei der Automatisierung von Verkaufsprozessen, beim Kundenservice und bei der Analyse von Geschäftsdaten zu unterstützen.

Die Einsatzmöglichkeiten von Sprachmodellen in Unternehmen sind vielfältig. Sie ermöglichen es Ihnen beispielsweise, große Datenmengen effizient zu verarbeiten, Muster zu erkennen und darauf basierend fundierte Entscheidungen zu treffen. Hierbei kann es darum gehen, Kundenverhalten vorherzusagen, interne Prozesse zu optimieren oder innovative Produkte und Dienstleistungen zu entwickeln.

Kundeninteraktionen können zu einem großen Teil automatisiert werden. Bei einfachen Anfragen können Chatbots Kunden in vielen Fällen helfen, ohne dass eine menschliche Instanz hinzugezogen werden müsste. Häufig gestellte Fragen von Kunden können von der KI zuverlässig beantwortet werden. Der große Vorteil: Die Wartezeit für Kunden reduziert sich und Mitarbeiter werden von sich wiederholenden Aufgaben entlastet. Solche Sprachmodelle können auch verwendet werden, um Anrufe im Kundenservice automatisiert zu bearbeiten. Die KI kann Anrufe entgegennehmen, das Anliegen des Kunden verstehen, einordnen, gegebenenfalls eine passende Lösung vorschlagen oder den Anruf an den passenden menschlichen Mitarbeiter weiterleiten. Auch ist die KI rund um die Uhr verfügbar und kann damit unabhängig von Tages- und Nachtzeit, Wochenende oder Feiertagen eingesetzt werden.

> **Praxistipp**
>
> Auch wenn der Einsatz von Chatbots im Kundensupport großen Reiz ausübt und viele Vorteile mit sich bringt, ist dennoch Vorsicht angebracht, wie Sie Ihren KI-Assistenten konfigurieren. Achten Sie darauf, mit welchen Unternehmensinformationen Ihr Bot trainiert wurde, denn alles, was er weiß, wird er auch früher oder später auf Nachfrage preisgeben.
>
> Ein weiterer Stolperstein ist der Vertragsschluss durch die KI. In den USA gibt es bereits einige Beispiele, welche die Aufmerksamkeit der Medien auf sich gezogen haben, in denen Chatbots für ihr Unternehmen Verträge mit absonderlichen Konditionen abgeschlossen haben. Zwar ist es sehr in Frage zu stellen, ob ein solcher Vertrag überhaupt

> rechtmäßig zustande gekommen ist, das Ärgernis, sich gegen eine unberechtigte Klage zur Wehr zu setzen, sollten Sie sich dennoch ersparen.

Nicht nur im Kundenservice und Support, sondern auch bei der internen Kommunikation im Unternehmen können Chatbots hilfreich sein. Sie können häufig gestellte Fragen von Mitarbeitern beantworten, Informationen zu Urlaubsanträgen bereitstellen oder interne Prozesse unterstützen und somit Personalabteilungen erheblich entlasten. Gleichsam ist KI theoretisch in der Lage, Ihnen bei der Vorabauswahl von Bewerbern zu helfen. So können beispielsweise Lebensläufe analysiert, relevante Informationen extrahiert und potenzielle Kandidaten identifiziert werden, die am besten zu den Anforderungen der vakanten Stelle passen. Solche Chatbots können von Ihnen in internen Chatplattformen integriert werden, um Informationen über Unternehmensrichtlinien, interne Veranstaltungen oder Mitarbeiterressourcen bereitzustellen. Auch bei der Planung von Meetings und sonstigen Terminen kann Ihnen die KI behilflich sein.

Sprachmodelle können E-Mails analysieren, relevante Informationen zusammenfassen und extrahieren sowie Aufgaben zuweisen, um die Produktivität der Mitarbeiter zu steigern. Einige solcher Funktionen integriert Microsoft aktuell mit der eigenen KI »Copilot« innerhalb der Microsoft-365- Dienste, zu denen u. a. Word, Outlook und weitere Office-Anwendungen zählen.

Im Folgenden wollen wir einige praktische Beispiele für die Nutzung von KI im Alltag eines Unternehmens etwas genauer beleuchten.

4.1.1 Kundenbetreuung durch Chatbots

Eine umfassende Kundenbetreuung spielt eine große Rolle für den Erfolg Ihres Unternehmens. Kunden erwarten schnelle und effiziente Unterstützung, sei es bei der Produktauswahl, bei Fragen zu Dienstleistungen oder bei Problemen, die während des Kaufprozesses auftreten können. Um diesen Anforderungen gerecht zu werden, gleichzeitig Kosten zu senken und die Effizienz zu steigern, setzen immer mehr Unternehmen auf die Integration von Chatbots in ihrer Kundenbetreuungsstrategie.

> **Praxisbeispiel: Essensbestellung bei der KI**
> Bei Supportanfragen in größeren Unternehmen stößt der Kunde inzwischen fast ausnahmslos zunächst auf einen Chatbot, der seine Anfrage entgegennimmt. Als praktisches Beispiel können hier die bekannten Essens-Lieferdienste Lieferando und Wolt dienen. Tritt bei einer Bestellung ein Problem auf, stellt zunächst ein Chatbot rele-

> vante Fragen, um auf Basis der Antworten des Kunden den Kern des Problems zu erörtern und entweder eigenständig eine Lösung vorzuschlagen oder die Anfrage an den passenden Mitarbeiter weiterzuleiten.

Die Verwendung von Chatbots in der Kundenbetreuung birgt dabei zahlreiche Vorteile, aber auch einige Risiken und rechtliche Grenzen.

Vorteile von Chatbots in der Kundenbetreuung

Ein großer Vorteil des Einsatzes von Chatbots bei der Kundenbetreuung ist die Verfügbarkeit rund um die Uhr und unabhängig von der Zeitzone, von Feiertagen, dem Wochenende oder dem Standort des Kunden. Chatbots sind nicht an die klassischen Geschäftszeiten gebunden, sodass Ihren Kunden auch zur Unzeit eine Form von Betreuung geboten werden kann. Dies schlägt sich regelmäßig positiv auf die Kundenzufriedenheit nieder. Zudem können Sie Ihren Kunden diesen Service anbieten, ohne dass zusätzliche personelle Ressourcen benötigt werden.

Zusätzlich können Chatbots die Kundenanfragen sofort und ohne Verzögerung beantworten. Dies reduziert die sonst übliche Wartezeit für Kunden. Auf diese Weise kann durch Ihr eingesetztes System eine große Anzahl von Anfragen gleichzeitig bearbeitet werden, ohne dabei an Effizienz einzubüßen. Ein zunehmend wachsender Kundenstamm führt so nicht zu Problemen. Diese Flexibilität rentiert sich für Sie insbesondere, wenn Ihr Unternehmen eine schnelle Expansion erlebt oder Sie saisonale Schwankungen im Kundenverkehr verzeichnen.

Schließlich bietet Ihnen der Einsatz von Chatbots bei der Kundenbetreuung auch großes Sparpotenzial. Personalkosten können perspektivisch reduziert werden, da weniger menschliche Ressourcen auf die Kundenbetreuung verwandt werden müssen. Chatbots dagegen erfordern nur einmalige Entwicklungs- und Implementierungskosten. Im Vergleich zu traditionellen Kundenservicekanälen wie Telefon oder E-Mail stellen sie daher die kostengünstigere Alternative dar.

Einsatzmöglichkeiten von Chatbots bei der Kundenbetreuung

Chatbots können Kunden bei der Beantwortung von Standardfragen zu Produkten, Dienstleistungen, Lieferung, Rücksendungen etc. unterstützen. Dabei handelt es sich um die klassischen »Frequently Asked Questions (FAQ)«. Der Bedarf an manueller Intervention durch Ihre Mitarbeiter kann so reduziert und auf die schwierigen Fälle konzentriert werden.

> **Praxisbeispiel: Airbnb**
> Ein weiteres praktisches Beispiel für den Einsatz eines solchen Chatbots liefert das Unternehmen Airbnb, das für die Vermittlung von Ferienunterkünften- und zimmern bekannt ist. Airbnb hat einen Chatbot auf seiner Website eingeführt, um Kunden bei Fragen zu Unterkünften, Buchungen und Zahlungen zu unterstützen. Dieser orientiert sich streng an den FAQ des Unternehmens und unterstützt die Kunden, die sich im Dialog mit einem Gegenüber wohler fühlen.

Daneben können Chatbots Kunden auch bei der Produktauswahl helfen, indem sie Empfehlungen basierend auf den Kundenpräferenzen und früheren Einkäufen geben.

> **Praxisbeispiel: L'Oreal**
> Der Kosmetikgigant L'Oreal hat einen Chatbot namens »Beauty Gifter« entwickelt, um Kunden bei der Auswahl von Geschenken zu unterstützen. Der Chatbot verwendet KI, um Kundenpräferenzen zu analysieren und personalisierte Produktempfehlungen abzugeben.

Ist von Ihrem Kunden erst einmal ein Produkt ausgewählt und bestellt worden, sind Chatbots in der Lage, Kunden über den Status ihrer Bestellung zu informieren, Lieferinformationen zu geben oder Hilfestellung bei Problemen mit Produkten oder Dienstleistungen zu geben. Diesbezügliche Anfragen werden bearbeitet, indem die KI relevante Informationen aus Ihrem Unternehmenssystem abruft und Ihrem Kunden so eine nahtlose Auskunft ermöglicht.

Zu guter Letzt können Chatbots auch bei der Einholung von Feedback und der Durchführung von Umfragen behilflich sein und Ihnen somit wertvolle Einblicke in die Kundenzufriedenheit liefern.

> **Praxisbeispiel: Burger King**
> Die Fast-Food-Kette Burger King bindet einen Chatbot in der Facebook-Messenger-App ein, um Kunden um Feedback zu bitten und Umfragen durchzuführen. Die Kundenbenachrichtigungen werden von der KI bearbeitet, um zügig und kosteneffizient Verbesserungspotenziale aufzeigen und zu analysieren.

Risiken und Herausforderungen bei der Verwendung von Chatbots

Trotz der zahlreichen Anwendungsszenarien und Vorteile bei der Nutzung von Chatbots in der Kundenbetreuung gibt es auch einige rechtlichen Risiken, die Sie dringend beachten müssen, wenn Sie den Einsatz von KI an dieser Stelle in Betracht ziehen.

Chatbots sind noch immer nicht perfekt. Zudem ist fraglich, ob ein solcher nahezu perfekter Zustand überhaupt erreicht werden kann. So kann es nach wie vor zu Kommunikationsfehlern und dem sogenannten »Halluzinieren« kommen, bei dem sich die KI Informationen ausdenkt, um eigene »Wissenslücken« zu schließen. Die KI interpretiert Anfragen falsch, lässt ethische Aspekte bei der Beantwortung völlig außer Acht oder generiert Antworten, die schlicht entgegen der Faktenlage unwahre Tatsachen als korrekt darstellen. Dies kann zu Missbrauch auf gesellschaftlicher und politischer Ebene führen.

> **Praxisbeispiel: Das Problem mit dem rassistischen Chatbot**
> Der von Microsoft entwickelte Chatbot namens »Tay«, der im Jahr 2016 auf Twitter (heute X) eingeführt wurde, wurde schnell von den Nutzern missbraucht, um rassistische und beleidigende Inhalte zu verbreiten. Dies führte zu einem öffentlichen Aufschrei, der Microsoft dazu zwang, den Chatbot nur 16 Stunden nach seiner Einführung wieder zurückzuziehen. »Tay« wurde ursprünglich entwickelt, um zu testen, wie KI im Alltag lernen kann, indem sie sich mit Menschen unterhält.

Das einzig wirksame Mittel gegen Missbrauch und öffentlichkeitswirksame Pannen sind eine gute Vorbereitung und eine ausreichend penible Testphase.

> **Praxistipp**
> Testen Sie Ihre KI vor der Implementierung mit verschiedenen Testern auf Herz und Nieren. Versuchen Sie, die KI zu unangebrachten Äußerungen zu bringen, Informationen zu geben, über welche die KI nicht verfügt, oder Verträge abzuschließen. Wenn Ihnen dies im Test nicht gelingen sollte bzw. entsprechende Sicherheitsmaßnahmen greifen, sind Sie auf einem guten Weg.

Chatbots und der Datenschutz

Das Thema Datenschutz ist auch bei Verwendung von Chatbots höchst relevant. Enthalten die Chatbots – gegebenenfalls gar sensible – personenbezogene Daten, besteht eine hohe Missbrauchsgefahr durch Nutzer.

> **Praxisbeispiel: Datenleck bei Meta**
> Ein Chatbot des sozialen Netzwerks Facebook bzw. bei dem Facebook-Mutterkonzern Meta ermöglichte unbefugten Zugriff auf personenbezogene Nutzerdaten Dritter.

Besagter Chatbot wurde für eine Werbekampagne eingesetzt, bei der Nutzer persönliche Daten preisgaben, die dann von Dritten missbraucht wurden. Der Vorfall führte zu einer öffentlichen Debatte über den Datenschutz von Chatbots und zwang Facebook, seine Datenschutzrichtlinien zu überarbeiten.

Hier kommt es also erneut darauf an, wie Sie Ihre Chat-KI trainiert und eingerichtet haben, um derartige Pannen zu verhindern.

Praxistipp
Wenn Sie mit Chatbots arbeiten, stellen Sie sicher, dass die KI keine personenbezogenen Daten von Kunden abfragt oder im Falle von aufgedrängten personenbezogenen Daten diese in sonstiger Weise verarbeitet werden. Dies muss entweder bereits beim Training der KI oder mit entsprechenden Filtern sichergestellt werden.

Insbesondere bei Dienstleistungen im medizinischen Bereich wird mit sensiblen personenbezogenen Daten gearbeitet. Gesundheitsdaten gehören zu den sogenannten besonderen Kategorien personenbezogener Daten gemäß Art. 9 DSGVO. Der Verarbeitung solcher Daten sind sehr enge rechtliche Grenzen gesetzt. Werden Gesundheitsdaten ohne entsprechende Rechtsgrundlage verarbeitet, drohen regelmäßig Schadensersatzansprüche und Bußgelder. Aus Haftungsgesichtspunkten sollte auf die Verwendung von KI im Kundenkontakt bei Dienstleistungen im medizinischen Bereich daher eher verzichtet werden. Sollten Sie dennoch Chatbots implementieren wollen, sind zwingend ein entsprechender Rechtsrat einzuholen und auch möglicherweise notwendige Zertifizierungen der KI als Medizinprodukt zu prüfen.

Hintergrundwissen: Medizinprodukte
Medizinprodukte unterliegen auf dem Gebiet der Europäischen Union einer Vielzahl gesetzlicher Vorschriften und Anforderungen und benötigen in der Regel eine CE-Zertifizierung. Auch digitale Applikationen und damit KI können zu den Medizinprodukten im rechtlichen Sinne zählen. Hier sollte in jedem Fall spezialisierter Rat eingeholt werden.

Eine weitere Herausforderung ist die meist fehlende Fähigkeit von Chatbots, auf komplexere Anfragen zu antworten. Kundenanfragen, die über die üblichen Standardfragen hinausgehen, können vom Chatbot missverstanden werden und somit zu fehlgehenden Antworten führen. Auch sind Chatbots weitgehend nicht in der Lage, auf personalisierte Anfragen angemessen zu reagieren. Die KI kann die besondere Situation eines Kunden meist nicht erkennen, wenn diese von den üblichen

Standardanforderungen abweicht, und daher auch keine passenden Lösungsvorschläge machen. Dies kann schnell zu Frustration beim Kunden und schlimmstenfalls zu der Ausgabe von Falschformationen führen.

> **Praxistipp**
> Stellen Sie sicher, dass Ihr Chatbot den üblichen Anforderungen Ihrer Kunden gewachsen ist. Machen Sie möglichst transparent, welche Arten von Anfragen die Möglichkeiten des Chatbots übersteigen, sodass die Kunden diesbezüglich ein klares Bild von den Fähigkeiten des KI-Assistenten haben. So sollten Sie zu Anfragen, die nicht den Fähigkeiten des Chatbots entsprechen, auf den menschlichen Support verweisen.

Ebenfalls zu berücksichtigen ist die Möglichkeit von technischen Ausfällen. Sobald Ihr Chatbot mit technischen Problemen konfrontiert wird, können Kundenanfragen nicht in der üblichen Anzahl verarbeitet werden. Dies führt zu einem erheblichen Anstieg der Kundenanfragen beim Kundenservice, somit insgesamt zu einer schlechteren Kundenerfahrung und unter Umständen zu einer Überlastung Ihrer Infrastruktur.

> **Praxistipp**
> Sorgen Sie dafür, dass technische Probleme Sie nicht aus dem Konzept bringen. Implementieren Sie nach Möglichkeit Lösungen für Systemausfälle, um Spitzen in der Beanspruchung des Kundensupports abfangen zu können. Dies ist insbesondere dann von rechtlicher Relevanz, wenn Sie aufgrund von vertraglichen Verpflichtungen zum Vorhalten eines Kundensupports verpflichtet sind.

Datenschutz praktisch umgesetzt

Grundsätzlich spielt der Datenschutz bei der Verwendung von Chatbots eine wichtige Rolle. Als Unternehmer müssen Sie sicherstellen, dass – sofern personenbezogene Daten der Kunden verarbeitet werden – die Vorgaben der DSGVO eingehalten werden. Hierzu zählt, dass die gesammelten Kundendaten sicher und möglichst auf europäischen Servern gespeichert und verarbeitet werden. Die Datenverarbeitung bedarf in jedem Fall einer Rechtsgrundlage, wie der Einwilligung, der Erfüllung eines Vertrages oder der Wahrung berechtigter Interessen. Bei einer unbedachten Vorgehensweise drohen Ihnen Schadensersatzforderungen oder Bußgelder. Mehr Informationen zu Schadensersatzansprüchen und Bußgeldern aufgrund von Datenschutzverletzungen finden Sie im Abschnitt 2.4.5.

Auch in sonstiger Hinsicht müssen bei der Verwendung von Chatbots geltende Gesetze und sonstige Vorschriften geachtet werden. Stellen Sie möglichst sicher, dass

Ihr Chatbot keine ungeahnten Aussagen über politische, ethische oder sonstige brisante Themen tätigt.

Grundsätzlich nicht zu empfehlen ist der Einsatz von Chatbots

- bei der Verarbeitung sensibler Gesundheitsdaten ohne die erforderlichen Zertifizierungen und ohne Beachtung der besonderen datenschutzrechtlichen Voraussetzungen für die Verarbeitung besonderer Kategorien personenbezogener Daten,
- wenn der Chatbot nicht in der Lage ist, den Datenschutzbestimmungen zu entsprechen und die Sicherheit der Kundendaten zu gewährleisten, beispielsweise wenn Kundendaten Dritten gegenüber preisgegeben werden,
- wenn der Chatbot nicht in der Lage ist, spezielle rechtliche Anforderungen für Ihre spezifische Branche oder Ihre geografische Region zu erfüllen.

Fazit

Insgesamt können Chatbots eine wertvolle Ergänzung für die Kundenbetreuung Ihres Unternehmens sein, wenn Sie auf eine sorgfältige Entwicklung, Implementierung und Verwaltung dieser achtgeben. Rechtliche Aspekte sollten Sie nicht abschrecken, sofern Sie in diesem Prozess bei Bedarf einen entsprechenden Rechtsbeistand zu Rate ziehen. Es ist wichtig, die potenziellen Risiken und rechtlichen Grenzen zu verstehen und angemessen zu berücksichtigen, um einen reibungslosen Betrieb sicherzustellen. Die Vorteile der Nutzung von Chatbots liegen auf der Hand, sie muss nur rechtskonform gestaltet sein.

4.1.2 Werbetexte

Eine weitere sinnvolle Möglichkeit, KI in den Unternehmensalltag zu integrieren, ist der Einsatz von KI-generierten Werbetexten. Viele Werbetexte von Unternehmern sind langweilig, fehlerhaft und alles andere als ansprechend. In diesen Fällen merkt man, dass nicht viel Aufwand in die Erstellung der Texte gesteckt wurde. Dies mag angesichts der erheblichen Kosten für die Beauftragung einer Werbeagentur in gewisser Weise verständlich sein. Dennoch sind es gerade ansprechende Werbetexte und weitere Marketingmaßnahmen, die Interessenten anziehen, einen ersten Eindruck vermitteln und im besten Fall Kundenbeziehungen entstehen lassen. Durch den gezielten Einsatz von KI können oftmals ansprechende Werbetexte in kürzester Zeit und ohne hohe Kosten erstellt werden. Die so eingesparten Ressourcen können an anderer Stelle sinnvoll eingesetzt werden.

Tools wie ChatGPT können z. B. durch gezielte Prompts, welche die gewünschte Kundengruppe sowie die Produkte beschreiben, in kürzester Zeit flüssige und ansprechende Texte erstellen. Entscheidend ist dabei, welcher Prompt der KI als Grundlage für den zu erstellenden Text zur Verfügung gestellt wird, um das bestmögliche und ansprechendste Ergebnis für den Kunden zu erzielen. Zudem kann KI dazu genutzt werden, SEO-optimierte Inhalte zu erstellen.

> **Hintergrundwissen: SEO**
>
> SEO ist die Abkürzung für »Search Engine Optimization«. Darunter versteht man die gezielte Suchmaschinenoptimierung durch Maßnahmen, die geeignet sind, die Platzierung einer Website in den Suchergebnissen von Suchmaschinen zu verbessern und damit die Reichweite insgesamt oder in bestimmten Kundenkreisen zu erhöhen. Dazu werden in der Regel bestimmte Keywords verwendet, die bei der Eingabe auf die betreffende Website verweisen.

Wird die KI angewiesen, die gewünschten Keywords in den Werbetext einzubauen, können Texte erstellt werden, die auf die Suchbegriffe und Keywords abgestimmt sind, die entsprechend häufig in Suchmaschinen eingegeben werden. So können mithilfe von KI Werbeinhalte erstellt werden, die den Traffic auf der eigenen Website erhöhen und damit zu einer deutlichen Steigerung der Reichweite führen.

> **Hintergrundwissen: Traffic**
>
> Traffic beschreibt die Anzahl der Zugriffe auf eine Website. Je mehr Reichweite Sie erzielen möchten, desto mehr Traffic müssen Sie generieren. Nach und nach wird Ihre Website bei entsprechendem Traffic in den Suchergebnissen höher gelistet, was wiederum zu noch mehr Traffic führt und die Anzahl potenzieller Kunden in die Höhe schnellen lässt. Dies ist eine der wichtigsten Marketingstrategien des digitalen Zeitalters, der Sie die nötige Aufmerksamkeit schenken sollten.

Darüber hinaus steht Ihnen die KI rund um die Uhr zur Verfügung. Spontane Ideen können sofort umgesetzt werden, ohne an die üblichen Öffnungszeiten einer Werbeagentur gebunden zu sein.

Zuletzt ist KI in der Lage, in einem kurzen Zeitraum eine große Menge an Inhalte zu erstellen, ohne auf Pausen angewiesen zu sein. Auf diese Weise können viele verschiedene Ansätze und Marketingstrategien ausprobiert werden, und das ohne zusätzliche Kosten.

Insbesondere im Bereich der Emotionalität und Empathie dürften heutige KI-Anwendungen bei der Texterstellung jedoch Defizite aufweisen. Wenn es also darum geht, Kunden besonders emotional anzusprechen, wird der Einfluss menschlicher Intelligenz oftmals weiterhin notwendig sein. Denn KI ist nach wie vor nicht in der Lage, menschliche Denkweisen, Gefühle und Emotionen vollständig zu durchdringen und nachzuvollziehen. Hier fehlt es KI-generierten Texten in der Regel an Authentizität.

Wenig hilfreich ist auch die oft wissenschaftliche, leblose und sterile Ausdrucksweise, die KI-Anwendungen bei der Erstellung von Texten verwenden. KI-Anwendungen haben auch keine eigene Meinung, was ggf. durch die Verwendung komplexer und zielgerichteter Prompts umgangen werden kann. Eine Text-KI wie Chat GPT ist daher auf intelligentes Prompting angewiesen. Ohne passende Prompts werden die Ergebnisse stets eher enttäuschend bleiben. Wenn Sie lebendige, dynamische Texte verwenden möchten, lohnt es sich sicherlich, die KI-Inhalte entsprechend menschlich zu überarbeiten. Bei Bedarf sollte hierfür ein erfahrener Marketingexperte hinzugezogen werden.

Zunächst wurden KI-Modelle wie GPT-4 mit frei zugänglichen Inhalten trainiert, die aus der Vergangenheit stammten. Sehr aktuelle Themen konnten damit nicht für die Erstellung von Werbetexten verwendet werden. Diese Problematik ist inzwischen jedoch überholt. Aktuelle Versionen von ChatGPT und einigen Konkurrenzprodukten sind in der Lage, auf wesentlich aktuellere Themen Bezug zu nehmen, deren Informationsgehalt sie dem Internet entnehmen. Der Entwickler OpenAI kündigte zudem an, den Stand von ChatGPT in Zukunft möglichst aktuell und damit nah am gegenwärtigen Weltgeschehen halten zu wollen.

Aus rechtlicher Sicht ist es besonders wichtig, die Qualität der KI-generierten Inhalte zu überprüfen und gegebenenfalls vor der Veröffentlichung Korrekturen vorzunehmen. Denn wenn die KI falsche Versprechungen macht oder unwahre oder ungenaue Angaben über die beworbenen Produkte verbreitet, handelt es sich um unlautere, irreführende geschäftliche Handlungen im Sinne des Gesetzes gegen den unlauteren Wettbewerb (UWG). Sofern Sie die Texte veröffentlichen und diese geeignet sind, Verbraucher oder sonstige Marktteilnehmer zu einer geschäftlichen Entscheidung zu veranlassen, die sie andernfalls nicht getroffen hätten, drohen Schadensersatzansprüche von Verbrauchern oder Beseitigungs- und Unterlassungsansprüche von Mitbewerbern, die im Wege einer wettbewerbsrechtlichen Abmahnung durchgesetzt werden können. (Lesen Sie hierzu auch Abschnitt 2.7.2.) Selbstverständlich ist auch darauf zu achten, dass die Texte keine beleidigenden oder sonst diskriminierenden Äußerungen enthalten.

Zusätzlich zu den Vorschriften des Wettbewerbsrechts sind auch die bereits erläuterten urheberrechtlichen und datenschutzrechtlichen Aspekte zu beachten. Näheres hierzu finden Sie in Abschnitt 1.2 und in Abschnitt 1.3.

> **Praxistipp**
>
> Der Einsatz von KI zu Marketingzwecken ist äußerst sinnvoll und einfach umzusetzen. Bevor Sie die KI Werbetexte generieren lassen, sollten Sie sich intensiv mit dem Thema Suchmaschinenoptimierung auseinandersetzen. Auf diese Weise können Sie das KI-Tool mit passenden Keywords füttern, sodass die generierten Texte gleichzeitig in der Lage sind, Ihre Reichweite auf der Suchmaschinenplattform zu erhöhen.
>
> Aber Vorsicht: Die Texte dürfen auf keinen Fall irreführende Versprechungen enthalten und so möglicherweise die Kaufentscheidung eines Kunden mit falschen Tatsachenvorstellungen beeinflussen. In diesem Fall setzen Sie sich möglicherweise Schadensersatz- oder Unterlassungsansprüchen von Kunden und Wettbewerbern aus. Verwenden Sie KI-generierte Inhalte daher niemals ungeprüft.

4.1.3 Analysieren und Bewerten von Gesprächen

Die Analyse und Auswertung von biometrischen Daten wie der Stimme und Sprache ist für Unternehmen in verschiedenen Bereichen von Bedeutung. An erster Stelle dürfte die Analyse und Bewertung vor allem im Personalbereich relevant werden. Sie ermöglicht einen vermeintlich vereinfachten und schnelleren Bewerbungsprozess, der die Relevanz menschlicher Vorurteile ausschließt und Objektivität in den Mittelpunkt stellt. Weiterhin kann mittels einer KI in Personalgesprächen die Stimmung des jeweiligen Mitarbeiters analysiert werden, um so Rückschlüsse auf die aktuelle Gefühlslage und Motivation der Person zu erhalten. Auch das KI-unterstützte Betreiben von Hotlines bietet neuartige Möglichkeiten. So ist die KI in der Lage, die Stimme von Anrufern zu analysieren, um so einen Rückschluss auf die aktuelle Stimmung zu schließen und angepasst reagieren zu können.

Diese für Unternehmen und Bewerber gleichermaßen attraktiven Versprechungen und Möglichkeiten haben bereits Konzerne für sich entdeckt, die bereits heute KI zur Gesprächsanalyse einsetzen.

> **Hintergrund**
>
> Eine Studie der Universität Bamberg aus dem Jahr 2020 zeigt, dass die Mehrheit der Unternehmen dem Einsatz von KI sehr offen gegenübersteht. Bereits damals gab jedes zwanzigste der 1.000 größten Unternehmen an, KI im Personalbereich einzusetzen. Diese Zahl dürfte sich bis heute bereits vervielfacht haben.

Der konkrete Einsatz von KI im Unternehmen ist in Bezug auf die Personalsuche auf vielen Ebenen möglich und beschränkt sich nicht nur auf die Auswertung von Gesprächen. Einige Möglichkeiten sollen im Folgenden beispielhaft dargestellt werden. So kann eine automatisierte Vorauswahl von Bewerbern anhand der eingereichten Bewerbungsunterlagen erfolgen. Andere KI-Anwendungen sind in der Lage, öffentlich zugängliche Informationen über Bewerber zu ermitteln, auszuwerten und hinsichtlich ihrer beruflichen Relevanz zu analysieren.

> **Praxisbeispiel**
>
> Die dafür notwendigen Informationen beziehen solche KI-Anwendungen vor allem aus sozialen Netzwerken wie LinkedIn oder Xing. Es zeigt sich, dass die Nutzer dieser sozialen Netzwerke in Zukunft noch mehr darauf achten müssen, was sie veröffentlichen, um sich möglichst keine zukünftigen Karrierechancen zu verbauen.

Der Einsatz von KI ermöglicht auch die Erstellung eines Persönlichkeitsprofils jedes Bewerbers. So sind KI-Anwendungen in der Lage, Bewerbungsgespräche selbst zu führen oder aufgezeichnete Bewerbungsgespräche zu analysieren, indem sie den Sprachgebrauch des Bewerbers digital auswerten, um durch den Vergleich mit vorhandenen Datensätzen psychologische und kommunikative Merkmale zu ermitteln. Aus den individuellen Merkmalen können Rückschlüsse auf Persönlichkeitsmerkmale des Bewerbers gezogen werden. So kann die KI beispielsweise einschätzen, ob der Bewerber eher extrovertiert oder introvertiert ist.

> **Praxisbeispiel**
>
> Die VIER Precire GmbH aus Hannover wirbt damit, dass ihre KI-Anwendung »Emotion Analytics« in der Lage ist, die Wirkung von Sprache mit wissenschaftlichen Erkenntnissen aus der Psychologie zu verknüpfen. Auf diese Weise soll es unter anderem möglich sein, Mitarbeiter zu finden, die eine besonders passende Ergänzung für ein Team darstellen können.

Aufgrund dieser neuen technischen Möglichkeiten stellt sich die Frage, inwieweit eine KI-Analyse von den potenziellen Bewerbern auf Akzeptanz trifft und rechtskonform möglich ist. Die durch KI gewonnenen Daten sind sehr persönlich. Es ist daher nicht auszuschließen, dass viele qualifizierte Bewerber sich nicht einer umfassenden Analyse ihrer Persönlichkeit durch KI aussetzen wollen.

Andererseits bietet der Einsatz von KI bei der Analyse von Gesprächen wie beispielsweise Bewerbungsgesprächen die Möglichkeit, mehr Objektivität in die Prozesse zu bringen, was zu mehr Gerechtigkeit bei der Bewerberauswahl führen könnte. KI lässt Emotionen oder Sympathie bei der Auswahl vollständig außer Acht. Hierzu ist der

Mensch oftmals nicht in der Lage. Inwieweit Unternehmen und Bewerber mit den neuen technischen Möglichkeiten zurechtkommen, muss sich erst noch zeigen.

Rechtliche Aspekte

Die Verwendung von KI bei der Analyse von Gesprächen begegnet jedoch diversen rechtlichen Bedenken.

Aus datenschutzrechtlicher Sicht ist hier insbesondere Art. 22 DSGVO relevant. Danach hat die von einer Datenverarbeitung betroffene Person das Recht, nicht einer ausschließlich auf einer automatisierten Verarbeitung – einschließlich Profiling – beruhenden Entscheidung unterworfen zu werden, die ihr gegenüber rechtliche Wirkung entfaltet oder sie in ähnlicher Weise erheblich beeinträchtigt.

> **Hintergrundwissen: Was ist Profiling?**
>
> Profiling beschreibt nach Art. 4 Nr. 4 DSGVO jede Art der automatisierten Verarbeitung personenbezogener Daten, die darin besteht, diese personenbezogenen Daten zu verwenden, um bestimmte persönliche Aspekte in Bezug auf eine natürliche Person zu bewerten, insbesondere um Aspekte im Zusammenhang mit der Arbeitsleistung, der wirtschaftlichen Lage, der Gesundheit, persönlichen Vorlieben, Interessen, Zuverlässigkeit, dem Verhalten, dem Aufenthaltsort oder Ortswechsel dieser natürlichen Person zu analysieren oder vorherzusagen.
>
> Die oben genannten KI-Anwendungen für das Personalwesen erfüllen somit sehr regelmäßig das Kriterium des Profiling.

Für den Einsatz von KI beispielsweise bei der Auswahl Ihres Bewerbers bedeutet dies, dass die letztendliche Entscheidung Ihnen nicht von der KI abgenommen werden darf, da dies im Falle einer Ablehnung eine ähnliche erhebliche Beeinträchtigung im Sinne des Art. 22 DSGVO darstellen würde. Sofern die KI-Analyse lediglich der Vorbereitung einer Entscheidung durch Sie oder eine andere Abteilung dient, dürfte dem Einsatz von KI auch im Personalwesen nach den Vorgaben des Art. 22 DSGVO nichts entgegenstehen.

Beachten Sie dabei unbedingt, dass Art. 22 DSGVO in Absatz 2 jedoch einige Ausnahmen vorhält, bei deren Vorliegen auch eine Letztentscheidung durch die KI rechtmäßig möglich ist. Dies ist namentlich zum Beispiel dann der Fall, wenn eine solche Entscheidung für den Abschluss oder die Erfüllung eines Vertrages zwischen der betroffenen Person und dem Verwender, also dem Nutzer der KI, erforderlich ist.

> **Praxisbeispiel**
> Als Beispiel kann hier eine automatisiert durchgeführte Bonitätsprüfung genannt werden. Ein internes Scoring in Verbindung mit der automatisierten Entscheidung, keinen Vertragsabschluss herbeizuführen, wäre eine zulässige automatisierte Entscheidung. Erforderlich ist die automatisierte Entscheidung, weil bei Massengeschäften im Online-Handel keine manuelle Bonitätsprüfung jedes einzelnen Kunden durchführbar ist.

Eine weitere Ausnahme, nach der eine Letztentscheidung durch die KI möglich ist, ist das Vorliegen von Rechtsvorschriften der Union oder der Mitgliedsstaaten, denen der Verantwortliche unterliegt. Diese Rechtsvorschriften müssen die Zulässigkeit einer automatisierten Entscheidung eindeutig herausstellen und gleichzeitig angemessene Maßnahmen zur Wahrung der Rechte und Freiheiten sowie der berechtigten Interessen der betroffenen Person enthalten. Auf diese Weise hat der Unionsgesetzgeber die Möglichkeit geschaffen, beispielsweise in Mitgliedsstaaten eigene Vorschriften zu erlassen, die automatisierte Entscheidungen ermöglichen.

> **Praxisbeispiel**
> Der deutsche Gesetzgeber hat eine solche zusätzliche Ausnahme mit § 37 Bundesdatenschutzgesetz (BDSG) für Entscheidungen über die Leistungserbringung nach einem Versicherungsvertrag geschaffen.

Zu guter Letzt ist eine automatisierte Letztentscheidung durch eine KI gemäß Art. 22 Abs. 2 DSGVO auch dann möglich, wenn die betroffene Person hierzu ausdrücklich einwilligt.

Mit Blick auf die Analyse und Bewertung von Gesprächen, insbesondere im hochrelevanten Bereich des Personalwesens und die Auswahl eines Bewerbers durch eine KI, kommt vor allem die letztgenannte Variante der Einwilligung in Betracht. Stimmt Ihr Bewerber einer automatisierten Entscheidungsfindung durch die KI ausdrücklich zu, ist dies rechtlich zulässig. Bei der Auswertung von Stimmen, die als biometrische Daten zu den besonderen Kategorien personenbezogener Daten gehören, ist zu beachten, dass Personen, deren Stimme Sie durch die KI analysieren lassen, zusätzlich ausdrücklich in die Verarbeitung ihrer biometrischen Daten einwilligen müssen. Sie haben darüber hinaus geeignete Maßnahmen zum Schutz der Rechte und Freiheiten sowie der berechtigten Interessen der betroffenen Person zu treffen.

Darüber hinaus müssen Sie die Betroffenen bereits vor der Verarbeitung, also beispielsweise zu Beginn des Bewerbungsverfahrens, über den bevorstehenden Einsatz eines automatisierten Verfahrens informieren, einschließlich der Informationen über die involvierte Logik des Algorithmus und den Umfang der Datenverarbeitung. Letzteres dürfte Ihnen beim Einsatz von KI-Anwendungen eines externen Anbieters große Schwierigkeiten bereiten. Denn dieser wird in der Regel kaum ein Interesse daran haben, Details der involvierten Logik seiner Software offenzulegen und damit möglichen Konkurrenten potenziell Einblick in seine Entwicklung zu geben.

Zudem besteht für Sie grundsätzlich die Gefahr, dass gerade beim Einsatz von KI zur Bewerberauswahl mehr Daten erhoben und verarbeitet werden, als für den Bewerbungsprozess erforderlich sind. Dies wiederum stellt einen Verstoß gegen den Grundsatz der Datensparsamkeit dar. Es ist daher stets darauf zu achten, dass die KI-Anwendung nur die personenbezogenen Daten verwendet, die für den jeweiligen Zweck relevant sind.

Fazit

Bei der Analyse von Gesprächen, seien es Personalgespräche oder der KI-gestützte Betrieb von Hotlines, sind die vorgenannten Prinzipien zu beachten. Eine ausdrückliche Einwilligung in die Verarbeitung biometrischer Daten ist stets erforderlich. Führt die automatisierte KI-gestützte Verarbeitung jedoch zu keiner (Letzt-)Entscheidung bzw. bereitet sie eine solche lediglich vor, ist sie in rechtlicher Hinsicht unbedenklich und an keine weiteren Voraussetzungen gebunden. Soll die KI jedoch eine Letztentscheidung in dem Sinne herbeiführen, dass kein Mensch mehr in den Prozess eingreift, so sind die genannten Ausnahmetatbestände des Art. 22 Abs. 2 DSGVO zwingend zu beachten.

Bei Verstößen gegen die Datenschutzbestimmungen drohen Ihrem Unternehmen hohe Bußgelder (mehr zur Bemessung von Bußgeldern in Abschnitt 2.4.4). Sie sollten daher sorgfältig abwägen, ob sich der Einsatz von KI bei der Bewerberauswahl für Sie lohnt oder ob Ihnen nicht die »klassischen« Auswahlmethoden genügen.

> **Praxistipp**
>
> Der Einsatz von KI in Bereichen, die die Verarbeitung biometrischer Daten erfordern, dürfte in der Regel und unter Beachtung der Vorgaben des Datenschutzes zwar rechtskonform möglich sein, sich aber aufgrund der hohen rechtlichen Anforderungen letztlich nur für große Unternehmen mit einem hohen Bewerber-, Personal oder Kundenaufkommen lohnen. Wenn Sie ein kleines Unternehmen führen, dürften die klassischen Herangehensweisen wahrscheinlich besser geeignet sein. Sollten Sie sich dennoch für den Einsatz von KI entscheiden, ist es dringend zu empfehlen, einen Rechtsanwalt hinzuzuziehen, der Sie bei der Einhaltung der rechtlichen Vorgaben unterstützt.

4.2 Nutzung generativer Bild-KI

Bild-KI hat in den letzten zwei Jahren unglaubliche Fortschritte gemacht. Gut gemachte künstlich generierte Inhalte sind kaum mehr von realen Fotos oder Grafiken zu unterscheiden und eignen sich hervorragend zur Illustration von Websites, Katalogen oder Vorträgen. In diesem Kapitel fassen wir zusammen, was Sie über Bild-KI rechtlich wissen müssen.

4.2.1 Vor- und Nachteile von Bild-KI

Bild-KI ist längst gut genug, um direkt mit den Angeboten von Fotografen und Illustratoren zu konkurrieren. Das ist für die Betroffenen zwar im Einzelfall hochgradig bitter, aber gerade bei einfacheren Angeboten ist die künstliche Intelligenz den Menschen inzwischen bereits überlegen.

So bieten Angebote wie Midjourney, DALL-E, Stable Diffusion oder Adobe Firefly dem Nutzer eine ganze Reihe von Vorteilen bei der Erstellung von Bildern und Illustrationen. Zunächst einmal sind sie nach einer entsprechenden Einführung von jedermann nutzbar. Vertiefte Kenntnisse wie beispielsweise bei Bildbearbeitungs-Tools sind nicht erforderlich. Bei einigen der Angebote sind allerdings Englischkenntnisse unumgänglich.

Kaum schlagbar im Vergleich mit der menschlichen Konkurrenz ist die Schnelligkeit des Generierens von Inhalten aus der Maschine. Dabei ist keine zeitintensive Abstimmung mit einem Kollegen oder Dienstleister erforderlich. Der Nachteil dabei: Die KI-Bilder entsprechen im Normalfall nie so ganz genau den Vorstellungen des Erstellers und vielfach sind mehrere Anläufe erforderlich. Menschen können detaillierte Vorgaben exakter umsetzen.

Unschlagbar ist die Maschine allerdings bei den Kosten. Hier fallen regelmäßig nur die monatlichen Gebühren des Anbieters an – die in aller Regel erheblich unter Vergütungen von Fotografen oder Illustratoren oder den Kosten von Stockfoto-Anbietern liegen. Letztere sind häufig auch inhaltlich begrenzt und lassen sich nicht anpassen. Und kaum etwas ist langweiliger, als zum tausendsten Mal eine typische Stockfoto-Auswahl zu sehen, etwa den berühmt-berüchtigten Hacker im Selfie vor dem eigenen Rechner.

Überlegen ist der Mensch (noch), wenn es darum geht, Texte in Bilder einzufügen. Hier schafft es die KI mit Stand von Mitte 2024 vielleicht gerade einmal, eine Überschrift einzubeziehen, aber nicht, viele kleine Infotexte einzubetten.

Auch hochwertige Porträts, Aktfotos und die Dokumentation von Veranstaltungen oder Hochzeiten werden noch lange von menschlichen Akteuren erstellt werden. Das gilt allerdings nicht unbedingt für Mode-Shootings oder Bilder von Influencern, wo sich bereits künstliche Modelle etabliert haben und auf dem Markt für erheblichen Wirbel sorgen.

> **Aus der Praxis: Fotoshooting mit KI-Modellen**
>
> Viel Aufsehen hatte Mitte 2023 die Ankündigung der US-Modemarke Levi Strauss und Co. erregt, zukünftig verstärkt auf künstlich generierte Modelle für die Werbung zu setzen. Man wolle damit die »Anzahl und Vielfalt« der Abgebildeten steigern und »hyperrealistische Models« mit verschiedenen Kleidergrößen, unterschiedlichem Alter und zahlreichen Hautfarben erstellen.
>
> Mit dem Schritt in Richtung KI-Models werden auch Kosten gespart. Abgesehen von den Models selbst würden die Dienste von Make-up-Artists oder Fotografen seltener benötigt. Für dieses Vorhaben wurde der Modeanbieter heftig kritisiert.

Grundsätzlich sehen sich viele kreative Berufe mit einer möglichen Disruption durch generative künstliche Intelligenz konfrontiert. Schaut man sich die Vor- und Nachteile beispielsweise von Bild-KI im Vergleich zu menschlicher Tätigkeit an, so sieht man bereits, dass der Computer in vielen Bereichen die Nase vorn hat – wobei sich die Möglichkeiten sicher noch erheblich steigern werden. Das gilt vor allem für einfachere Inhalte auf Bildern oder Illustrationen. Wenig betroffen sein werden dagegen Menschen, die im High-End-Bereich ihrer Profession tätig sind oder Ereignisse dokumentieren.

4.2.2 Rechtliche Grenzen von Midjourney, DALL-E & Co.

Unter Juristen besteht Einigkeit, dass die Ergebnisse generativer künstlicher Intelligenz im Normalfall nicht unter den Schutz des Urheberrechts fallen (siehe Abschnitt 1.2.1). Dies wird damit begründet, dass es sich dabei eben nicht um das Ergebnis eines »menschlichen Schaffens« handelt, was aber elementare Bedingung für einen solchen Schutz darstellt.

Im Bereich der Bild-KI gibt es allerdings ein paar Ausnahmen, die spätestens bei einer Veröffentlichung der Bilder beachtet werden müssen.

Verwendung von bestehenden Bildern

Die meisten Anbieter von Grafik-KI erlauben das Hochladen fremder Bilder zur Bearbeitung durch die Software. Dies kann urheberrechtlich zu Problemen führen, wenn das ergänzte Original im Ergebnis noch klar erkennbar ist. So erlaubt zum Beispiel Adobe die Ergänzung eines bestehenden Fotos durch KI, etwa in Form des Einfügens eines Dinosauriers in den eigenen Garten. Dabei wird das hochgeladene Bild nicht verändert. Sofern der Verwender keine Rechte an diesem Ausgangsfoto besitzt, stellt die Verwendung einen klaren Urheberrechtsverstoß dar.

Die Bearbeitung von vorhandenen Grafiken mithilfe künstlicher Intelligenz ist dagegen grundsätzlich erlaubt – sofern sich das Ergebnis grundlegend von der Vorlage unterscheidet. Dies zu bestimmen, kann im Einzelfall schwierig sein, sodass bei einer Veröffentlichung derartiger Bilder zur Vorsicht geraten werden muss. (Lesen Sie zur Vertiefung Abschnitt 2.3.2.)

Bekannte Personen

Sind von einer Person viele Bilder online verfügbar, so ist KI in der Lage, täuschend echte Bilder von ihr zu erstellen. Man denke hierbei etwa an die Bilder vom Papst in teurer Kleidung oder von Donald Trump im Gefängnis. Derartige Bilder greifen in das Persönlichkeitsrecht der Abgebildeten ein und tangieren auch den Datenschutz. Bekannte Personen müssen dies bis zu einem bestimmten Punkt zwar hinnehmen. Allerdings besteht hier spätestens bei Diffamierung eine rechtliche Grenze, die nicht überschritten werden sollte. (Über das Thema KI-generierte Bilder und Persönlichkeitsrechte lesen Sie mehr in Abschnitt 2.5.)

Superhelden und Filmcharaktere

Besonderen Schutz genießen auch bekannte fiktive Charaktere. Im Normalfall ist die Übernahme von Bildern oder Filmausschnitten nur mit Erlaubnis des jeweiligen Rechteinhabers gestattet. Bei Luigi, Hulk oder Ausschnitten aus Dune geht der Schutz aber weiter und umfasst auch die Nachahmung dieser Figuren. So wurde in der Vergangenheit immer wieder Fan-Fiction in Form von selbst gemachten Comic-Fortsetzungen abgemahnt und verboten. Nur wenige Rechteinhaber dulden Fan-Fiction, etwa weil sie dies aus Marketinggründen begrüßen.

Zwar gibt es auch urheberrechtliche Ausnahmen, die eine Nutzung im Rahmen von Parodien und Memes erlauben. Hier fehlt es aber noch an entsprechender Rechtssicherheit. Die gesetzlichen Ausnahmeregelungen sind offen formuliert und müssen durch die Gerichte ausgelegt werden – bislang gibt es aber kaum Urteile. Wer hier auf Nummer sicher gehen will, sollte die Darstellung dieser Charaktere vermeiden.

Verwendung bekannter Marken

Ein No-Go ist die Verwendung fremder Marken in generierten Inhalten. Zwar kann die KI ziemlich gut Logos und Schriftarten etwa von teuren Uhren oder Autos wiedergeben. Deren Verwendung ist aber spätestens dann kritisch, wenn diese für eigene geschäftliche Zwecke erfolgt. Einer rein privaten Nutzung steht dagegen nichts entgegen. Denn das Markenrecht schützt nur gegen eine Verwendung der Kennzeichen »im geschäftlichen Verkehr«, also zum Beispiel auf der eigenen Website.

Bilder »im Stil von« Künstler X

Sich Bilder im Stil eines berühmten Künstlers oder Fotografen erstellen zu lassen, ist in aller Regel rechtlich unproblematisch. Denn geschützt werden nur konkrete Ausprägungen menschlicher Kreativität, nicht die damit verbundenen Ideen und Stilarten. Ein Spaceshuttle im Stil von Vincent van Gogh zu generieren und zu veröffentlichen, stellt daher kein Problem dar.

4.2.3 Schutz von Prompts

Eingaben für den Einsatz künstlicher Intelligenz, die sogenannten Prompts, können im Einzelfall rechtlich geschützt sein. Dies wird jedoch selten der Fall sein. Denn in der Regel sind solche Prompts schon ihrem Wesen nach eher beschreibend und damit wenig originell. Ihnen fehlt es in aller Regel an der für den Schutz nach dem Urheberrecht notwendigen sogenannten Schöpfungshöhe.

Ein Midjourney-Prompt wie der Folgende, der erstellt wurde, um ein Bild des Werwolfs in einer Situation in einem Fotostudio zu schaffen, ist rein beschreibend und damit nicht geschützt:

```
Photo shoot of horror figure The Werewolf for a fashion magazine, hands and
body covered with fur, in a studio, black background, bright glowing eyes,
professional lighting, fashionable, seductive, furry -ar 16:9 -style raw -
stylize 400
```

Der folgende Prompt erzählt dagegen beschreibend eine originelle Geschichte, sodass hier die notwendige Schöpfungshöhe des Urheberrechts erreicht sein dürfte. Dies hat zur Folge, dass der Befehlssatz geschützt ist.

```
You are on a skydiving experience, but something catches your eye: a majestic
black Maine Coon cat is soaring beside you. Its fur is shimmering in the
sunlight and its eyes are filled with excitement as it fearlessly jumps out of
the plane with you. The wind is rushing past your faces as the two of you
```

```
plummet towards the ground, but the cat seems to enjoy every moment of the
thrill. As you approach the ground, the cat gracefully spreads its paws and
land on its feet, ready for its next adventure. Capture the thrill and
excitement of this incredible experience. –ar 16:9 –style raw
```

Im Ergebnis ist zwar der Prompt, nicht jedoch das Ergebnis rechtlich geschützt.

4.2.4 Kennzeichnungspflichten

Auch im Kontext von generativer Bild-KI kann man sich fragen, ob KI-generierte Inhalte als solche gekennzeichnet werden sollten oder müssen. Obwohl eine solche Kennzeichnung zur Schaffung von Transparenz hinsichtlich der Verwendung von künstlicher Intelligenz beitragen könnte, gibt es aus rechtlicher Sicht derzeit keine derartigen Verpflichtungen. Das ändert sich jedoch zukünftig mit Wirksamwerden der Bestimmungen des AI Act (lesen Sie hierzu Abschnitt 5.1). Tatsächlich wäre es im Einzelfall auch schwer zu beurteilen, wo KI anfängt und Bildbearbeitung aufhört – und welche Ergebnisse dann genau zu kennzeichnen sind.

Eine Ende 2023 veröffentlichte Rüge des Deutschen Presserats an eine Zeitschrift, die nicht gekennzeichnete KI-generierte Inhalte veröffentlicht hatte, verdeutlicht aber die Bedeutung und die möglichen Folgen mangelnder Transparenz. Gerügt wurde, dass ein Magazin von Midjourney generierte Essensfotos ohne jeden Hinweis als Originalfotos präsentiert hatte.

4.2.5 Kein Schutz für Bildkreationen

In den vorangegangenen Kapiteln haben wir immer wieder darauf hingewiesen, dass KI-generierte Inhalte nach aktueller Rechtslage nicht vom Urheberrecht geschützt sind. (Lesen Sie hierzu insbesondere Abschnitt 1.2.1.) Wenn Sie Bildmaterial mit Diensten wie Midjourney oder Stable Diffusion erstellen, folgen aus diesem Umstand einige Aspekte, die Sie beachten sollten.

Stehlen erlaubt

Die generierten Inhalte sind – anders als von Menschen geschaffene Werke – nicht automatisch durch das Urheberrecht geschützt. Sie müssen sich daher darüber im Klaren sein, dass Sie andere nicht (rechtlich) von der Verwendung der Bilder ausschließen können, auch wenn Sie oder ein Mitarbeiter ggf. viel Arbeit in die Ausarbeitung eines komplexen Prompts gesteckt haben, um zum gewünschten Ergebnis zu gelangen. Natürlich können Sie faktisch dafür sorgen, dass die Bilder nicht in die

Hände Dritter geraten, indem Sie sie nicht herausgeben bzw. verbreiten. Dies erübrigt sich aber natürlich, wenn Sie die Bilder speziell für die Veröffentlichung z. B. auf der Unternehmenswebsite oder dem Social-Media-Account erstellt haben. In diesem Fall können sich andere nach Belieben an Ihrem Bildmaterial bedienen. Technisch können Sie Wasserzeichen oder Downloadsperren einsetzen, die jedoch im Zweifel auch keinen vollwertigen Schutz gegen Bilderdiebe bieten dürften. Auf die üblichen Rechtsinstrumente wie Abmahnungen oder Schadensersatzforderungen können Sie in diesem Falle jedoch nicht zurückgreifen.

Kundenverträge

Wenn Sie im Kreativbereich tätig sind und Bildgeneratoren einsetzen, um Bilder und Grafiken für Ihre Kunden zu erstellen, müssen Sie ebenfalls mit Bedacht handeln. Ihre bisherigen Verträge werden vermutlich nicht ausreichen, da diese noch auf urheberrechtlich geschütztes Bildmaterial ausgelegt sind. (Lesen Sie hierzu noch einmal Abschnitt 2.3.4.) Die Verträge sollten also entsprechend angepasst werden. Da nicht jeder Verträge im Detail liest, kann es zudem sinnvoll sein, Ihre Kunden auf den Umstand ausdrücklich hinzuweisen, dass KI-generierte Inhalte nicht rechtlich geschützt sind und Sie nur die faktische Nutzungsmöglichkeit einräumen können. Ansonsten kann es zu einem »bösen Erwachen« kommen, wenn Ihr Kunde im Nachhinein plötzlich feststellen muss, dass die für ihn erstellten Websitegrafiken von jedermann frei kopiert werden dürfen. Dies gilt umso mehr, wenn Sie ganze Websites oder Apps mit generativer KI designen. Ihr Kunde wird im Zweifel auch eine geringere Vergütung zu zahlen bereit sein, da er eben kein Nutzungsrecht im Sinne des Urheberrechts übertragen bekommt.

Abbildung 4.1 Auf YouTube existieren zahlreiche Guides, wie mithilfe von generativer KI Website-Assets oder ganze Website-Layouts erstellt werden können.

Abhilfe schaffen

Eine Möglichkeit, die aus der fehlenden Schutzfähigkeit folgenden Probleme zu vermeiden, ist die Überarbeitung durch eine menschliche Instanz. Wenn Sie oder Ihr

Mitarbeiter KI-generierte Bilder manuell so stark nachbearbeiten, dass ein neues Werk entsteht, können Sie doch noch urheberrechtlichen Schutz erlangen. (Lesen Sie hierzu Abschnitt 2.3.2.) Dieses Vorgehen birgt jedoch zwei Nachteile: Zum einen gibt es keine klare Grenze, wie viel Überarbeitung notwendig ist, damit ein neues Werk entsteht. Im Zweifel kommt es auf die Umstände des Einzelfalls an. Wenn Sie auf Nummer sicher gehen wollen, sollten Sie die Bild-KI lediglich zur Ideenfindung bzw. Inspiration nutzen und die Bilder sodann manuell erstellen (lassen). Außerdem ist die manuelle Nachbearbeitung durch einen Menschen kontraproduktiv, wenn Sie generative Bild-KI einsetzen, um personelle Ressourcen zu sparen.

Von diesem »Trick« sollten Sie aber jedenfalls dann Gebrauch machen, wenn es Ihnen oder Ihren Kunden entscheidend darauf ankommt, dass die erstellten Inhalte geschützt sind.

4.3 Human Resources: KI als Personalchef

Als Unternehmer stehen Sie vor der Herausforderung, die richtigen Talente zu identifizieren, Leistung effizient zu bewerten und das Mitarbeiterengagement zu steigern. Die Einsatzgebiete von KI im Bereich des Personalwesens sind vielfältig. Sie reichen von der automatisierten Analyse von Bewerbungsunterlagen über die Bewertung der Arbeitnehmerleistung bis hin zur Stimmungsanalyse. Jedoch bringt der Einsatz von KI im Personalwesen häufig datenschutz- und arbeitsrechtliche Probleme mit sich, die es zu beachten gilt. Oftmals kann der Umfang des technisch Möglichen nicht vollends ausgereizt werden, weil gesetzliche Bestimmungen dem entgegenstehen.

Nachfolgend lesen Sie, was Sie in den einzelnen Anwendungsbereichen rechtlich beachten sollten. Da der Personalbereich rechtlich besonders sensibel ist, sollten Sie frühzeitig und *vor* der Einführung von entsprechenden KI-gestützten Lösungen Datenschutzexperten einbeziehen.

4.3.1 Bewerberscreening

Ein zentraler Bereich, in dem KI im Personalwesen eingesetzt werden kann, ist zunächst das Bewerberscreening. Durch den Einsatz von Algorithmen können Sie Bewerberprofile analysieren und potenzielle Kandidaten basierend auf ihren Fähigkeiten, Erfahrungen und kulturellen Passformen identifizieren. Darüber hinaus ermöglicht KI eine objektivere Bewertung von Bewerbungen, indem persönliche Vorurteile und unbewusste Voreingenommenheiten minimiert werden. Dafür ist es aber essenziell, dass die zugrunde liegenden Trainingsdaten der KI auch frei von vorherigen diskriminierenden Ergebnissen sind (mehr zum Thema Bias lesen Sie in Abschnitt 1.1.3). Ansonsten perpetuiert die KI Diskriminierungen der Vergangenheit durch Fortentwicklung fehlerbehafteter Auswahlkriterien. Nur weil eine Eigenschaft in der Vergangenheit als positiv bewertet wurde, heißt das nicht, dass sie auch nach heutigen Maßstäben für einen qualifizierten Kandidaten spricht.

Für das Einlesen und Analysieren von Bewerberdaten müssen Sie zunächst eine geeignete Rechtsgrundlage finden (alles über Rechtsgrundlagen lesen Sie in Abschnitt 1.3.3). Bei herkömmlichen Bewerbungsverfahren kann hierfür Art. 6 Abs. 1 lit. b) DSGVO herangezogen werden. Dieser regelt, dass personenbezogene Daten für Zwecke der Vertragsdurchführung verarbeitet werden dürfen. Dies umfasst auch den Bewerbungsprozess, soweit dieser für die Entscheidung über die Begründung eines Beschäftigungsverhältnisses erforderlich ist. Wenn Sie KI einsetzen, kann aber auch die Einholung einer Einwilligung des Bewerbers notwendig werden. Häufig wird bei der Bewertung der Geeignetheit von Bewerbern auch eine automatisierte Entscheidungsfindung im Sinne von Art. 22 DSGVO vorliegen. In solchen Fällen ist zusätzlich eine Einwilligung des Betroffenen in eben diesen Umstand zu Beginn des Bewerbungsprozesses erforderlich. Hinzu treten weitere strenge Voraussetzungen wie das Treffen weiterer Maßnahmen zum Schutz der Bewerber. (Mehr zu automatisierten Entscheidungsfindungen im Bewerbungsverfahren lesen Sie in Abschnitt 4.1.3.)

4.3.2 Leistungsbewertungen

Ein weiterer möglicher Einsatzort ist die Leistungsbewertung Ihrer Mitarbeiter. Traditionelle Methoden wie jährliche Bewertungsgespräche können durch kontinuierliches Monitoring und Feedback mittels KI-gestützter Systeme verbessert werden. Im äußersten Fall ist auch eine permanente Monitoring-Software durch Einbau in Organisationslösungen wie beispielsweise Microsoft Teams oder Slack nicht undenkbar. Derartige Systeme analysieren dann nicht bloß quantitative Leistungskennzahlen, sondern können auch qualitative Faktoren wie Teamarbeit, Kreativität und Kundeninteraktion aus verschiedensten Metadaten extrapolieren.

Bei solch umfassenden Lösungen ist jedoch enorme Vorsicht geboten, da sie häufig zu einer unzulässigen Überwachung des Arbeitnehmers führen. Eine solche ist nur in engen Grenzen erlaubt. Leider gibt es keine klaren Grenzen, welche Maßnahmen zur Leistungskontrolle noch erlaubt sind und ab wann diese eine Überwachung darstellen. Vielmehr ist im Einzelfall eine sogenannte Verhältnismäßigkeitsprüfung vorzunehmen. Hierzu sollten Sie in jedem Fall auch arbeitsrechtliche Expertise hinzuziehen.

Soll auf Basis der KI-gestützten Leistungsermittlung sogar eine Beförderung, Versetzung oder Entlassung vorgenommen werden, ist höchste Vorsicht geboten. Es gilt erneut, die strengen Grundsätze zur automatisierten Entscheidungsfindung aus Art. 22 DSGVO zu beachten.

Sie müssen zudem immer sicherstellen, dass Ihr Unternehmen in der Lage ist, die Rechte der Betroffenen auf Auskunft, Berichtigung und Löschung zu erfüllen. Insbesondere das Recht aus Auskunft nach Art. 15 DSGVO kann hier zum Problem werden. Bei automatisierten Entscheidungsfindungen müssen Sie auf Verlangen des Mitarbeiters Informationen über die involvierte Logik sowie die Tragweite und die angestrebten Auswirkungen einer derartigen Verarbeitung durch KI-Software erteilen. Gerade bei der Errechnung eines Leistungsscores unter Berücksichtigung diverser komplexer Attribute wird dies häufig nicht möglich sein. Hierzu ein Beispiel:

> **Beispiel**
>
> Sie setzen eine KI-gestützte Software in Ihrem Unternehmen ein, die eine Vielzahl von mitarbeiterbezogenen Informationen erfasst und aus diesen einen Leistungsscore bildet. Unter anderem werden dabei zugrunde gelegt: der vom Mitarbeiter erzielte Umsatz, die Arbeitszeiten, Reaktionszeiten bei Chat und E-Mails, Fehlerquoten, Beitrag zu KPIs, Fehltage, Kundenfeedback, Online-Erreichbarkeit, Verfügbarkeitszeiträume usw. Nachdem Sie unter Zugrundelegung des Scores einem Mitarbeiter die Beförderung verwehrt haben, verlangt dieser Auskunft nach Art. 15 DSGVO und eine Erklärung darüber, wie der konkrete Score errechnet wurde.

Eine ordnungsgemäße Auskunft wird Sie im Zweifel vor Probleme stellen, da KI-Systeme häufig vom sog. Black-Box-Effekt betroffen sind. Es ist im Nachhinein faktisch nicht mehr nachzuvollziehen, welcher Umstand wie gewichtet wurde und zu dem letztendlichen Score geführt hat. Sofern Sie also den Einsatz solcher Softwarelösungen für Ihr Unternehmen erwägen, sollten Sie Tools einsetzen, die transparent die Gewichtung der berücksichtigten Aspekte dokumentieren und offenlegen.

Darüber hinaus müssen Sie bei der Einführung von Instrumenten zur Leistungsbeurteilung immer den Betriebsrat beteiligen. Dieser hat insoweit ein Mitbestimmungsrecht nach § 87 Abs. 1 Nr. 6 BetrVG.

> **Hintergrundwissen**
>
> Bei der Integration von KI in Betriebsabläufe ist besonders auch § 87 Abs. 1 Nr. 1 BetrVG und ein daraus resultierendes Mitbestimmungsrecht zu beachten. Sofern allerdings »nur« das Arbeitsverhalten und nicht die grundsätzliche Ordnung des Betrie-

> bes betroffen ist, ergibt sich daraus regelmäßig kein Mitbestimmungsrecht des Betriebsrates. So urteilte beispielsweise das Arbeitsgericht Hamburg im Januar 2024 (Az. 24 BVGa 1/24), dass der Betriebsrat nicht beteiligt werden muss, wenn Arbeitnehmern die freiwillige Nutzung von ChatGPT zur Arbeitsunterstützung über nicht betriebsverknüpfte Accounts gestattet wird.

4.3.3 Stimmungsanalyse

Durch den Einsatz von KI zur Stimmungsanalyse können Sie schnell und präzise Informationen über die Stimmung und das Wohlbefinden Ihrer Mitarbeiter erhalten. Diese Informationen können Ihnen helfen, frühzeitig auf potenzielle Probleme oder Unzufriedenheit zu reagieren und gezielte Maßnahmen zur Verbesserung des Arbeitsumfelds zu ergreifen. Wenn Sie die Stimmungsanalyse kontinuierlich überwachen, können Sie Trends erkennen und langfristige Strategien zur Förderung eines positiven Arbeitsklimas entwickeln.

Der Einsatz von KI zu diesem Zweck ist jedoch sehr invasiv. Je nachdem, welche Daten zur Stimmungsanalyse herangezogen werden, ist auch hier ein überwachender Charakter eines solchen Tools praktisch nicht auszuschließen. Dann ist wiederum eine Beteiligung des Betriebsrates notwendig. Die KI-gestützte Analyse von Mitarbeiterfeedback – etwa in Form von gezielten Mitarbeiterbefragungen – dürfte regelmäßig möglich sein, solange die allgemeinen Grundsätze des Daten- und Arbeitnehmerschutzes durch Sie beachtet werden. Die Erfassung und Analyse von persönlichen Chat- und E-Mail-Nachrichten hingegen dürfte eine unzulässige Überwachung darstellen.

Außerdem sollten Sie in Zukunft darauf achten, wie ein solches KI-System nach dem AI Act eingestuft wird. Da mit einer baldigen Verabschiedung zu rechnen ist, ist insbesondere im Bereich der Hochrisikosysteme, zu denen auch Personalverwaltungs- und -analysesoftware gehören kann, Vorsicht geboten. Mit der Verwendung einer solchen KI können Sie dann weitere Pflichten treffen.

> **Fazit**
> Der Einsatz von KI im Personalwesen kann unter Beachtung der Vorgaben des Datenschutzes und des Arbeitsrechts rechtskonform möglich sein. Aufgrund der hohen rechtlichen Anforderungen und des damit verbundenen Implementierungsaufwandes wird sich die Einführung aber häufig nur für große Unternehmen mit einem hohen Bewerber- oder Personalaufkommen lohnen. Wenn Sie ein kleines Unternehmen

> führen, sind klassische Herangehensweisen wahrscheinlich besser geeignet. Sollten Sie sich dennoch für den Einsatz von KI entscheiden, ist es dringend zu empfehlen Datenschutz- und Arbeitsrechtsexperten zu konsultieren, die Sie bei der Einhaltung der rechtlichen Vorgaben unterstützen.

4.4 Software erstellen mit KI

Sprach-KI-Modelle lassen sich auch auf Programmiersprachen anwenden und lernen so das Coden. Doch menschliche Programmierer machen sie damit nicht überflüssig. Sie vereinfachen ihnen zwar die Arbeit, führen aber zu neuen rechtlichen Problemen.

Large Language Models erzeugen Texte in den verschiedensten Sprachen. Da liegt es nahe, sie auch für Programmiersprachen zu trainieren. So hat OpenAI schon 2021 die damals aktuelle Version GPT-3 von ChatGPT mit Programmcode trainiert und das so spezialisierte System »Codex« genannt; für die Öffentlichkeit ist es unter dem Namen »Copilot« bei GitHub nutzbar. Daneben gibt es zahlreiche weitere codespezifische Dienste wie beispielsweise Replit Ghostwriter, Codium.ai, Codeinum.com, Amazon CodeWhisperer, Google Vertex AI (ehemals Codey) oder den gleich um eine KI herum gebauten Programmier-Editor »Cursor«.

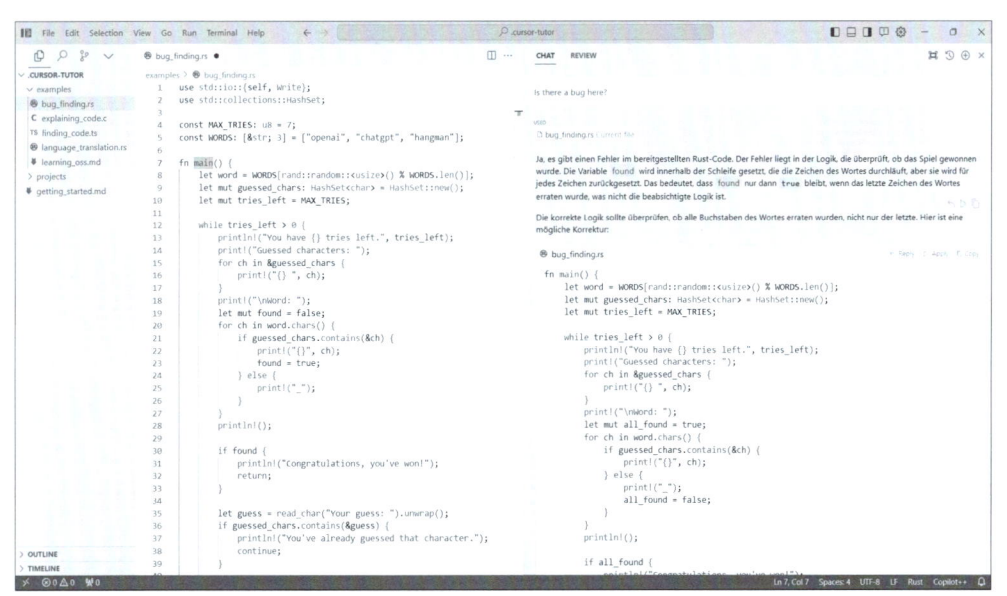

Abbildung 4.2 Der Code-Editor Cursor ist von Visual Studio Code abgeleitet und enthält eine KI-Unterstützung.

4 Use Cases für KI im Unternehmen

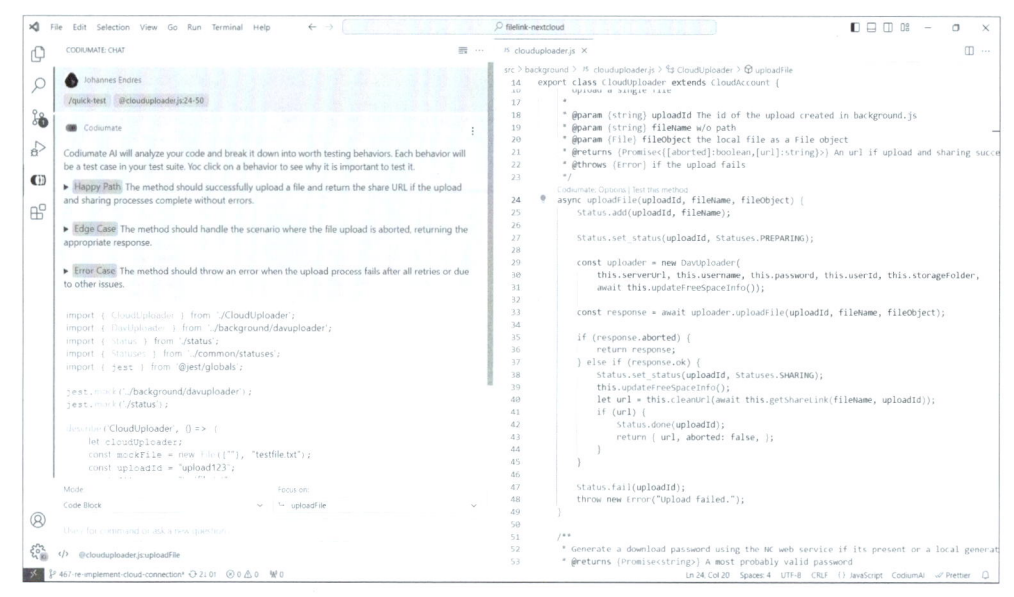

Abbildung 4.3 IDE-Add-ins wie Codium.ai unterstützen Programmierer umfassend: Sie erklären fremden Code, erzeugen eigenen, erstellen Tests und helfen bei der Dokumentation.

Abbildung 4.4 Copilot von GitHub und Microsoft ist wohl der bekannteste KI-Programmierassistent.

260

4.4.1 KI-gestütztes Coden

Auch wenn die Antworten auf manche Prompts wie »Schreibe mir Tic-Tac-Toe als Browser-Spiel« einen anderen Eindruck erwecken: Die allgemein verfügbaren Programmierungs-KIs erstellen (noch) keine vollständigen Programme für größere, echte Aufgaben. Stattdessen unterstützen sie Programmierer eher kleinteilig bei der täglichen Arbeit. Dazu integrieren sie sich in deren Alltagswerkzeuge, in denen Programmtexte eingegeben und bearbeitet werden, die sogenannten IDEs (Integrated Development Environments).

Schon lange gibt es eine Art Textvervollständigung, die die nächsten Wörter des Programmtextes vorschlägt, während der Programmierer tippt. Durch die Leistungsfähigkeit aktueller GPTs umfassen diese Vorschläge nicht mehr nur einzelne Wörter, sondern ganze funktionelle Abschnitte von mehreren Hundert Zeichen Länge.

Daneben gibt es oft ein Chat-Interface, wie man es von ChatGPT und Co. kennt: Der Programmierer beschreibt eine Aufgabe wie »Schreibe eine Funktion, die zwei Zahlen addiert«; die KI liefert ersten Code und der Programmierer fordert per Chat im Dialog Verfeinerungen an.

Oft bieten Coding-KIs auch die umgekehrte Übersetzung: Sie analysieren einen Abschnitt des Programmtextes und übersetzen seine Funktion in natürliche Sprache. Das kann dann in Form von Kommentaren im Programm oder als separate Dokumentation erscheinen. Einerseits nimmt dies den Entwicklern die äußerst unbeliebte Arbeit des Dokumentierens ab; andererseits hilft es, von anderen programmierte Teile zu verstehen. Letzteres ist erforderlich, um Fehler in fremdem Code zu beheben oder zugelieferte Programmteile vor der Integration zu prüfen.

Zudem findet diese Analysefunktion auch Abweichungen von Standardlösungen üblicher Aufgaben und andere typische Fehler. Diese merkt sie in der Regel nicht nur textlich an, sondern schlägt auch mithilfe der eingangs erwähnten Codegenerierung gleich Lösungen vor. Und selbst wenn keine echten Fehler vorliegen, kann die KI oft besseren Code erzeugen, etwa kürzeren, effizienteren oder leichter verständlichen. Solche Optimierungen und »Refactorings« gehören zum Alltag der Software-Entwicklung. Dabei entlastet KI den Entwickler, indem sie den weniger guten Code durch neu generierten, besseren ersetzt.

Ähnlich ungern wie Dokumentationen schreiben Programmierer Tests. Das sind kleine Programme, die während der Software-Entwicklung automatisch prüfen, ob der eigentliche Code wirklich tut, was er soll. Solche »Unit-Tests« sind zwingender Bestandteil moderner Software-Entwicklung, um eine Mindest-Qualität des Codes zu garantieren. In realen Projekten übersteigt ihr Umfang oft den des produktiven

Quelltextes bei Weitem. Zudem sind Unit-Tests sehr kleinteilig und in ihrer Funktion nicht originell. Damit stellt das langweilige und repetitive Schreiben von Unit-Tests eine ideale KI-Aufgabe dar.

Durch KI wird also kein absoluter Laie zum Software-Entwickler für echte Projekte von Relevanz. Aber sie macht gute Programmierer produktiver – und schlechte Programmierer gefährlicher. Denn auch die Code-KI neigt zu Halluzinationen. Das heißt beim Programmieren zum Beispiel, dass sie für eine per Prompt gestellte Aufgabe eine Lösung vorschlägt, die in sich plausibel wirkt, aber das Problem nur zum Teil löst. Daraus resultieren dann sehr subtile Fehler, die sich eventuell nur in Ausnahmesituationen zeigen. Solche Fehler zu finden, gehört zu den schwierigsten Aufgaben für Software-Entwickler; sie erfordert viel Erfahrung und überfordert sowohl Anfänger als auch weniger begabte Programmierer regelmäßig.

Das Coden mithilfe von KI macht also gute Programmierer nicht überflüssig. Doch ihre Tätigkeit ändert sich: Statt die Kernfunktionen selbst in Hunderte Zeilen in Programmiersprachen zu schreiben, formulieren sie immer mehr Prompts. Und sie müssen weit mehr ihrer Arbeitszeit auf Code-Reviews verwenden, um die Fehler und Ungenauigkeiten in den KI-erzeugten Programmen zu finden.

> **Praxistipp**
> KI-generierter Programmcode muss sehr intensiv getestet und von erfahrenen Programmierern geprüft werden, da er subtile Fehler, aber auch Schadcode enthalten kann.

Neben diesen Problemen für die Software-Qualität verursacht der Einsatz von Coding-KI auch rechtliche Schwierigkeiten. Denn die Modelle müssen mit großen Mengen an Programm-Quelltexten trainiert werden. Das wirft nicht nur Fragen nach dem Urheberrecht auf; durch die Nutzung von Open-Source-Software zum Training können Sie sich auch die Verpflichtung zur Offenlegung der generierten Programme einhandeln.

4.4.2 Duplikate von Trainingsdaten

Beim Neugenerieren und Optimieren von Quelltexten können mehr oder weniger lange Abschnitte aus den Trainingsdaten wörtlich reproduziert werden. Dabei spielen drei Effekte mit: Zunächst gibt es einfach weniger Formulierungen, denn in Programmiersprachen sind die Möglichkeiten, denselben Sachverhalt verschieden auszudrücken, wesentlich beschränkter als in natürlicher Sprache. Zudem gibt es für häufige Probleme typische Lösungen. Es ist ein Qualitätskriterium für Software, solche »Best Practices« zu nutzen, statt das Rad immer wieder neu zu erfinden und dabei eventuell neue Fehler einzuführen. Solche Standardlösungen tauchen besonders häufig in den Trainingsdaten auf, werden daher besonders intensiv gelernt und mit hoher Wahrscheinlichkeit reproduziert. Am anderen Ende der Skala stehen besonders seltene Konstruktionen, die ein Spezialproblem lösen. Aufgrund mangelnder Variation in den Trainingsdaten kann die KI dann keine Varianten der Lösung lernen und reproduziert die eine, ihr bekannte Lösung.

Über die Häufigkeit solcher vollständiger Kopien von Code aus den Trainingsdaten liegen keine verlässlichen Statistiken vor. GitHub etwa schreibt dazu: »Unsere jüngsten internen Untersuchungen haben ergeben, dass in etwa 1 % der Fälle ein Vorschlag Codefragmente enthält, die länger als 150 Zeichen sind und dem Trainingsset entsprechen.« Was genau hier als »Fälle« gezählt wird und wie häufig kürzere Kopien auftreten, bleibt offen. Doch weil reale Projekte oft aus Zehn- oder Hunderttausenden von Codezeilen bestehen, sind 1 % unabhängig von der exakten Berechnungsbasis keine kleine Zahl. Folglich müssen Sie davon ausgehen, dass Coding-KIs exakte Kopien aus ihren Trainingsdaten in den Quelltext einfügen.

Daher bieten mehrere Systeme eine Zusatzfunktion, die den KI-generierten Code mit den Trainingsdaten vergleicht und exakte Kopien findet. Da dies wahrscheinlich auch die oben erwähnten, für höhere Software-Qualität nötigen »Best Practices« unterdrücken könnte, ist eine solche automatische Filterung keine wünschenswerte Lösung. Und ob die Kopien überhaupt urheberrechtlich problematisch gewesen wären, lässt sich nicht automatisch entscheiden.

Deshalb befindet sich bei GitHub Copilot das Feature »Code Referencing« im Beta-Test: Fundstellen werden dem Entwickler angezeigt, der dann entscheidet, ob der Code übernommen wird. Solche Nachfragen fressen einen Teil der durch KI-Unterstützung gesteigerten Produktivität gleich wieder auf, und die Frage nach der urheberrechtlichen Relevanz dürfte Programmierer oft überfordern.

4.4.3 Falsche Urheberzuschreibungen

Wie alle Sprach-GPTs liefern Programmier-KIs immer die wahrscheinlichste Kombination von Wörtern. Wenn dabei eine Wortkombination entsteht, die auch in den Trainingsdaten steckte, ist das Zufall. Deshalb hat die KI keine Chance, diesen Abschnitt dem ursprünglichen Urheber zuzuordnen – es gibt schlicht keine Verbindung zu dem gelernten Codeschnipsel.

Daher halluzinieren Coding-KIs in der Regel eine Quellenangabe, wenn der Programmierer sie explizit dazu auffordert. Das führt zu auf den ersten Blick kuriosen Anekdoten, die viele Software-Entwickler aus eigenem Erleben berichten: Sie erkannten in generierten Abschnitten eigenen Code wieder und forderten die KI daraufhin auf, die Quellenangabe zu ergänzen. Und die KI tat wie geheißen, sie ergänzte *eine* Quellenangabe. Allerdings hatte diese nichts mit der wirklichen Quelle zu tun, sondern bestand nur aus plausibel aneinandergereihten Wörtern und verwies auf einen ganz anderen Entwickler – mehr als eine in sich plausible Abfolge von Wörtern kann die KI auch hier nicht liefern.

4.4.4 Trainingsdaten aus Open-Source-Softwareprojekten

Um ihre eindrucksvollen Leistungen zu erbringen, müssen die generativen KI-Modelle mit großen Mengen an Programmbeispielen trainiert werden. Die meisten Anbieter legen nicht im Detail offen, mit welchen Programmbeispielen sie ihre Systeme verfeinern. Oft ist jedoch von »Open-Source-Software von GitHub« die Rede.

Dabei ist GitHub eine der Internet-Plattformen, die als Dienstleistung den Quelltext der Programme auf Servern speichern und im Internet zur Verfügung stellen. GitHub ist dabei die umfangreichste und bekannteste dieser Plattformen, gefolgt von GitLab und zahlreichen Weiteren. Der größte Teil der Corpora, mit denen Programmierungs-KIs trainiert werden, besteht aus Kopien des auf diesen Plattformen veröffentlichten Codes.

Jedes einzelne öffentliche Programmierprojekt auf den git-Plattformen steht dabei unter mindestens einer Open-Source-Lizenz. Open-Source-Software (OSS) zeichnet sich dadurch aus, dass der Quellcode von jedermann eingesehen, genutzt, kopiert und verändert bzw. weiterentwickelt werden kann. Hiermit sind jedoch einige Regeln verbunden. Denn wer eine OSS für sich nutzt, muss auch die dahinterstehende Open-Source-Lizenz (OSL) beachten.

Die meisten Git-Plattformen akzeptieren diejenigen Lizenzen, die von der Non-Profit-Organisation »Open Software Initiative« (OSI) zertifiziert sind. Zu den aktuell etwas über 100 OSI-zertifizierten Lizenzen gehören die besonders weit verbreitete »GNU General Public License« (GPL), unter der auch der Linux-Kernel steht, oder die aufgrund ihrer Kürze bei Programmierern sehr beliebte »MIT License«.

Aber welche Lizenz jeweils gilt und wer der Urheber einer Codedatei ist, lässt sich oft nicht exakt ermitteln – schon gar nicht automatisch durch einen Crawler, der Trainingsdaten sammelt. Es gibt zwar einen Standard, wie die jeweilige Lizenz in maschinenlesbarer Form in jeder Datei vermerkt werden kann; doch dieser hat sich noch nicht weit verbreitet.

Angesichts dieser oft unklaren Kennzeichnung würde eine Auswahl der Quelltexte nach unzweifelhafter Lizenz keinen ausreichend großen Vorrat an Beispielen ergeben. Daher fließen Quelltexte ein, die unter den verschiedensten OS-Lizenzen stehen. Es ist davon auszugehen, dass jede der über 100 OSI-Lizenzen in den Corpora vertreten ist.

Viele OSI-Lizenzen enthalten nicht nur Bestimmungen zur Nutzung des Quelltextes, sondern regeln auch, unter welchen Lizenzen hieraus abgeleitete Werke stehen dürfen. So forderte die erste Version der GPL, dass alle abgeleiteten Werke ebenfalls unter dieser Fassung der GPL stehen müssen.

Zu welchen Problemen mit dem Urheberrecht können exakte Kopien des Trainingscodes führen? Was bedeuten dabei fehlende oder falsche Urheber-Angaben? Bedeutet ein Training mit GPL-Quellcode, dass auch alle Ergebnisse der KI unter GPL gestellt werden müssen?

Solche Risiken beim Einsatz von Coding-KI betrachtet der folgende Abschnitt.

4.4.5 Rechtliche Probleme beim Coding mit KI

Im vorherigen Abschnitt haben wir Ihnen erklärt, dass die Wahrscheinlichkeit, beim Coding mithilfe von KI – wie GitHub Copilot, Replit Ghostwriter oder Amazon Code Whisperer – sehr hoch ist, dass die KI exakte Kopien von bereits existierendem Code ausgibt. Ebenfalls muss davon ausgegangen werden, dass aufgrund seiner Verfügbarkeit ein großer Teil dieses Codes unter einer oder mehrerer Open-Source-Lizenzen stehen dürfte. Inwiefern dies vielfältige rechtliche Probleme nach sich zieht und wie Sie die Risiken für sich minimieren können, klären wir in diesem Abschnitt.

Der Schutz des Urheberrechts für Code

Hierzu müssen wir zunächst einmal gemeinsam die rechtliche Sonderstellung von Code ergründen, die ihresgleichen suchen dürfte. Denn zum einen genießt der Code einer Software einen besonders starken rechtlichen Schutz in Deutschland. Zum anderen ist der juristische Blick auf Code aktuell stark simplifiziert – zum Schaden von Entwicklern.

Der rechtliche Schutz von Code rührt zum größten Teil aus dem Urheberrecht. Code fällt in Deutschland unter die sogenannten Sprachwerke gemäß § 2 Abs. 1 Nr. 1 UrhG. Zusätzlich wurden die Rechte von Schöpfern von Computerprogrammen mit dem 2003 in Kraft getretenen § 69c UrhG noch einmal deutlich präziser und technikorientierter ausgestaltet.

4 Use Cases für KI im Unternehmen

> **Hintergrund**
>
> Das Urheberrecht gehört zu den ältesten Rechtsinstituten in Deutschland. Die Idee, geistiges Eigentum zu schützen, lässt sich bis in die Anfänge des 18. Jahrhunderts zurückverfolgen. Die beiden ersten deutschen Urheberrechtsschutzgesetze aus den Jahren 1901 und 1907 wurden erst im Jahr 1965 zu einem einzigen Gesetz, dem noch heute geltenden Urheberrechtsgesetz, zusammengeführt. Technische Entwicklungen wie Software-Code oder die Entwicklung von künstlichen Intelligenzen konnten zu diesem Zeitpunkt noch nicht einmal erahnt werden.

Diese strengen Regeln des deutschen Urheberrechts sind natürlich auch auf solchen Code anwendbar, der unter einer Open-Source-Lizenz steht.

So funktionieren Open-Source-Lizenzen

Wenn Sie OSL-Code nutzen, geht hiermit für Sie eine Reihe von Pflichten einher, die sich je nach der jeweiligen Lizenz stark voneinander unterscheiden. Wenn die Software beispielsweise unter einer restriktiven Lizenz wie der GPL 3.0 steht, muss die gesamte darauf basierende Software unter dieselbe OSL gestellt werden. Die GPL-3.0-Lizenz steht daher insbesondere bei Programmierern oft in der Kritik, da sich deren Verwendung »infektiös« auf ihren gesamten restlichen Code auswirkt, selbst wenn dieser allein von ihnen stammt. Zudem gehört es bei den allermeisten OSL zu den Lizenzbedingungen, dass die darauf basierende Software nur unter der Zurverfügungstellung des Lizenztextes und Veröffentlichung des Quellcodes angeboten werden darf. Die Pflicht hierzu resultiert aus dem jeweiligen Lizenztext.

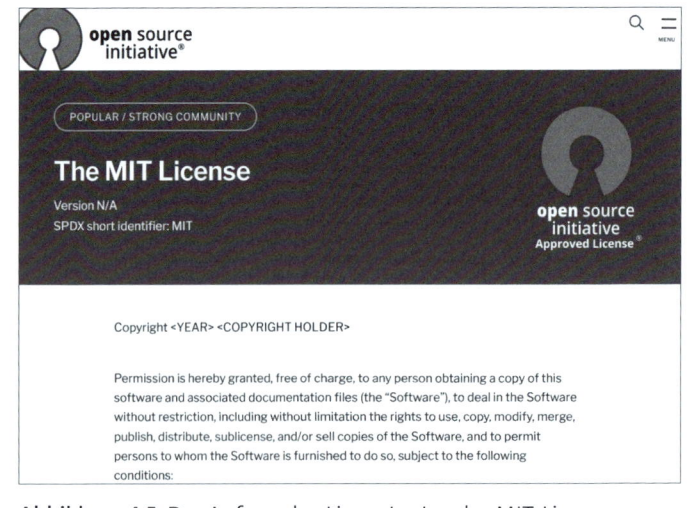

Abbildung 4.5 Der Anfang des Lizenztextes der MIT-Lizenz

Im Grundsatz lautet die wichtigste Regel je nach verwendeter Open-Source-Lizenz wie folgt: Wer den Quellcode einer OSS für sich nutzt, muss die neue Software unter die gleiche Lizenz stellen. Dieser Ablauf wird als »Copyleft-Effekt« bezeichnet. Dabei ist es unerheblich, ob der OSL-Code nur einen Bruchteil des Gesamtcodes ausmacht. Nicht jede OSL verpflichtet ihre Verwender mit einem solchem strengen Copyleft. Gemeinhin wird hier zwischen den restriktiven (mit Copyleft) und permissiven (ohne Copyleft) Lizenzen unterschieden.

> **Praxisbeispiel**
> Wenn Ihnen also beispielsweise für die Programmierung einer Ressourcenmanagement-Software die KI als von Ihnen gewünschte Ergänzung den Quellcode einer unter einer restriktiven OSL stehenden Terminkalender-Software ausgibt, müssen Sie die Management-Software unter dieselbe OSL stellen. Gleiches gilt, wenn der Quellcode angepasst oder sogar erweitert wurde. Auch wenn dieser hiernach gegebenenfalls durch Sie »verbessert« wurde, müssen Sie die neue Software dennoch unter die ursprüngliche OSL stellen.

Werden die Pflichten aus den Open-Source-Lizenztexten durch Sie nicht beachtet, stellt dies einen Urheberrechtsverstoß dar. Die daraus resultierenden rechtlichen Folgen reichen vom einfachen Auskunftsrecht des Urhebers über die Geltendmachung der Unterlassung der weiteren Verbreitung der Software bis hin zur Pflicht, dem geschädigten Urheber Schadensersatz zu zahlen.

Die Wirksamkeit von Open-Source-Lizenzbedingungen wurde auch in Deutschland bereits durch die Gerichtsbarkeit anerkannt und bereits mehrfach klageweise durchgesetzt. So sprach das Landgericht Bochum einem Softwareentwickler einen Schadensersatzanspruch in Höhe von 2.126,94 Euro sowie einen urheberrechtlichen Auskunftsanspruch gegen eine deutsche Hochschule zu. Die betreffende Hochschule hatte zuvor die unter einer OSL stehende Software des Entwicklers ohne entsprechenden Lizenztext oder Veröffentlichung des Quelltextes für sich genutzt.[1]

> **Hintergrund: Open-Source-Lizenzen**
> Aufgrund der über 100 verschiedenen Open-Source-Modelle ist eine kleine Einführung in die wichtigsten und beliebtesten Lizenzen notwendig, da diese in der Praxis oft genutzt werden und damit für Ihre Arbeit sehr relevant sind:

---

[1] LG Bochum, Urt. v. 03.03.2016, Az.: I-8 O 294/15.

▶ GPL

Die GNU General Public License Version 3 (GPL 3.0) ist die aktuelle Version der ersten Open-Source-Lizenz und findet sich nach Schätzungen in 60 % aller OSS wieder. Die GPL vertritt dabei ein striktes Copyleft-System, nach dem jede Software, die unter der GPL stehenden Code verwendet oder diesen mit weiterem Code verbindet, wiederum unter die GPL gestellt werden muss. Zu den Lizenzbedingungen gehört, dass der Quellcode der Software öffentlich gestellt werden muss, sodass jedermann diesen für sich nutzen kann.

▶ BSD

Bei der Berkeley-Software-Distribution(BSD)-Lizenz hingegen handelt es sich um eine Non-Copyleft-Lizenz. Eine Verpflichtung zur Veröffentlichung des Quellcodes entfällt hier. Jedoch müssen Sie bei der Verbreitung der Software den Lizenztext in binärer Form beifügen.

▶ MPL

Die Mozilla Public License (MPL) enthält nur eine beschränkte Copyleft-Vorgabe. Diese greift nur, wenn an dem ursprünglichen Quellcode Veränderungen vorgenommen werden. Die MPL wird damit oft als Kompromiss zwischen der restriktiven GPL und permissiven BSD gehandelt.

▶ MIT

Die beliebte MIT-Lizenz, die von der gleichnamigen US-Eliteuniversität stammt, ist ebenfalls eine permissive Lizenz, die Sie nicht durch Copyleft bindet. Als Verwender müssen Sie den Lizenztext lediglich für Kopien oder wesentliche Teile des Quellcodes vorhalten.

▶ Apache

Die Apache-Lizenz ist eine weitere Non-Copyleft-Lizenz, der ein einzigartiges Konzept zugrunde liegt. Eine neue Software darf nur dann unter die Apache-Lizenz gestellt werden, wenn die namensgebende Apache-Foundation diesem zustimmt. Apache-Software-Projekte werden zudem stets von einem gewählten Expertenteam entwickelt.

Werk oder kein Werk

Wie bereits dargestellt (siehe hierzu Abschnitt 1.2.1), besteht die ganz herrschende Meinung, dass eine KI keine Werke im Sinne des Urheberrechts schaffen kann. Dies hängt in erster Linie damit zusammen, dass ein Werk eine persönlich geistige Schöpfung darstellt und damit einen menschlichen Schaffensprozess voraussetzt. Diese Sichtweise mag bei der Nutzung von KI-Diensten wie Midjourney oder ChatGPT sowie deren spezieller Funktionsweise aufgehen. Bei dem Erzeugen von Code durch die Zuhilfenahme von KI werden jedoch aktuell überwiegend nur Ergänzungen zu bestehendem Code oder kürzere Codepassagen erzeugt. Diese sind für sich genommen in der Regel bereits funktional.

> **Hintergrund: Funktionalität**
>
> Das Bestehen der Funktionalität ist der sehr niedrige Anspruch, den Code erfüllen muss, um ein Werk im Sinne von § 2 UrhG zu sein. Denn nach der aktuell unbestritten geltenden juristischen Definition ist bereits eine einzelne Codezeile ein Werk, wenn diese »funktional und selbsttätig ablauffähig ist«. Dieser enorm niedrige Anspruch an die Werkfähigkeit von Code stellt damit die zuvor angesprochene »Simplifizierung« von Code dar, die neben der enormen Stärkung der rechtlichen Position von Software-Code koexistiert. Dies führt in der Folge jedoch dazu, dass bereits simpelste Codezeilen, die in jedem Informatik-Studium als Standardstoff gelehrt werden, in der Regel urheberrechtlich geschützte Werke darstellen.

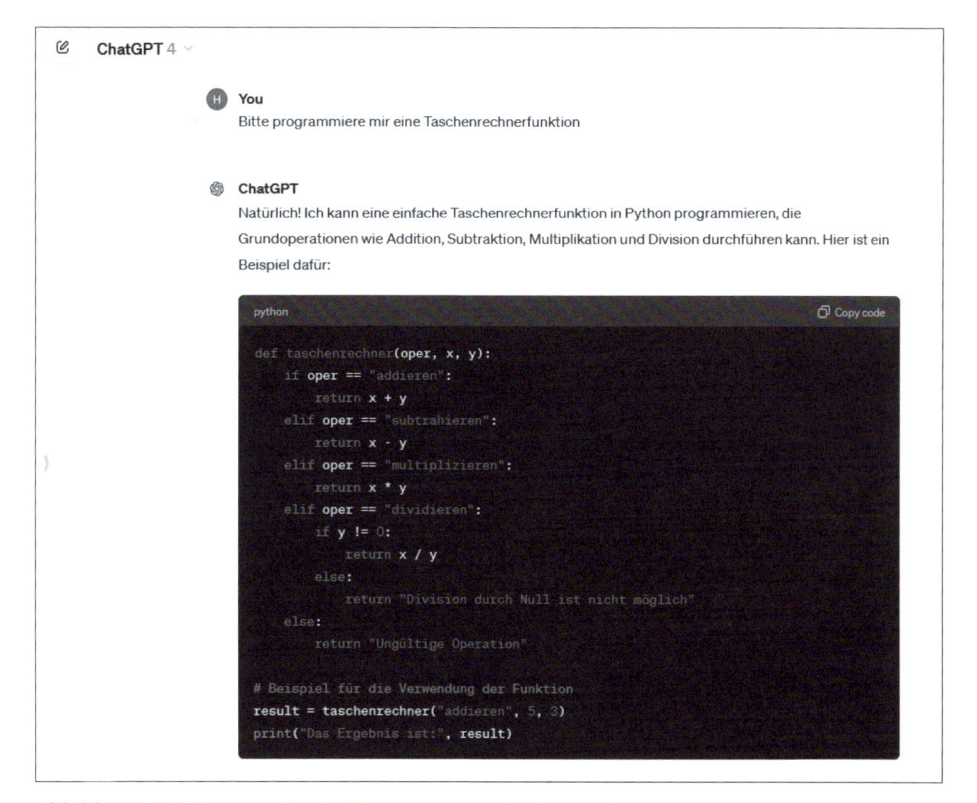

```
ChatGPT 4

You
Bitte programmiere mir eine Taschenrechnerfunktion

ChatGPT
Natürlich! Ich kann eine einfache Taschenrechnerfunktion in Python programmieren, die Grundoperationen wie Addition, Subtraktion, Multiplikation und Division durchführen kann. Hier ist ein Beispiel dafür:

python                                              Copy code
def taschenrechner(oper, x, y):
    if oper == "addieren":
        return x + y
    elif oper == "subtrahieren":
        return x - y
    elif oper == "multiplizieren":
        return x * y
    elif oper == "dividieren":
        if y != 0:
            return x / y
        else:
            return "Division durch Null ist nicht möglich"
    else:
        return "Ungültige Operation"

# Beispiel für die Verwendung der Funktion
result = taschenrechner("addieren", 5, 3)
print("Das Ergebnis ist:", result)
```

Abbildung 4.6 Eine von ChatGPT programmierte Codezeile

Nach dem Erzeugen durch die KI werden die ausgegebenen Codezeilen jedoch noch von einem Menschen geprüft und anschließend mit anderen Codepassagen zu einer vollständigen Software zusammengeführt. Die KI erfüllt daher nur die Funktion eines Werkzeuges, dessen sich ein Mensch bedient und das ihn bei seiner persönlichen geistigen Schöpfung unterstützt. Ihr fertiger Quellcode, welcher beim Coding mit Unterstützung der KI entsteht, stellt daher in der Regel weiterhin ein vom Urheberrecht geschütztes Werk dar, da es sich oftmals nur um exakte Kopien aus trainiertem Code handelt.

Generative KI hat zu einem großen Teil anhand von OSS-Quellcode gelernt, wie Coding funktioniert. Daher ist die Wahrscheinlichkeit einigermaßen hoch, dass sich bei dem Coden neuer Software mittels KI unter anderem solcher Code wiederfinden wird, der unter einer OSL mit Copyleft-Effekt steht. Dies hängt allem voran mit der begrenzten Anzahl an bekannten und lauffähigen Lösungen für relevante Probleme in der Informatik zusammen, auf die Ihre Coding-KI zurückgreifen kann. In Verbindung mit der geringen Anforderung an die »Werkfähigkeit« von Code entwickelt sich damit das Problem, dass damit eine einfache Codezeile, die unter der GPL 3.0 steht, Ihre gesamte Software infizieren kann und diese damit unter die GPL 3.0 gestellt werden müsste.

Der Unterschied zum »regulären« Coding-Prozess – im Laufe dessen es durchaus üblich ist, aus bestehendem Code einzelne Zeilen ohne vorherige Urheberrechtsprüfung herauszukopieren – besteht in drei signifikanten Aspekten: 1) Die Codegenerierung durch KI hat mittlerweile einen extrem großen Umfang angenommen, sodass mittlerweile Millionen Codezeilen generiert und integriert wurden, welche potenziell unter einer OSL stehen können. 2) Auch wenn davon auszugehen ist, dass KI keine Werke im Sinne des Urheberrechts generieren kann, können die Ausgaben dennoch rechtsverletzend sein, wenn sie Bestehendes kopieren. 3) Anbieter von KI-Diensten weisen in der Regel aufgrund der fehlenden technischen Möglichkeit nicht darauf hin, dass eine spezielle Codezeile aus anderem Code kopiert wurde, geben hierfür keinen Urheberrechtshinweis an und warnen Sie auch nicht vor dem unwissentlichen Einsatz von OS-Code.

Aufgrund dieser Umstände ist aktuell davon auszugehen, dass Coding-KI bereits jetzt millionenfach rechtsverletzenden Code ausgegeben hat, der überwiegend dafür sorgen dürfte, dass die so entstandene Software schlimmstenfalls unter eine OSL gestellt werden müsste. Als Nutzer von Coding-KI bewegen Sie sich daher durchweg auf rechtlich unsicherem Terrain – im Zweifel ohne dass Sie sich der eigentlichen Problematik bewusst sind.

Urheberrechtsverstöße umgehen

Die Ausgangslage, der Sie, wenn Sie Coding-KI als Tool nutzen wollen, auf der einen und Rechteinhaber am bestehenden Code auf der anderen Seite gegenüberstehen, ist durch große Rechtsunsicherheit gekennzeichnet. Während Sie als Nutzer fürchten müssen, durch die KI ungekennzeichneten proprietären Code von Dritten ausgegeben zu bekommen, dürften sich die meisten Rechteinhaber nicht einmal im Klaren darüber sein, dass ihr Code zum Training von KI verwendet wurde und nun in die Software anderer Entwickler in rechtsverletzender Weise eingearbeitet wird.

> **Praxistipp: Code von KI-Training ausschließen**
>
> Wenn Sie als Rechteinhaber von Softwarecode – der im Internet frei zugänglich ist – verhindern wollen, dass Ihr Code zum Training von KI-Modellen verwendet wird, haben Sie hierzu lediglich die Möglichkeit, einen entsprechenden Hinweis gemäß § 44b UrhG vorzunehmen. Dies unterbindet jedoch nur das künftige Training von KI, denn bestehende Trainingsdatensätze lassen sich damit nicht mehr verändern.
>
> Weiterhin gibt es mittlerweile u. a. bei GitHub die Möglichkeit einzustellen, dass in GitHub eingestellter Code nicht zu Trainingszwecken genutzt werden darf.

Wenn Sie als Nutzer mit GitHub Copilot und Co. einigermaßen rechtssicher Code entwickeln wollen, ist Folgendes zu empfehlen: Die Coding-Tools sollten Sie mit viel Augenmaß verwenden. Insbesondere sollten Sie Funktionen nutzen, welche die Ausgabe von exakten Kopien von Trainingscode verhindern. Ist Ihnen dies nicht möglich, sollten Sie im Hinterkopf behalten, dass bereits eine einzelne Codezeile als Werk im Sinne des Urheberrechts gelten kann, wenn sie autonom funktional und ablauffähig ist. Folglich ist der Schutz des Urheberrechts für Code denkbar weit, geht damit jedoch an der Realität vorbei. »Trivialcode« wie die Excel-Anweisung `=SUM("every number above current cell":"current cell")` dürfte jedoch regelmäßig nicht schutzfähig sein, auch wenn sie den sehr niedrigschwelligen theoretischen Anforderungen des Urheberrechts genügt.

Der rechtlich relevante Bereich ist also immer dann gegeben, wenn die KI Codezeilen vorschlägt oder ausgibt, die eine Lösung für ein sehr komplexes Problem darstellen, Ihnen also gutes Stück Arbeit von der KI abgenommen wird. Gleiches gilt für die (seltenen) Fälle, in denen ganze Codeabschnitte von der KI geschrieben werden, die aufgrund Ihrer Anforderung oder des eingegebenen Prompts sehr spezifische Funktionen erfüllen. Hier ist die Gefahr, dass es sich um eine einzigartige Lösung handelt, deren Urheber im Zweifel auf der Durchsetzung ihrer Rechte bestehen würden, sehr hoch! Die Gefahr einer Urheberrechtsverletzung besteht also insbesondere dann, wenn der verwendete Code auch eindeutig einer anderen Software zugeordnet werden kann. Dies ist insbesondere deshalb bedeutsam, weil der Rechteinhaber des proprietären Codes zunächst einmal nachweisen muss, dass der verwendete Code seine persönliche geistige Schöpfung ist. Sobald dies gelingt, ist es rechtlich nicht relevant, ob Sie als Rechtsverletzer sich über die Verwendung des fremden geistigen Eigentums im Klaren waren oder nicht.

Wie auch beim klassischen Coding gilt also die Devise: »Helfen lassen ist in Ordnung – klauen dagegen nicht.« Dies bedeutet in der Konsequenz jedoch, dass Sie sich als Nutzer von Coding-KI nicht blind auf die intelligente Hilfe verlassen dürfen. Damit verliert diese KI-Unterstützung leider einiges von ihrem Nutzen.

Die Gefahr von Data Poisoning

Ein weiteres Problem beim KI-gestützten Coding, das langsam seinen Weg in das öffentliche Bewusstsein findet, ist das sogenannte »Data Poisoning«. Hierbei handelt es sich um das bewusste Trainieren von künstlicher Intelligenz mit falschen Informationen. Während dies bei Sprachmodellen dazu führt, dass die KI Unwahrheiten als Fakten ausgibt und Bildmodelle Objekte miteinander vertauschen, sind die Folgen bei den AI-Coding-Tools oft gravierend.

Bereits im Jahr 2020 warnte die US-Eliteuniversität Cornell vor der Gefahr von »Data Poisoning«-Attacken auf das maschinelle Lernen und große Trainingsdatensätze: *https://arxiv.org/abs/2009.07008*. Die dahinter stehende Gefahr: Der Code, den eine KI ausgibt, die mit vergifteten Datensätzen trainiert wurde, kann »Blind Backdoors« enthalten, also Lücken, welche die Software unsicher und damit angreifbar gestalten.

Die Gefahr, die hinter »Data Poisoning« steckt, rückt immer mehr in den Fokus der Entwicklerszene. So werden die Problematik und mögliche Gegenmaßnahmen bei dem Copilot-Anbieter GitHub mittlerweile in einer Vielzahl von Forenbeiträgen und Papers diskutiert, wie Sie hier nachlesen können: *https://github.com/penghui-yang/awesome-data-poisoning-and-backdoor-attacks*.

Bis das Problem des versteckten Schadcodes auf technischem Wege gelöst werden kann, verbirgt sich hierin ein ganz praktisches Problem für Sie. Wenn Sie für Ihre eigene Organisation oder Dritte Code mittels KI-Unterstützung entwickeln lassen, haben Sie natürlich auch ein Eigeninteresse daran, dass dieser Code möglichst frei von versteckten Fehlern ist. Zum einen wollen Sie nicht ihre eigene Organisation durch Sicherheitslücken in Software angreifbar machen, eine solche aber auch nicht Kunden anbieten. Sollten sich hieraus vermeidbare IT-Sicherheitsvorfälle entwickeln, sind Sie als Anbieter der Software haftbar und müssen je nach Vorfall mit enormen Schadensersatzforderungen rechnen.

Das Risiko von Sicherheitslücken aufgrund von »Data Poisoning« verdeutlicht ein weiteres Mal, wie entscheidend es ist, dass Sie KI-generierten Code nicht ungeprüft übernehmen, sondern auch dieser sich einem Verfahren der Qualitätskontrolle unterziehen muss, bevor er Eingang in Ihre Software findet.

> **Praxistipp: KI-Assistenten genau prüfen**
>
> Im Alltag von Entwicklern sind die KI-Hilfen nicht mehr wegzudenken und übernehmen bereits viel Arbeit. Wenn auch Sie nicht auf diese Unterstützung verzichten wollen, empfehlen wir Ihnen, Ihren KI-Assistenten unter dem Kriterium der bestehenden Hilfsfunktionen auszusuchen. Gibt es die Möglichkeit, die Ausgabe von exaktem Code zu verbieten? Gibt es einen Urheberrechtshinweis oder ist ein solcher in der nahen Zukunft geplant? Wurde die Gefahr von »Data Poisoning« durch den Anbieter bereits erkannt und adressiert?
>
> Wenn sich bei all diesen Fragen für Sie noch Unsicherheiten ergeben, sollten Sie insbesondere komplexe Codeabschnitte stets genau prüfen und zur Minimierung des Risikos von Urheberrechtsverletzungen und Sicherheitslücken stets anpassen, optimieren oder abwandeln.

Kapitel 5
Einführung im Unternehmen und Ausblick

Im letzten Kapitel unseres Buches erhalten Sie wertvolle Tipps für die Praxis, die Ihnen bei der Einführung von KI in Ihrem Unternehmen helfen. Zudem geben wir Ihnen einen Ausblick auf die rechtliche und technische Entwicklung im Bereich der KI.

Viele begreifen die derzeitige Entwicklung im Bereich KI als eine ähnliche technische Revolution wie den Siegeszug des Internets. Daraus folgt, dass Unternehmen in den kommenden Jahren und Jahrzehnten einen Transformationsprozess durchlaufen werden. Die Einführung von KI ist ein Digitalisierungsprojekt, das im Idealfall die ganze DNA des Unternehmens neu ordnet und zahlreiche der bisherigen gewohnten Abläufe auf den Prüfstand stellt. Hierfür müssen insbesondere alle Beschäftigten motiviert, mitgenommen und fortgebildet werden. Zudem müssen elementare Prozesse überdacht und angepasst werden.

Unternehmen, die diesen Prozess nicht oder deutlich zu spät angehen, werden dabei das Nachsehen haben. Transformationsprozesse dieser Art sind jedoch herausfordernd und erfordern viel Planung. Ihre Unternehmensführung muss das große Ganze im Blick behalten. Neben strategischer, finanzieller und technischer Planung treten Aspekte wie Personalführung, Change-Management, Compliance, Ethik, Sicherheit und vieles mehr. In Abschnitt 5.2 geben wir Ihnen daher wertvolle Tipps, was Sie bei der Einführung von KI in Ihrem Unternehmen beachten sollten und wo Fallen lauern.

Natürlich soll aber auch ein Blick in die Zukunft nicht fehlen. Denn voraussichtlich befinden wir uns noch am Anfang der technischen Revolution. Und die technische Entwicklung schreitet derzeit mit rasender Geschwindigkeit voran. Beinahe wöchentlich erfahren populäre KI-Dienste Updates, und jede Menge neue KI-basierte Dienste und Produkte strömen auf den Markt. In Abschnitt 5.3 geben wir Ihnen daher einen Ausblick auf die zu erwartenden technischen Entwicklungen.

Vor allem aber hat die rechtliche Transformation gerade erst begonnen. Der europäische AI Act ist gerade erst in Kraft getreten und viele seiner Regelungen werden in den kommenden Monaten und Jahren erst nach und nach wirksam werden. Dadurch bedingt – und auch das ist ein normaler und bekannter Prozess – stehen uns viele Jahre der Rechtsunsicherheit ins Haus. Denn neue Gesetze wollen zunächst durch Gerichte und Behörden ausgelegt werden. Peu à peu werden die neuen gesetzlichen Bestimmungen durch gerichtliche und behördliche Entscheidungen mit Leben gefüllt. Nachfolgend zeigen wir Ihnen daher zunächst auf, welche Neuerungen das Regulierungsmonster der EU bereithält und welche davon für Sie besonders relevant sind.

5.1 Das bringt der AI Act

Kaum einer EU-Gesetzgebung wird seit der Datenschutzgrundverordnung mehr Disruptionspotenzial nachgesagt als dem EU AI Act. Die KI-Verordnung stand monatelang im Zentrum politischer Debatten auf höchster Ebene und muss vielfältige Erwartungen erfüllen. Auch wenn es sich bei künstlicher Intelligenz um keine gänzlich neue Technik handelt, sorgte die neue Generation von generativen KI-Systemen wie ChatGPT, Midjourney und Co. für ein erhebliches öffentliches Interesse an dem neuen Regelwerk.

> **Hintergrundwissen: Was ist eine EU-Verordnung?**
>
> Bei dem AI Act handelt es sich um eine EU-Verordnung. Solche sind direkt anwendbar in den Mitgliedsstaaten der EU und benötigen keine Umsetzung in Form von nationalen Gesetzen, wie es bei den EU-Richtlinien der Fall ist. Ein prominentes Beispiel für eine Verordnung ist die DSGVO – die Datenschutzgrundverordnung.
>
> Der Vorteil von Verordnungen auf europäischer Ebene ist, dass sie ein einheitliches EU-weites Regelwerk schaffen. Es kann also keine »Oasen« geben, in denen bestimmte Regelungen lockerer gehandhabt werden. Dies macht sie bei den Mitgliedsstaaten jedoch nicht automatisch beliebt, denn gleichzeitig wird damit den einzelnen Staaten immer mehr Selbstständigkeit bei dem Erlass von Gesetzen genommen.

Der AI Act hat mittlerweile die letzte Abstimmung des Parlaments durchlaufen und ist auch in Kraft getreten. Voll anwendbar ist der AI Act jedoch erst 24 Monaten nach dem Inkrafttreten, also im Mai 2026. Die Zeit zwischen der Anwendbarkeit und dem Inkrafttreten ist der sogenannte Umsetzungszeitraum, der gewährt wird, um Unternehmen und Behörden die Möglichkeit zu geben, sich auf die neuen Regelungen einzustellen.

5.1.1 Unübersichtliche Anwendbarkeit

Mit dem Umsetzungszeitraum, der in Artikel 113 geregelt wird, fängt es jedoch bereits an, unübersichtlich zu werden. Bereits sechs Monate nach Inkrafttreten, damit im November 2024, sind die Kapitel I und II der Verordnung, also die allgemeinen Bestimmungen sowie die Regelungen zu verbotenen KI-Systemen, anwendbar. Ein volles Jahr nach dem Inkrafttreten, also im Mai 2025, erlangen die Kapitel III, Kapitel V, Kapitel VII sowie Kapitel XII Geltung. Hierin werden vorrangig die Hochrisiko-KI-Systeme, die KI-Modelle mit allgemeinem Verwendungszweck, die Aufgaben des Büros für Künstliche Intelligenz und weiterer EU-KI-Institutionen und zu guter Letzt die Sanktionsmöglichkeiten bei Verstößen geregelt. Alle übrigen Regelungen gelangen 24 Monate nach Inkrafttreten zur Anwendbarkeit und eine einzelne allgemeine Definition (Art. 6 Abs. 1 AI Act) sogar erst nach 36 Monaten.

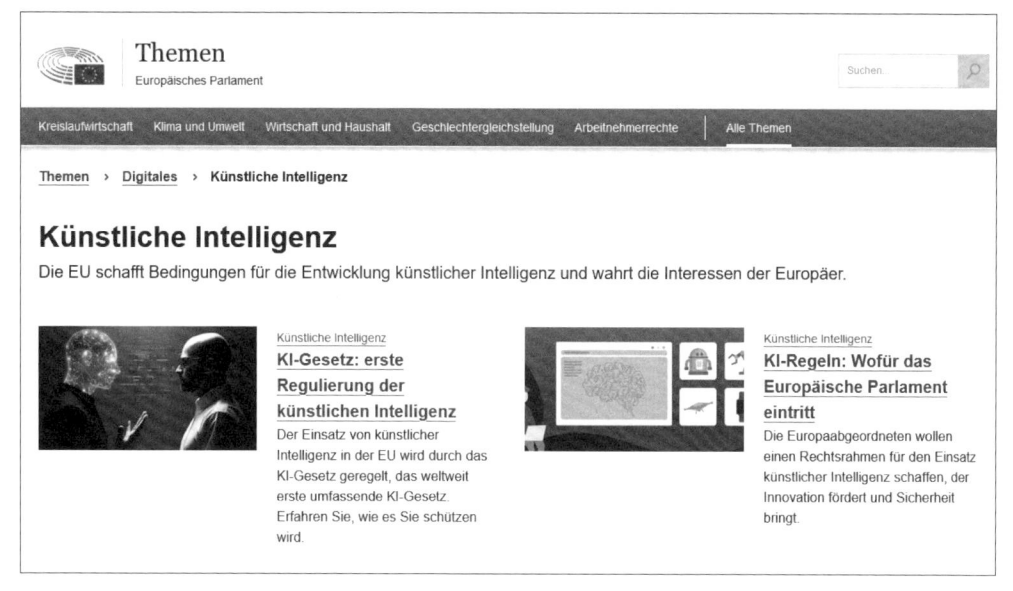

Abbildung 5.1 Auf der Website des Europäischen Parlaments werden regelmäßig neue Informationen zum AI Act veröffentlicht.

5.1.2 Der Anwendungsbereich

Wie bei jedem Gesetz ist die zentrale Frage, die Sie sich vorab stellen dürften: »Betrifft mich dieses Gesetz überhaupt?« Der Anwendungsbereich des AI Act ist gemäß Artikel 2 recht breit gesetzt. Die Verordnung gilt sowohl für die Anbieter als auch die Nutzer (Betreiber) von KI-Systemen und KI-Modellen, welche die KI-Dienste innerhalb der Europäischen Union in den Verkehr bringen oder nutzen. Darüber hinaus ist der AI Act auch für die Unternehmen anwendbar, die nur mit KI-Systemen handeln oder diese in die Europäische Union importieren.

> **Begriffsdefinitionen**
> - **Anbieter**: Jede juristische oder natürliche Person, die einen KI-Dienst entwickelt oder entwickeln lässt und in Verkehr bringt.
> - **Betreiber**: Jede juristische oder natürliche Person, die ein KI-System nutzt, mit Ausnahme der rein persönlichen, nicht beruflichen Nutzung.
> - **KI-Modell**: Unter einem KI-Modell wird die grundlegende Architektur hinter einer bestimmten Software verstanden. Ein Beispiel für ein Modell ist GPT-4, auf dem ChatGPT basiert.
> - **KI-System**: Ein KI-System bezeichnet die Anwendungssoftware, die genutzt werden kann. Beispiele hierfür sind ChatGPT, Midjourney, Sora oder der GitHub Copilot. Für die Zwecke dieses Buches verwenden wir hierfür auch den Begriff »KI-Dienst«.

Nicht anwendbar ist die Verordnung für KI-Dienste, die nur für die wissenschaftliche Forschung entwickelt werden, die reine Entwicklungstätigkeit von KI-Diensten sowie für die KI-Dienste, die ausschließlich für militärische oder die nationale Sicherheit betreffende Zwecke eingesetzt werden.

5.1.3 Die Risikoklassen

Nach dem AI Act werden KI-Dienste in vier Risikoklassen eingeteilt, für die es jeweils unterschiedliche rechtliche Auflagen gibt. Die vier Risikoklassen lauten wie folgt:

1. verbotene Praktiken im KI-Bereich (Artikel 5 AI Act)
2. Hochrisiko-KI-Systeme (Artikel 6–49 AI Act)
3. KI mit begrenztem Risiko (Artikel 50 AI Act)
4. KI mit minimalem Risiko

> **Hintergrundwissen: Bezeichnung der Risikoklasse 3**
> Der AI Act benutzt für die dritte Risikogruppe den etwas sperrigen Begriff »bestimmte KI-Systeme«. Aus Gründen der Übersichtlichkeit verwenden wir daher die deutlich griffigere Bezeichnung des »begrenzten Risikos«.

Die verbotenen KI-Dienste

Der AI Act benennt in Artikel 5 verschiedene Praktiken im KI-Bereich, die grundsätzlich verboten sind. Da die meisten dieser Praktiken für Sie keine Relevanz haben dürften, stellen wir sie im Folgenden nur stichpunktartig dar. Verboten sind KI-Dienste, welche

- manipulative oder täuschende Techniken einsetzen, um Entscheidungen zu beeinträchtigen,
- die Schutzbedürftigkeit von Personen und Gruppen ausnutzen, um diesen einen Schaden zuzufügen,
- ein Social Scoring durchführen,
- Datenbanken zur Gesichtserkennung erstellen oder erweitern und
- Personen aufgrund biometrischer Daten in Kategorien einteilen.

Zudem widmet Artikel 5 viel Aufmerksamkeit den Systemen, die eine biometrische Echtzeit-Fernidentifizierung ermöglichen. Diese sind grundsätzlich verboten, wovon jedoch für zahlreiche Anwendungszwecke aus dem Bereich der Strafverfolgung Ausnahmen gemacht werden. In einem solchen Fall handelt es sich nur noch um ein Hochrisiko-KI-System.

Die Hochrisiko-KI-Systeme

Grundsätzlich erlaubt, aber besonders streng reguliert sind die Hochrisiko-KI-Systeme. Hierunter fallen Systeme, welche

- Sicherheitsbauteile von besonders risikoreichen Maschinen darstellen,
- eine biometrische Fernidentifizierung durchführen können,
- zur Emotionserkennung verwendet werden sollen,
- für die Verwaltung und den Betrieb von kritischer Infrastruktur (Verkehr, Wasser-, Gas-, Wärme- oder Stromversorgung) genutzt werden,
- in Kontakt zu Schul-, Ausbildungs- oder Beschäftigtendaten stehen (z. B. Feststellung des Zugangs zu Bildung, Bewertung von Lernergebnissen oder Bildungsniveau, Sichtung von Bewerbungen, Beeinflussung von Entscheidungen in Bezug auf Arbeitsverhältnisse wie Kündigungen, Beförderungen etc.),
- zur Beurteilung, ob Personen Zugang oder Anspruch auf grundlegende öffentliche Dienstleistungen zusteht, verwendet werden,
- der Strafverfolgung dienen,
- zur Asyl- und Grenzkontrolle verwendet werden und
- die Rechtspflege sowie die Abwicklung demokratischer Prozesse unterstützen.

> **Praxistipp: Die Gesetzlage regelmäßig prüfen**
> Ein Großteil der vorgenannten Beispiele folgt nicht direkt aus dem für die Kategorisierung maßgeblichen Artikel 6 AI Act, sondern aus dem dazugehörigen Anhang III. Gemäß Artikel 7 Abs. 1 AI Act ist die EU-Kommission jederzeit dazu befugt, diesen Anhang III durch Hinzufügung oder Anpassung der Anwendungsfälle zu verändern. Die oben genannten Beispiele sind damit nicht für die Ewigkeit in Stein gemeißelt. Verlassen Sie sich also nicht auf (veraltete) Zusammenfassungen Dritter, sondern prüfen Sie im Zweifel den Anhang III einmal selbst, ob Ihr KI-Dienst gegebenenfalls hierunter fällt.

An die Hochrisiko-KI-Systeme stellt die Verordnung erhöhte Anforderungen, die Sie dringend beachten müssen. Gefordert sind hierbei gemäß Artikel 8 AI Act die Anbieter des KI-Systems, also die Unternehmen, welche die KI entwickeln, entwickeln lassen oder auf dem Markt anbieten.

Wenn Sie als Unternehmen ein KI-System nutzen, das in die Hochrisiko-Kategorie fällt, ist es also vordergründig nicht Ihre Verantwortung, dafür zu sorgen, dass die KI sämtliche Anforderungen erfüllt. Doch auch als Betreiber, also Nutzer eines Hochrisiko-KI-Systems hält Artikel 26 AI Act zahlreiche Pflichten für Sie vor. Hierzu gehört, dass Sie ausreichende technische und organisatorische Maßnahmen treffen müssen, um den ordnungsgemäßen Betrieb zu garantieren.

Dass das Hochrisiko-System den Anforderungen des Gesetzes entspricht, wird über die Hintertür auch für Sie als Nutzer zu Ihrer Verantwortung gemacht. Denn Artikel 26 Abs. 5 AI Act sieht vor, dass Sie den Betrieb der KI überwachen müssen und eine Meldepflicht gegenüber dem Anbieter des Systems sowie gegenüber der zuständigen Aufsichtsbehörde haben. Diese Meldepflicht greift dann, wenn Sie Grund zur Annahme haben sollten, dass die KI ein Risiko für Personen oder Gruppen darstellen könnte. Da ein Risiko wiederum bereits dann besteht, wenn es möglich ist, dass einem Dritten ein Schaden zugefügt werden könnte, bedeutet dies für Sie neben einer dauerhaften Überwachungspflicht über den Betrieb der KI auch die fortlaufende Pflicht zur Überprüfung, ob anderen ein Schaden entstehen könnte. Bei einem Verstoß hiergegen drohen Ihnen die im AI Act festgelegten Sanktionen (mehr zu den Sanktionen in Abschnitt 5.1.4).

> **Praxistipp: Die Pflichten im Überblick**
> Die Pflichten für die Anbieter, Betreiber und Händler von Hochrisiko-KI-Systemen sind zahlreich, detailreich und gestalten sich überaus verklausuliert. Eine vollständige Auf-

listung inklusive Erklärungen könnte ein eigenes Buch füllen. Dennoch möchten wir Ihnen einen Überblick über einige der Pflichten geben:

- Einrichtung eines Risikomanagementsystems (Artikel 9)
- Erstellung einer technischen Dokumentation (Artikel 11)
- Ermöglichung einer Protokollierung (Artikel 12)
- Beaufsichtigung durch einen Menschen (Artikel 14)
- Konzipierung unter den Maßgaben von Robustheit, Genauigkeit und Cybersicherheit (Artikel 15)
- Einrichtung eines Qualitätsmanagementsystems (Artikel 17)
- Information von betroffenen Arbeitnehmern (Artikel 26, Abs. 7)
- Durchführung eines Konformitätsbewertungsverfahrens (Artikel 43)
- Verwendung einer digitalen CE-Kennzeichnung (Artikel 48)

Für alle Stellen, die an Entwicklung, Verkauf oder Einsatz eines Hochrisiko-KI-Systems beteiligt sind, hält der AI Act ein wahres Dickicht an Pflichten und Verfahren bereit. Lassen Sie sich deshalb bezüglich der Umsetzung dieser Pflichten frühzeitig beraten, ob Ihre KI ein Hochrisiko-System darstellt und wie Sie die vielfältigen Auflagen umsetzen können.

KI mit begrenztem Risiko

Unter Bestimmungen für KI mit begrenztem Risiko fallen gemäß Artikel 50 AI Act die allermeisten generativen KI-Dienste, die synthetische Audio-, Bild, Video- oder Textinhalte erzeugen, sowie Chatbots. Für diese gelten eine Reihe von Transparenz- und Informationspflichten.

So müssen die Anbieter von Chatbots sicherstellen, dass die Personen, mit denen direkt interagiert wird, darüber informiert werden, dass sie es mit einer KI zu tun haben. Die Anbieter von generativen KI-Diensten wie ChatGPT und Midjourney wiederum müssen dafür sorgen, dass die Ergebnisse als künstlich erzeugt oder manipuliert erkennbar sind. Wenn Sie zudem KI-generierte oder -manipulierte Ergebnisse für sich nutzen, also beispielsweise auf Ihrer Website KI-Texte und Bilder verwendet werden, so müssen Sie offenlegen, dass diese Inhalte KI-generiert sind, und sie entsprechend kennzeichnen.

Vorsicht: Kennzeichnungspflicht von KI-Inhalten

KI-generierte Texte, Bilder und Videos müssen ab Mai 2026 als solche gekennzeichnet werden.

KI-generierte Bilder und Texte gehören mittlerweile zum Alltag. Selbst große Verlage und News-Outlets bedienen sich zunehmend der Unterstützung von künstlicher Intelligenz. Die Pflicht zur Kennzeichnung ist daher zwar längst überfällig, unklar bleibt dennoch, wie diese genau ausgestaltet werden soll. Das von der EU neu eingerichtete Büro für künstliche Intelligenz ist daher verpflichtet, Praxisleitfäden zu erstellen, um die Umsetzung dieser Pflichten zu erleichtern.

Abbildung 5.2 Das Büro für künstliche Intelligenz der EU hat noch keine eigene Internetpräsenz, bis dahin bieten einige private Initiativen erste Hilfestellungen an.

KI mit minimalem Risiko

Zu der KI mit minimalem Risiko werden durch den AI Act gar keine Regelungen getroffen, weshalb sie nur der Vollständigkeit halber erwähnt sein soll. Hierbei handelt es sich um Softwarelösungen, die Ihnen bereits seit vielen Jahren bekannt sein dürften, ohne dass Sie sie zwingend als KI eingeordnet hätten. Dazu gehören Computerspiele, Spamfilter oder Suchalgorithmen. Da von diesen klassischen Softwarelösungen kaum eine Gefahr ausgehen kann und sie in aller Regel unter keine der bestehenden Beschreibungen der anderen Risikoklassen fallen, gehen mit ihrem Betrieb auch keine zusätzlichen Pflichten einher.

5.1.4 Neue Sanktionen

Wie auch bei der Umsetzung der DSGVO sieht der AI Act in Artikel 99 ein umfangreiches Sanktionspaket vor, um den neuen Regelungen entsprechenden Nachdruck zu verleihen. Wieder ist es an den Mitgliedsstaaten, die EU-Verordnung durchzusetzen und sich ein eigenes Sanktionsregime zu organisieren. Dabei stehen den EU-Ländern nicht nur Bußgelder, sondern auch Verwarnungen und andere nicht monetäre Sanktionsmöglichkeiten zur Verfügung.

Am wirksamsten dürften jedoch gerade die neuen Bußgelder und die Angst vor deren Höhe sein. Denn diese haben es in sich!

- Bei Missachtung der Regelungen über den Einsatz der verbotenen KI-Dienste kann eine Geldbuße in Höhe von bis zu 35 Millionen Euro oder 7 % des weltweiten Jahresumsatzes, je nachdem, welcher Betrag höher ist, verhängt werden.
- Bei Verletzung der Pflichten im Zusammenhang mit Hochrisiko-KI-Systemen drohen Geldbußen von bis zu 15 Millionen Euro oder 3 % des weltweiten Jahresumsatzes, je nachdem, welcher Betrag höher ist.
- Bei irreführenden, falschen oder unvollständigen Informationen gegenüber den zuständigen nationalen Behörden drohen bis zu 7,5 Millionen Euro oder bis zu 1 % des weltweiten Jahresumsatzes, je nachdem, welcher Betrag höher ist.

Hinsichtlich der Höhe des Bußgeldes werden die Behörden einen einigermaßen großen Ermessensspielraum haben. Im Falle eines Bußgeldes gegen ein KMU oder ein Start-up-Unternehmen beispielsweise sind die Aufsichtsbehörden dazu angehalten, das jeweils niedrigere Bußgeld zu verhängen – eine geradezu überraschende Rücksichtnahmevorschrift, um Innovationen durch kleinere Unternehmen zu fördern. Im Übrigen sollen die Behörden alle relevanten Umstände des Einzelfalles wie Art, Schwere und Dauer des Verstoßes, vorhergehende Geldbußen sowie Größe, Jahresumsatz und den Marktanteil des verstoßenden Unternehmens würdigen.

Welche Behörde in Deutschland für die Überprüfung der Vorschriften des AI Acts und damit auch für die Verhängung von Bußgeldern zuständig sein wird, ist noch nicht geklärt. Zum Teil wurden Stimmen laut, dass dies die natürliche Aufgabe der – chronisch überlasteten – Datenschutzaufsichtsbehörden wäre. Damit würde die Aufsicht wie auch beim Datenschutz Ländersache sein, womit abermals ein nationaler Flickenteppich drohen würde. Möglich ist jedoch auch die Einrichtung einer neuen Bundesbehörde, welche die Aufsicht in Deutschland zentral gestaltet.

5.1.5 Fazit

Mit dem AI Act kommt auf Sie ein umfangreiches Bündel an neuen Regeln und Pflichten zu. Im Gegensatz zur Datenschutzgrundverordnung hat der EU-Gesetzgeber jedoch gänzlich darauf verzichtet, dieses auch nur im Ansatz lesbar oder verständlich zu gestalteten. Zahlreiche Ausnahmen, Querverweise und der enorme Umfang tun ihr Übriges. Wenn Sie künftig mit Künstlicher Intelligenz arbeiten wollen – unabhängig davon, ob Sie diese entwickeln oder nutzen möchten – sollten Sie nicht bis kurz vor Ende des Umsetzungszeitraumes warten, bis sie sich mit der Verordnung auseinandersetzen. Viele Pflichten sind formalisiert, und daher sind hier Hilfestellungen der europäischen und nationalen Behörden zu erwarten. Für spezielle Fragestellungen wird im Einzelfall jedoch oft die externe Beratung geboten sein.

5.2 Wie man KI erfolgreich in das Unternehmen integriert

KI im Unternehmen einzuführen und insbesondere in den Arbeitsalltag zu integrieren, ist eine große Herausforderung für jedes Unternehmen. Nachfolgend geben wir Ihnen Tipps, wie dies gelingen kann – und was Sie in jedem Fall vermeiden sollten!

5.2.1 KI ist nicht das nächste Software-Projekt

Ein entscheidender Fehler bei der Einführung von künstlicher Intelligenz ist es, diese epochale neue Technik als ein weiteres Software-Projekt zu betrachten. Ein solches wird implementiert und dann weitgehend sich selbst und den Mitarbeitern überlassen. Eine solche Vorgehensweise wird mit hoher Wahrscheinlichkeit zu einem Fehlschlag des Vorhabens führen, da es sich um nicht weniger als eine technische Revolution handelt.

Dabei wird man auch auf externe Berater und Trainer zugreifen müssen. Als sinnvoll hat es sich zudem erwiesen, interne »Early Adopter« und solche Personen im Unternehmen als Vorbild einzuspannen, die sich besonders früh oder tief mit ChatGPT & Co. beschäftigt haben. Denn solche Personen sind als Vorbilder für die Belegschaft außerordentlich hilfreich und glaubwürdig.

Ziel dieses ersten Schritts muss es sein, Mitarbeitern den Zugang zu der neuen Technik zu öffnen und ihnen die Möglichkeit für erste Schritte zu geben. Hierfür ist es nicht ausreichend, den Beschäftigten Accounts zur Verfügung zu stellen. Vielmehr sind verpflichtende Trainings bei erfahrenen Nutzern erforderlich – auch wenn dies teuer werden kann.

Relevante Stakeholder sind bei der Einführung frühzeitig hinzuzuziehen. Hierzu gehört der Datenschutzbeauftragte, der die Einhaltung der DSGVO überwachen muss. Ebenfalls relevant ist aus technischer Sicht der Informationssicherheitsbeauftragte. Schließlich muss auch der Betriebs- oder Personalrat berücksichtigt und einbezogen werden, da es sich bei dem mit der Einführung von KI verbundenen Prozess in aller Regel um einen mitbestimmungspflichtigen Vorgang im Sinne von § 87 Betriebsverfassungsgesetz handelt.

5.2.2 KI-Richtlinie und Unternehmensstrategie erstellen

Als ausgesprochen hilfreich bei einer nachhaltigen Einführung von KI hat sich die Erstellung einer KI-Richtlinie erwiesen (lesen Sie dazu Abschnitt 2.8). Diese kann als eine doppelte Leitplanke sowohl für das Unternehmen als auch für die Beschäftigten dienen. Ziel soll es sein, den Mitarbeitern klar vorzugeben, wie sie KI nutzen können und welche Software dazu zur Verfügung steht. Hierzu empfiehlt sich die Erstellung einer Whitelist an zulässigen Angeboten. Zugleich müssen auch rechtliche Vorgaben sowie Compliance und ethische Gesichtspunkte beachtet werden. Details dazu finden Sie in Abschnitt 1.6.

Auch die Geschäftsführung bekommt Aufgaben: Sie muss eine KI-Strategie entwickeln und Geschäftsziele definieren. Klären Sie, welche Probleme oder Chancen mit KI adressiert werden sollen, und bestimmen Sie klar messbare Ziele für die KI-Initiative im Rahmen Ihrer Geschäftsstrategie: Stellen Sie sicher, dass die KI-Strategie mit der übergeordneten Geschäftsstrategie harmoniert, und entwickeln Sie eine schrittweise Umsetzungsstrategie, die Zeitrahmen, Meilensteine und benötigte Ressourcen umfasst.

Zu diesen Überlegungen gehört auch der Umgang mit externen Dienstleistern, die urheberrechtlich relevante Inhalte erstellen, also Fotografen, Ersteller von Texten oder Illustratoren. Hier muss festgelegt werden, ob Sie die KI-Anwendung, die eingesetzt werden soll, zur Erledigung Ihrer Aufgaben nutzen dürfen. Falls dies der Fall ist, was wohl in Zukunft eher die Regel sein wird, müssen neue Verträge entworfen werden, welche die Übertragung der – nicht urheberrechtlich geschützten – Inhalte neu regeln.

5.2.3 Zugänge schaffen

Ein gravierender Fehler, den viele Unternehmen bei der Integration von KI machen, ist eine fehlende Strategie bei der Zuteilung von Zugängen zu ChatGPT & Co. an die Beschäftigten. Viele Mitarbeiter waren und sind an der neuen Technik interessiert, haben aber keinen oder nur einen unzureichenden Zugriff auf Accounts. Die vorhandene Neugier erlischt dann schnell.

So ist es absolut sinnvoll, dass eine Presseabteilung, deren Auftrag das Erstellen von Nachrichten und die Gestaltung des internen Internetauftritts ist, von Anfang an Zugriff auf Sprach- und Bild-KI erhält. Und auch die Neugier der IT-Abteilung und Softwareentwicklung auf Programmierangebote wie GitHub Copilot sollte befriedigt werden. Ziel dabei ist es stets, Fachkompetenz im Unternehmen aufzubauen.

> **Praxistipp: Account-Vergabe klar regeln**
>
> Wichtig: Es muss eindeutig geregelt werden, wer im Unternehmen für die Vergabe von Accounts zuständig ist. Dies kann der jeweilige Vorgesetzte sein. Als hilfreich zumindest in kleineren und mittelgroßen Unternehmen hat es sich auch erwiesen, dafür einen zentralen Ansprechpartner für den ganzen Betrieb festzulegen. Dieser muss umfangreiche Vollmachten haben und über die Vergabe auch von teuren Lizenzen entscheiden können. In größeren Unternehmen empfiehlt es sich, einen KI-Beauftragten zu installieren, der als primärer Ansprechpartner für alle Fragen rund um die neue Technologie fungiert.

5.2.4 Use-Cases und Pilotprojekte

Während sich die Mitarbeiter am Anfang dem Thema (generative) KI auch erst einmal eher spielerisch nähern können und dürfen, ist es trotzdem wichtig, dass die neue Technik nicht als Spielerei verstanden bzw. wahrgenommen wird. Hierfür sollten von Beginn an größere Projekte und kleinere Use-Cases definiert werden. Dies hat auch den Zweck, den Mitarbeitern zu zeigen, wie KI speziell in ihrem Umfeld Anwendung finden und z. B. die Effizienz steigern kann.

Ein einfach umzusetzendes Projekt wäre zum Beispiel die Erstellung einer Website mit Kundeninformationen, die komplett mithilfe von künstlicher Intelligenz erstellt wird, inklusive der Bilder. Solche Use-Cases müssen im Unternehmen bekannt gemacht werden. Hier kann beispielsweise die Veranstaltung einer KI-Woche sinnvoll sein, in deren Rahmen derartige Entwicklungen und der Umgang mit neuen Techniken im Unternehmen idealerweise direkt von Kollegen vorgestellt werden.

5.2.5 Risikomanagement

Bei aller Euphorie über die Chancen von KI dürfen Sie auch die potenziellen Risiken der neuen Technik nicht aus den Augen verlieren und müssen diese im Rahmen eines betrieblichen Risikomanagements in Ihre Prozesse aufnehmen. Dabei stehen rechtliche Risiken ebenso im Fokus wie technische.

Technisch drohen etwa Systemausfälle, die das Unternehmen zu bewältigen hat. Hierzu gehört die Planung für den Umgang mit solchen Ausfällen oder erheblichen Fehlfunktionen der Systeme. Betroffen sind ebenfalls Maßnahmen zur IT-Sicherheit. Es ist wahrscheinlich, dass KI-Systeme neue Angriffsvektoren für Cyberangriffe bieten können, und es gilt, darauf vorbereitet zu sein. Das gilt auch für Maßnahmen zum Schutz sensibler Daten, wie sie etwa in Personalabteilungen vorliegen, vor unbefugtem Zugriff und Datenlecks.

Weitere Risiken bestehen im Rahmen der rechtlichen und regulatorischen Compliance, insbesondere hinsichtlich des Datenschutzes. Hier gilt es, die Einhaltung der relevanten juristischen Vorgaben zu überprüfen und laufend sicherzustellen. Dabei spielt die Bewertung der Haftungsrisiken eine zentrale Rolle, die mit potenziellen Fehlern oder Schäden durch KI-Systeme verbunden sind.

Schließlich gibt es auch ein nicht unerhebliches Risiko im sozialen Bereich, nämlich hinsichtlich der Reputation des Unternehmens und des Kundenvertrauens. Bei der Verwendung von KI besteht beispielsweise immer das Risiko von Bias, also von ungewollten Vorurteilen und Vorverurteilungen (zur Vertiefung lesen Sie Abschnitt 1.1.3). Hier droht Diskriminierung, besonders in sensiblen Anwendungsbereichen wie Personalwesen oder Kreditvergabe.

Wird die Nutzung von KI in negativem Kontext öffentlich wahrgenommen, so wird sich dies in jedem Fall negativ auf das Image des Unternehmens oder der jeweiligen Marke auswirken.

> **Fallbeispiel**
>
> Als wenig erfolgversprechend hat sich die Strategie eines Unternehmens entpuppt, das plötzlich über Nacht für alle Mitarbeiter einen ChatGPT-Zugang im Rahmen eines eigenen Kanals bei Microsoft Teams freigeschaltet hatte. Dort konnte man zwar die KI befragen, wichtige und hilfreiche Features des Web-Angebots, wie die History und die GPTs, fehlten jedoch. Zugleich waren weder der Informationssicherheitsbeauftragte noch der Datenschutzbeauftragte involviert, sodass völlig unklar war, welche Daten an wen weitergegeben wurden, oder auch nur, welche Version im Einsatz war. Auch zeitnahe Schulungen zur Anwendung gab es nicht. Wenig überraschend erwies sich dieses gut gemeinte Angebot als wenig erfolgreich und wurde von den Beschäftigten kaum genutzt.

5.2.6 Monitoring und Evaluation

Ausgehend von diesen Projekten und der Schulung der Beschäftigten muss die Nutzung von KI mittelfristig in den Unternehmensalltag übergehen. Dafür werden immer wieder auch neue Projekte ins Leben gerufen werden müssen, welche die Bedeutung der neuen Technik für die eigenen Zwecke untermauern.

Ist die Nutzung erst einmal üblich geworden, so sind Kontrollen hinsichtlich des Erfolgs zwingend erforderlich. Hierbei erfolgt eine regelmäßige Überprüfung der Leistung und des Einflusses der KI-Systeme im Betrieb – gerade auch in Verbindung mit den bei der Nutzung entstehenden Kosten. Sinnvoll ist auch die Einrichtung von Feedbackmechanismen, in deren Rahmen Nutzer und Stakeholder Rückmeldungen über ihre Erfahrungen bei der betrieblichen Nutzung von ChatGPT & Co. zurückspielen können. Sinnvoll kann die Einführung eines KI-Lenkungskreises sein, der über solche Fragen befindet und Empfehlungen ausspricht.

5.2.7 Ein kontinuierlicher Prozess

Die Implementierung von KI ist ein kontinuierlicher Prozess, der regelmäßige Bewertungen und Anpassungen unter Berücksichtigung der diversen Interessen im Unternehmen erfordert. Gerade die Einbeziehung von wirtschaftlichen, rechtlichen, ethischen Aspekten ebenso wie betriebliche Mitbestimmung macht dieses Vorhaben so komplex.

Gleichzeitig entwickelt sich KI in atemberaubendem Tempo, sodass auch eine ständige Beobachtung des Marktes und eine entsprechende Anpassung der eigenen Strategie dauerhaft erforderlich sind. Auch die rechtlichen Rahmenbedingungen müssen im Auge behalten werden. Dabei gilt es, im eigenen Unternehmen für Zukunftssicherheit zu sorgen, denn auch der Wettbewerber beschäftigt sich mit KI. Tut er das nicht, wird er spätestens mittelfristig mit erheblichen Nachteilen umgehen müssen und nur noch eingeschränkt konkurrenzfähig sein.

5.2.8 Checkliste: Einführung von KI im Unternehmen (2)

Nachfolgend haben wir für Sie eine weitere Checkliste zur Einführung von KI im Unternehmen zusammengestellt, die Ihnen eine gute Übersicht über die wichtigsten zu beachtenden Punkte gibt. Die Checkliste mit den technischen Aspekten finden Sie in Abschnitt 2.1.4.

> **Step-by-Step-Checkliste**
>
> 1. **Bewusstsein und Motivation fördern**: Motivieren Sie Ihre Beschäftigten, KI-Technologie einzusetzen; nutzen Sie externe Berater und interne »Early Adopter« als Vorbilder. Organisieren Sie Veranstaltungen wie eine KI-Woche, um Mitarbeiter über KI-Projekte zu informieren und deren Engagement zu fördern.
> 2. **Relevante Stakeholder frühzeitig einbinden**: Beziehen Sie den Datenschutzbeauftragten zur Überwachung der DSGVO-Konformität frühzeitig ein. Konsultieren Sie den Informationssicherheitsbeauftragten und den Betriebs- oder Personalrat, um die mitbestimmungspflichtigen Aspekte zu klären.
> 3. **Externe Beratung**: Erwägen Sie die frühzeitige Einbeziehung externer juristischer Experten zur Minimierung von rechtlichen Risiken.
> 4. **KI-Richtlinie und Unternehmensstrategie**: Erstellen Sie eine KI-Richtlinie, die sowohl rechtliche als auch ethische Standards abdeckt. Entwickeln Sie zudem eine klare KI-Strategie, die mit der übergeordneten Unternehmensstrategie harmoniert, und definieren Sie messbare Ziele.
> 5. **Lizenzierung**: Stellen Sie sicher, dass Ihr Unternehmen die notwendigen Nutzungslizenzen für externe Dienste im erforderlichen Umfang erwirbt. Bei der Entwicklung eigener Lösungen unter Verwendung von Open-Source-Code sind die OS-Bedingungen zu beachten.
> 6. **Zugang und Nutzung von KI**: Stellen Sie sicher, dass alle relevanten Abteilungen Zugriff auf benötigte KI-Tools und -Dienste haben. Definieren Sie klare Regeln für die Account-Vergabe und etablieren Sie einen zentralen Ansprechpartner für KI-bezogene Fragen.
> 7. **Fachwissen und Awareness**: Stellen Sie durch verpflichtende Schulungen und Workshops sicher, dass Ihre Mitarbeitenden im Umgang mit den einschlägigen KI-Tools trainiert werden und über rechtliche Risiken aufgeklärt werden.
> 8. **Risikomanagement implementieren**: Berücksichtigen Sie sowohl technische als auch rechtliche Risiken im Rahmen eines betrieblichen Risikomanagements. Planen Sie für den Umgang mit Systemausfällen und Cyberangriffen und schützen Sie sensible Daten vor unbefugtem Zugriff.

5.3 Technische Entwicklung

Zu guter Letzt geben wir Ihnen in diesem Abschnitt einen Ausblick auf die künftige technische Entwicklung. Dabei richten wir zudem den Fokus auf die Dienste mit Potenzial, die mit hoher Wahrscheinlichkeit von sich reden machen werden.

Die Entwicklungen im Bereich der KI der letzten anderthalb Jahre haben bereits jetzt einen spürbaren Einfluss auf Wirtschaft, Gesellschaft und den Alltag. In diesem Kapitel versuchen wir, einen Ausblick auf die technische Entwicklung und ihre Potenziale für die Zukunft zu nehmen.

Die Fortschritte in der generativen KI sind nichts weniger als eine Revolution. Mit Fähigkeiten, die sich von der Erstellung beeindruckender Texte bis hin zur Generierung authentisch wirkender Bilder und Videos erstrecken, eröffnen sich für Unternehmen neue Horizonte im Marketing, Produktdesign und Kundenservice.

Geräte wie der Humane Pin oder der Rabbit R1 sind beispielhaft für die Interaktion mit KI über intuitive Bedienelemente und Apps, die unsere Kommunikation und unseren Umgang mit Technologie neu definieren können. Doch bei aller Faszination bleiben Fragen offen, insbesondere bezüglich der Validierung der Ergebnisse.

5.3.1 Dezentralisierung von Intelligenz

Die Verbreitung lokaler LLMs hat bereits begonnen. Obwohl Systeme wie GPT-4 immense Rechenkapazitäten erforderlich machen, hat es sich bereits jetzt eine stetig wachsende Community zur Aufgabe gemacht, offene Modelle zu entwickeln, die mit realistischen Hardware-Anforderungen dennoch eine vergleichbare Qualität erreichen wie die sehr großen Modelle, die aktuell den Markt beherrschen. Diese Entwicklung bedeutet, dass diese kleineren KI-Modelle zunehmend lokal verfügbar sein werden, was wiederum zu niedrigeren Latenzen, erhöhter Datensicherheit und größeren Anpassungsmöglichkeiten führt – also großen Vorteilen für den Einsatz in Unternehmen oder im privaten Bereich.

KI-Assistenten, die auf der Basis von Prompts agieren, bekommen zunehmend erweiterte Fähigkeiten, wie die direkte Suche im Internet/anderen Wissensquellen oder den Umgang mit Bildern und Videos. Der Rabbit-Human-Pin ist ein Beispiel dafür, wie durch erweiterte Multimodalität die Interaktion mit KI-Assistenten natürlicher und intuitiver wird. Was bis vor Kurzem noch in den Kinderschuhen steckte, entwickelt sich rasant zu einer neuen Schnittstelle zwischen Mensch und Maschine, die weit über die aktuelle Text- und Sprachsteuerung hinausgeht.

Neu erscheinende Endgeräte wie das Honor-Magic-6-Smartphone erhalten immer häufiger direkte lokale LLM-Integration. Weiterhin erhält diese Einzug in die bisherigen digitalen Assistenten wie Alexa oder den Google Assistant und ersetzen die veralteten Technologien, die bisher diese Assistenten »intelligent« gemacht haben.

5.3.2 Bildung: fit für die Zukunft

Für Unternehmen steht die Notwendigkeit, in KI-Technologien zu investieren, außer Frage. Die wahre Herausforderung liegt darin, wie rasch sie ihre Belegschaft auf den Einsatz dieser Technologie vorbereiten können. Die Ausbildung von Fach- und Führungskräften in der Anwendung von KI wird zunehmend zu einem kritischen Erfolgsfaktor werden. Daher sollten Fortbildungen und Workshops zu KI-Technologien nicht länger als optionale Extras betrachtet werden, sondern zum integralen Bestandteil der Unternehmenskultur und -strategie werden.

In diesem Kontext erwächst eine neue Generation von Nutzern, die nicht nur mit KI-Technologien vertraut sind, sondern auch deren Potenzial maximal ausschöpfen können. Die Fähigkeit, KI nicht nur anzuwenden, sondern auch kreativ und ethisch verantwortungsvoll zu nutzen, wird für Unternehmen zu einem bedeutenden Wettbewerbsvorteil werden. Dabei wird das Ziel nicht nur die Vermittlung eines Verständnisses der technischen Funktionsweisen sein, sondern auch das Schaffen eines tieferen Bewusstseins für die sozialen, ökonomischen und ethischen Implikationen, die KI-Technologien mit sich bringen. Wer künftig mit Künstlicher Intelligenz arbeiten will, muss sich auch bewusst sein, welche Auswirkungen diese Arbeit auf Wirtschaft und Gesellschaft haben wird.

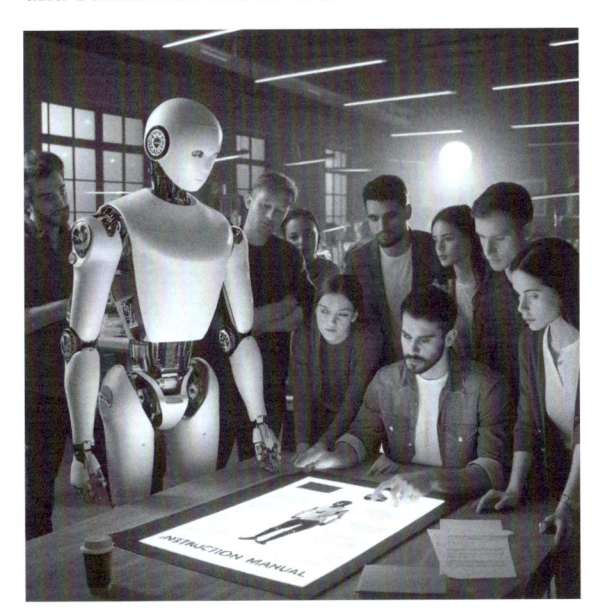

Abbildung 5.3 »Erstelle ein Foto, in welchem eine Gruppe Menschen die Anleitung eines Roboters liest.«

Es ist unerlässlich, dass nicht nur Geschäftsführer und Mitarbeiter von Unternehmen, sondern auch Lehrkräfte, Eltern und Kinder in die Grundlagen sowie fortgeschrittenen Konzepte der KI eingeführt und fortlaufend geschult werden, um künftig mit der technologischen Entwicklung Schritt halten zu können.

In einer Welt, in der KI zunehmend allgegenwärtig wird, werden jene Organisationen am erfolgreichsten sein, die es verstehen, ihre Mitarbeiter kontinuierlich weiterzubilden und ihnen die Werkzeuge an die Hand zu geben, um das volle Potenzial der KI für ihre Geschäftsziele zu nutzen. Somit wird die Fähigkeit, mit KI effektiv zu arbeiten und sie umfassend zu verstehen, zu einer unverzichtbaren Kernkompetenz im 21. Jahrhundert.

5.3.3 Erweiterte Realität

Erweiterte Realität (XR) ist ein Sammelbegriff, der die Technologien Virtual Reality (VR), Augmented Reality (AR) und Mixed Reality (MR) einschließt.

> **Virtual Reality (VR)**
>
> Virtual Reality (VR) versetzt Nutzende in eine vollständig computergenerierte Welt. Durch das Tragen einer VR-Brille erleben sie immersive 3D-Umgebungen, als wären sie tatsächlich Teil davon. Beispiele sind die virtuelle Besichtigung einer Immobilie, bei der Interessierte durch ihr künftiges Eigenheim laufen, ohne physisch anwesend zu sein, oder Spiele.

Abbildung 5.4 Screenshot aus dem VR-Spiel Beat Saber

Diese Technologien eröffnen neue Dimensionen der Interaktion und des Erlebens, indem sie digitale Inhalte in unsere reale Umgebung integrieren oder uns vollständig in virtuelle Welten eintauchen lassen. Der Einfluss von Künstlicher Intelligenz auf XR wird zunehmend größer werden und trägt dazu bei, diese Erfahrungen noch immersiver und intuitiver zu gestalten.

Abbildung 5.5 Screenshot CopernicAi, generiertes 360°-Panorama

Durch die Kombination werden Interaktionen innerhalb dieser virtuellen Welten verbessert und wirken natürlicher. KI wird es künftig ermöglichen, komplexe Simulationen in Echtzeit anzupassen. Dies bedeutet, dass Lernprogramme und Trainingsszenarien automatisch das richtige Niveau an Herausforderung bieten können, abgestimmt auf die Fähigkeiten und das Fortschreiten der Nutzerinnen und Nutzer. Beispielsweise können Sie mithilfe von KI-gesteuerten XR-Anwendungen Präsentationstechniken üben und dabei in Echtzeit Feedback zu Ihrer Performance erhalten, inklusive fachspezifischer Rückfragen, die auf den Inhalt Ihrer Präsentation abgestimmt sind.

> **Augmented Reality (AR)**
>
> Augmented Reality (AR) erweitert die Realität um virtuelle Elemente. Mithilfe von Smartphones oder speziellen AR-Brillen wie Microsoft HoloLens können Informationen oder Grafiken in das Sichtfeld der Nutzenden eingeblendet werden. Ein alltägliches Beispiel ist Pokémon Go, in dem die Spielenden auf ihrem Smartphone-Bildschirm Pokémon in ihrer realen Umgebung fangen.

Abbildung 5.6 Screenshot VirtualSpeech

Ein weiteres hieraus resultierendes Anwendungsfeld ist die Entwicklung von Spielcharakteren (NPCs), die dynamisch auf die Aktionen und Entscheidungen der Spielenden reagieren, anstatt auf vorher festgelegte Skripte beschränkt zu sein. Diese fortschrittlichen KI-Algorithmen ermöglichen eine vollkommen neue Interaktivität und Anpassungsfähigkeit in virtuellen Welten.

> **Mixed Reality (MR)**
>
> Mixed Reality (MR) verschmilzt reale und virtuelle Welten, um neue Umgebungen zu schaffen, in denen physische und digitale Objekte koexistieren und interagieren können. Diese Technologie ermöglicht es, reale Objekte in die virtuelle Welt zu integrieren. Ein Beispiel dafür ist die Arbeit einer Architektin, die mit MR-Brille und spezieller Software in Echtzeit Änderungen an einem 3D-Modell eines Gebäudes vornimmt, während sie im physischen Modell steht.

Die Vision einer Zukunft, in der wir möglicherweise dauerhaft mit interaktiven Begleitern mit einem eigenen Charakter, wie der Hologramm-Freundin Joi in Blade Runner 2049, interagieren, rückt durch solche technologischen Fortschritte näher. KI-gesteuerte XR-Anwendungen sind dabei nicht nur spielerische Erlebniswelten, sondern auch mächtige Werkzeuge für Design, Wissensvermittlung und Kundenbindung. Sie eröffnen neue Möglichkeiten für kreative Ausdrucksformen und interaktives Lernen, die weit über traditionelle Methoden hinausgehen.

Diese Technologien ermöglichen das Üben von Präsentationen und sozialen Interaktionen in einer sicheren, simulierten Umgebung. Nutzerinnen und Nutzer können virtuelle Begleiter oder Umgebungen erstellen, die genau auf ihre Präferenzen zugeschnitten sind.

5.3.4 Von der Skizze zum 3D-Modell

Mit fortschreitender Entwicklung der KI-Technologien wird auch die Erstellung und Manipulation von 3D-Modellen zunehmend vereinfacht. KI-Systeme, die fähig sind, aus einer begrenzten Anzahl von Eingabedaten räumliche Modelle zu extrapolieren, haben großes Potenzial. Der Einsatz von KI im Designprozess fördert schnellere Innovationszyklen und ermöglicht eine detailliertere und realitätsnähere Visualisierung von Projekten. In Analogie zum Grafikdesign, wo KI bereits zu schnelleren Prototypzyklen und einer geringeren Abhängigkeit von Nutzerkenntnissen führt, könnte in naher Zukunft bereits eine einfache Skizze oder Textbeschreibung ausreichen, um komplexe 3D-Modelle zu erstellen.

Abbildung 5.7 »Erstelle ein Bild, wie eine einfache Skizze zu einem detaillierten 3D-Modell einer modernen Stadt wird.«

Unabhängig davon, ob es sich um CAD (Computer-Aided Design), CAM (Computer-Aided Manufacturing) oder Software für Physiksimulationen handelt, ermöglicht der Einsatz von KI kürzere Wartezeiten und beschleunigt somit den Iterationsprozess. Zudem können KI-basierte Systeme Designoptimierungen und -empfehlungen liefern, die traditionelle Entwicklungsprozesse nicht bieten können.

5.3.5 Optimierung von Geschäftsprozessen

Die Integration von KI-Technologien in Geschäftsprozesse eröffnet Unternehmen vielfältige Möglichkeiten zur Effizienzsteigerung und zur Verbesserung von Kundenbeziehungen. Stellen Sie sich vor, ein Chatbot automatisiert die Vorverarbeitung von Kundenanfragen in Ihrem Unternehmen und priorisiert diese bereits für Sie vor und ordnet sie Ihren verschiedenen Leistungsfeldern zu. Komplexere Routineaufgaben wie die Konvertierung und Erstellung von Datenformaten können im Zuge dessen ebenfalls größtenteils übernommen werden. So können Mitarbeitende ihre Zeit und Fähigkeiten auf anspruchsvollere und wertsteigernde Tätigkeiten fokussieren. So steigen sowohl die Kunden- als auch die Mitarbeiterzufriedenheit. KI-Systeme leisten zudem einen entscheidenden Beitrag bei der Analyse von Geschäftsdaten, indem sie Trends und Muster identifizieren und analysieren, die für die Entwicklung von Unternehmensstrategien und die Optimierung von Betriebsabläufen unerlässlich sind.

> **Monitoring von KI-Systemen**
>
> Ein kontinuierliches Monitoring von KI-Systemen ist entscheidend, um ihre Leistung zu bewerten, sicherzustellen, dass sie ethischen Standards entsprechen, und sie kontinuierlich an die Unternehmensziele anzupassen. Dabei geht es nicht nur darum, die Funktionalität der Systeme zu überwachen, sondern auch um eine umfassende Observability.
>
> Die Observability wiederum bezieht sich auf die Fähigkeit, Einblicke in das Innenleben der KI-Systeme zu erhalten und zu verstehen, warum sie sich auf eine bestimmte Weise verhalten. Dies umfasst die Überwachung der Datenqualität, die Analyse der Entscheidungsfindungsprozesse der KI und die Bewertung der Auswirkungen auf Nutzer und Geschäftsprozesse. Durch die Kombination von Monitoring und Observability können Unternehmen nicht nur Probleme frühzeitig erkennen und beheben, sondern auch die Transparenz und Vertrauenswürdigkeit ihrer KI-Systeme erhöhen.

Die Automatisierung von Fleißaufgaben durch KI reduziert zudem das Risiko menschlicher Fehler und ermöglicht es Unternehmen, sich auf die Kernaspekte ihres Geschäfts zu konzentrieren. Darüber hinaus eröffnen die Generierung und Validierung von Inhalten durch Unternehmen mit begrenzten Ressourcen neue Möglichkeiten, indem sie die Erstellung hochwertiger Inhalte erleichtern und die Reichweite ihrer Marketingmaßnahmen erweitern. Ein weiterer Vorteil dieser Integration ist die Verbesserung der Nutzbarkeit und Suchbarkeit interner Dokumente (RAG).

Dies ermöglicht eine effizientere Informationsbeschaffung/-verarbeitung innerhalb Ihres Unternehmens und trägt zur Steigerung der Gesamtproduktivität bei. Zusammenfassend bieten KI-Technologien Unternehmen damit die Möglichkeit, ihre Geschäftsprozesse zu optimieren, die Effizienz zu steigern und die Zufriedenheit Ihrer Kunden zu verbessern.

Abbildung 5.8 »Zeige, wie ein Mensch einen Roboter untersucht und repariert.«

5.3.6 Text zu Video

Mit der Text-zu-Video-KI ist es bereits möglich, aus einfachen Textbeschreibungen detailreiche und realitätsnahe Videos zu erstellen. Dieser Fortschritt verspricht, nicht nur die Unterhaltungsbranche zu revolutionieren, sondern auch in Bildung und Marketing neue Wege zu gehen. Vor allem die Möglichkeit, automatisiert und kostengünstig Inhalte zu produzieren, die bisher teure und komplexe Produktionsprozesse erforderten, stellt auch für kleinere Unternehmen eine Chance dar, sich mit Videoproduktionen, die zuvor unerschwinglich waren, darzustellen.

Ein Beispiel für diese innovative Technologie ist Sora, ein KI-Modell, das Videos direkt aus Textanweisungen erzeugen kann. Das Modell kann dabei nicht nur Videos generieren, sondern auch bestehende Videos verlängern oder fehlende Frames ergänzen. Neben solchen fortschrittlichen KI-Modellen gibt es auch einfachere und benutzerfreundlichere Dienste, die den Prozess der Videoerstellung aus Texten zugänglich machen. Ein solcher Dienst ist beispielsweise fliki.ai, ein AI-gestützter Text-zu-Video-Generator, der speziell dafür entwickelt wurde, Texte mühelos in Videos zu verwandeln.

Fliki richtet sich an Nutzende, die Inhalte für Plattformen wie YouTube, Instagram und TikTok erstellen möchten, ohne dabei auf umfangreiche Videobearbeitungsfähigkeiten angewiesen zu sein. Der Service ermöglicht es, durch die einfache Eingabe eines Textskripts oder sogar nur eines Stichworts ansprechende Videos zu generieren.

> **Die Erstellung eines Videos aus Text in vier einfachen Schritten (fliki.ai)**
> 1. **Eingabe des Textes**: Hier beginnt man mit der Eingabe des Textes, der Ideen, Blogartikel oder jedes anderen Textskripts.
> 2. **Personalisierung der KI-Stimme**: Fliki bietet die Möglichkeit, die KI-Stimme zu personalisieren, mit einer Auswahl aus über 2.000 menschlich klingenden Stimmen in mehr als 75 Sprachen.
> 3. **KI-gestützte Mediensuche**: Nutzende können in einer umfangreichen Bibliothek mit Millionen von Premium-Assets stöbern oder den AI-Video-Generator intuitiv das perfekte Medium für das Skript auswählen lassen.
> 4. **Überprüfung und Export der Videos**: Nachdem das Textvideo verfeinert wurde, kann es mit einer Vorschaufunktion überprüft und anschließend exportiert werden, um das soziale Medienpublikum mit fesselndem Inhalt zu überraschen.

All das birgt allerdings auch große Risiken. KI-generierte Inhalte können so realistisch sein, dass sie kaum von echten zu unterscheiden sind. Dies wurde kürzlich deutlich, als bei Demonstrationen in Dresden gefälschte Audiodateien abgespielt wurden, die den Eindruck erweckten, die Tagesschau würde sich für angebliche Falschmeldungen entschuldigen. Dies zeigt, dass die Technologie auch missbraucht werden kann, beispielsweise für die Erstellung von Desinformationskampagnen oder manipulativen Inhalten in sozialen Netzwerken. Diese Entwicklung ist ohne drastische Eingriffe seitens des Gesetzgebers nicht aufzuhalten und wird sich absehbarerweise in der Zukunft noch weiter ausprägen.

Abbildung 5.9 Tagesschau-Meldung zu KI-generierten Audio-Fakes

Daher wird es auch immer wichtiger werden, Technologien und Methoden zu entwickeln, die es ermöglichen, KI-generierte Inhalte zuverlässig und schnell zu identifizieren, optimalerweise mit einer direkten Implementierung in den sozialen Netzwerken. Dies kann durch digitale Wasserzeichen, die Entwicklung von Erkennungssoftware oder durch die Etablierung strengerer Richtlinien und Standards für die Veröffentlichung und Kennzeichnung KI-generierter Inhalte geschehen. Die Balance zwischen der Nutzung der enormen Potenziale dieser Technologien und dem Schutz vor ihren möglichen negativen Auswirkungen wird eine der großen Herausforderungen der kommenden Jahre sein.

Über die Beiträger*innen

Die Herausgeber

Nick Akinci

Nick Akinci ist Rechtsanwalt und Partner der Kanzlei *Heidrich Rechtsanwälte* in Hannover. Er ist seit 2018 im Bereich des IT-Rechts tätig und berät Unternehmen jeder Größe zu KI-rechtlichen Fragestellungen. Daneben berät er insbesondere in den Bereichen Vertragsgestaltung und Datenschutzrecht. Er veröffentlicht regelmäßig Fachbeiträge in juristischen und technischen Fachzeitschriften. Privat hat er eine Leidenschaft für Videospiele und treibt gern Sport. Er ist Autor der Abschnitte zur Haftung sowie zu Urheberrecht und KI-Training.

Niklas Mühleis

Niklas Mühleis ist Rechtsanwalt und Partner bei *Heidrich Rechtsanwälte* in Hannover. Er berät täglich Unternehmen zu den unterschiedlichsten Fragen aus dem KI-Recht. Er engagiert sich insbesondere bei der Förderung von StartUps als Coach und Mentor. Zudem ist Niklas Mühleis Rechtsexperte im Verbraucherschutzpodcast »Vorsicht, Kunde!«. In seiner Freizeit treibt er gerne Sport und geht auf Konzerte. Er ist Autor der Abschnitte zu den Themen AI Act, Datenschutz sowie KI und Coding.

Die Autoren

Timo Busch

Timo Busch ist Rechtsanwalt und seit Sommer 2022 in der Kanzlei *Heidrich Rechtsanwälte* in Hannover tätig. Zu seinen Aufgaben gehört u. a. die Beratung von Unternehmen bei der Einführung und Nutzung von KI. In seiner Freizeit unternimmt er gerne ausgedehnte Touren mit seinem Gravel Bike. Er ist Autor der Abschnitte zu KI und Urheberrecht, zu den Nutzungsbedingungen von ChatGPT & Co. sowie zu praktischen Anwendungsfällen von Sprachmodellen/Chatbots.

Alptug Dingil

Alptug Dingil ist Softwareentwickler und zertifizierter Cloud Architect. Seine Spezialisierung umfasst u. a. die Entwicklung und Implementierung von KI-basierten Cloud-Lösungen. Privat ist er leidenschaftlicher Kanufahrer und engagiert sich in der

Hardware-Szene. Er hat mehrere Abschnitte über den Einsatz von KI in Unternehmen verfasst, darunter Abschnitt 3.1, »Warum Sie eigene Modelle betreiben sollten!«, sowie Beiträge zu Trainingsdaten, Scraping und generativen Bild-KIs wie Midjourney.

Johannes Endres

Johannes Endres ist Leiter der Beratung bei *Althammer & Kill*, einem bundesweit tätigen Beratungsunternehmen für Datenschutz und Digitalisierung. Davor war er Chefredakteur der IT-Medien *c't* und *heise online*. Er verfügt über 40 Jahre Erfahrung in der Programmierung und mit KI-Systemen. Von ihm stammt der Abschnitt über den KI-Einsatz bei der Programmierung.

Pajam Hassan

Pajam Hassan, promovierter Informatiker im Bereich KI und Risikomanagement, ist Gründer der *intuitive.AI GmbH* und Angel Investor. Er ist spezialisiert auf die Transformation traditioneller Geschäftsprozesse mit KI. Pajam arbeitet mit multinationalen Organisationen aus der Luft- und Raumfahrt, Finanz-, Automotive-, Halbleiterindustrie, zwischenstaatlichen Organisationen und NGOs zusammen. Er ist verantwortlich für das Einführungskapitel über KI sowie sowie für den Abschnitt zur Einbindung der KI über API.

Joerg Heidrich

Joerg Heidrich ist Fachanwalt für IT-Recht, Partner von *Heidrich Rechtsanwälte* und Justiziar und Datenschutzbeauftragter des Heise Verlags. Er berät Unternehmen bei der Einführung und Nutzung von KI. Seine besondere Leidenschaft gilt dabei der Bild-KI Midjourney. Aus seiner Feder stammen die Texte zu Geschäftsgeheimnissen, Compliance, KI-Richtlinien und der Einführung von KI in Unternehmen.

Sarah Hencke

Sarah Hencke ist Rechtsanwältin bei der Kanzlei Heidrich Rechtsanwälte und beschäftigt sich bereits seit mehreren Jahren in der rechtsanwaltlichen Praxis mit dem IT-Recht. Im Rahmen ihrer Tätigkeit als Rechtsanwältin berät sie Unternehmen u. a. bei der Implementierung von KI-Diensten und den damit zusammenhängenden rechtlichen Herausforderungen und Chancen. Sie ist Autorin von Abschnitt 2.5, »KI-Dienste und Persönlichkeitsrechte«.

Jonathan Laux

Jonathan Laux ist Rechtsreferendar und wissenschaftlicher Mitarbeiter in der Kanzlei *Heidrich Rechtsanwälte* in Hannover. Bereits zu Beginn seines Studiums spezialisierte er sich auf das IT- und Datenschutzrecht. Auch mit den Rechtsproblemen im Zusammenhang mit KI hat er sich frühzeitig auseinandergesetzt. Seine Freizeit verbringt er gerne beim Bouldern oder in der Natur. Von ihm stammen die verschiedenen Abschnitte zum Datenschutzrecht.

Lukas Stefan

Lukas Stefan ist Rechtsreferendar und wissenschaftlicher Mitarbeiter der Kanzlei *Heidrich Rechtsanwälte* in Hannover. Dabei unterstützt er das Team bei der Bearbeitung von KI-rechtlichen Problemen. In seiner Freizeit spielt er gerne Schlagzeug oder Videospiele. Er ist Autor von Abschnitt 4.3, »Human Resources: KI als Personalchef«.

Index

3D-Modell 295

A

Abmahnung 131, 187
Accountvergabe 285
AGB-Kontrolle 119
AI Act 99, 258, 276
aishe.ai 46
Allgemeine Geschäftsbedingungen 118, 139, 191
Allgemeines Persönlichkeitsrecht 154
AlphaGeometry 219
Angemessenheitsbeschluss 143
Anonymisierung 74, 217
Apache-Lizenz 268
API 52, 53, 85, 102
Arbeitnehmerhaftung 172
Arbeitnehmerüberwachung 256
Arbeitsrecht 255
Audits 167
Aufsichtsbehörde 79, 146, 147, 283
Auftragsverarbeitungsverhältnis 83, 86
Auftragsverarbeitungsvertrag (AVV) 84, 141, 143
Augmented Reality 293
Auskunftsrecht 230
Autoregressive Modelle 37

B

Bekannte Personen 251
Benchmarking 50
Berechtigtes Interesse 77, 220
Berichtigung personenbezogener Daten ... 229
Berkeley Software Distribution 268
Besondere Kategorien personen-
  bezogener Daten 74, 239, 247
Besonders sensible personenbezogene
  Daten 139
Betreiber 278
Betriebsrat 257
Betroffenenrechte 146
Bewerber 255
Bewerbung 244
Bias 48
Bildgenerierung, computergestützte 39
Bild-KI 249
Bildung 291
Biometrische Daten 244
Black-Box-Effekt 75, 190, 257
Black Box Tinkering 75
Blind Backdoors 272
Business Intelligence 56, 172
Business Judgement Rule 171
Bußgeld 99, 147, 239, 283
Bußgeldberechnung 148
Bußgeldhöhe 283

C

CAD 296
Chatbot 233, 235, 236, 281
ChatGPT 71, 112, 118
  Nutzungsbedingungen 121
Checkliste KI-Richtlinie 199
Cloud-Architekturen 207
Cloudbasierte Dienste 139
Code 265
Codegenerierung 261
Code Referencing 263
Codex 259
Coding 259
Compliance 95
Computergestützte Bildgenerierung 39
Copilot 259
Copyleft 267

D

DALL-E, Nutzungsbedingungen 121
Data Poisoning 272
Daten
  öffentlich zugängliche 221
  synthetische 219
Datenbanken 115
Datenschutz 70, 97, 120, 138, 238, 246
Datenschutzaufsichtsbehörde 71

Datenschutzbeauftragter 72
Datenschutzerklärung 147
Datenschutzfolgenabschätzung 79, 145
Datenschutzkonferenz 145, 148
Datenschutzverletzung 91
Datenschutzvorfall 146
Datenübermittlung 144
Deepfakes 298
Deep Learning 17, 75
Diffusion 34
Diffusionsmodell 34
Drittland 143
DSGVO 70
DSK 79

E

Einführung von KI 284
Einwilligung 77, 223
ElevenLabs 44
Entgangener Gewinn 186
Erklärbare KI 75
Erweiterte Realität (XR) 292

F

Fahrlässigkeit 173
Fan-Fiction 251
Filtering 227
Finetuning 104
fireflies.ai 45
Fliki 42
fliki.ai 298
Formale Voraussetzungen 140
Fraud Detection 205

G

GANs 37
Gemeinfreie Werke 135
Gemeinfreiheit 69
Gemeinsame Verantwortlichkeit 81
Generative Adversarial Networks 37
Generative KI 281
Geschäftsführer 171
Geschäftsgeheimnis 93, 164, 168, 197
Geschäftsgeheimnisgesetz 164, 197

Geschütztes Werk 64
Gespräche 244
Gewinn, entgangener 186
Github 259
GNU General Public License 264
GPL 3.0 .... 264–266, 268, 270
GPT 45, 111
GPT-Action 112
Grundsatz der Datenminimierung
 und Datensparsamkeit 76
Grundsatz der Rechtmäßigkeit 76
Grundsatz der Transparenz und
 Nachvollziehbarkeit 75
Grundsätze der Datenverarbeitung 75

H

Haftung 87, 89, 96, 123, 170, 199
Haftungsausschluss 123
Haftungsrichtlinie 88
Hochrisiko-KI-Systeme 279
Hugging Face 107

I

Immaterieller Schadensersatz 152, 187
Informationspflicht 77, 147
intuitive.AI 57
Irreführende Werbung 95

J

Juristische Person 89

K

Kausalität 176
Kennzeichnungspflicht 281
KI-Agent 45
KI-Dienst 278
 verbotener 278
KI-generierte Bilder 253
KI-Haftungs-Richtlinie 192
KI mit begrenztem Risiko 281
KI mit minimalem Risiko 282
KI-Modell 201, 278
KI-Richtlinie 79, 285

Index

KI-Strategie 285
KI-System 278
Klassifikationsmodell 14
Kleine Münze 63
Kreditwürdigkeit 138
Kundenbetreuung 235, 236
Künstliche Intelligenz 14
   erklärbare 75
   generative 281

L

Large Language Model (LLM) 56, 172
Leistungsschutzrechte 123
Lernverfahren 14
Lizenz 134, 135
Löschung personenbezogener Daten 224

M

Machine Unlearning 227
Mangelgewährleistung 181
Marke 68, 252
Markenrecherche 68
Markenrecht 183
Marketing 241
Maschinelles Lernen 17
Medizinprodukt 239
Meldepflicht 280
Mendable 46
Microsoft 365 235
Microsoft Service Agreement 139
Midjourney 34
Mitarbeiterdaten 153, 226
Mitarbeitervertretung 153
MIT-Lizenz 268
Mixed Reality 294
Monitoring 288, 296
Musik-KI 43

N

Non-Copyleft-Lizenz 268
Non-Disclosure Agreement 165
Nutzungsbedingungen 118, 139
Nutzungsrecht 62, 65, 67, 135, 211, 254
Nutzungsvorbehalt 212

O

Observability 296
Öffentlich zugängliche Daten 221
On-Premises 86
OpenAI 45, 71
   Nutzungsbedingungen 121
OpenAI Functions 112
Open-Source-Lizenz 264, 265, 267
Open-Source-Software 262, 264
otter.ai 45
Outsourcing 84
Overfitting 49

P

Personenbezogene Daten 72, 138, 139
   Berichtigung 229
   besondere Kategorien 74, 239, 247
   besonders sensible 139
   Löschung 224
Persönlichkeitsrecht, Allgemeines 154
Physiksimulationen 296
Playground 105
Plugin 111
Produkthaftung 176, 181
Profiling 246
Programmierung 259
Prompt 138, 252
Prompt Injections 109
Proprietärer Code 271
Pseudonymisierung 217

Q

Quantisierung 210

R

Rabbit-Human-Pin 290
Recht am eigenen Bild 155
Recht an der eigenen Stimme 158
Rechtsanwaltshonorar 188
Rechtsdienstleistungsgesetz 94
Rechtsgrundlage 76, 220
Regelbasiertes System 16
Regress 177
Remix 130

307

Retrieval Augmented
 Generation (RAG) 108, 109
Risikomanagement 286
Role Based Access Control (RBAC) 110

S

Sachmangel 181
Sanktionen 283
Schadensersatz 90, 99, 152, 163, 168, 170,
 185, 215, 239, 267, 272
 immaterieller 187
 statt der Leistung 186
Schnittstelle 85, 115
Schöpferprinzip 62
Schrems-II-Urteil 141
Schutz des gesprochenen Worts 161
Schutzrecht 68
Schwellwertanalyse 146
Scraping 54, 214, 221
Search Engine Optimization 242
Sentiment Analysis 244, 258
Software-Entwicklung 261
Sora 42, 298
Spracherkennungssoftware 162
Sprach-KI 44
Standard-Datenschutzmodell (SDM) 79
Standardvertragsklauseln 85, 143, 144
Stockfotografie 65
Suno 43
Synthetische Daten 219

T

Technische und organisatorische
 Maßnahmen (TOMs) 78, 280
Text-to-Music 43
Text-to-Speech 42
Text-to-Video 42, 297
Text- und Data-Mining 85, 129, 212
Tiefes neuronales Netz 17
Training 70, 104
Trainingsdaten 46, 74, 210, 215, 217
Trans-Atlantic Data Privacy
 Framework 141, 144
Transfer Impact Assessment 144
Transfer Learning 107

U

Überoptimierung 49
Übersetzung 57
Unterlassung 130, 163, 215, 267
Unterlassungsansprüche 187
Unterlassungserklärung 130
Unternehmensdatenbank 226
Unternehmensrichtlinie 193
Urheberrecht 60, 68, 97, 128, 135, 210, 265
Urheberrechtliche Nutzungsrechte 136
Use-Cases 286
UWG 95

V

Variational Autoencoders (VAEs) 37
Verantwortliche Stelle 80
Verarbeitung 72, 138
Verarbeitungsverzeichnis 146
Verbotene KI-Dienste 278
Verschlüsselung 167
Vertragsgestaltung 93
Vertragsschluss 234
Vertrag über die gemeinsame
 Verantwortlichkeit 142
Vervielfältigung 211
Video-KI 42
Videospeicher 208
Virtual Reality 292
Voiceflow 45

W

Webscraping 77, 85
Werbetexte 95, 241
Werbung, irreführende 95
Wettbewerbsrecht 94, 243
Widerspruch 225

Z

Zitatrecht 132

Ein unverzichtbarer Leitfaden zur Künstlichen Intelligenz

Lernen Sie Grundlagen und Schlüsselkonzepte der Künstlichen Intelligenz in diesem bahnbrechenden Buch kennen und finden Sie Antworten auf die großen Fragen, die uns zurzeit bewegen: Wie funktioniert eigentlich diese Technologie? Welche Auswirkungen auf Gesellschaft, Ethik und Philosophie erwarten uns? Das Buch der Physikerin und KI-Expertin Inga Strümke ist in Norwegen ein Bestseller: Es gelingt ihr, die komplexen Themen rund um KI und maschinelles Lernen so zu erklären, dass Fachleute und Laien es gleichermaßen verstehen.

330 Seiten, gebunden, 29,90 Euro, ISBN 978-3-367-10289-1

www.rheinwerk-verlag.de/5938

Nutzen Sie KI, um Ihre Kreativität zu beflügeln

Dieses Buch zeigt Ihnen, wie KI den Designprozess vereinfachen und verbessern kann. Praxiskapitel beschäftigen sich mit den aktuellen KI-Modellen Midjourney, DALL-E, Adobe Firefly, Stable Diffusion, Runway und dem Einsatz von KI in Photoshop und Illustrator. Durch konkrete Einsatzbeispiele erfahren Sie, wie Sie mithilfe von KI z. B. Ihre Arbeit eindrucksvoll präsentieren, überzeugende Produktfotos kreieren, Bilder bearbeiten oder Bildvarianten erstellen. Mit Tipps zum Prompten, auch zu Techniken wie Seeds, Styles, Parametern und Negativprompts.

317 Seiten, broschiert, in Farbe, 39,90 Euro, ISBN 978-3-8362-9798-1
www.rheinwerk-verlag.de/5793

Nutzen Sie KI in der Content-Erstellung

Social-Media-Posts automatisch erstellen und kommentieren, Titelseiten von Magazinen gestalten, Interviews vorbereiten, Recherchen anstellen, oder bessere Texte sowie Video- und Audio-Content von der KI erstellen lassen: ChatGPT, Jasper und Co. revolutionieren gerade die Content-Erstellung. Erfahren Sie, wie Sie Texte generieren, Blog-Artikel schreiben, Übersetzungen redigieren, Bilder, Videos und Sounds erstellen oder Kreativitätsblockaden überwinden können. Und das alles mithilfe von Künstlicher Intelligenz!

509 Seiten, broschiert, 34,90 Euro, ISBN 978-3-367-10133-7
www.rheinwerk-verlag.de/5885

Online-Marketing, aber sicher!

RECHT IM ONLINE-MARKETING

So schützen Sie sich vor Fallstricken und Abmahnungen

Christian Solmecke

Aktuell zu DSGVO und TTDSG

- Marketing: E-Mail, Affiliate, Social Media, Content u. v. m.
- Rechtliche Fallstricke: Urheber-, Vertrags-, Wettbewerbsrecht
- Abwehr von Abmahnungen, Durchsetzung von Rechtsansprüchen

4., aktualisierte und erweiterte Auflage

Rheinwerk Computing

Ob für Ihr Online-Marketing, Social Media oder den Webshop – die Rechtslage sollten Sie unbedingt kennen. Der Jurist Christian Solmecke schildert in diesem Buch aktuelle Rechtsfälle, damit Sie wissen, worauf es ankommt – auch ohne Juristendeutsch, in klarer Sprache. Orientieren Sie sich an den Empfehlungen und nutzen Sie die praktischen Anleitungen, Checklisten und Mustertexte. So schützen Sie sich vor rechtlichen Fallstricken und planen alle Marketing-Maßnahmen direkt rechtssicher. Aktuell zur EU-DSGVO und mit Hinweisen zum Influencer-Marketing.

1.019 Seiten, gebunden, 79,90 Euro, ISBN 978-3-8362-9601-4

www.rheinwerk-verlag.de/5730